国家高端智库武汉大学国际法研究所

国　际　法　文　库
INTERNATIONAL LAW LIBRARY

黄　进　总主编
肖永平　执行主编

实务系列
张　辉　主编

国际商事法院研究

Research on International Commercial Courts

何其生　主编

法律出版社
LAW PRESS·CHINA

国际商事法院研究

主　编　何其生

撰稿人　林　峰　陈泰铭　蒋钦荟
　　　　刘桂强　钱振球　张霞光
　　　　许　偲　蒋　聪　张无忧

总序一

当今之世界,随着全球投资贸易不断增长,科学技术特别是信息技术飞速进步,通信和交通日益便捷,人文交流蓬勃发展,经济全球化、政治多极化、文化多元化、社会网络化、法律趋同化已成为天下大势。在这种背景下,作为国际社会最为重要的行为规范,国际法在全球治理中发挥着不可替代的作用。

今日之中国,秉持"创新、协调、绿色、开放、共享"五大发展理念,正在全面建设小康社会、全面深化改革、全面推进依法治国、全面从严治党、全面参与全球治理。在这个过程中,国家始终坚持统筹国内、国际两个大局,于内,追求实现"两个一百年"奋斗目标,追求实现中华民族伟大复兴的中国梦。于外,坚定不移对外开放,参与全球治理;坚持和平发展、合作共赢;积极构建中国特色大国外交,完善对外战略布局,既"请进来",又"走出去",加快推进"一带一路"建设;坚决维护国家主权、安全、发展利益,争取良好国际环境,维护世界和平稳定,促进各国共同发展,打造"人类命运共同体"。毫无疑问,坚持统筹国内、国际两个大局,不仅要全面推进依法治国,加强国内法治,而且要在全球治理中高度重视和善于发挥国际法的作用,加强国际法治,推进国内法治与国际法治良性互动,特别是要完善中国自己的涉外法律法规体系,积极参与国际规则的制定,增强中国在国际法律事务中的话语权和影响力,运用法治思维和法治方式依法处理涉外事务,强化涉外法律服务,加强国际法治合作。

当下之中国国际法学界,经过改革开放30多年的建设和发展,可以肯定地说,国际法学科体系不断健全,学术队伍不断壮大,国际学术交流与合作不断拓展,学术水平和创新能力不断提高,培养了一大批国际法专门人才。而且,广大国际法专家学者解放思想、实事求是、求真务实、与时俱进,深入研究和回答中国改革开放面临的国际法理论和实践问题,产出了一大批有分量的学术成果,为国际法学的繁荣发展和国家改革开放及现代化建设做出了重要贡献。但应该指出的是,中国国际法学领域还存在一些亟待解决的问题。比如,国家缺乏整体的国际法学科发展战略规划,国际法学科建设放任自流,各国际法机构各自为阵;国际法人才队伍学术原创能力和解决实际问题的能力不强,活跃在世界国际法舞台的人才不多,总体素质亟待提高;国际法人才培养体系不健全,德行教育与知识传授相分离、理论培养与实践训练相脱离、国内培训与国际培训相隔离;国际法学术研究缺少精品力作,还没有产出具有广泛国际影响的创造性思想成果和理论成果,在国际规则制定和国际法律事务中的话语权和影响力不大。可以这样说,中国国际法学界目前在学术命题、学术思想、学术观点、学术标准、学术评价、学术话语上的能力和水平同中国综合国力和国际地位还不太相称。

综上所述,国际法在国际社会中的重要地位日益凸显,中国全面推进依法治国、对外开放、参与全球治理,亟须掌握和运用国际法,中国国际法学界仍处于有数量缺质量、有专家缺大师以及作用没有充分发挥出来的状态。我们所处的时代表明,这是一个需要国际法的时代,这是一个需要国际法理论创新而且一定能够产生国际法新理论的时代,这是一个需要国际法思想而且一定能够产生国际法新思想的时代。所有这些,正是我们编辑出版“国际法文库”以推动国际法学繁荣发展的初衷。

“国际法文库”将坚持兼容并包、思想自由。主张立足中国、借鉴国外,挖掘历史、把握当代,关怀人类、面向未来,着力推进构建既具有中国特色、中国风格、中国气派,又能进入世界学术话语体系的国际法学。

“国际法文库”将坚持问题导向。面对中国改革开放的新常态、国际局势的新变化,世界范围内各种思想文化交流交融交锋的新形势,只有聆听时代的声音,回应时代的呼唤,认真研究国家深化对外开放、全面参与全球治理的重大而紧迫的问题,才能真正把握历史脉络,找到发展规律,推进国际法理论创新和全球治理实现良法善治。

“国际法文库”将坚持跨学科研究。国际法律问题涉及国际社会生活的方方面面,具有跨学科性,需要从多学科视角,运用学科交叉融合的方法,进行跨学科研究。也就是说,对于国际法律问题,不仅要从国际公法、国际私法、国际经济法等国际法学视角进行研究,而且还要从宪法、行政法、民商法、刑法、诉讼法等国内法学视角进行研究;不仅要从法学视角进行研究,而且还要从国际政治、世界历史、全球经济、人类社会变迁、多元文化交融、地球生态文明等视角进行研究。跨学科研究在于坚持用联系的发展的眼光看待问题,增强研究的整体性、系统性、协调性、战略性,促进问题合情、合理、合法的解决。

“国际法文库”将坚持创造创新。创新是一个民族进步的灵魂,也是引领理论发展的动力。创新,就是有所发现、有所发明、有所创造。国际法理论的生命力在于创新 ,只有不断进行探索,才能推进国际法思想创新、知识创新、理论创新、制度创新、方法创新。国际法理论创新要从问题开始,发现问题、筛选问题、分析问题、研究问题、解决问题的过程就是创新的过程。国际法理论创新不必贪大求全,发现新事实、新材料、新现象是创新,阐明一个新原理、提出一种新学说、揭示一条新规律是创新,发明一项新技能、找到一条新路径、创造一种新方法也是创新。

“国际法文库”设专著系列、译著系列、实务系列、文集系列,是法律出版社与武汉大学国际法研究所共同打造的学术品牌。法律出版社在中国出版界特别是法学、法律出版领域的龙头地位自不待言。这里有必要对武大国际法所多说几句。武大国际法所是我国著名法学家、教育家、国际私法一代宗师韩德培先生于 1980 年创办的,是我国高校设立的第一个国际法研究所。该所自创立以来,自强不息,追求卓越,先后培养了一大批已在学术和实务方面崭露头角的国际法专门人才,先后产出了一大批具有较高水平的国际法学术成果,先后两次被评为国家级重点学科,2000 年被确定为教育部人文社会科学重点研究基地,2015 年入选首批国家高端智库。可以肯定地说,武大国际法所是当今中国国际法领域的学术重镇,不断推进中国国际法人才培养、科学研究和新型智库建设,不仅是它义不容辞的责任,更是它崇高而神圣的使命。正是基于这种情怀,武大国际法所与法律出版社携手合作,设立了这个“国际法文库”。这是为中国国际法学界开辟一块新的学术园地,建造一个新的学术舞台。“国际法文库”是自由、开放、包容、多元的,海内外的国际法同仁都可以在这块园地里辛勤耕耘,春播夏种、秋收冬藏;也都可以在这座舞台上翩翩起舞,崭露头角、一展锋芒。我真诚希望,所有以国际法为志业、立志为中国国际法事业做出贡献的海内外同仁，都能把“国际法文库”视为我们共同的国际法事业的一部分，关心之、支持之、帮助之、鞭策之，勿忘初心、久久为功，去迎接我们共同期待的中国国际法学界百花齐放、百鸟争鸣的春天。

是为序。

*

2016 年 12 月 1 日于北京

---

* 黄进，中国政法大学教授，中国法学会副会长，中国国际私法研究会会长。

总序二

随着中国日益接近世界舞台的中央,我国迫切需要加强国际法律共同体建设,利用国际法维护世界和平和人类命运共同体以及可持续发展,保障中国的正当利益。因此,不管是国际法制度构建,还是国际法理论创新,抑或是国际法实践引领,中国都需要从“被动适应者”向“主动引领者”转变。

由我国著名法学家、教育家、社会活动家、国际私法一代宗师韩德培先生创办的武汉大学国际法研究所是1980 年由原国家教委批准成立的中国高校第一个国际法研究机构;1981 年设立博士点;1995 年建立博士后流动站;1996 年列为“211”工程重点建设单位;2000 年被教育部批准为普通高等学校人文社会科学重点研究基地;2004 年被批准为“985”工程哲学社会科学创新基地;2015 年被中宣部确定为首批国家高端智库试点建设单位。她一贯秉持国际公法、国际私法、国际经济法的全面和综合研究,积极拓展联合国法、欧洲联盟法、国际能源法、电子商务法、国际发展法、国际网络法、国际投资法、国际金融法、国际体育法、世贸组织法、海洋法和海商法等前沿学术领域,形成了学科研究方向齐全、学科发展水平一流、咨政服务能力突出、教学科研成果领先的鲜明特色。

但是,不管是作为教育部的人文社会科学重点研究基地,还是作为国家高端智库,仅仅依靠一个研究所的力量难以实现中国国际法理论的创新,难以实现中国从国际法的“被动适应者”向“主动引领者”的转变。当下,中国面临的问题在全球化进程中愈发凸显其复杂性,许多问题往往需要从不同学科、不同视角、不同谱系进行合理的理论解释、作出正确的政策选择;而不同学者、学术机构、智库在不同领域具有相对优势,或者因所在区域不同而存在区域政策问题的竞争优势。因此,团结、组织中国国际法学者共同攻关、协同创新是获得国际竞争优势、创新中国国际法理论,进而实现中国从国际法的“被动适应者”向“主动引领者”转变的必由之路。正是出于这种考虑,我们与法律出版社合作出版“国际法文库”,希望集中展示中国学者的国际法著述和学术见解,及时传播国外国际法学界的最新研究成果,协同研究中国面临的重大国际法实践问题,不断增强中国国际法理论的国际话语权,不断提升中国国际法制度的国际吸引力,不断提高中国国际法实践的国际影响力。

因此,“国际法文库”将面向中国国际法理论界和实务界广泛征集选题,通过自荐与他荐相结合的方式,由丛书编辑委员会根据其学术性、思想性和创新性决定出版选题。本文库分为专著系列、译著系列、实务系列和文集系列。

专著系列旨在集中呈现中国学者在国际法领域的理论研究成果,引导中国国际法学界关注国际学术动态、设置前沿学术议题、营造良好学术风气,推动中国国际法理论创新。以学术性和创新性为选题标准,主要出版中国学者关于国际法领域具体问题的创新性研究成果。

译著系列旨在全面推介国际社会国际法理论的经典著作和最新成果,促进中外国际法理论的交流与交锋,促使中外国际法实践的互动与创新。以思想性与新颖性为选题标准,主要出版国际社会在 20 世纪 90 年代以后创作或再版的国际法著作的译作。

实务系列旨在中国国际法理论研究和实践运用之间架起桥梁,促使中国国际法研究更加贴近国家和社会的现实需要,在国际法理论的支撑下运用国际法规则分析和解决实践中出现的问题。以对策性与实用性为选题标准,主要出版针对实践中的国际法问题,特别是与中国密切相关的国际法问题的著作,强调贴合国家对外交往实际需要,关注操作层面的问题选择、分析和解决方案。

文集系列旨在及时反映中国国际法学界举办的学术会议成果,提高学术交流的质量,加强学术交流的深度,扩大学术交流的影响。以新颖性与可行性为选题标准,主要出版能够设置学术议题、引领理论前沿的论文集。

我们相信，在中国国际法学界同仁的关心、支持与积极参与下，“国际法文库”一定能够实现上述目的，为中国国际法的理论创新、制度变革和实践引领贡献她应有的智慧、发挥她应有的作用。

*

2017 年元旦于武汉

---

* 肖永平，武汉大学国际法研究所所长，长江学者，法学教授，中国国际私法研究会常务副会长。

缩略语表

表 1　法律文件缩略语

序号	简称	全称
1	《中国国际商事法庭规定》	《最高人民法院关于设立国际商事法庭若干问题的规定》,2018 年 6 月 25 日最高人民法院审判委员会,第 1743 次会议通过,自 2018 年 7 月 1 日起施行,法释〔2018〕11 号
2	2012 年《布鲁塞尔条例 I》	2012 年《关于民商事管辖权及判决的承认与执行的第 1215/2012 号条例》[Regulation (EU) No. 1215/2012 of The European Parliament and of the Council of 12 December 2012 on jurisdiction and recognition and enforcement of judgments in civil and commercial matters (recast)]
3	1988 年《卢加诺公约》	1988 年欧洲自由贸易联盟《民商事管辖及判决执行的公约》(Convention of 16 September 1988 on Jurisdiction and the Enforcement of Judgment in civil commercial matters)
4	1983 年《利雅得协定》	1983 年 4 月 6 日缔结的《利雅得阿拉伯司法合作协定》(Riyadh Arab Agreement for Judicial Cooperation)

续表

序号	简称	全称
5	1968年《布鲁塞尔公约》	1968年布鲁塞尔《关于民商事案件管辖权及判决承认与执行公约》(1968 Brussels Convention on jurisdiction and enforcement of judgments in civil and commercial matters)
6	《纽约公约》	《承认及执行外国仲裁裁决公约》(The New York Covention on the Recognition and Enforcement of Foreign Arbitral Awards)

前　言

随着 2004 年迪拜国际金融中心法院和 2015 年新加坡国际商事法庭的建立,在国际社会层面,国际商事法院似乎更侧重于化解争议的专业能力,通过专业能力的强化来提升国际商事争议解决的效率,从而为国际商事争议解决提供更优质的服务。以英国为例,根据英国法律行业年度报告,2016 年英国法律行业占国民生产总增加值(Gross Value Added,GVA)比重为 1.5%,英国法律服务行业贸易顺差(trade surplus)高达 40 亿英镑。这些数字尤其引起了各国对于英国商事与财产法院的特殊性及其功能的关注。人们所关注的是英国法院的制度优势、专业能力,以及由此而产生的对于国际商事争议当事人的吸引力;关注的是英国法院对于整个法律服务行业的引领、辐射以及衍生的能力。

法院,尤其是国际商事法院,已经超出了传统国内法院化解争议和维护秩序的功能,更多的是在国际法律争议解决市场上通过提供优质的服务,服务本国特定的经济目的,或者是成为国际社会的争议解决中心。近年来,国际商事法院的建立风起云涌,成为一个崭新的趋势。一国法院及其相关制度在国际争议解决市场的司法竞争力,已经是国际社会高度关注的话题。

2015 年在武汉大学举办的"大国司法论坛"上,笔者提出并呼吁中国应建设自己的国际商事法院;之后在《大国司法理念与中国国际民事诉讼制度的发展》(《中国社会科学》2017 年第 5 期）一文中，笔者将该建议形成正式的文字，进行了专门论证。近三年来，我们组建了专门的课题组来研究国际商事法院和世界一流法院。

在这一课题的研究中，主要撰稿人是一群思想活跃的武汉大学国际法研究所优秀的博士研究生和硕士研究生。他们热爱学术，视野开阔，大都有国外的求学经历，有不同语言、学术甚至是专业背景，还有的是国际辩论赛的主力队员。具体的分工如下：刘桂强负责美国纽约南区联邦地区法院；钱振球负责《卓越法院国际框架标准》；陈泰铭负责英国商事法院；林峰负责新加坡国际商事法庭；蒋钦荟负责法国商事法院；张霞光负责迪拜国际金融中心法院。当时就读于巴黎第二大学（Université Paris Ⅱ Panthéon-Assas）法学院的陈爽爽进一步提供了巴黎国际商事法庭的最新资料。在本书第一稿完成后，课题组通过比较研究的方式重新撰写了书稿。同时，课题组又邀请武汉大学国际法研究所 3 位研究生进一步收集了另外一些国际商事法院的材料，具体安排如下：许偲负责美国特拉华衡平法院和澳大利亚维多利亚最高法院商事法庭；张无忧负责阿布扎比全球市场法院和卡塔尔国际法院与争议解决中心；蒋聪负责荷兰商事法庭。

在全书资料整理和核校工作上，陈泰铭和林峰协助进行了大量的工作，在此特别感谢。感谢深圳前海合作区人民法院对本课题早期的引领、支持和资助。本书系肖永平教授总负责的教育部人文社会科学重点研究基地（武汉大学国际法研究所）重大研究项目"'一带一路'倡议与法律合作研究"（16JJD820009）和国家社科基金专项课题"创新'一带一路'国际争端解决机制问题研究"（18VSJ049）的阶段性成果。

国际商事法院的研究或许只是一个开始，一个原始积累过程中对于制度直观的比较分析，由此带来对国际司法制度的深层次理论思考，将会是未来我们工作的重点。我们期待同行的批评指正，以不断提升。

何其生

2019 年 8 月 9 日于武汉 · 路珈山

Contents

目录

引　言

一、选题的背景与意义

当前，在国际商事争议解决领域，一方面，传统诉讼虽占主导地位，国际商事仲裁则日渐成为主流，和解则成为新兴潮流；[①]另一方面，世界各国的经济交往越来越密切，使一国法院有更多的机会审理国际商事案件。同时，国际商事仲裁的"诉讼化趋势"越来越受到诟病，和解又尚需进一步发展。[②] 在这一背景之下，为了提升在国际商事争议解决领域的竞争力，部分国家对传统的诉讼进行改革——建立国际商事法院。[③] 这些国家对法院的人员组成、管辖权、诉讼程序、审判制度以及判决的承认与执行进行改革，以符合现代国际商事争议解决的需求，同时也代表当前商事争议解决的发展潮流。此外，英国、美国等国的商事争议解决制度发展得较为完善，阿联酋、新加坡等国在改进这些制度上取得了较大

---

① See V. K. Rajah SC, "W(h)ither Adversarial Commercial Dispute Resolution?", *Arbitration International* 33, 2017, pp. 18 – 22.

② See Sundarech Menon, " The Future Is Now: Legal Trends in the Global Village", *Keio Law Journal* 36, 2006, p. 8.

③ 截至 2017 年 7 月，采取商事法院模式的国家包括并不限于以下国家或地区：传统的英国（英国商事法院）、美国（比较有名的是纽约南区联邦地区法院和特拉华州最高法院的商事法庭）、法国（商事法院系统）、澳大利亚（维多利亚州最高法院商事法庭），以及新兴的卡塔尔（卡塔尔国际法院与争议解决中心）、阿联酋（迪拜国际金融中心法院和阿布扎比全球市场法院）、新加坡（新加坡国际商事法庭）、印度（新德里最高法院商业法庭）、荷兰（荷兰商事法庭），等等。

成果,而这些成功的范例又进一步推动了荷兰、法国、德国、比利时等国家国际商事诉讼制度的改革,并推动这些国家着手建设本国的国际商事法院。这表明国际商事的诉讼解决制度具有一定的普遍性,可借鉴性较强。

随着"一带一路"倡议的深入推进,跨境金融贸易和基础设施工程、国际物流等领域的跨国纠纷不断增长,仅仅依靠各国原有的司法制度、仲裁、调解等方式解决纠纷,难以满足市场主体对跨境纠纷的解决需求。从经济发展的角度来看,为"一带一路"倡议提供司法保障,为平等商事主体提供多样化的纠纷解决机制,在中国推进建设专业化的国际商事法院不失为一个理性的选择。最高人民法院有法官在2017年9月26日"丝绸之路(敦煌)司法合作国际论坛"上就表示:"为推动'一带一路'纠纷解决机制的进一步完善,中国最高人民法院正在研究建立'一带一路'国际商事法庭,为'一带一路'参与国当事人提供公正高效便利且低成本的'一站式'法律服务。"① 2018年3月9日,在《最高人民法院工作报告》中就表示:"认真落实中央深改组通过的《关于建立"一带一路"争端解决机制和机构的意见》,加强涉外商事、海事和知识产权审判,设立最高人民法院国际商事审判庭,推进'一带一路'多元化纠纷解决机制建设。"② 2018年6月25日,最高人民法院审判委员会审议通过了《中国国际商事法庭规定》。6月29日,最高人民法院第一国际商事法庭、第二国际商事法庭分别在深圳市和西安市揭牌。这标志着一个专门从事国际商事纠纷解决的司法机构在我国正式诞生。

为此,为了更好地为中国国际商事法庭的建设提供经验支持,本书首先选取了8个国家的10个商事法院(庭),对其背景及特色制度进行简单的介绍。然后,选取美国纽约南区联邦地区法院(United States District Court for the Southern District of New York,以下简称纽约南区法院)、英国③商事与财产法院(Bussiness and Property Courts of England and Wales,B & PCs)中的英国商事法院(Commercial Court of England and Wales)、法国商事法院(Tribunal de

① 高绍安、吕冰:《最高法:正在研究建立"一带一路"国际商事法庭》,载中国审判网:http://www.chinatrial.net.cn/news/10028.html,最后访问日期:2017年12月25日。亦参见中国新闻网、法制网、新浪新闻等网站的相关报道。

② 2018年《最高人民法院工作报告》,载中国最高人民法院网:http://www.court.gov.cn/zixun-xiangqing-87832.html,最后访问日期:2018年4月1日。

③ 此处的英国是指英格兰及威尔士地区。为方便行文,如无特别说明,下文中提到的英国指英格兰及威尔士。

Commerce)、新加坡国际商事法庭(Singapore International Commercial Court, SICC)以及迪拜国际金融中心法院(Dubai International Financial Centre Courts, DIFC Courts)作为参考对象,对这些法院的各项制度及运行机制进行系统的比较研究,介绍其先进的法治经验。

其中,纽约南区法院、英国商事法院、新加坡国际商事法庭是普通法系世界一流法院建设的突出代表;法国商事法院集中体现了大陆法系国家法院建设的先进理念和规范;初建于2006年的迪拜国际金融中心法院被誉为"在广大的伊斯兰法—大陆法海洋中的普通法孤岛",①其独特的司法体制以及高效的审理与执行体系同样值得关注。

选取这些法院作为考察对象主要基于以下几点考虑:

一是纽约南区法院是美国最有影响力、案件处理量最大的联邦法院之一,辖区有纽约证券交易所(New York Stock Exchange, NYSE)、美国证券交易所(American Stock Exchange, AMEX)以及纳斯达克交易所(National Association of Securities Dealers Automated Quotations, NASDAQ),每年审理大量的涉外民商事案件,且近年来我国企业在该法院涉诉的案件数量显著增加。该法院在审理案件过程中的审判经验值得总结和借鉴。

二是英国商事法院和法国商事法院具有悠久的历史,近年来均进行了大量符合时代潮流的改革,其改革措施对构建我国的商事案件审判组织模式和运作方式具有一定的借鉴意义。

三是新加坡国际商事法庭以及迪拜国际金融中心法院都是近年来刚成立的法院,且都以商事类案件为管辖中心,很多改革措施极具突破与创新精神。

四是前述法院在世界范围内均有一定知名度,且竞争力也得到国际社会的普遍认可。

本书还将以《卓越法院国际框架标准》为参照,分析前述法院其制度的合理性,并分析其国际影响力。在总结先进经验的基础之上,对比中国国际商事法庭已有的建设成果,进一步思考中国国际商事法庭的建设与突破。

---

① See Michael Hwang, "The Courts of the Dubai International Finance Centre —A Common Law Island in a Civil Law Ocean", http://difccourts.ae/my-search-result/? fwp_search = THE%2BDIFC%2BCOURTS%2BJUDGMENT-%2BARBITR-ATION%2-BPROTOCOL%2BREFERRAL%2BOF%2BJUDGMENT%2BPAYMENT%2BDI-SPUTE-S%2BTO%2BARBITRATION&fwp_categories = judges-addresses&fwp_paged = 2, October 8, 2017.

二、文献综述

近年来,商事纠纷的解决成为世界范围内广泛关注的话题,不少国家都纷纷建立专门的国际商事法院,以期成为区域性的或国际性的商事争议解决中心。本书以“国际商事法院研究”为题,以世界一流商事法院以及《卓越法院国际框架标准》为参照,以期为我国国际商事法庭的构建提供理论与现实基础。本章将以各国商事法院为单位,介绍各国商事法院的国内外研究现状,并介绍国内外对《卓越法院国际框架标准》的研究状况。

(一)英国商事法院

1. 国内研究

英国商事法院因其专业的商事审判能力及不断的改革创新而享誉全球,在国际商事争议解决中占有重要地位,但是就目前国内学者对英国商事法院的研究而言,国内学者对英国商事法院的研究主要集中在对英国商事法院的改革发展及相关诉讼制度的介绍。如赵蕾在《百年匠心　厚载未来——英格兰及威尔士商事与财产法院宣布成立》①一文中,介绍了英国商事法院信息化建设的发展情况及“金融案件清单”的创建。此外,作者还介绍了英国高等法院下的各专门法院(如影响深远的商事法院、海事法院),将其统称为“英格兰及威尔士商事与财产法院”(the Business and Property Courts of England and Wales)。作者认为,英格兰及威尔士商事与财产法院的建立有助于进一步提高英国解决纠纷的法律服务能力和司法的全球竞争力。王涛在《英国商事法院的司法实践》②一文中,介绍了英国商事法院在金融案件清单、证据开示以及替代性纠纷解决措施等方面的实践。林娜译介了布莱尔法官在英国法律周“商事诉讼与仲裁论坛”上的演讲,在《英国商事法院改革最新发展》③一文中,作者介绍了英国商事法院的相关改革,包括三个方面,即信息技术的运用、诉讼程序的完善及国际化战略的实施。在英国新《民事诉讼规则》(Civil Procedure Rules)于1999年生效后不久,徐昕翻译该部法律并出版《英国民事诉讼规则》④一书,介绍了《民事诉

① 参见赵蕾:《百年匠心　厚载未来——英格兰及威尔士商事与财产法院宣布成立》,载《人民法院报》2017年5月12日,第8版。

② 参见王涛:《英国商事法院的司法实践》,载《人民法院报》2017年12月8日,第8版。

③ 参见[英]威廉·詹姆斯·林顿·布莱尔:《英国商事法院改革最新发展》,林娜译,载《法制日报》2016年12月14日,第11版。

④ 参见徐昕:《英国民事诉讼规则》,中国法制出版社2001年版。

讼规则》规定的关于英国商事法院的诉讼指引,包括英国商事法院的受案范围及向商事法院提起诉讼的程序。齐树洁在其主编的《英国司法制度》①一书中,简要地介绍了英国商事法院的非诉讼纠纷解决程序的实践,作者认为,英国商事法院在推动非诉讼纠纷解决程序运作的过程中起到重要的表率作用。

2. 国外研究

国外学者对英国商事法院关注的重点,主要集中于英国商事法院在改革发展过程中出现的创新制度。托马斯勋爵(Lord Thomas)在《地球村中的商事正义:商事法院的作用》(Commercial Justice in the Global Villages: The Role of Commercial Court)②和《为争议量体裁衣:实现贯穿于审判之中的更优程序的方式》(Cutting the Cloth to Fit the Dispute: Steps towards Better Procedures across the Jurisdiction)③中,介绍了英国商事法院为满足商事发展的要求,使诉讼程序灵活、简明,英国商事法院积极采用信息技术,并创造性地建立"速裁机制"及"灵活审理机制";为使相关案件得到更专业的审理,英国商事法院创建了"金融案件清单"并发展出一项试验性机制,即"金融市场测试方案"(Financial Markets Test Case Scheme)。托马斯勋爵(Lord Thomas)在《给予商事所需:一个运作良好的解决商事争议的法院》(Giving Business What It Wants-A Well-run Court for Commercial and Business Disputes)④一文中,讨论应该采取怎样的措施来激发商事法院的潜能,以更好地应对21世纪商业发展的需要。作者认为,首先,商事法院须采取以市场为动因、法官来引领的改革措施;其次,需要杰出的法官、律师和法院管理人员;再次,需有灵活而完备的诉讼规则及充分利用信息技术;最后,应紧跟商事发展的变化并作出相应的变革。对此,英国商事法院进行了相关改革,大胆创新和发展相关程序与规则。西蒙·布歇尔(Simon

---

① 参见齐树洁主编:《英国司法制度》,厦门大学出版社2007年版。

② See Lord Thomas, "Commercial Justice in the Global Village: The Role of Commercial Courts", https://www.judiciary.gov.uk/wp-content/uploads/2016/02/LCJ-commerical-justice-in-the-global-village-DIFC-Academy-of-Law-Lecture-February-2016.pdf, December 7, 2017.

③ See Lord Thomas, "Cutting the Cloth to Fit the Dispute: Steps towards Better Procedures across the Jurisdictions", https://www.judiciary.gov.uk/wp-content/uploads/2016/10/lcj-speech-singapore-academy-of-law.pdf, December 7, 2017.

④ See Lord Thomas, "Giving Business What It Wants-A Well Run Court for Commercial and Business Disputes", https://www.judiciary.gov.uk/wp-content/uploads/2017/03/grand-court-of-the-cayman-islands-guest-lecture-march-2017.pdf, December 7, 2017.

Bushell)在《伦敦的金融案件清单》(London's Financial List-A Choice of Forum Crossroads)[①]一文中介绍了"金融案件清单"及"金融市场案件测试机制"的创建目的。作者认为,这些做法是一种重要的提升,然而目前尚未有案件运用"金融市场案件测试机制",触发该机制运用的条件到底会如何适用,仍有待进一步观察。"金融案件清单"是否能吸引更多的当事人选择英国高等法院来解决金融纠纷,仍有待于时间的考验。威廉·布莱尔(William Blair)和奈杰尔·泰雷(Nigel Teare)在《商事法院指引》(The Commercial Court Guide)[②]中介绍了英国商事法院从诉讼开始到结束的各项程序与制度,包括案件管理、速裁机制及灵活审理机制等。

(二)法国商事法院

1. 国内研究

法国商事法院争议解决制度形成于16世纪,历史悠久,纯商人化的商事法官是法国商事法院最有特色的制度。国内关于法国商事法院的研究主要集中于对法国商事法院基本制度的介绍。李玉林在《论法国特殊商事审判制度——以商事法院与商事法官为中心》[③]一文中,介绍了法国商事法院的设置与管辖,从选举方式、选任、被选举人资格、任职期限与法律地位等角度介绍了商事法院的商事法官,该文章还介绍了有关商事法院的争议,这些争议主要在于为审理商事法院案件纠纷而设立特殊的司法机构是否适当,以及引入混合式法官的改革提议。杨艺宁翻译的《法国民事司法法》[④]一书介绍了法国商事法院特殊的设置规则,其设置不依据行政区域划分而是根据商事繁荣程度来设置;分析了包括商事法官、商事法院的院长以及司法辅助人员在内的商事法院人事构成;讨论了法国商事法院的管辖范围,即其主要依据商事主体与商事行为来管理商事案件;最后该书还介绍了相关的诉讼程序。金邦贵主编的《法国司法制度》一

---

① See Simon Bushell,"London's Financial List-A Choice of Forum Crossroads",https://www.lw.com/thoughtLeadership/londons-financial-list,December 7,2017.

② See William Blair and Nigel Teare,"The Commercial Court Guide",https://www.gov.uk/government/uploads/system/uploads/attachment_data/file/644025/the-commercial-court-guide-new-10th-edition-070917.pdf,December 7,2017.

③ 参见李玉林:《论法国特殊商事审判制度——以商事法院与商事法官为中心》,载《山东审判》2008年第3期。

④ 参见[法]洛伊特·卡迪耶主编:《法国民事司法法》,杨艺宁译,中国政法大学出版社2010年版。

书[①]也主要从人员构成、管辖范围以及诉讼程序等方面对商事法院进行了介绍。国内对法国商事法院缺乏深入的研究,现有的研究主要是在法国司法制度的研究背景下做简要的制度介绍,很少有文章介绍法国商事审判制度的最新发展。

2. 国外研究

国外的研究与国内相比形式更丰富,有学术著作、期刊、权威网站以及相关负责人的访谈。其中让·贝尔纳·布莱兹(Jean-Bernard Blaise)与理查德·德斯科勒斯(Richard Desgorces)合著的《商事活动:商人,竞争与交付》(*Droit des Affaires: Commerçants, Concurrence, Distribution*)[②]一书中介绍了法国商事法院的历史与发展,在受案范围部分对商事主体与商事行为进行了学术性的界定,并对商事诉讼快捷简便的制度进行了介绍。德普律师事务所(Debevoise & Plimpto LLP)在《美国诉讼律师在法国法院诉讼所应当知道的十件事》(10 Things U. S. Litigators Should Know About Court Litigation in France)[③]一文中,介绍了商事法官培训的制度以及诉讼费用计算的相关内容。商事法官总协会(La Conférence Générale des Juges Consulaires de France)前主席伊弗·勒列弗勒(Yves Lelièvre)参与了主题为"商事领域具有特定的效率,该领域专家认为商事争议是一种特殊的正义"(La justice commerciale est une justice spécialisé, rendue par des professionnels de la matière avec une efficacité certaine)[④]的访谈,他在访谈中提道:"国家应当对商事法官的培训提供更多的支持,创新法官培训的形式,创建远程的培训课程;同时应当建立一套完整的法官信息收录系统,方便法官之间的交流与合作。在选取商事法官的过程中,注重男女比例的结合,提升女性商事法官的占比。"商事法官总协会的现任主席乔治·里切梅(Georges Richelme)[⑤]在访谈中提道:"应当扩大商事法院的受案范围,将商事租赁与知识产权案件也纳入商事法院的管辖之中。"2017 年 3 月,法国司法部要求

---

① 参见金邦贵主编:《法国司法制度》,法律出版社 2008 年版。

② Jean-Bernard Blaise and Richard Desgorces, *Droit des Affaires: Commerçants, Concurrence, Distribution*, Paris, LGDJ-Lextenso Editions, 2015.

③ Debevoise & Plimpton LLP, "10 Things U. S. Litigators should Know About Court Litigation in France", http://www.debevoise.com, December 10, 2017.

④ Hélène Béranger, "La justice commerciale est une justice spécialisé, rendue par des professionnels de la matière avec une efficacité certaine", *La semaine juridique-Édition Générale* 16, 2016.

⑤ Carine Guicheteau, "La tribunal de commerce doit devenir la juridiction des affaires économique", *Juriste d' entreprise* 28, 2017.

巴黎金融中心高级法律委员会研究有关成立国际商事与金融纠纷专门法庭的可能性，巴黎金融中心高级法律委员会（Haut Comité Juridique de la Place Financière de Paris）在5月公布了名为《有关在巴黎设立专门处理国际商事纠纷的法庭的建议》（Préconisations sur la Mise en Place A Paris de Chambres Spécialisées pour le Traitement du Contentieux International des Affaires）①的研究报告，论证了巴黎在经济与法律层面所具有的优势，以及在巴黎商事法院、巴黎上诉法院中创设该专门法庭来审理国际商事与金融案件纠纷的可行性，并在审判语言上作出了突破性的建议，建议准许英语在特定庭审程序中的使用，进一步推进商事审判的国际性与专业性。该报告还详细介绍了有关的法律障碍与应对措施。

（三）纽约南区法院

1. 国内研究

与新加坡国际商事法庭、迪拜国际金融中心法院等新兴国际商事法院不同，纽约南区法院是根据美国1789年《司法法》设立的美国联邦地区法院。该法院无论是在机构设置还是诉讼程序方面与美国联邦地区法院并未有太多的区别。鉴于这一因素，鲜有国内文献对纽约南区法院进行专门介绍，学者们更加关注由纽约南区法院所审理的代表性案件。例如，肖永平教授和董金鑫博士曾就纽约南区法院所审理的雷曼兄弟案对中国强制规范在美国适用的方法进行了研究。② 龚柏华教授曾就沃尔特斯（Walters）夫妇向纽约南区法院申请执行中国工商银行财产案对国家主权豁免的相关问题进行了论述。③

2. 国外研究

在外文文献中，学者们同样未对纽约南区法院的机构设置本身给予太多关注，而是更加注重纽约南区法院在发展过程中所形成的司法文化的传播。例

---

① Haut Comité Juridique de la Place Financière de Paris, "Préconisations sur la Mise en Place A Paris de Chambres Spécialisées pour le Traitement du Contentieux International des Affaires", http://hcjp.fr/avis-et-rapports/, December 10, 2017.

② 参见肖永平、董金鑫：《中国强制规范在美国适用的方法探析——以纽约南部地区法院审理的"雷曼兄弟"案为中心》，载《比较法研究》2014年第3期。

③ 参见龚柏华：《中国政府及国有企业在美国法院面临的主权豁免问题分析》，载《国际商务研究》2010年第4期。

如,H. 保罗·布拉克(H. Paul Burak)[①]、罗哥·J. 迈纳(Roger J. Miner)[②]分别在1962年和1984年对纽约南区法院成立以来的历史进行了回顾。此后,约翰·D. 温特(John D. Winter)和理查德·梅德曼(Richard Maidman)又于2012年撰文,详细介绍了纽约南区法院成立的历史背景,并按照时间顺序将纽约南区法院分成立、1800~1825年、1830~1900年、1912~1958年、1959~2012年5个时间段进行了回顾,重点讲述了每个时间段内对纽约南区法院发展具有深远意义的法官、案件。[③]

(四)新加坡国际商事法庭

1. 国内研究

国内学界目前对新加坡国际商事法庭的研究较少,主要局限于制度的笼统介绍。赵蕾、葛黄斌在《新加坡商事法庭的运行与发展》[④]一文中分析了新加坡国际商事法庭的成立背景,作者认为新加坡国际商事法庭的制度具有特色,表现在法官的国际化与精英化、诉讼程序的独立性与特殊性以及裁判执行依据的广泛性与国际性三个方面。王欣濛在《新加坡国际商业法庭的司法制度及启示》[⑤]一文中,除了介绍新加坡国际商事法庭的设立背景、制度特色与优势外,还论述了新加坡国际商事法庭的司法制度对我国的启示。作者认为,我国可以借鉴新加坡的方式,在自贸区内设立国际商事法院或法庭,用以专门审理涉外商事案件。此外,互联网上也有一些研究成果。如许偲祎的《新加坡国际商事法庭的借鉴意义》对新加坡国际商事法庭的各项制度作了简要介绍,并阐述了设立国际商事法庭对新加坡成为国际争议解决中心的意义,最后探讨了中国可从

---

① See H. Paul Burak, *History of the United States District Court for the Southern District of New York*, New York, Federal Bar Association of New York, New Jersey & Connectticut, 1962.

② See Hon. Roger J. Miner, "The United States District Court for the Northern District of New York-Its History and Antecedents", Annual Lecture Sponsored by the Federal Bar Council and the Second Circuit Historical Committee, April 10, 1984.

③ See John D. Winter and Richard Maidman, "Retelling the History of the United States District Court for the Southern District of New York", *New York Litigator* 17, 2012.

④ 参见赵蕾、葛黄斌:《新加坡国际商事法庭的运行与发展》,载《人民法院报》2017年7月7日,第8版。

⑤ 参见王欣濛:《新加坡国际商业法庭的司法制度及启示》,载《湖北社会科学》2015年第6期。

新加坡国际商事法庭借鉴的经验。[①]

2. 国外研究

相比而言,国外学者的研究主要集中在两方面:一方面是对新加坡国际商事法庭作系统性的制度介绍,或者选取某些制度进行解读;另一方面是结合当前国际商事法庭的设立浪潮,剖析诉讼与仲裁以及其他争议解决方式的关系,进一步分析国际商事争议解决的发展趋势,而新加坡国际商事法庭则作为其研究案例。

前者讨论较多的是新加坡国际商事法庭的管辖权制度,但也有文章涉及其他制度。如肯尼·庄(Kenny Chng)在《探索新加坡国际私法的新前沿:斯考思海洋运输公司诉曼思柴油机公司案》(Exploring A New Frontier in Singapore's Private International Law, IM Skaugen SE v. MAN Diesel & Turbo SE [2016] SGHCR 6)[②]一文中认为,新加坡高等法庭可向新加坡国际商事法庭移送案件这一规定,将使新加坡高等法庭具有的国际商事案件管辖权受到影响;新加坡国际商事法庭在行使其国际商事管辖权时,应当适用独特的管辖权规则,而非普通法系的一般管辖权规则。叶曼(Man Yip)则在《在新加坡国际商事法庭中解决争议》(Resolution of Disputes Before the Singapore International Commercial Court)[③]中介绍了新加坡国际商事法庭的管辖权制度,并且分析了新加坡签署《选择法院协议公约》对新加坡国际商事法庭管辖权的影响。此外,郑惠惠(TEH Hwee Hwee)等在《运行中的新加坡国际商事法庭:以第一案为说明》(The Singapore International Commercial Court in Action-Illustration from the First Case)[④]一文,结合新加坡商事法庭处理的第一案,对新加坡国际商事法庭的移送管辖、国际法官、外国法查明、律师代理制度、保密制度、案件管理会议以及信息技术的使用等方面做了实践考察。

---

① 参见许偲祎:《新加坡国际商事法庭的借鉴意义》,载汇仲律师事务所微信公众号:http://mp.weixin.qq.com/s/LbsTq2LdVmQU7LUE35rtgQ,最后访问日期:2017年12月15日。

② See Kenny Chng, "Exploring A New Frontier in Singapore's Private International Law, IM Skaugen SE v. MAN Diesel & Turbo SE [2016] SGHCR 6", *Singapore Academy of Law Journal* 28, 2016, pp. 649–666.

③ See Man Yip, "Resolution of Disputes Before the Singapore International Commercial Court", *International and Comparative Law Quarterly* 65, 2016, pp. 439–473.

④ See TEH Hwee Hwee et al., "The Singapore International Commercial Court in Action-Illustration from the First Case", *Singapore Academy of Law Journal* 28, 2016, pp. 692–722.

后者如新加坡最高法院院长在其演讲中提出，仲裁已经难以满足国际商事争议解决的要求，而国际商事法院这一模式则可以有效地弥补仲裁的不足，其中新加坡国际商事法庭和迪拜国际金融中心法院即其中的代表。① 达米安·P. 霍里根（Damien P. Horigan）在《从阿布扎比到新加坡：国际商事法庭的崛起》（From Abu Dhabi to Singapore：The Rise of International Commercial Court）②一文中，分别介绍了阿布扎比全球市场法院、迪拜国际金融中心法院以及新加坡国际商事法庭，最后认为，国际商事法院已经在全球范围内形成浪潮，其虽然不能完全取代传统诉讼和仲裁，但无疑对当事人具有很大的吸引力。此外，费如·泰巴（Firew Tiba）则从国际商事争议解决的角度，通过分析国际商事争议解决的不同模式，包括国际私法模式、海湾区域模式（迪拜国际金融中心法院模式、卡塔尔金融中心法院模式以及阿布扎比全球市场法院模式）、新加坡国际商事法庭模式等，认为亚洲内部次区域化分割的现状导致其难以形成一个统一的商事争议解决模式，同时商事争议解决机制的建立应立足本地情况，并分别从规则、程序以及制度层面提出亚洲商事争议解决模式改革需要考虑的因素。③

（五）迪拜国际金融中心法院

1. 国内研究

尽管迪拜国际金融中心法院初建于2004年，在13年的发展历程中各项基本制度不断完善，也形成了一些极具特色的程序性制度。但是现阶段国内缺乏对迪拜国际金融中心法院及其制度的相关研究，国外对迪拜国际金融中心法院及其制度的相关研究数量较少且比较零散，没有形成一定体系。这主要有两个方面的原因：其一，阿联酋迪拜的传统法律制度与政治经济影响力较小，导致缺乏国际司法话语权，因此迪拜国际金融中心法院及其制度构建产生的影响力较小；其二，阿联酋和迪拜境内实行的是伊斯兰法及民法法系混合的制度，迪拜国际金融中心内部实行的是英国模式的普通法制度，而这两个不同的法域之间又存在一系列的联系，这种既分离又相互影响的状况增加了制度研究的复杂性。

---

① See Sundaresh Menon, "International Commercial Court: Towards a Transnational System of Disputes Resolution", in Opening Lecture for the DIFC Courts Lecture Series 2015.

② See Damien P. Horigan, "From Abu Dhabi to Singapore: The Rise of International Commercial Court", *International Journal of Humanities and Management Sciences* 3, 2015, pp. 78 – 80.

③ Firew Tiba, "The Emergence of Hybrid International Commercial Courts and the Future of Cross Border Commercial Dispute Resolution in Asia(2016)", *Loyola University Chicago Intional Law Review* 14, 2016, pp. 31 – 54.

下面分别对国内和国外研究现状进行阐述。

现阶段国内关于迪拜国际金融中心法院及其民事程序制度的研究极少。研究内容主要也集中于两个方面。

一是对迪拜国际金融中心法院的基本概况进行介绍,如王超、姜川在《迪拜:用司法助力国际金融中心建设》①一文对迪拜国际金融中心法院建立的经济、文化、法制背景进行了简要介绍,并论述了迪拜国际金融中心法院对上海自由贸易区法庭建设的启示。

二是针对迪拜国际金融中心的具体制度进行分析。内容主要包括法院的管辖权制度、金融投资监管制度及其法律适用制度。如欧智斌在《论迪拜国际金融中心法院的管辖权制度》②中对迪拜国际金融中心法院的司法管辖权进行了分析,指出其司法管辖权的特征体现为两个方面,即其在管辖权制度上移植普通法,同时法院在尊重当事人意思自治的前提下积极推动司法管辖权的扩张。

2. 国外研究

国外关于迪拜国际金融中心法院及其相关民事程序制度的研究主要集中于法院的建立、管辖权制度、判决承认与执行制度、其他特殊制度这四个方面。

不少国外学者对迪拜国际金融中心法院的建立背景及原因进行了概括介绍。如格里芬·韦弗(Griffin Weaver)在《中东国家法律和制度的改良:旨在发展和增加外国直接投资》(Legal and Institutional Remedies for Middle East States Wishing to Develop and Increase Foreign Direct Investment)③中从经济和法制两个方面阐述了迪拜国际金融中心及其法院建立的背景,作者认为,迪拜国际金融中心法院对促进争议解决,保障自贸区的繁荣意义重大。迈克·斯特朗(Michael Strong)和罗伯特·希姆博(Robert Himber)在《迪拜国际金融中心的法律自治主权:全球自由市场改革的可伸缩战略》(The Legal Autonomy of the

---

① 参见王超、姜川:《迪拜:用司法助力国际金融中心建设》,载《检察风云》2016 年第 6 期。

② 参见欧智斌:《论迪拜国际金融中心法院的管辖权制度》,载《2015 年中国国际私法博士生珞珈学术论坛论文集》2015 年 9 月,第 63 ~ 70 页。

③ See Griffin Weaver, "Legal and Institutional Remedies for Middle East States Wishing to Develop and Increase Foreign Direct Investment", *Florida Journal of International Law* 27, 2015, pp. 65 - 89.

Dubai International Financial Centre: A Scalable Strategy for Global Free-Market Reforms)①中分析了迪拜国际金融中心及其法院建立的原因。

国外学者亦对迪拜国际金融中心法院的管辖权制度,如受案范围、管辖权的扩张等方面有广泛的关注。迈克·黄(Michael Hwang)在《迪拜国际金融中心的法院——大陆法海洋中的普通法孤岛》(The Courts of the Dubai International Finance Centre — A Common Law Island in a Civil Law Ocean)②中指出,迪拜国际金融中心是一个独立的法域,在这个法域内,迪拜国际金融中心法院对所有民商事案件具有排他性的管辖权。提交迪拜国际金融中心法院管辖的案件主要是民事或者商事案件。但对部分涉及人身关系案件不行使管辖权。阿姆贾德·侯赛因(Amgad Husein)和乔纳森·伯恩斯(Jonathan Burns)在《与沙特阿拉伯交易方合同的法院选择:从沙特阿拉伯的角度分析迪拜国际金融中心普通法法院》(Choice of Forum in Contracts with Saudi Arabian Counterparties: An Analysis of the DIFC Common Law Courts from a Saudi Arabian Perspective)③中分析了迪拜国际金融中心法院的管辖权制度,指出迪拜国际金融中心法院的司法管辖权处于不断扩张的状态。该文指出迪拜国际金融中心法院早期只能受理与迪拜国际金融中心相关的案件、一方当事人或者争议标的物位于中心的案件,而现在与迪拜国际金融中心无关的商事交易所引发的争议也可以依据协议管辖原则在中心法院起诉。菲利普·彭瓦尔(Philip Punwar)和玛利亚·穆西卡(Maria Musika)在《阿联酋》(The United Arab Emirates)④中对迪拜国际金融中心法院与其他迪拜法院的管辖权协议进行了论

---

① See Michael Strong and Robert Himber, "The Legeal Autonomy of the Dubai International Financial Centre: A Scalable Strategy for Global Free - Market Reforms", *Social Science Electronic Publishing* 29, 2009, pp. 36 - 41.

② See Michael Hwang, "The Courts of the Dubai International Finance Centre — A Common Law Island in a Civil Law Ocean", http://difccourts. ae/my - search-result/? fwp _ search = THE% 2BDIFC% 2BCOURTS% 2BJUDGMENT-% 2BARBITRATION% 2BPROTOCOL% 2BREFERRAL% 2BOF% 2BJUDGMENT% 2BPAYMENT% 2BDISPUTES% 2BTO% 2BARBITRATION&fwp _ categories = judges-addresses&fwp_paged = 2, December 10, 2017.

③ See Amgad Husein and Jonathan Burns, "Choice of Forum in Contracts with Saudi Arabian Counterparties: An Analysis of the DIFC Common Law Courts from a Saudi Arabian Perspective", *International Lawyer* 48, 2015, pp. 179 - 189.

④ See Philip Punwar and Maria Musika, "The United Arab Emirates", *Yearbook of Islamic and Middle Eastern Law* 15, 2010, pp. 181 - 195.

述,指出管辖权协议旨在解决迪拜国际金融中心法院具有专属管辖权的案件类别的不确定性问题。齐亚赫塔尔(Ziaakhtar)在《欧洲公司与迪拜法律制度》(European Corporations and the Dubai Legal System)①一文中,结合科林斯公司诉巴克莱银行(Corinth Pipeworks S. A. v. Barclays Bank PLC)案对迪拜国际金融中心法院的专属管辖权进行了分析。亚历杭德罗·卡巴拉(Alejandro Carballo)在《迪拜国际金融中心的法律:普通法绿舟还是阿联酋境内的海市蜃楼》(The Law of the Dubai International Financial Centre: Common Law Oasis or Mirage Within the UAE)②中结合2004年《关于迪拜国际金融中心司法管理的第12号法律》对迪拜国际金融中心法院的司法管辖权进行了概括,指出中心法院以中心注册经营主体、合同履行地、交易达成地、事件发生地、中心管理机构的决定等因素为基础确立了迪拜国际金融中心初审法院的管辖权。

与此同时,国外学者对迪拜国际金融中心法院作出的判决如何得以执行的问题有较为广泛的研究。例如,查扬斯·克·克里希南(Jayanth K. Krishnan)和普里亚·普罗希(Priya Purohit)在《在不普通环境中的普通法法院:迪拜国际金融中心司法制度与全球商事争议解决》(A Common Law Court in an Uncommon Environment: The DIFC Judiciary and Global Commercial Dispute Resolution)③中,分析了迪拜国际金融中心法院判决的承认与执行,结合司法实践将中心法院判决的承认与执行划分为三个层次:判决在迪拜境内依据与迪拜法院的协议执行、判决在阿联酋境内依据备忘录规定执行、判决在阿联酋境外依据多边或者双边公约的执行。同时,该文指出了迪拜国际金融中心法院判决执行中面临的管辖权冲突问题、判决审查问题以及执行缺乏法律保障的问题。赛洛因·坎塔利亚(Saloin Kantaria)在《外国判决在阿联酋及迪拜国际金融中心法院的执行》(The Enforcement of Foreign Judgments in the UAE and DIFC Courts)④中,论

---

① See Ziaakhtar, "European Corporations and the Dubai Legal System", *European Company Law* 9, 2012, pp. 217 – 224.

② See Alejandro Carballo, "The Law of the Dubai International Financial Centre: Common Law Oasis or Mirage Within the UAE", *Arab Law Quarterly* 21, 2007, pp. 91 – 104.

③ See Jayanth K. Krishnan and Priya Purohit, "A Common Law Court in an Uncommon Environment: the DIFC Judiciary and Global Commercial Dispute Resolution", *The American Review of International Arbitration* 1, 2015, pp. 1 – 34.

④ See Saloin Kantaria, "The Enforcement of Foreign Judgments in the UAE and DIFC Courts", *Arab Law Quarterly* 28, 2014, pp. 193 – 204.

述了阿联酋法院和迪拜国际金融中心法院承认与执行外国法院判决的异同点。菲利普·彭瓦尔(Philip Punwar)和玛利亚·穆西卡(Maria Musika)在《阿联酋》(The United Arab Emirates)①中,阐述了迪拜国际金融中心法院与迪拜法院之间签订的有关判决、判令的双边执行协议。执行协议的主要内容就是将迪拜国际金融中心法院的判决转化为迪拜法院的判决。阿姆贾德·侯赛因(Amgad Husein)和乔纳森·伯恩斯(Jonathan Burns)在《与沙特阿拉伯交易方合同的法院选择:从沙特阿拉伯的角度分析迪拜国际金融中心普通法法院》(Choice of Forum in Contracts with Saudi Arabian Counterparties: An Analysis of the DIFC Common Law Courts from a Saudi Arabian Perspective)②中分析迪拜国际金融中心法院判决在阿拉伯国家的执行问题。该文认为,迪拜国际金融中心法院判决本质上属于阿联酋判决,因此原则上可以依据相关公约承认与执行。达拉姆·R. 德米特(Dalam R. Demeter)和凯雷·M. 史密斯(Kayleigh M. Smith)在《国际商事法院对仲裁的影响》(*The Implications of International Commercial Courts on Arbitration*)③中,分析了迪拜国际金融中心法院判决在阿联酋境外执行时面临的困境。这种困境主要是缺乏有效的多边或者双边条约对判决承认与执行予以规定,而迪拜国际金融中心法院与各国法院签订的双边执行备忘录缺乏法律效力,无法提供有效的保障机制。在这种情况下,迪拜国际金融中心法院可以通过将法院判决转换为仲裁裁决,然后借助《纽约公约》在缔约国得到承认与执行。亚当·彼得(Adam Peters)在《迪拜国际金融中心作为在阿联酋乃至整个中东地区执行外国裁决的通道》(The DIFC as a "Conduit Jurisdiction" for the Enforcement of Domestic and Foreign Awards in Onshore UAE and Throughout the Middle East)④中,指出以阿联酋为代表的中东国家对外国法院判决承认与执行采取比较严格的条件,而迪拜国际金融中心法院对外国法院判决承认与执行的

---

① Philip Punwar and Maria Musika, "The United Arab Emirates", *Yearbook of Islamic and Middle Eastern Law* 15, 2010, pp. 181 – 195.

② See Amgad Husein and Jonathan Burns, "Choice of Forum in Contracts with Saudi Arabian Counterparties: An Analysis of the DIFC Common Law Courts from a Saudi Arabian Perspective", *International Lawyer* 48, 2015, pp. 179 – 189.

③ See Dalam R. Demeter and Kayleigh M. Smith, "The Implications of International Commercial Courts on Arbitration", *Journal of International Arbitration* 33, 2016, pp. 441 – 470.

④ See Adam Peters, "The DIFC as a 'Conduit Jurisdiction' for the Enforcement of Domestic and Foreign Awards in Onshore UAE and Throughout the Middle East", *IBA Arbitration News* 21, 2016, pp. 34 – 37.

条件规定则相对宽松。因此,对于案件执行资产位于上述中东国家时,当事人可以将争议提交至中心法院,并将其作出的民商事判决在阿联酋或者其他中东国家执行。

此外,也有学者关注迪拜国际金融中心法院的其他特殊制度,包括迪拜国际金融中心法院的外籍律师代理制度和信息化制度。迈克·黄(Michael Hwang)在《迪拜国际金融中心法院——大陆法海洋中的普通法孤岛》(The Courts of the Dubai International Finance Centre — A Common Law Island in a Civil Law Ocean)①中,对迪拜国际金融中心法院的外籍律师代理制度进行了说明。该文指出迪拜国际金融中心法院对外籍律师在境内代理事项没有严格要求,理论上可以在中心代理各类民商事案件。外籍律师在中心以登记的方式执业,大陆法系背景的律师也可以在中心法院代理当事人出庭。安东尼·伊万斯(Anthony Evans)在《迪拜国际金融中心法院的争议解决》(Dispute Resolution in the DIFC)②中论述了法院信息化的必要性。迪拜国际金融中心法院的法官来自不同国家,除了来自阿联酋的法官之外,其他法官并不常驻迪拜境内。而法院往往会收到当事人紧急申请的案件,此时法官无法在迪拜国际金融中心法院出庭审理案件,因此必须借助电子设备对案件进行远程审理。并且法官认为,这种远程审理的案件所作出的判决,本质上也是在迪拜国际金融中心法院作出。

(六)其他商事法院(庭)

国内学者对阿布扎比全球市场法院、卡塔尔国际金融中心法院、美国特拉华衡平法院、澳大利亚维多利亚州最高院商事法庭以及荷兰商事法庭等商事法院(庭)缺少关注,鲜有文献涉及对这些商事法院(庭)的介绍。相较而言,国外学者只有零散的研究。

1. 阿布扎比全球市场法院

国外学者对阿布扎比全球市场法院的研究主要集中在对该法院的背景介

---

① See Michael Hwang, "The Courts of the Dubai International Finance Centre — A Common Law Island in a Civil Law Ocean", http://difccourts.ae/my-search-result/? fwp_search = THE%2BDIFC%2BCOURTS%2BJUDGMENT-%2BARBITRATION%2BPROTOCOL%2BREFERRAL%2BOF%2BJUDGMENT%2BPAYMENT%2BDISPUTES%2BTO%2BARBITRATION&fwp_categories = judges-addresses&fwp_paged = 2, December 10, 2017.

② See Anthony Evans, "Dispute Resolution in the DIFC", http://difccourts.ae/dispute-resolution-in-the-difc-2/, December 10, 2017.

绍。例如,塔雷克·谢雷(Tarek Shrayh)在《阿布扎比建立以英语为通用语言的商事法院》(Abu Dhabi Establishes English-Language Commercial Courts)①中,对阿布扎比全球市场法院成立的背景、法律框架、法院结构、法官队伍、受案范围与管辖权以及运作模式等方面进行了介绍。迪凡·欧文(Dyfan Owen)在《阿布扎比全球市场法院与阿布扎比司法部签署谅解备忘录》(ADGM Courts and Abu Dhabi Judicial Department Sign MoU)②中,以阿布扎比全球市场法院与阿布扎比司法部门签订备忘录为切入点,简要介绍了阿布扎比全球市场法院的背景,评估了其作为争端解决中心的前景以及吸引力。

2. 卡塔尔国际法院

国外学者对卡塔尔国际法院(Qatar International Court and Dispute Resolution Center)的研究主要集中在以下两个方面:

第一,介绍卡塔尔国际法院具体运作模式及各项制度。例如,杰拉尔德·勒博维茨(Gerald Lebovits)和达芬·米勒拉(Delphine Millera)在《卡塔尔国际法院的诉讼》(Litigating in the Qatar International Court)③对卡塔尔金融中心和其范围内的公司企业等实体(entities)进行了背景介绍,并详细梳理了卡塔尔国际法院和争端解决中心民商事法院的结构、管辖权、法律适用、案件审理等方面的内容。作者认为,卡塔尔国际法院的建立以及正常运作是促进卡塔尔国际贸易活动的开展、使其成为世界投资中心的重要举措。费如·泰巴(Firew Tiba)在《混合国际商事法院的出现与亚洲跨境商事争议解决的前景》(The Emergence of Hybrid International Commercial Court and the Future of Cross Border Commercial Dispute Resolution in Asia)④中介绍了多个国际商事法院的运作模式,其中包括阿布扎比全球市场法院和卡塔尔国际法院的模式,从国际

① See Tarek Shray, "Abu Dhabi Establishes English-Language Commercial Courts", http://www.tamimi.com/en/magazine/law-update/section-14/october-6/abu-dhabi-establishes-english-languag commercial-courts.html, December 10, 2017.

② See Dyfan Owen, "ADGM Courts and Abu Dhabi Judicial Department Sign MoU", https://www.ashurst.com/en/news-and-insights/legal-updates/adgm-courts-and-abu-dhabi-judicial-department-sign-mou/, December 12, 2017.

③ Hon. Gerald Lebovits, Delphine Millera, "Litigating in the Qatar International Court", *International Law Practicum* 28, 2015.

④ See Firew Tiba, "The Emergence of Hybrid International Commercial Court and the Future of Cross Border Commercial Dispute Resolution in Asia", *Loyola University Chicago International Law Review* 14, 2016, pp. 44 – 45.

商事争端解决机制的建立与完善的角度,为亚洲地区国际商事诉讼的发展提供了建议。

第二,具体介绍卡塔尔国际法院的程序规则。例如,麦克奈尔大律师事务所(McNair Chambers)在《卡塔尔金融中心民事与商事法院:基本要素》(The QFC Civil and Commercial Court: The Essentials)[①]中,对卡塔尔国际法院的程序规则进行了详细的介绍,旨在为需要在该法院进行诉讼活动的当事人提供必要的指导。米那斯·哈恰杜里安(Minas Khatchadourian)在《在新卡塔尔仲裁法下卡塔尔民事与商事法院应当扮演的角色》(What Role Shall Play the Qatar Financial Center Civil and Commercial Court under the New Qatari Arbitration Law?)[②]中介绍了在卡塔尔新仲裁法颁布后,卡塔尔国际法院一些新的程序规则以及职能,其中包括该法院执行法官在负责仲裁裁决执行方面的职权。

3. 美国特拉华衡平法院

国外学者缺少对特拉华衡平法院全面而系统的研究。唐纳德·F. 帕森斯(Donald F. Parsons Jr.)和约瑟夫·R. 斯林斯(Joseph R. Slights)在《特拉华商事法庭的历史》(The History of Delaware's Business Courts)[③]一文中,介绍了特拉华衡平法院由1名大法官和4名副大法官组成,由经验丰富、精通法律、熟悉衡平法院日常审理的公司和商业事项的法律从业人员担任。特拉华州由于其先进的公司立法以及卓越的商事争端解决系统,超过60%的财富500强企业注册于特拉华州。衡平法院不设陪审团,通过全面、缜密的书面意见书为裁决加以解释;电子信息系统使有关各方能够便利地查阅、提交法院所需文件。特拉华政府的官网特拉华全球(Global Delaware)介绍了特拉华法院如何以现代商业要求的速度,高效地审理重大公司法争议案件和商业实体间的合同争议案件。其中,提到衡平法院审理案件适用"90日原则",即要求在起诉90日内审结案

---

① See McNair Chambers, "The QFC Civil and Commercial Court: The Essentials", https://www.mcnairchambers.com/client/publications/2010/McNair_QFC_Court_Guide_Second_Edition_September_2010.pdf, December 15, 2017.

② See Minas Khatchadourian, "What Role Shall Play the Qatar Financial Center Civil and Commercial Court under the New Qatari Arbitration Law", http://arbitrationblog.kluwerarbitration.com/2017/03/02/what-role-shall-play-the-qatar-financial-center-civil-and-commercial-court-under-the-new-qatari-arbitration-law/, December 15, 2017.

③ Donald F. Parsons Jr. and Joseph R. Slights, "The History of Delaware's Business Courts", https://apps.americanbar.org/buslaw/blt/2008-03-04/slights.shtml, December 7, 2017.

件,如果法官无法在此期限内审结需作出解释说明。[①]

4. 澳大利亚维多利亚州最高法院商事法庭

国外学者对澳大利亚维多利亚最高法院商事法庭同样缺少较为深入的研究。维多利亚最高法院的网站资料介绍了该院在商事法庭改革发展过程中出现的创新制度。例如,朱利安·海蒂(Julian Hetyey)法庭登记员在《高级诉讼会议商事法院改革》(Legalwise Seminars-Advanced Litigation Conference Commercial Court Reforms)[②]一文中,详细介绍了维多利亚商事法庭改革发展过程中出现的创新制度,包括法官名单的使用、案件管理、电子立案系统以及司法调解等方面。

5. 荷兰商事法庭

荷兰商事法庭于2019年正式成立,目前,国外对于荷兰商事法庭的研究较少,对荷兰商事法庭的研究主要基于荷兰关于成立商事法庭的官方文件。外国和荷兰的一些诉讼律师对荷兰商事法庭表现出了一定兴趣,对此专门建立了一个网站[③]用于介绍荷兰商事法庭的基本情况和信息。介绍的内容包括:(1)荷兰商事法庭的基本情况、优势和成立过程的时间表;(2)荷兰商事法庭的管辖权及其受理案件的范围;(3)荷兰的民事诉讼体系及仲裁体系。除此之外,网站编辑还就在荷兰进行仲裁与在荷兰商事法庭进行诉讼的情况进行对比,来说明荷兰商事法庭相比传统纠纷解决方式的优势所在。国内研究方面,张生在《中国审判》上发表《荷兰国际商事法庭的建设与特色》一文,简要地介绍了荷兰商事法庭在诉讼语言、诉讼程序、代理及执行等方面的制度特色;[④]田晔翻译了《荷兰商事法庭规则》第1部分至第6部分的各项规定;[⑤]宋辉翻译了《荷兰商事法庭规则》第7部分至第12部分的各项规定。[⑥] 概言之,目前荷兰商事法庭的相关

---

① Global Delaware, "Delaware Courts", https://global.delaware.gov/incorporate/why-delaware/delaware-courts/, December 7, 2017.

② Julian Hetyey, "Legalwise Seminars-Advanced Litigation Conference Commercial Court Reforms", https://www.supremecourt.vic.gov.au/contact-us/speeches/commercial-court-reforms, December 5, 2017.

③ 参见 https://netherlands-commercial-court.com。

④ 参见张生:《荷兰国际商事法庭的建设与特色》,载《中国审判》2019年第2期。

⑤ 参见田晔:《荷兰国际商事法庭程序规则》,载庭前独角兽微信公众号:https://mp.weixin.qq.com/s/O-4fsxfci59-lYkb1okGWQ,最后访问日期:2019年6月10日。

⑥ 参见宋辉:《荷兰国际商事法庭程序规则》,载庭前独角兽微信公众号:https://mp.weixin.qq.com/s/nhKqBnMUsW0HDxhPFlEa9g,最后访问日期:2019年6月10日。

研究还是以简介为主,缺乏比较深度的探讨和分析。

(七)《卓越法院国际框架标准》

国内外的学者鲜有关注卓越法院的国际框架标准,但是该标准一经提出就为许多国家的法院所采用。《卓越法院国际框架标准》是由欧洲、亚洲、澳大利亚及美国的一些法院和研究机构共同组成的"卓越法院国际框架标准联合会"于2008年制定的,它是目前在世界各国司法领域中衡量和检验法院工作水平、司法正义质量、公众满意度的一套比较完整、客观的法院工作评价体系,其最核心的内容是其确立了司法的核心价值和若干标准。除此之外,伊丽莎白·理查德森(Elizabeth Richardson)、宝琳·斯潘塞(Pauline Spencer)和大卫·B.韦克斯勒(David B. Wexler)在《卓越法院国际框架标准与有益的法理:构建卓越法院和增进福祉》(The International Framework for Court Excellence and Therapeutic Jurisprudence: Creating Excellent Courts and Enhancing Wellbeing)以及我国学者林娜对《卓越法院国际框架标准》进行了概括性的介绍。① 目前,《卓越法院国际框架标准》已在多个国家的法院中实施,②其真正成为一项活的文件(living document)。

综上所述,我们可以看到,目前国内外对各商事法院的研究主要集中在两个方面:一是对成立背景及法院概况的介绍;二是对某单一一项制度的研究,如管辖权制度、判决的承认与执行制度等方面。研究呈碎片化,缺少对整个法院各项制度及运行机制的系统研究。

三、框架安排

本书的研究内容主要分为三个部分:

第一部分(第一章)提出世界一流法院应具有司法理念及法院制度与《卓越法院国际框架标准》的衔接。本书认为,构建世界一流法院,应增强国际竞争力与国际影响力,并强化制度优势。

第二部分是本书的主体内容,包括第二章至第六章。首先,简要介绍了当

---

① See Elizabeth Richardson et al., "The International Framework for Court Excellence and Therapeutic Jurisprudence: Creating Excellent Courts and Enhancing Wellbeing", *Journal of Judicial Administration* 25, 2016;林娜:《"卓越法院"的国际评价标准》,载《人民法院报》2013年3月1日,第8版。

② See Joanne Gray and Brian J. Preston, "Achieving Court Excellence-The Need for a Collaborative Approach", *ICCE Newsletter* 8, 2017.

前世界主要的商事法院。其次,本书选取了英国商事法院、法国商事法院、纽约南区法院、新加坡国际商事法庭以及迪拜国际金融中心法院 5 个世界知名法院,从专业化、国际化、灵活化以及信息化的角度,分别对国际商事法院的机构设置、人员组成、管辖权制度、审判制度、诉讼程序、律师制度以及判决承认与执行等具体内容进行比较分析并总结各项制度的共同特点,从而展现现代国际商事法院的发展特点。最后,第六章关注商事法院的国际声誉,并总结提出了一些措施。

第七章是本书的最后一部分,首先分析了中国建设国际商事法庭的基础及必要性,其次立足于中国现有的法律框架,分析中国建设中国商事法庭的法律挑战,最后结合前述世界一流商事法院的实践经验与中国国际商事法庭已有的建设成果,分析中国国际商事法庭的建设思路。

本书主要采用规范分析、案例分析、比较分析等研究方法,对各商事法院的具体制度及运行机制进行系统化的研究。

本书对各商事法院或商事法庭所在国有关法律法规对于商事法院或商事法庭各项制度的具体规定以及法院自身颁布的相关规则进行研究,以呈现各项制度、运行机制的原貌。但是,制度规定本身往往简洁、抽象,在多数情况下具体制度需要通过案例的适用来检验其合理性而获得生命。因此,本书还将采用案例分析的方法,通过案例来透视各项制度的具体操作与运行,凸显各项制度的生命力与先进性。本书亦将采用比较分析的方法,对各商事法院的各项制度进行比较研究。通过比较,一方面,突出各商事法院自身的特点;另一方面,展现一流商事法院的共性所在,以期为我国建设国际商事法庭以及进一步的司法改革提供先进的经验。

第一章　司法理念:国际商事法院的竞争力和影响力

第一节　国际商事法院的司法理念

一、具有国际竞争力[①]

司法主要是实施法律制度的制度,但其本身也是制度所规制的对象,应随着一国社会经济的发展而发展。对于制度经济学家来说,制度是决定一国经济发展最为重要的因素。[②] 制度变迁能够影响经济增长,并影响国家的综合竞争力;反之,国家竞争力所蕴含的竞争也是制度变迁的原动力。因此,如果没有竞争扬弃不好的制度,发展有益的制度,人类历史就不会长期演进。[③] 在国际竞争的分析中,传统的比较优势理论认为,一国的竞争力主要源于劳动力、自然资源、金融资本等要素的投入。迈克尔·波特的国家竞争优势理论则从促进生产率的发展着手,认为国家应该创造良好的经营环境和支持性制度,以持续推进繁荣。[④] 因此,出于竞争的需

---

① 本部分引自何其生:《司法理念与中国国际民事诉讼制度的发展》,载《中国社会科学》2017 年第 5 期,在资料上略有修改和补充。

② 参见王为君:《中国经济国际竞争力》,江西人民出版社 2000 年版,第 94 页。

③ See Armen A. Alchian, "Uncertainty, Evolution and Economic Theory", *Journal of Political Economy* 58, 1950, p. 213.

④ 参见[美] 迈克尔·波特:《国家竞争优势(上)》,李明轩、邱如美译,中信出版社 2012 年版,序言第 16 页。

求，大国的司法制度应有利于该国生产率的提升，这蕴含了与经济发展相同的竞争性因素。

在现代国际社会，司法制度作为经济全球化时代的一项重要竞争因素，成为《全球竞争力报告》等指数排名的重要权衡指标，①在一些国家和地区的法律文件中也多有提及。在英国，对于国际民事诉讼，良好的法律服务和成熟的争议解决机制被认为能够帮助伦敦维护其全球商业中心的地位。② 在美国，早期将外国人管辖权赋予联邦法院，其动机在于立宪者担心各州法院对外国尤其是英国债权人的偏见，可能破坏美国的外交体系和通商。③ 之后，美国实行开放经济，在与其他国家频繁的民商事交往中产生了大量跨国争议，在国际民事诉讼领域形成了一些独特的法律制度，如长臂管辖、限制性豁免、多元和宽松的域外送达和取证制度等。④

赋予国际民事诉讼制度经济功能和综合竞争能力，最明显的是欧盟。在欧盟，国际民事司法合作是实现经济一体化的重要措施之一。欧盟理事会可以就民事司法合作领域内的问题采取措施，逐步建立共同体内部市场正常运行所需要的自由、安全、公正的环境。⑤ 在管辖权和法律适用领域，理事会有权采取措施，促进"成员国在适用冲突法和管辖权方面的协调一致"。⑥ 根据 2009 年《欧洲联盟运行条约》(Treaty on the Functioning of the European Union，TFEU)第 67(4)条规定，欧盟各成员国应相互承认民事领域诉讼和非诉讼案件的判决及裁

---

① 在世界经济论坛(World Economic Forum)的《全球竞争力报告 2016 ~ 2017》(World Economic Forum，The Global Competitiveness Report 2016 – 2017)中，对于争议解决制度的效率，新加坡位列第 1(第 319 页)，英国位列第 6(第 355 页)，阿联酋位列第 10(第 353 页)，美国位列第 21(第 357 页)，法国位列第 22(第 179 页)，大体上与其竞争力整体排名相符。中国的竞争力整体排名第 28，而争议解决的效率却位列第 46(第 147 页)，严重滞后于竞争需求。在《世界正义工程：法治指数》(World Justice Project：Rule of Law Index)的"2016 年法治指数"中，新加坡位列第 9，英国位列第 10，美国位列第 18，法国位列第 21，阿联酋位列第 33，中国位列第 80。

② See The Law Society of England and Wales，"England and Wales：The Jurisdiction of Choice"，http://www.eversheds-sutherland.com/documents/LawSocietyEnglandAndWalesJurisdictionOfChoice.pdf，July 25，2017.

③ See Wythe Holt，"The Origins of Alienage Jurisdiction"，*Oklahoma City University Law Review* 14，1989，pp. 547 – 564.

④ See Gary B. Born and Peter B. Rutledge，International Civil Litigation in United States Courts New York，*Wolters Kluwer*，2011，pp. 88，231，867，965.

⑤ Treaty of Amsterdam，Article 65.

⑥ Treaty of Amsterdam，Article 65 & Article 67.

判，以此促进司法救济。如今，欧盟各成员国之间不仅相互承认彼此的法律，而且相互承认和执行判决。[①] 欧盟民事司法合作正在朝着一体化的方向前进，[②]上述措施被视为对必须消除所有阻碍内部市场自由流动壁垒的回应。[③] 尽管这些法律规则限制了成员国的利益，但为了符合共同市场的要求和实现欧盟的政策，欧盟将国际民事司法合作从第三支柱上升为第一支柱，[④]被认为是实现共同体目标（内部市场正常运行所需要的自由、安全、公正的环境）核心的途径和方式。

综上分析，在现代国际社会，具有竞争力的争议解决制度，尤其是司法制度，是维护经济发展、彰显本国综合国力的一个重要因素。大国的司法制度已经超出传统上化解争议的范畴，上升到服务于经济、提升本国或本地区综合竞争力的高度。因此，在司法制度的发展理念上要强调其竞争性。

二、强化制度优势[⑤]

一国的司法除了在国内的传统功能，在国际社会则更多是为争议当事人提供一种化解纠纷的公共产品、一种争议解决的服务。当具有服务性特征时，就需要在国际争议解决市场参与竞争。这是因为“国家竞争力是一个国家参与国际竞争的所有资源与要素的组合效率及其在国际市场上所表现出来的竞争能力。这种能力主要是以更低的价格、更好的质量、更优的服务和更高的信誉而战胜竞争对手，获得本国经济快速持久地发展的能力”。[⑥] 如果把争议解决本身

---

① See Georg Haibach, “The Mutual Recognition of Decisions in Civil and Commercial Matters in the European Union in the Light of the Full Faith and Credit Clause of the U. S. Constitution”, *Maastricht Journal of European and Comparative Law* 10, 2003, pp. 291 – 300.

② See Aude Fiorini, “The Codification of Private International Law in Europe, Could the Community Learn from the Experience of Mixed Jurisdictions?”, *Tulane European and Civil Law Forum* 23, 2008, p. 90.

③ See Aude Fiorini, “The Evolution of European Private International Law”, *International and Comparative Law Quarterly* 57, 2008, p. 974.

④ 欧盟制度架构被类比为希腊神庙的三根支柱：条约事项、共同外交和安全政策、司法和内部事务。[The Maastricht Treaty, Title Ⅵ (“Provisions on Cooperation in the fields of Justice and Home Affairs”), Article K. 1 and K. 3.]

⑤ 本部分引自何其生：《司法理念与中国国际民事诉讼制度的发展》，载《中国社会科学》2017年第5期，在资料上略有修改和补充。

⑥ 参见周子学：《经济制度与国家竞争力——基于中国经济制度变迁视角》，上海三联书店2008年版，第2页。

看作一个市场,那么落后的争议解决制度将影响一国经济发展,从而影响国家的综合竞争力。根据比较优势理论,一些大国在司法领域确立自己的优势地位。这种优势应该更加凸显对当事人权利保护的便利,并注重司法的专业化。

首先,在凸显对当事人权利的保护方面,在英国,1996 年《公正司法》(Access to Justice)报告指明了英国司法改革的目标,包括当事人地位平等,法院结构和法官配置适合诉讼当事人的需要,民事司法制度应满足诉讼当事人的需求等。英国的民事司法制度改革围绕当事人需求进行。① 在美国,1938 年《联邦民事诉讼规则》没有对国际民事诉讼作出专门规定,1963 年和 1999 年修订该规则时,突出了美国批准的多个诉讼程序公约所规定的程序,如海牙《关于向国外送达民事或商事司法文书和司法外文书公约》(Convention on the Delivery of Civil or Commercial Judicial Documents and Foreign Language Books to Foreign Countries,以下简称《海牙送达公约》)、《关于从国外调取民事或商事证据的公约》(Convention on the Service Abroad of Judicial and Extrajudicial Documents in Civil or Commercial Matters,以下简称《海牙取证公约》)、《美洲国家间关于嘱托书公约》(Inter-American Convention on Letters Rogatory)等。这些立法修正案对外国当事人或机构在美国的司法协助提供了较为便利的服务。

其次,司法机构的专业化设置方面,英国设立了专门的商事法院,所受理的案件中 80% 是国际民事诉讼案件。② 法国巴黎也有专门的商事法院,并有适用英语审判的个案,为了处理更为复杂的国际商事案件,巴黎金融中心高级法律委员会建议合并巴黎商事法院部分法庭,以专门处理国际商事与金融纠纷,并在巴黎上诉法院创设专门法庭,为此类争议提供上诉服务,③从而为当事人提供更为全面的争议解决方式。在迪拜,在国际民事诉讼最为传统的领域——本国

---

① 1999 年生效的英格兰和威尔士的《民事诉讼规则》第 1 条[English Civil Procedure Rules 1998(enacted in England and Wales),Article 1.1.]明确该规则首要达到的目标是使法庭得以公正地处理案件。具体包括:(1)确保与讼各方的地位平等;(2)节省费用;(3)处理案件的方法须与以下各点相对称:涉及的金额、案件的重要性、争议点的复杂程度和各方的经济状况;(4)确保案件的处理是公正而迅速的等。

② The Law Society of England and Wales,"England and Wales: The Jurisdiction of Choice" http://www. eversheds-sutherland. com/documents/LawSocietyEnglandAndWalesJurisdictionOfChoice. pdf,July 25,2017.

③ Haut Comité Juridique de la Place Financière de Paris,"Préconisations sur la Mise en Place A Paris de Chambres Spécialisées pour le Traitement du Contentieux International des Affaires",http://hcjp. fr/avis-et-rapports/,December 10,2018.

语言的使用上也开始突破,根据迪拜国际金融中心法院的规定,所有诉讼程序以英语进行。① 这些举措无疑会提升这些国家法院的专业性水平。

在具备专业化的司法机构和一定优势的制度后,晚近有不少国家着力于对本国司法制度的宣传,着力于打造国际争议解决中心。例如,2007 年英格兰和威尔士法学会出版《英格兰和威尔士:管辖权的选择》(*England and Wales: The Jurisdiction of Choice*)宣传册,详细列举英国司法制度的优势,吸引更多跨国争议当事人选择英国法院管辖。②此后,新加坡在学习和借鉴英国的经验之后,也试图通过建立国际商事法庭和调解中心来争夺亚洲商事争议解决中心的地位。

在当前"一带一路"倡议之下,作为世界大国,我国的发展需要司法的支持,需要在司法制度功能理念上突出其服务性。为提升本国司法审判的专业性和吸引力,大国司法理念重视在全球范围内为保护当事人的权利提供服务便利。对中国的国际民事诉讼程序来说,应转变过于强调的国家利益观念,在送达、取证、认证等程序上突出当事人权利保护的便利。在司法机构的专业化设置上,为与我国经济发展水平相适应,应设置专业化的国际商事法院。③

三、增强国际影响力

最高人民法院在第三次全国法院外事工作会议上提到,要加强国际司法协助,增强在国际上的司法话语权和国际规则制定权。要努力提升审查办理国际司法协助案件的专业化水平,促进提高中国法院参与全球治理能力、规则制定能力、统筹协调能力;要积极参与有关司法协助的国际条约公约谈判和规则制定,不断扩大国际司法协助覆盖面。④ 关于国际司法话语权,理论上并无统一的定义,内涵不确定。一国国际司法话语权与其在国际规则制定中的参与度有关。通常来说,大国往往能主导国际规则的制定,因而其享有更强的国际司法话语权。

在国际商事领域,商人法经过长期的发展,国际社会共同制定了众多影响

---

① See The Rules of the Dubai International Financial Centre Courts 2014, Article 2.2.

② The Law Society of England and Wales, "England and Wales: The Jurisdiction of Choice", http://www.eversheds-sutherland.com/documents/LawSocietyEnglandAndWalesJurisdictionOfChoice.pdf, July 25, 2017.

③ 参见何其生:《司法理念与中国国际民事诉讼制度的发展》,载《中国社会科学》2017 年第 5 期。

④ 参见周强:《增强司法话语权和国际规则制定权》,载《法制日报》2017 年 6 月 8 日,第 1 版。

深远的商事条约，也形成了众多国际社会通用的商人习惯法。① 在这些条约和习惯法的影响下，各国商事法律实现了较大程度的统一。但是，由于这些商事法律本质上还存在于各国不同的法律系统之中，商事法律的统一度远不能满足商事交易降低成本的需求。② 国际商事仲裁在一定程度上推进了商人法的融合，但是因其裁决无先例效力，且裁决公开程度不足，难以有效地真正实现国际商人法的统一。

另外，大国的司法系统对国际商人法和新制定的国际条约的解释，能通过大国在全球范围内的经济、政治以及文化影响力，对其他国家产生重要影响，促使其他国家也遵循大国对国际商人法的理解，从而逐渐实现国际商人法的统一，这也成为大国主导司法话语权的重要形式。具体来说，在大国法院主动对国际商人法和国际条约作出新的或者概括性解释之时，法院应选取具有国际影响力的案件。例如，案件涉及国际商人法和国际条约无相关规定或者规定不清晰，但是所涉问题在商事交易中又比较重要。通过对这样一些重大案件的阐释，即使在中国这样的判例并非为正式法律渊源的国家中，法院公布的判决也会产生重要影响，从而发挥法律的指引功能。

因此，通过国内司法来推动商人法的统一便成为可能，这间接地实现了国家参与国际规则的制定。当一国法院在推动国际法律的协调与统一发展到一定程度时，该国司法在国际上便享有很强的话语权，间接地对国际法律规则的制定和实施产生了影响。例如，新加坡国际商事法庭和迪拜国际金融中心法院都以此为目标，试图以此来增强其在国际商事领域的司法话语权。③

当前中国已具有辐射全球的政治经济影响力，但司法影响力明显不足。目前，中国已经强调并积极参与国际规则的制定，国际规则越来越多地反映中国利益的需求，这在一定程度上能促进我国司法文化的输出，但在司法系统内部的影响力方面却稍显不足，法院在国际社会的影响力较弱。我国现今越来越多的企业开始拓展海外业务，需要面对各种不熟悉的国际性的或区域性的规则，这无疑加大了企业走出去的难度，企业对于统一的国际商人法的需求也在增

---

① 如联合国国际贸易法委员会支持制定的《联合国货物销售合同公约》，国际统一私法协会编撰的《国际商事合同通则》，等等。

② See Sundaresh Menon, "International Commercial Courts: Towards a Transnational System of Dispute Resolution", in Opening Lecture for the DIFC Courts Lecture Series 2015, pp. 31 – 32.

③ See Denise H. Wong, "The Rise of the International Commercial Court: What Is It and Will It Work?", *Civil Justice Quarterly* 33, 2014, p. 221.

多。同时,中国由于自身经济的快速发展和人员频繁的跨国流动,使法院有机会处理大量的商事纠纷,积累了大量的商事纠纷解决经验。若能通过一定的方式将这些经验转化为国际性的通用规则,无疑可以为走出去的企业在面临商事纠纷之时有更多的熟悉选择。

第二节 《卓越法院国际框架标准》与国际商事法院

《卓越法院国际框架标准》(International Framework for Court Excellence, IFCE),是由欧洲、亚洲、澳大利亚及美国的一些法院和研究机构共同组成的"卓越法院国际框架标准联合会"于2008年制定的,①是目前在世界各国司法领域中衡量和检验法院工作水平、司法正义质量、公众满意度的一套比较完整、客观的法院工作评价体系。②《卓越法院国际框架标准》最核心的内容是其确立了司法的核心价值和若干标准。本节作以探讨,以便后文对英国商事法院、法国商事法院、纽约南区法院、新加坡国际商事法庭以及迪拜国际金融中心法院等的考察和分析。

一、司法核心价值的衔接

在经过深入调查研究各国法院所奉行的核心价值观之后,卓越法院国际框架标准联合会的法律专家和有关研究机构在司法的核心价值方面达成了广泛的国际共识,认为成功的法院在其运行中强调以下10项重要的司法核心价值:法律面前人人平等;公平;中立;独立审判;胜任职责;清正廉洁;公开透明;便捷亲民;及时快捷;司法的确定性。③

(一)法律面前人人平等

法律面前人人平等是社会公平的根本诉求。在法律视野下的公平只能是"法律面前人人平等",或"规则面前人人平等"。人人都遵守同样的法律规则,任何人都没有超越法律的特权,那么,这个社会就是一个公平的社会。④

---

① 2013年卓越法院国际框架标准联合会发布了《卓越法院国际框架标准》第2版。

② 参见林娜:《"卓越法院"的国际评价标准》,载《人民法院报》2013年3月1日,第8版。

③ See International Consortium for Court Excellence, *The International Framework for Court Excellence*, Dever, International Consortium for Court Excellence, 2013, p. 3.

④ 参见危玉妹:《法律面前人人平等是社会公平的根本诉求》,载《福建论坛》(人文社会科学版)2006年第12期。

(二)公平

公平正义是司法的本质特点,也是司法公信的前提。在当代,司法公信是民主政治的要求,也是社会稳定和人类智慧对司法的要求。社会越进步,司法的公信就越强。促进司法公信,就要打造司法的公平正义。[①]

(三)中立

司法中立的理念是人类对司法职能的本质属性认识、运用过程中形成的重要司法观念,是从司法机构与其他国家机构、社会关系主体之间的关系角度对司法客观规律的描述。它具体是指在各种国家权力之间、各种社会关系主体(通常指相对于国家的其他主体)之间以及国家权力与社会关系主体之间发生的具有法律意义的纠纷中,国家设置一种“居中裁判”的角色依法解决纠纷,而这种角色就是国家的司法职能。[②]

在法国商事法院的建设过程中尤其重视司法中立性的维护。尽管商事法院在节约司法成本以及商事争议解决的专业性上发挥着重要的作用,但是近年来提倡改革商事法院的声音也越来越多。其中的理由就是商事法院不能保证审判的客观公正,因为裁判是由商事法官(来自商人群体)作出的,他们与诉讼当事人有时从事相同的业务,因而他们之间有可能存在朋友或竞争对手的关系,在此情况下无法保证商事法官能够恪守中立、公正司法。[③] 为了回应这些质疑,《法国商法典》对于法官行为准则或者职业道德有详尽的规定。[④] 具体要求法国商事法院的法官保持公正廉洁、维护司法尊严与司法体制的整体性,禁止法官从事任何破坏司法尊严的行为。此外,法官必须对影响其独立行使职权的因素进行准确的、详尽的声明(declaration)。

(四)独立审判

审判独立原则的确立,为审判权的公正性和权威性进而为诉讼公正的实现提供了诉讼制度上的保障,并由此成为世界各国普遍奉行的诉讼原则。[⑤] 司法

---

① 参见蒋德海:《公平正义与司法公信》,载《华东师范大学学报》(哲学社会科学版)2013 年第 5 期。

② 参见蒋惠岭:《现代司法理念中的司法中立》,载《人民法院报》2003 年 2 月 10 日,法治时代版。

③ See Roger Perrot, *Institutions Judiciaries*, Paris, Montchrestien, 2006, p. 117.

④ 相关的规定从《法国商法典》第 722 – 18 条一直到第 722 – 21 条。

⑤ 参见蔡彦敏:《独立审判探源及其现实分析——寻求实现立法与现实的契合》,载《法学评论》1999 年第 2 期。

中立是法治的基础性构件之一,没有司法中立,便没有法治。司法中立是由人性需求、文化传统、历史经验、现实理性等因素共同育成的。[①]

独立审判原则,主要突出体现在法官的选任标准上。迪拜国际金融中心法院将法官的选任标准细化为法官来源、禁止利益冲突和法官任职期限等。其中,为了保证迪拜国际金融中心法院在解决迪拜国际金融中心案件的高效、专业和公平,迪拜国际金融中心法院对法官的任命制定了一系列的标准。在法官的任职资格上,主要规定了法官与外界的商业联系不得存在与相关主体利益冲突的可能性。其一,不得存在与中心机关(包括中心管理局、中心金融服务管理局、中心争议解决管理局)及中心机关的分支机构可能产生利益冲突的任何商业联系;其二,不得存在与中心注册企业、被批准在中心营业的机构或者属于国际金融中心一部分的机构可能产生利益冲突的任何商业联系;其三,不得存在与中心机关的任何雇员、中心机关的任何分支机构或者与前述第二点中的机构相关的个人可能产生利益冲突的任何商业联系。[②]

(五)胜任职责

为了适应新加坡国际商事法庭案件国际性的需要,新加坡国际商事法庭的法官由新加坡最高法院首席大法官从最高法院中的法官中任命,包括上诉庭法官、高级法官、高等法庭法官以及国际法官。与新加坡国内法官不一样,国际法官的任期不是终身任期,实行固定任期制,从其他国家的优秀法官或者已退休的法官中遴选。[③] 新加坡国际商事法庭的法官成员包括首席大法官、上诉法官、高等法庭法官以及15名国际法官。国际法官任期为3年,任期届满可续任。

(六)清正廉洁

虽然有学者将清正廉洁理解为一个政治概念,[④]但就司法而言,清正廉洁是对法官的裁判行为的基本准则要求。例如,法国商事法院就规定了法官有义务对影响或可能影响其独立行使职权的因素进行准确、详尽的说明。如果违反该项义务,该法官可能会收到45,000欧元的罚款,禁止其从事某些民事行为,严重者甚至会面临长达3年的刑罚。此外,《法国商法典》还规定,任何在任职期

---

① 参见齐延平:《论司法中立的基础》,载《法律科学》1999年第3期。

② See DIFC Law No. 10 of 2004, Article 9(4).

③ See Johannes Landbrecht, "The Singapore International Commercial Court (SICC)—an Alternative to International Arbitration?", *ASA Bulletin* 34, 2016, p. 121.

④ See Jonathan Crowe, "Dworkin on the Value of Integrity", *Deakin Law Review* 12, 2007, p. 169.

间被剥夺职务的商事法院法官10年内不再享有选任为法官的资格。①

（七）公开透明

公正在司法语境下包含司法公开与司法透明两方面的内容。司法公开是常态。法院进行司法活动应当以公开为原则，以不公开为例外，做到依法公开、及时公开、全面公开，使司法活动真正在阳光下运行。司法透明是关键。它既要求包括程序公开，也包括实体公开，在司法程序的每一个阶段和步骤都应当以当事人和社会公众看得见的方式进行，即正义不仅要得到实现，还必须以看得见的方式实现。② 司法正是通过其过程的透明化，来实现当事人双方以及社会民众对司法程序的认可，乃至整个社会对司法结果的认同。③

《新加坡法院规则》规定，法院需要在相关的出版物中公开那些具有重大法律意义的判决。但是同时，当事人可以就相关信息申请不公开，若案件信息的保密会导致案件无法公开，则法官可以命令判决作出后10年或更短的时间再公开。④ 除此之外，新加坡国际商事法庭的用户可以利用电子诉讼系统提交或者获取诉讼有关的文件、获取诉讼通知。信息技术的运用提高了法院工作的透明度。

（八）便捷亲民

便捷亲民，是指能让当事人更方便地进入诉讼程序（包括合理的诉讼费或其他费用，方便的咨询服务，甚至必要时候的提供翻译）以及高效使用法庭设备。同时，使当事人方便地获得有关司法程序和裁判结果方面的确切、完整的信息。⑤

互联网可以使法院的服务更加容易获得。例如，随着电子立案系统的推行，纽约南区法院相应地推行了法院电子文件公共访问系统。只要通过互联网注册一个账号，公众便可以通过该系统查询相应案件的案情简介、案件编号以

---

① See French Commercial Code, Article L. 723 – 5.

② See International Consortium for Court Excellence, *The International Framework for Court Excellence*, Dever, International Consortium for Court Excellence, 2013, p. 4.

③ 参见倪寿明：《营造公开透明可预期的司法新常态》，载《人民司法》2014年第19期。

④ See Singapore Rules of Court, Order 110, Rule 31.

⑤ See International Consortium for Court Excellence, *The International Framework for Court Excellence*, Dever, International Consortium for Court Excellence, 2013, p. 4.

及案件审理过程中所提交的文件信息。①

（九）及时快捷

及时快捷体现的是必要的时间耗费和不合理的时间延迟之间的平衡，前者是指获取、开示证据、衡量证据的证明力，后者主要是指低效的诉讼程序和匮乏的司法资源。②

在法国，商事法院的诉讼程序就以方便和快捷著称。在法国商事法院中不但不实行强制代理制度，③预审的环节有时可以省略，对程序的口头性也无《法国民事诉讼法》第853条所规定的强制要求。

在美国，联邦地区法院是联邦司法系统中最为繁忙的机构，每年需审理几十万件案件，④被称为"联邦司法系统中的苦力"。⑤ 为应对日益增加的案件数量以及因为审前程序造成的诉讼拖延，美国法院自20世纪70年代开始推行"案件管理"(case management)制度，以此提高诉讼效率，避免诉讼延迟和不必要的诉讼成本。⑥

在英国，英国商事法院通过运用"速裁机制"及"灵活审理机制"实现诉讼程序的高效、快捷。

（十）司法的确定性

法律的确定性是全球化时代法治的核心原则。⑦ 判决的确定性对世界一流法院构建的意义在于，无论是初审还是上诉审中，法院所作的判决都应当是终

---

① See the Official website of the United States District Court Southern District of New York, http://www.nysd.uscourts.gov/ecf.php, July 30, 2017.

② See International Consortium for Court Excellence, *The International Framework for Court Excellence*, Dever, International Consortium for Court Excellence, 2013, p. 4.

③ See Jean-Bernard Blaise and Richard Desgorces, *Droit des Affaires: Commerçants, Concurrence, Distribution*, Paris, LGDJ-Lextenso Editions, 2015, p. 160.

④ 据统计，美国联邦地区法院2016年累计受理民事案件291,851件，较同期上升了5%。参见[美]约翰·罗伯茨：《美国联邦法院2016年年终报告》，黄斌、杨奕译，载《人民法院报》2017年1月6日，第8版。

⑤ See Robert A. Carp et al., *Judicial Process in America*, Washington D. C., Congressional Quarterly Press, 2014, p. 40.

⑥ 参见张婷：《英美民事对抗制的演变(1945～2012)——以美国的案件管理制度为切入点》，上海世纪出版集团2014年版，第96页。

⑦ See James R. Maxeiner, "Some Realism About Legal Certainty in the Globalization of the Rule of Law", *Houston Journal of International Law* 31, 2008, p. 28.

局判决。[①] 一流的国际商事法院对于司法确定性的追求主要通过管辖权分配、冲突规则的构建来实现，这些法院都对其单独加以规定。

二、卓越法院标准的衔接

《卓越法院国际框架标准》还为法院表现的 7 个方面提供了具体的标准，通过对这 7 个方面的分析可以对法院的表现进行评价。[②]

（一）开拓创新的领导和积极有效的管理

开拓创新的管理和领导团队是卓越法院建设的重点环节。想要提高司法服务的质量、效率和效能，改善法院运转状况，决策层的领导能力是十分关键的。[③] 评价这一标准，主要考虑以下几点要素：

1. 法院对外公布了其愿景与使命（目的）以及如何满足卓越法院基本价值（如可行性、及时与公平）的声明；

2. 法院领导工作积极参与制定时间与服务标准，并根据这些标准审查司法与行政工作；

3. 法院定期向法庭使用者提供法庭资料，并及时寻求法庭使用者的反馈；

4. 法院积极告知社区和法庭使用者有关法院服务、标准及工作表现，并通过法庭使用者的反馈以提高法院的服务水平；

5. 妥善保管、公布与法院工作有关的数据；

6. 法院制订未来计划、审查反馈及工作表现，并确定需要改进的地方；

7. 法院及其领导人员倡导创新文化。

新加坡在 2013 年提议设立国际商事法庭，该法庭旨在拓宽新加坡法律服务的广度，提升新加坡国际化程度，同时可以通过案件的审判将新加坡法律加以输出。[④] 之后，由新加坡司法部部长指派相关专家成立了“新加坡国际商事法

---

① See International Consortium for Court Excellence, *The International Framework for Court Excellence*, Dever, International Consortium for Court Excellence, 2013, p. 4.

② See Elizabeth Richardson et al., “The International Framework for Court Excellence and Therapeutic Jurisprudence: Creating Excellent Courts and Enhancing Wellbeing”, *Journal of Judicial Administration* 25, 2016, p. 150.

③ See International Consortium for Court Excellence, *The International Framework for Court Excellence*, Dever, International Consortium for Court Excellence, 2013, p. 6.

④ See Sundaresh Menon, “Response by the Honorable Chief Justice Sundaresh Menon”, *Opening of the Legal Year* 2013 *and Welcome Reference for the Chief Justice*, January 4, 2013, para. 33.

庭委员会”,由该委员会负责就成立国际商事法庭一事进行评估。2013 年 11 月该委员会发布了《新加坡国际商事法庭委员会报告》。该报告认为,设立一个与新加坡国际仲裁中心(Singapore International Arbitration Centre,SIAC)对应的国际商事法庭,令其扮演一个理性中立的审判角色,不仅可以完善新加坡纠纷解决体系,还能更大范围消化亚洲因商业发展所衍生的商业纠纷,与新加坡国际仲裁中心,以及新加坡国际调解中心,以全方位、多渠道的法律服务,为当事人解决国际商事争议,强化新加坡“国际争议纠纷解决中心”的地位。①

此外,与法院以外的其他部门的良性互动也是卓越法院建设的重要环节。法院只有通过与公诉机关、政府部门、律师和执法机关紧密合作,才能打造出一个成就斐然的卓越法院。

这一点在英国商事法院的国际交流与合作机制表现得尤为突出。2017 年 5 月 17 日在英格兰及威尔士首席大法官托马斯法官的邀请下,来自五大洲的各商事法院的负责人首次在伦敦举行会议。会议强调所有司法管辖区之间合作与协商的重要性与可行性。会议的讨论范围涉及判决执行、案件管理、科学技术、法院的最佳实践(best practice),以及各商事法院、仲裁与调解的关系。同时,这次会议致力于建立一个常设的商事法院国际论坛。②

(二)法院的计划与政策

卓越法院需要制定、实施正确的政策和战略,以实现法院在工作业绩和服务质量方面的既定目标。③ 评价这一标准,主要考虑以下几点要素:

1. 法院有一个详细列明目的、目标和改进计划的战略计划;

2. 法院积极促成法官和工作人员参与法院规划及其他需要解决的问题当中;

3. 法院根据其目标,定期审查计划及其执行情况;

4. 法院公开其司法政策和法院政策,这些政策旨在贯彻执行法院的价值观、目标和计划;

5. 法院定期审查政策,以确保其持续有效;

---

① See SICC Committee Report, pp. 7 – 12.

② See William Blair and Robin Knowles, “A Unique Gathering of Commercial Courts”, https://www.judiciary.gov.uk/announcements/a-unique-gathering-of-commercial-courts/, July 26, 2017.

③ See International Consortium for Court Excellence, *The International Framework for Court Excellence*, Dever, International Consortium for Court Excellence, 2013, p. 8.

6. 将创新战略作为其战略规划中不可或缺的组成部分。

（三）公平、高效的诉讼程序

公平、高效的诉讼程序是评价卓越法院的基本指标。一个卓越法院的标准审理程序应当包括以下几项重要因素：各方商定的合理的审限标准，为特定案件制定的审理日程表；法官在审理期限管理和掌控方面要积极主动，对开庭迟延现象进行严格控制，采取科学方法对每个案件的开庭审理时间进行有效安排调度，对不同案件的审理采取科学方法区别对待，以及恰当应用替代性纠纷解决机制等。①

此外，这一标准还强调：

1. 法院确保案件高效处理，同时保证判决质量；

2. 法院已经形成一项有效管理案件的制度，并寻求有效解决案件的改进方法；

3. 法院有效平衡了法官与法庭工作人员的工作量；

4. 法院保存案件档案和记录的体系运转良好；

5. 法院鼓励创新案件管理制度。

这一点尤以迪拜国际金融中心的案件简繁分流和特殊的诉讼程序的构建为特色。在案件的简繁分流方面，迪拜国际金融中心法院主要规定了案件的替代性纠纷解决制度、案件管辖的分流制度、审理过程中当事人的和解制度以及裁判文书内容的繁简分流制度等。在特殊的诉讼制度构建方面，迪拜国际金融中心法院进行两点创新，即以英文为主要工作语言以及诉讼与仲裁及其他司法程序相结合。

（四）高度的司法公信

一般而言，高度的司法信任和公众对于司法的高度信任和信心是法院工作成功的最终标志。对腐败的零容忍，司法文书的高质量、裁判说理充分，法官受到尊重以及案件得到及时审理，都会增加公众对司法的信任。② 评价这一标准将主要考虑以下几点要素：

1. 法院公开说明法院在争端解决中所起的作用和法院的工作情况；

2. 法院根据时间和服务标准提供相关工作表现信息；

---

① See International Consortium for Court Excellence, *The International Framework for Court Excellence*, Dever, International Consortium for Court Excellence, 2013, p. 9.

② Ibid., p. 10.

3. 法院确保所有法庭使用者了解法院的程序、服务以及任何判决；

4. 法院对投诉的处理，并报告投诉的处理情况；

5. 法院定期对支出进行独立审计。

(五) 法庭使用者的较高满意度

卓越法院必须能够及时对当事人的感受和需求进行及时评估，并据此进一步改进法院提供的司法服务和提高诉讼工作的质量。① 因此，在“追求卓越”和致力于提供优质司法服务的过程中，一个很重要的方面就是法院应当充分考虑法庭使用者的需求和感受。这里的法庭使用者包括(但不限于)公众、接受司法服务的成员(如诉讼当事人、证人、受害人、需要法院提供信息或协助的人)和专业合作者(律师、检察官、执法机构、政府部门的法律顾问、法庭专家证人、法庭翻译人员)。所以，当法院采取改进工作的措施时，不仅要关注各方对诉讼结果的满意度，更应当关注当事人、证人和律师对法官和法院工作人员服务态度的满意度，关注法官和其他工作人员的专业水平以及诉讼程序和司法裁判的公平性与通俗程度。②

此外，这一标准还要求：

1. 法院定期调查和查看所有法庭使用者的反馈；

2. 法院依照法庭使用者的反馈和调查对法院工作作出改变；

3. 法院公开并定期报告根据调查和反馈所作出的更改；

4. 法院调查法庭使用者在诉讼过程、程序对法院工作的满意程度；

5. 法院利用技术和创新为所有法院用户提供更高质量的服务。

近期国家民事诉讼的发展，除了严格的正当程序要求外，专业化特色和对当事人的便利成为发展趋势。专业性的审判法院诸如国际商事法院等不断设立，而法官的国籍、注册律师的国籍、审判语言、送达、取证等环节也在不断突破传统的理念。在全球范围内，诉讼服务于争议解决的功能更加凸显。③ 除此之外，对于商业秘密的保护成为世界一流商事法院建设中的特色制度。新加坡国际商事法庭作为国家司法机关，以司法公开为基本原则。但考虑商事案件的特

---

① See International Consortium for Court Excellence, *The International Framework for Court Excellence*, Dever, International Consortium for Court Excellence, 2013, p. 10.

② 参见林娜：《“卓越法院”的国际评价标准》，载《人民法院报》2013 年 3 月 1 日，第 8 版。

③ 参见何其生：《大国司法与中国国际民事诉讼制度的发展》，载《中国社会科学》2017 年第 5 期。

殊性，在吸收仲裁的保密性优点后，其也在较大程度上允许案件保密，但必须以当事人的申请为基础。这些措施有助于法院有效地解决当事人之间的争议并提升法院对于当事人的吸引力。

（六）充足的司法资源

卓越法院能够妥善、有效、主动地管理和运用好各种资源。法院最重要的资源是它的人力资源——法官和法院其他工作人员。卓越法院随时能够了解法官和其他人员的工作量，建立目标责任制，体现各类案件的数量与法官从立案到结案整个过程所需的时间之间的关系。之后，法院要结合新受理案件和在审案件的数量，预算实际所需的人力资源。①

评价这一标准，主要考虑以下几点要素：

1. 法院积极管理资源，以便及时和高质量地裁判，平衡司法和行政工作负担；

2. 确定并满足法院工作人员的培训需求；

3. 法院为法官和工作人员定期进行职业发展引导；

4. 法院提供信息获取渠道以支持司法裁判；

5. 法院有效管理法院物资；

6. 法院设施完备、安全；

7. 法院拥有适当的预算程序，并定期监督收支情况；

8. 法院为创新提供培训和支持。

（七）经济、便捷的司法服务

信息化建设一直是卓越法院建设的重要环节，卓越法院利用信息科技提供互联网诉讼服务。当事人可以通过法院的官方网站和管理系统进行立案，并及时了解案件的进展情况，甚至以视频会议的形式参与到诉讼程序当中。②

评价这一标准，主要考虑以下几点要素：

1. 法院已有促进司法便利化的措施；

2. 法院发布有关法庭服务和访问的信息；

3. 较容易地进入法院大楼；

4. 法院向残疾人提供特殊帮助，确保残疾人更方便地获得服务；

---

① 参见林娜：《"卓越法院"的国际评价标准》，载《人民法院报》2013 年 3 月 1 日，第 8 版。

② See International Consortium for Court Excellence, *The International Framework for Court Excellence*, Dever, International Consortium for Court Excellence, 2013, p. 10.

5. 法院制定了确保所有法庭使用者获得平等对待的政策；

6. 法院为没有代表的群体提供信息帮助；

7. 法院使用通俗的语言来协助所有法庭使用者；

8. 法院提供电子和远程访问服务；

9. 法院使用技术和创新来改善所有法庭使用者的访问权限。

英国商事法院最近在信息化上改革突出表现在运用一套全新的电子司法系统，即“在线司法”(e-judiciary)。“在线司法”包含最新硬件和专用软件(dedicated software)，是当前最高标准的配置，它加快了法官使用大型电子数据库的速度。① “在线司法”使司法服务更加便捷而且更易获取。

此外，卓越法院为语言不通或有视听障碍的人士提供法庭翻译服务。无论在法庭里还是在立案窗口，应当安排合格的翻译人员。这些翻译人员精通母语和相关外语，熟练掌握法律术语和诉讼程序，对法庭翻译工作认真负责。法院应当运用其所在地的通用语言向公众介绍关于诉讼程序的基本信息。②

先进的信息技术服务于新加坡国际商事法庭的真实庭审，比如，其为用户提供各种可供使用的电子翻译服务；使用远程会议、视频会议等方式审理案件等。这使法官和律师均可以不用出现在新加坡，诉讼可以正常进行，非常契合新加坡国际商事法庭国际化法官和律师的需求。这些措施都能保障其服务的有效实施。

---

① See William Blair, “Commercial Dispute Resolution-Current Developments in the Commercial Court”, https://www.judiciary.gov.uk/wp-content/uploads/2016/11/blair-j-legal-week-20161103.pdf, July 28, 2017.

② 参见林娜：《“卓越法院”的国际评价标准》，载《人民法院报》2013 年 3 月 1 日，第 8 版。

第二章 参考法院的选择:国际商事法院背景与特色

在参考法院的选择上,本章选取了英国商事法院、法国商事法院、纽约南区法院、新加坡国际商事法庭和迪拜国际金融中心法院作为主要参考法院。一方面,考虑了这些法院的国际影响力和知名度;另一方面,也力图从多元视角、不同层级、不同文化等角度,分析现代国际商事法院的建设,总结其历史背景、程序规则和主要特色。同时,本章也选取了阿布扎比全球市场法院、卡塔尔国际法院、特拉华衡平法院、维多利亚最高法院商事法庭以及荷兰商事法庭,作以简要总结分析,以期为本书的研究作以铺垫。

第一节 主要参考法院

一、英国商事法院

在前述关于英国商事法院的国内研究综述可以看出,尽管英国商事法院(Commercial Court)隶属于高等法院下的王座分庭(Queen's Bench Division),是一个专门法庭,国内大多数文献资料仍然将"Commercial Court"翻译为"商事法院"。同时,考虑到英国商事法院在英国法院系统中扮演着重要的角色,具有重要的影响力,本书也将"Commercial Court"翻译为"英国商事法院"。并且,为了保持翻译的一致性,我们将高等法院大法官分庭下的各专门审判组(list)翻译为“法院”。

2017 年 6 月英国将英格兰及威尔士高等法院(the High Court of England and Wales,以下简称英国高等法院)下的各专门法院集结成一个共同的新名称——英格兰及威尔士商事与财产法院(the Business and Property Courts of England and Wales,B & PCs,以下简称英国商事与财产法院),其审理范围包括英格兰及威尔士的商事案件以及国际商事案件。英国商事与财产法院具体包括高等法院下的三类专门审理法院:

1. 商事法院、海事法院和商业法院;①

2. 技术与建筑法院;

3. 大法官分庭②下的各专门法院(包括金融法院、知识产权法院、反不正当竞争法院、破产法院等)。③

这些专门法院共同存在于“英国商事与财产法院”这一新名称下(见图 1),但是“英国商事与财产法院”将以新的法院文件抬头名称出现,而并不会取代各专门法院现有的名称。

2011 年随着罗尔斯大厦(Rolls Building)竣工,商事法院、海事法院、技术与工程法院等英国商事与财产法院下的各专门法院便迁入至罗尔斯大厦。将相关的商事与财产纠纷案件集中在罗尔斯大厦统一管辖和审理,配以罗尔斯大厦内先进的信息技术设备,有助于提高解决商事与财产纠纷案件的效率。

英国商事与财产法院下的各专门法院将继续保持原有的司法程序和司法习惯(practice),同时采用更加灵活的法官选任的方式——跨庭调任法官(flexible cross-deployment of judges),使法官的专长、经验与商事和财产案件所需要的特殊要求相匹配。④ 举例说明:在此之前,英国商事法院的法官在通常情

---

① 通常情况下,相对于商事法院而言,商业法院审理的案件相对简单。

② 英格兰及威尔士高等法院下面包括三个分庭:大法官分庭(Chancery Division)、王座分庭(Queen's Bench Division)和家事分庭(Family Division)。商事法院和海事法院是王座分庭的下属法院。

③ 参见赵蕾:《百年匠心 厚载未来——英格兰及威尔士商事与财产法院宣布成立》,载《人民法院报》2017 年 5 月 12 日,第 8 版。大法官分庭下的各案件清单(list)承担着审理各类专门案件的职能,是大法官分庭下的专门审判组织,有其各自的法官名录,类似于法院中的专业审判团队或审判组。

④ See Geoffrey Vos and Brian Leveson, "The Business and Property Courts of England and Wales-An Explanatory Statement", https://www.judiciary.gov.uk/wp-content/uploads/2017/03/bpc-explanatory-statement-final-20170518-v2.pdf, July 24, 2017.

况下只能审理商事法院管辖的案件，如果该法官没有列在其他法院的法官名册当中，则他不能审理由大法官分庭下其他专门法院管辖的案件，即使该法官具备审理此类案件所需要的专长。英国商事与财产法院所采用跨庭调任法官的方式，可以使英国商事法院的法官被派任到大法官分庭下的某个专门法院审理案件。

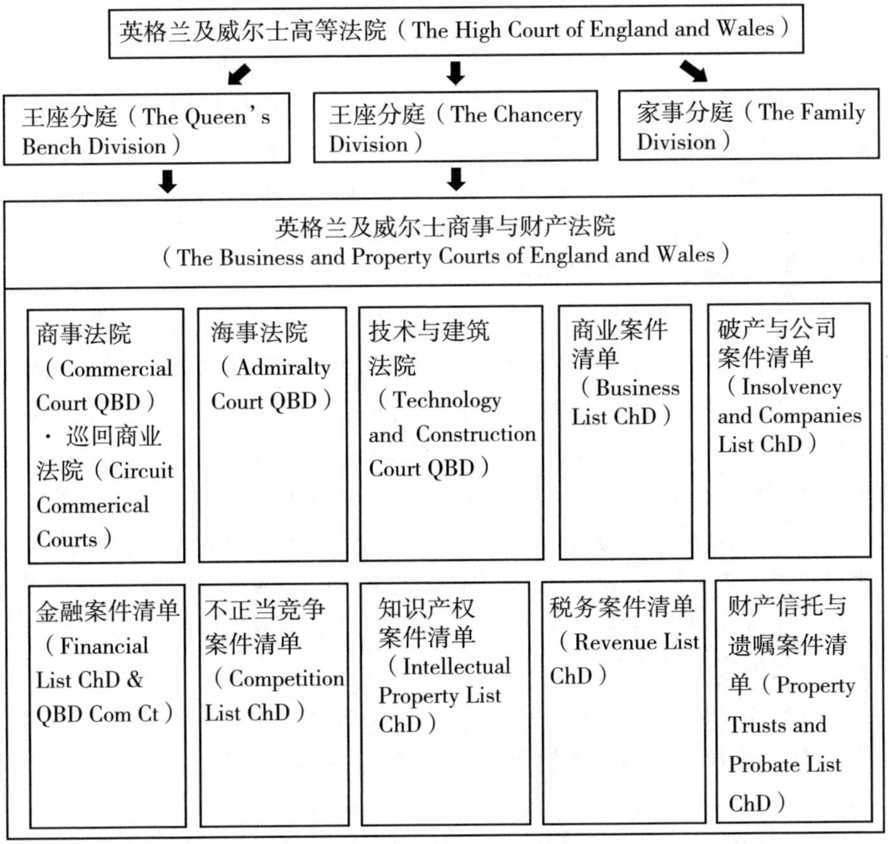

图1　英国高等法院的组织结构以及英国商事法院在其中的关系①

注：图中"QBD"代表"Queen's Bench Division"，即王座分庭；"ChD"代表"Chancery Division"，即大法官分庭。

除了伦敦以外，曼彻斯特、伯明翰、利兹、布里斯托、卡迪夫5个英国区域中

① 载 https://www.judiary.uk/you-and-the-judiary/going-to-court/high-court/，最后访问日期：2019年6月10日。

心城市也将设立商事与财产法院,未来可能也会在纽卡斯尔和利物浦设立。其目的是使这些商业与财产区域中心城市有足够数量的专业法官,以便所有类型的案件能够在这些地区得到管理和审理。这一做法不仅减轻了位于伦敦的商事与财产法院的审判压力,还有助于商事争议得到迅速解决。①

结合英国法院的内外部因素,此番建立商事与财产法院的改革有两个方面的原因:

一是“英国商事与财产法院”这一涵盖性术语(umbrella term)使人更易于理解法院所提供的法律服务。在此之前,一些专门法院所使用的名称过时、令人费解,也不易被伦敦之外的商事共同体(commercial community)所理解。“英国商事与财产法院”的统称则清晰地向国际和国内的当事人传达了法院所提供的法律服务。② 当商事争议发生时,当事人可以直接选择在英国商事与财产法院提起,进而再根据案件性质选择其中的专门法院。

二是进一步提高英国在国际争议解决领域已有的显赫声誉。长期以来,英国一直作为世界一流的国际争议解决中心,在国际争议解决方面积累了极高的声誉。英国的法律及司法在世界范围内具有极强的竞争力,世界范围内 320 个司法管辖中大约有 27% 的国家或地区选择适用英国普通法;2013 年,商事法院所审理的 1198 件案件中,有 80% 的案件当事一方是英格兰和威尔士以外的。③此外,英国的法律服务行业在 2015 年为英国经济贡献了 241 亿英镑,④其生产力水平可见一斑。面对其他国家或地区的商事法院的强有力竞争,此次改革有助于进一步巩固与提高英国作为世界一流的国际争议解决中心的地位、保持英国司法制度的实力与活力。

如前所述,英国商事与财产法院建立之后,各专门法院现有的名称不会被取代,且继续沿用原有的司法程序与习惯做法。因此,接下来的内容将以英国

---

① See Geoffrey Vos and Brian Leveson, “The Business and Property Courts of England and Wales-An Explanatory Statement”, https://www. judiciary. gov. uk/wp-content/uploads/2017/03/bpc-explanatory-statement-final-20170518-v2. pdf, July 24, 2017.

② Ibid.

③ See TheCityUK, “UK Legal Services 2015: Legal Excellence, Internationally Renowned”, http://www. lmaa. london/uploads/documents/UK-Legal-Services-2015. pdf, July 24, 2017.

④ 资料来源 TheCityUK 机构发布的 2017 年年度报告:https://www. thecityuk. com/assets/2017/Reports-PDF/Legal-excellence-internationally-renowned-Legal-services-2017. pdf,最后访问日期:2017 年 12 月 1 日。

商事与财产法院中的商事法院（the Commercial Court of Queen's Bench Division）作为论述的核心，介绍英国商事法院的各项制度与程序。以英国商事法院作为介绍核心的原因在于：

第一，位于伦敦的英国商事法院具有悠久的历史，成立于1895年，因为当时伦敦社会及商事团体（business community）要求建立一个专门法庭，其中的法官应具备审理商事争议的专长与经验，使相关争议迅速且经济地得以解决。这样一方面避免了由不熟悉商事习惯的法官作出判决，另一方面避免了昂贵且冗长的诉讼程序。[①] 在这一背景下，英国商事法院应运而生，并且一直以来是英国法院系统中一颗璀璨的明星，在世界范围内具有崇高的声誉和重要的影响，有相当部分的国际商事纠纷案件选择由英国商事法院管辖和解决，[②]甚至一些国家或地区以英国商事法院为参照建立其商事法院。

第二，英国商事法院一直走在英国司法改革的前沿，其相关改革和创新做法具有一定的启示和借鉴意义，在处理复杂的国际商事纠纷案件方面发挥巨大的作用。

1999年4月英国新《民事诉讼规则》（Civil Procedure Rules，CPR）生效，其在英国民事诉讼发展历史上具有里程碑式的意义，集中反映了英国民事诉讼改革取得的成果，商事法院的具体制度以及改革过程中创新的制度或程序在现行的《民事诉讼规则》和《诉讼指引》中亦有所体现。英国《民事诉讼规则》适用于在英格兰和威尔士法院中进行的案件，其大部分规定都有对应的《诉讼指引》（Practice Directions，PD）加以补充，法院在审理案件时，须遵守英国《民事诉讼规则》和《诉讼指引》的规定。英国《民事诉讼规则》和《诉讼指引》十几年来不

---

① 参见英格兰及威尔士法院与裁判所管理（Courts and Tribunals Judiciary）对英国商事法院的相关介绍，载英格兰及威尔士法院与裁判所管理官网：https://www.judiciary.gov.uk/you-and-the-judiciary/going-to-court/high-court/queens-bench-division/courts-of-the-queens-bench-division/commercial-court/about-us/，最后访问日期：2018年5月12日。

② 2016年，英国海事法院和商事法院所受理的案件之中，有70%的案件属于国际案件（至少有一方当事人来自英国以外的国家或地区），而在这70%的国际案件之中，有45%的案件双方当事人均来自英国以外的国家或地区；2017年上半年，英国海事法院和商事法院所受理的案件有71%属于国际案件，在这些国际案件之中，有49.2%的案件，双方当事人均来自英国以外的国家或地区。资料来源TheCityUK机构发布的2017年年度报告：https://www.thecityuk.com/assets/2017/Reports-PDF/Legal-excellence-internationally-renowned-Legal-services-2017.pdf，最后访问日期：2017年12月1日。

断被修改,以适用时代发展变化的要求。①

近年来,英国商事法院涌现出许多富有创造力的诉讼程序制度,集中体现在英国《民事诉讼规则》及《诉讼指引》中,将英国商事法院审判高效与专业化的特点表现得淋漓尽致。伦敦是世界上重要的国际金融中心之一,由金融市场衍生出的相关法律服务业务是英国法律市场的重要组成部分。② 为确保重大复杂的金融案件得到集中与统一管理,商事法院与大法官分庭创建了"金融案件清单",案件范围包括三类:一是标的在5000万英镑或以上的金融争议案件;二是案件纠纷的解决需要(审理该案的法官)具有金融市场方面的专长;三是对金融市场具有重要意义的案件。③ 与此同时,一项与此相对应的试验性方案——"金融市场测试方案"也在运行中,该试验机制旨在为可能对金融市场产生重要影响的问题提供权威的法律指引,允许当事人在无先例可循的情况下,在争议真正发生之前,如双方达成合意,可将相关问题事先交由法院审理并作出预先判决。④

为提高诉讼与审判的效率并进而节省当事人的诉讼成本,英国商事法院采用两项试验机制——速裁机制及灵活审理机制。速裁机制的目的在于庭审在较短的时间内得以完成并且在此之后,法院须迅速有效地作出判决。⑤ 灵活审理机制旨在鼓励当事人在庭审上限制证据开始和口头证据的范围,从而减少诉讼时间和成本。⑥

英国商事法院亦积极使用信息技术提高法院工作的灵活性与便利性。在2007年,英国商事法院便将InterComm信息化项目引入商事法院登记处,使案

---

① 截至2017年11月,《民事诉讼规则》及其对应的《诉讼指引》已经过数十次修改、更新,该部分援引的《民事诉讼规则》和《诉讼指引》以英国司法网公布的最新文本为准,文本的最近一次更新时间是2017年11月。参见英国司法网:http://www.justice.gov.uk/,最后访问日期:2017年12月25日。为了与其他法院的《民事诉讼规则》和《诉讼指引》相区分,在注释中使用"English Civil Procedure Rules"指代英国《民事诉讼规则》,"English Practice Direction"指代英国《诉讼指引》。

② 金融服务领域是英国的律师事务所的主要业务之一。2013年至2017年上半年,在英国排名前50名的律师事务所的所有交易总值中,金融服务行业在其中的比重达40.9%。资料来源TheCityUK发布的2017年年度报告:https://www.thecityuk.com/assets/2017/Reports-PDF/Legal-excellence-internationally-renowned-Legal-services-2017.pdf,最后访问日期:2017年12月1日。

③ See English Civil Procedure Rules, Rule 63A.1.

④ See Simon Bushell, "London's Financial List-A Choice of Forum Crossroads", https://www.lw.com/thoughtLeadership/londons-financial-list, December 7, 2017.

⑤ See English Practice Direction 51N, 2.4.

⑥ See English Practice Direction 51N, 3.3 – 3.4.

件登记采用电子形式。[①] 近年来，英国商事法院的改革突出表现在运用一套全新的电子司法系统——“在线司法”(e-judiciary)，用以加快法官使用大型电子数据库的速度。此外，诉讼当事人须通过电子系统提起诉讼、提交诉讼文件，当事人所提交的文件将自动存储为电子案件档案(electronic case file)。[②]

二、法国商事法院

法国商事法院(Tribunal de Commerce)是一项历史悠久的司法制度，其渊源可以一直追溯到中世纪。在商事活动发达的城市，人们从德高望重的商人中选出裁判者，来处理商事纠纷。[③] 这一制度随后开始在全国范围内得到推广，[④]如今，法国有商事法院 134 个，商事法院的设置依据商事发达程度而定，而不受行政区域的影响。[⑤] 法国商事法院每年大约要作出 100 万个判决，[⑥]在商事争议审判中发挥着重要的作用。

法国商事法院的审级为三级两审制，全国 134 个商事法院作出初审机构，[⑦]上诉机关是所对应的大审法院，最后由法国最高法院作出最终的审核。[⑧] 在特定情况下，商事法院也可能作为二审法院，对于司法重整与破产清算类案件，法国商事法院可以在职权范围内对上诉进行审理；另外，对于诉讼标的额不超过 4000 欧元的案件，法国商事法院享有一审终审权。[⑨]

---

① See Courts and Tribunals Judiciary, "A New Era for the Commercial and Admiralty Courts", https://www.judiciary.gov.uk/announcements/a-new-era-for-the-commercial-and-admiralty-courts/, December 10, 2017.

② English Practice Direction 510, 2.1 - 2.3.

③ See Jean-Bernard Blaise and Richard Desgorces, *Droit des Affaires: Commerçants, Concurrence, Distribution*, Paris, LGDJ-Lextenso Editions, 2015, p. 156.

④ 参见[法]洛伊特·卡迪耶主编：《法国民事司法法》，杨艺宁译，中国政法大学出版社 2010 年版，第 85 页。

⑤ 参见李玉林：《论法国特殊商事审判制度——以商事法院与商事法官为中心》，载《山东审判》2008 年第 3 期。

⑥ Hélène Béranger, "La justice commerciale est une justice spécialisé, rendue par des professionnels de la matière avec une efficacité certaine", *La semaine juridique-Édition Générale* 16, 2016, p. 782.

⑦ See French Commercial Code, Article L. 721 - 1.

⑧ Attributions de la Chambre Commerciale, "Financière et Économique", https://www.courdecassation.fr/jurisprudence_2/chambre_commerciale_574/commerciale_financiere_11638.html, December 10, 2017.

⑨ 参见金邦贵主编：《法国司法制度》，法律出版社 2008 年版，第 147 页。

法国商事法院负责审理一切商事争议,具体受案范围规定在《法国商法典》第721－3条中,《法国商法典》采用“主体加行为”的方式对受案范围进行规定,概括而言,法国商事法院处理商人之间的或者由于商事行为而产生的争议,①但实践中如何判定商事主体身份以及如何界定商事行为存在一定的争议。

法国商事法院由法国商事法院的院长、商事法官以及书记员3类人员构成。其中,商事法官是最有特点的一类司法人员,法国采用纯商人化的司法构成,即商事法官全部由商人选举产生,他们并不要求具有法学背景,他们是来自各行各业的商业精英,久经职场的商事法官能够敏锐地找出商事纠纷的核心争议点,有针对性地解决争议。② 并且,商事法官是纯志愿行为,他们并不会领取薪酬。目前,法国大约有3200名商事法官,每年能作出将近100万个判决。③法国商事法院的院长除了行使司法审判职能以外,还享有行政管理职能,商事法院的工作由院长来领导开展。书记员属于司法辅助人员,同时还具有管理商事登记簿的职责。④

法国商事法院的诉讼程序本着服务当事人的宗旨,追求简便、快捷的理念。在商事法院起诉无强制代理制度,当事人可以自愿出庭,还设置有独任法官制度来处理庭前程序。此外,在商事法院起诉相比较而言成本较低,法国商事诉讼在立案环节不收取任何费用,有关律师代理费用与诉讼费用都有详细的法律进行规制。⑤ 相比国际商事仲裁等费用高昂的争议解决方式,法国商事法院在诉讼费用上十分亲民。

随着英国决定退出欧盟,伦敦国际商事争议纠纷解决的国际影响力可能有所降低,为了提升法国商事争议解决的国际竞争力,巴黎金融中心高级法律委员会在法国司法部的指示下,开始探索建立专门法庭来处理有关国际商事或者金融等专业领域的案件。并于2017年5月3日正式公布名为《关于设立处理

---

① See French Commercial Code, Article L. 721－3.

② See Debevoise & Plimpton LLP, “10 Things U. S. Litigators should Know About Court Litigation in France”, http://www.debevoise.com, July 22, 2017.

③ See Hélène Béranger, “La Justice Commerciale est une Justice Spécialisé, rendue par des professionnels de la matière avec une efficacité certaine”, *La semaine juridique-Édition Générale* 16, 2016, p. 782.

④ 参见[法]洛伊特·卡迪耶主编:《法国民事司法法》,杨艺宁译,中国政法大学出版社2010年版,第88页。

⑤ See Carine Guicheteau, “La tribunal de commerce doit devenir la juridiction des affaires économique”, *Juriste d' entreprise* 28, 2017, p. 8.

国际商事纠纷的专门法庭的倡议》(Préconisations sur la Mise en Place A Paris de Chambres Spécialisées pour le Traitement du Contentieux International des Affaires)的重要文件，该倡议受到法国司法界和政界的热切回应。① 巴黎金融中心高级法律委员会建议合并巴黎商事法院的部分法庭，用以专门处理国际商事与金融纠纷，并在巴黎上诉法院创设专门法庭，为此类争议提供上诉审理。

2018 年 2 月 7 日巴黎金融中心高级法律委员会通过分别与巴黎上诉法院院长尼古拉·贝卢贝(Nicole Belloubet)与巴黎商事法院院长让·梅西内西(Jean Messinessi)以及巴黎律师公会主席玛丽－艾梅·佩龙(Marie-Aymée Peyron)，签署《关于巴黎上诉法院国际法庭诉讼程序的法令》(Protocole Relatif à la Procédure devant la Chambre Internationale de la Cour d'appel de Paris)和《关于巴黎商事法院国际法庭诉讼程序的法令》(Protocole Relatif à la Procédure devant la Chambre Internationale du Tribunal de Commerce de Paris)(以下简称《法令》)，巴黎国际商事法庭(la Chambre Internationale Commerciale)正式宣布设立，该法令于 2018 年 3 月 1 日正式生效。事实上，巴黎国际商事法庭在法国法院体系中并非新鲜事物。早在 1995 年，巴黎商事法院就已设立国际法法庭(la Chambre de droit international)专门受理国际性商事案件，后又于 1997 年，设立欧盟法法庭(la Chambre de droit de l'Union Européenne)来专门处理欧盟范围内的国际性商事案件，2015 年将二者合并统称为国际法法庭(la Chambre de droit international)。巴黎商事法院原有的国际法法庭包括其庭长共设有 10 名法官，均能使用英语作为工作语言，其受理案件的类型主要为将适用或可能适用欧盟法或外国法的、具有国际性特点的经济商事案件。②所以说，于 2018 年 2 月新设立的巴黎国际商事法庭(la Chambre International Commerciale de Paris)，实质上是在巴黎商事法院原有的国际法法庭的基础上加以创建的。然而，除了继承其原有特点外，该国际商事法庭又在诸多方面做出了重大创新。

法国人对法语拥有特殊的自豪感，但是由于国际商事往来多采用英语，某些专业技术性极强的合同也多采用特定组织提供的英文版本的格式合同，为了

---

① See Haut Comité Juridique de la Place Financière de Paris, "Préconisations sur la Mise en Place A Paris de Chambres Spécialisées pour le Traitement du Contentieux International des Affaires", http://hcjp.fr/avis-et-rapports/, May 12, 2018.

② See Protocole Relatif à la Procédure devant la Chambre Internationale du Tribunal de Commerce de Paris.

增加专门法庭的吸引力，法国开始考虑允许在专门法庭诉讼的国际商事纠纷案件，在特定的庭审阶段使用英语审判，并考虑在判决作出之后附上相应的英文版本，以增强案件判决的流通性。①

为进一步追求诉讼程序的高效性，专门法庭考虑建立一套完整的程序流程缩短诉讼所需的时间，并设立严格的时间节点要求法官与当事人共同遵守。②此外，在民事与商事诉讼程序的总框架下，专门法庭还将为当事人创设诉讼指南(guideline)，在指南中介绍司法实践与在诉讼各个环节中应注意的事项，③以提升诉讼的效率。

三、纽约南区法院

根据《美国宪法》第 3 条第 1 款的规定，美国的司法权被授予最高法院和经国会设立的下级法院。④ 在宪法通过后，美国国会于 1789 年通过了《司法法》。根据 1789 年美国《司法法》第 2 条的规定，国会批准设立了 13 个联邦地区法院(美国的联邦法院系统见图 2)。⑤ 据此，纽约南区法院于 1789 年 9 月 24 日成立，并成为美国第一个开庭审理案件的联邦法院。⑥

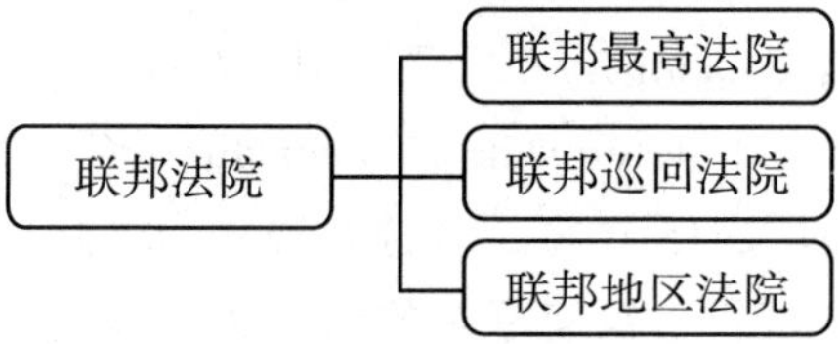

图 2　美国联邦法院系统

① See Note d' analyse du Service de documentation, es études, et du Rapport de la Cour de Cassation, http://hcjp. fr/avis-et-rapports/, December 10, 2017.

② See Haut Comité Juridique de la Place Financière de Paris, "Préconisations sur la Mise en Place A Paris de Chambres Spécialisées pour le Traitement du Contentieux International des Affaires", http://hcjp. fr/avis-et-rapports/, December 10, 2017.

③ See Haut Comité Juridique de la Place Financière de Paris, "Préconisations sur la Mise en Place A Paris de Chambres Spécialisées pour le Traitement du Contentieux International des Affaires", http://hcjp. fr/avis-et-rapports/, December 10, 2017.

④ See U. S. Constitution, Article 3, Section 1.

⑤ See The Judiciary Act of 1789, Section 2.

⑥ See H. Paul Burak, *History of the United States District Court for the Southern District of New York*, New York, Federal Bar Association of New York, New Jersey & Connectticut, 1962, p. 1; John D. Winter and Richard Maidman, "Retelling the History of the United States District Court for the Southern District of New York", *New York Litigation Lawyer* 17, 2012, pp. 1 – 2.

在此后的 200 多年时间里,纽约南区法院凭借其悠久的历史积淀,充分发挥纽约作为世界金融中心所具有的经济优势,一举奠定了其在美国联邦法院系统中的地位,被称作美国的"法院之母"(the Mother Court)。[①] 此外,得益于美国的"长臂管辖"制度以及联邦法律域外适用范围的扩张,纽约南区法院在主权豁免诉讼、证券以及知识产权领域审理了大量的知名国际性案件,跻身世界一流法院行列。

就法院的等级和受案范围而言,纽约南区法院是美国联邦法院系统中的主审法院,既可以受理刑事案件,也可以受理民商事案件。当事人对纽约南区法院所做判决有异议的,多数案件可以上诉到第二巡回法院。

就法官的选任而言,美国联邦法院的法官任命具有明显的政治色彩。按照《美国宪法》的规定,纽约南区法院的法官经总统提名、参议院通过后任命。美国联邦法官一旦获得任命,除因严重行为不端而被撤职除外,均拥有终身职位。[②]

在管辖权制度上,纽约南区法院受美国"长臂管辖"的影响,以最低限度联系标准来认定管辖依据。在该原则指导下,只要法院与外国(州)法人、自然人之间存在最低联系,法院行使管辖权便不会违反传统观念所要求的公平竞争与实质正义。[③] 近年来,美国联邦最高法院通过戴姆勒诉鲍曼(Daimler AG v. Bauman)案[④]等案件,有意识地限制美国长臂管辖的适用,但是并未从根本上动摇美国长臂管辖制度的根基。长臂管辖制度扩大了纽约南区法院的受案范围,在法院发现其是审理案件的一个严重不方便的法院且诉讼当事人和公共利益要求原告到另外一个更为方便的法院诉讼时,法院会通过不方便法院原则拒绝审理案件。[⑤]

在法院的诉讼程序规则方面,纽约南区法院在进行民商事案件审理时一般

① See James D. Zirin, "The Mother Court: A. K. A. , the Southern District Court of New York", https://www.americanbar.org/publications/tyl/topics/legal-history/the-mother-court-aka-southern-district-court-new-york.html, July 27, 2017.

② 参见[美]杰弗里·C. 哈泽德、米歇尔·塔鲁伊:《美国民事诉讼法导论》,张茂译,中国政法大学出版社 1998 年版,第 65 页。

③ See International Shoe Co. v. Washington, 326 U. S. 310, 316(1945).

④ Daimler AG v. Bauman, 134 S. Ct. 746(2014).

⑤ 参见何其生:《非方便法院原则研究》,载陈光中、江伟主编:《诉讼法论丛》(第 7 卷),法律出版社 2002 年版,第 420 页。

遵循三套程序规则:一是《联邦民事诉讼规则》;二是联邦地区法院颁布的地方规则(local rules),即《美国纽约南区法院、纽约东区法院地方规则》(Local Rules of the United States District Courts for the Southern and Eastern Districts of New York);三是各法官颁布的个人规则(judges' individual rule)。[①] 法官的个人规则由每位法官自行制定,并由法院的书记官办公室免费向当事人提供,当事人也可以在纽约南区法院的官方网站上自行下载。法官的个人规则主要包括以下三个方面:一是当事人与法官办公室之间联络的方式;二是当事人向法官办公室呈送诉答文书与动议文件的方式;三是对审前会议的具体程序与要求。[②]

在诉讼程序的管理上,为妥善应对"诉讼洪峰",以美国为代表的西方国家通过案件管理运动,加强法官对诉讼进程和审判节奏方面的司法控制和监督,以此提高诉讼效率,避免诉讼延迟和不必要的诉讼成本。[③] 具体体现可以分为以下两个方面:

第一,通过召开审前会议,就当事人的诉讼请求、证据开示等问题进行时间期限上的规定。

第二,通过庭审管理,对案件分配、合并审理和分开审理、主事官的任命、制裁措施、律师费用的管理等程序性事项,以及证据开示的次数、证据开示的范围、违反证据开示命令的处罚措施等证据性事项进行管理,最大限度地保障案件审理的顺利进行。

与此同时,纽约南区法院在 20 世纪 90 年代开始便引入了非诉讼纠纷解决程序,现已形成了以调解为主的非诉讼纠纷解决规则,实现诉讼纠纷的有效解决。

在信息化建设方面,纽约南区法院引入电子立案系统(Electronic Case Filing),实现诉讼文件的电子管理,提升诉讼程序的效率。

四、新加坡国际商事法庭

2013 年新加坡新任首席大法官圣达雷什·梅农(Sundaresh Menon)在其演

---

① 参见美国法通讯编辑部:《美国联邦法院法官的个人规则》,载林晓云等主编:《美国法通讯》(第 1 辑),法律出版社 2003 年版,第 110 页。

② 同上。

③ 参见张婷:《英美民事对抗制的演变(1945~2012)——以美国的案件管理制度为切入点》,上海世纪出版集团 2014 年版,第 96 页。

讲中,首次提议在新加坡设立国际商事法庭,旨在拓宽新加坡法律服务的广度,提升新加坡国际化程度,同时可以通过案件的审判将新加坡法律加以输出。①该提议获得了新加坡司法界的广泛认可。随后,由新加坡司法部部长指派相关专家成立了“新加坡国际商事法庭委员会”(Singapore International Commercial Court Committee),由该委员会负责就成立新加坡国际商事法庭一事进行评估,委员会成员不仅包括了新加坡本国专家,还邀请了来自其他国家法律实务领域的专家。

2013年11月该委员会发布了《新加坡国际商事法庭委员会报告》(the Report of the Singapore International Commercial Court Committee,以下简称SICC Committee Report)。该报告认为,新加坡除了有专业的司法从业人员、完善的普通法体系及深厚的商事法理基础外,更拥有绝佳的地理位置,这些因素将使新加坡的国际商事法庭对于吸引案源都具有相当的优势;再者,虽然新加坡国际仲裁中心的设立使新加坡在国际仲裁地选择上位列第三,但仲裁对于案件纠纷的解决仍具有一定的局限性。设立一个与新加坡国际仲裁中心对应的国际商事法庭,令其扮演一个理性中立的审判角色,不仅可以完善新加坡纠纷解决体系,还能更大范围消化亚洲因商业发展所衍生的商业纠纷,与新加坡国际仲裁中心以及新加坡国际调解中心(Singapore International Mediation Center,SIMC),以全方位、多渠道的法律服务,为当事人解决国际商事争议,强化新加坡“国际争议纠纷解决中心”的地位。②

为设立新加坡国际商事法庭,新加坡不仅修正了《新加坡共和国宪法》(the Constitution of the Republic of Singapore)、《新加坡最高法院司法法》(the Supreme Court of Judicature Act,CAP. 322,Singapore SCJA)、《新加坡法院规则》(Singapore Rules of Court)、《司法执业人员法》(the Legal Profession Act)的相关条文,同时还颁布了《新加坡国际商事法庭诉讼指引》(the Singapore International Commercial Court Practice Directions,SICC Practice Directions)、《新加坡国际商事法庭示范条款》(the Singapore International Commercial Court Model Clause,SICC Model Clause)以及《新加坡国际商事法庭判决执行要点》(the Singapore International Commercial Court Note on Enforcement of SICC

① See Sundaresh Menon,“Response by the Honorable Chief Justice Sundaresh Menon”, *Opening of the Legal Year* 2013 *and Welcome Reference for the Chief Justice*, January 4, 2013, para. 33.

② SICC Committee Report, pp. 7 – 12.

Judgment, SICC Enforcement Note)等配套性法律法规和指导规范。[①] 2015 年 1 月 5 日新加坡国际商事法庭正式设立并开始受理案件。[②]

与一般的法院相比,新加坡国际商事法庭立足于商事仲裁的优势和缺陷,一方面吸收了商事仲裁的灵活性和意思自治,另一方面又维持了传统诉讼司法的权威性。因此,新加坡国际商事法庭在管辖权、诉讼程序、审判制度等各方面的改革制度均令人眼前一亮,比较大胆新颖。

首先,在法院级别上,新加坡国际商事法庭是新加坡最高法院的一个内设法庭。[③] 在法官的组成上,新加坡国际商事法庭的改革极具突破性。其可以从其他国家的优秀法官或者已退休的法官中招录国际法官。[④] 目前,新加坡国际商事法庭共有 15 位国际法官,既有来自普通法系的也有来自大陆法系的。

其次,在法院的受案范围和管辖权上,新加坡国际商事法庭一般只受理国际商事案件。《新加坡法院规则》对案件的"国际性"与"商事性"作出了详细说明,其中还允许当事人对国际性与商事性作出约定。[⑤] 新加坡国际商事法庭管辖权的核心在于当事人协议,为此其提出了"离岸案件"的概念。离岸案件是指与新加坡无实质联系的案件,具体来说,无实质联系包括:争议的准据法不是新加坡法,争议标的也不受新加坡法律调整或者新加坡与案件唯一的联系在与当事人选择新加坡法律为准据法并将案件提交新加坡管辖。[⑥] 除了协议管辖外,为了保证其案源,新加坡还设计了移送管辖制度,允许案件在高等法庭和商事法庭之间移送。[⑦] 目前,新加坡国际商事法庭审理的案件基本为高等法庭移送而来。

新加坡国际商事法庭另一项重大突破在于其外国律师代理制度,其允许经过注册的外国律师在新加坡执业。外国律师可以通过两种方式进行注册,一是

---

① 在正文中,相关内容援引到这些法律法规其中的条款时,注释中均采用这些法律法规的英文简称。

② 新加坡国际商事法庭于 2015 年 5 月开始审理第一宗案件 BCBC Singapore Pte Ltd. v. PT Bayan Resources TBK[(2016) SGHC(I)01],该案件由最高法院高等法庭移送至新加坡国际商事法庭。

③ Singapore SCJA, s 18A.

④ See Johannes Landbrecht, "The Singapore International Commercial Court (SICC)— An Alternative to International Arbitration?", *ASA Bulletin* 34, 2016, p. 121.

⑤ See Singapore Rules of Court, Order 110, Rule 1(2).

⑥ See Singapore Rules of Court, Order 110, Rule 1(2)(f).

⑦ See Singapore SCJA, s 18J; Singapore Rules of Court, Order 110, Rule 12.

完全注册,获得完全注册的律师可以律师身份出庭参与"离岸案件";二是限制注册,限制注册的律师则只能就外国法问题提交法律意见。[①] 此外,新加坡《司法执业人员法》及其配套法规还详细规定了外国律师注册条件、有效期限以及外国律师在新加坡的执业规范。

在法律适用方面,新加坡国际商事法庭的突破主要在于外国法的查明上。基于其国际法官的优势,法官可以基于当事人的主张及其提交的材料确定外国法的适用。[②] 这一做法区别于传统的普通法中外国法的查明。

在诉讼程序上,新加坡国际商事法庭极其重视诉讼与仲裁程序的兼容性,给予当事人很大的自由。首先,新加坡国际商事法庭强调诉前程序,通过案件管理会议、诉前证书等制度提升诉讼效率;其次,基于当事人申请,法院可在诉中和诉后采取多种方式对案件保密;最后,新加坡国际商事法庭还允许当事人通过协商限制、变更和放弃全部或者部分的上诉权。[③]

此外,新加坡开发了电子诉讼系统,基本可以实现文件提交和获取的电子化。新加坡国际商事法庭还在庭审中使用如远程会议等形式的信息化技术措施,以进一步便利诉讼的进行。[④]

最后,为了促进其判决的承认与执行,除了继续利用《英联邦判决互惠执行法》和《外国判决互惠执行法》之外,新加坡还加入并批准了《选择法院协议公约》,并通过与其他国家法院签署合作备忘录的形式推进判决的承认与执行。[⑤]

五、迪拜国际金融中心法院

2004 年在阿拉伯联合酋长国(以下简称阿联酋)宪法修正案的基础上,阿拉伯联合酋长国颁布《关于建立迪拜国际金融中心的联邦第 35 号法令》,该法令授权迪拜酋长国(以下简称迪拜)成立迪拜国际金融中心(Dubai International Financial Centre)。[⑥] 迪拜国际金融中心是迪拜新型自由贸易区的典型代表。迪拜国际金融中心建立的主要原因有三:

第一,以自由贸易区的模式构建全球金融中心。迪拜所在的区域位于亚欧

---

① See Singapore SCJA, s 18M; Singapore Rules of Court, Order 110, Rule 32.

② See Singapore SCJA, s 18L.

③ See SICC Practice Directions 2017, para. 139(3).

④ See SICC Practice Directions 2017, part Ⅷ, paras. 43 – 59.

⑤ See SICC Enforcement Note.

⑥ Federal Law No. 8 of 2004 Regarding the Financial Free Zone.

非三大洲的十字路口。以迪拜为中心可以辐射的经济范围包括中东、北非、东非、里海国家和印度次大陆地区,整个区域涵盖了世界人口的1/3,名义GDP达到5.4万亿美元。[①] 而这个区域内却没有一个可以比肩纽约、伦敦、中国香港特别行政区和新加坡的国际金融中心。这种发展上的差距亟待弥补,也成为新兴市场构建全球金融中心的巨大机遇。

第二,通过建立自由贸易区突破阿拉伯国家传统法律规则对现代商业贸易的严重阻碍。经营者在阿联酋的商业经营长期以来受到严格的限制。根据相关规定,外国经营者要在阿联酋进行经营,必须要出让其所有权的51%给阿联酋居民。而自由贸易区则免除了这种规定。[②]

第三,弥补传统自由贸易区的不足。在迪拜国际金融中心建立之前,为吸引外国直接投资以促进发展,迪拜设立了大量的自由贸易区。其中,1985年迪拜建立第一个自由贸易区——杰贝阿里自由贸易区。此后又陆续建立了35个自由贸易区。[③] 上述贸易区对商业交易采取免税和低税率政策,吸引了大量外资。但是传统的自由贸易区依然受到阿联酋法律的诸多限制,在吸引外资上没有完全发挥出其应有的作用。[④] 此外,迪拜领导层意识到仅依靠建立一般形式的自由贸易区无法促使迪拜成为发达地区。因此,迪拜国际金融中心的计划在此基础上出台。

随着迪拜国际金融中心的建立和发展,各类涉及国际、国内主体的民商事纠纷逐渐增加。迪拜独特的伊斯兰法律决定了其传统的法院体系无法解决多元主体的商业性纠纷。同时,迪拜国际金融中心职能的实现需要强有力的司法保障。因此,在迪拜国际金融中心建立解决民商事案件的专门法院十分必要。2004年迪拜出台《关于迪拜国际金融中心的第9号法律》(Dubai Law No. 9 of 2004 in respect of the Dubai International Financial Free Zone),该法为迪拜国际

① 资料来源迪拜国际金融中心法院官网:https://www.difc.ae/chinese,最后访问日期:2017年9月10日。

② See Robert C. Furr and Jessica L. Furr, "Draconian Bankruptcy Laws Inhibit Entrepreneurship in Bahrain, Oman and the UAE", *American Bankruptcy Institute Journal* 32, 2013, p. 39.

③ See Firew Tiba, "The Emergence of Hybrid International Commercial Courts and the Future of Cross Border Commercial Dispute Resolution in Asia", *Loyola University Chicago International Law Review* 14, 2016, p. 42.

④ See Griffin Weaver, "Legal and Institutional Remedies for Middle East States Wishing to Develop and Increase Foreign Direct Investment", *Florida Journal of International Law* 27, 2015, p. 71.

金融中心法院体系的建立提供了参考,标志着迪拜国际金融中心法院的建立。迪拜国际金融中心是建立在阿联酋迪拜伊斯兰法和民法法系混合基础之上的普通法特区。迪拜国际金融中心法院则是以英语为官方语言,以英国商事法院为蓝本建立起来普通法法院。[①]“构建全球领先的国际商事法院”是迪拜国际金融中心法院的主要愿景。为实现这一宏大愿景,迪拜国际金融中心法院构建了各类制度。2004 年颁布的《关于金融自由区的联邦第 8 号法律》(Federal Law No. 8 of 2004 Regarding the Financial Free Zone)规定联邦的民事和商事法律不适用于各类金融自由区及其境内的金融活动,[②]该法确立了迪拜国际金融中心法院的民商事独立性,排除了阿联酋民商事法律在中心的适用。在此基础之上迪拜、迪拜国际金融中心管理局以及迪拜国际金融中心法院制定了适用于中心的各类民商事实体法和程序法。

迪拜国际金融中心法院建立后发展迅速,成为现代商事法院建设的成功典范。一方面,法院的受案量和案件金额快速增长。数据显示,2016 年迪拜国际金融中心法院的受案总量达到了 335 件,受案金额达到 58.51 亿迪拉姆,在 2015 年的基础上增长了 5%。截至 2016 年,向迪拜国际金融中心法院申请执行案件的数量相比 2015 年提升了 95%,受案总金额已经达到了 2.94 亿美元,这一数据在 2015 年的基础之上增长了 155%。[③] 同时,当事人申请执行案件的数量也已经成为迪拜国际金融中心法院的第二大案件来源,仅次于初审法院的受案数量。另一方面,争议的效率不断提高,小额诉讼法庭中 75% 的案件在 4 周内得到解决,在所有收到的案件中,有 83% 的案件在初审法院即得到有效解决。[④]

迪拜国际金融中心法院的制度建设逐渐完备,制度创新取得了良好成效。迪拜国际金融中心法院的管辖权制度、法律适用制度、判决承认与执行制度逐步完善。此外,法院还进行了一系列的制度创新,包括:法官组成上的国际化,法院的 12 位法官分别来自包括新加坡、英国、澳大利亚、马来西亚及阿联酋在内的 5 个国家,这种人员构成有效地保证了国际商事争议解决的专业性;法院

---

① See Damien P. Horigan, "The New Adventures of the Common Law", *Pace International Law Review Online Companion* 1, 2009, p. 11.

② See Federal Law No. 8 of 2004 Regarding the Financial Free Zone, Article 3.

③ See DIFC Courts, "Annual Review of DIFC Courts (2016)", http://difccourts.ae/wp-content/uploads/2014/05/DIFC-Annual-Review-2016.pdf, July 10, 2017.

④ Ibid.

通过有效的繁简分流制度提高争议解决的效率。案件的繁简分流制度主要包括案件的替代性纠纷解决制度、案件管辖的分流制度、审理过程中当事人的和解制度以及裁判文书内容的繁简分流制度等方面;法院对外籍律师代理采取了开放的态度,通过允许外籍律师登记执业的方式为商事争议解决提供了有力的人员保障;以电子化为代表的信息化制度建设对诉讼程序的推进起到了积极的作用,迪拜国际金融中心法院信息化建设包括文件提交的电子化、案件审理的电子化、文书送达的电子化等。通过对迪拜国际金融中心法院的民事程序制度研究,可以对现代商事法院制度构建进行基本了解,从而为新兴经济体构建现代国际商事法院提供一定参考。

六、小结

从这些法院的历史发展过程来看,商事法院的产生可分为两类:一类是商人驱动型,即因商品经济发展,商事主体对商事审判的专业化程度提出更高的要求,要求法官具备处理商事纠纷的专业能力,商事法院基于这样的时代背景而产生并逐渐发展完善,英国商事法院和法国商事法院便是如此;另一类是国家驱动型,即国家出于经济发展的需要或者以成为区域性的争议解决中心为目标,建立本国的国际商事法院,新兴设立的国际商事法院大多都属于此类,如新加坡国际商事法庭和迪拜国际金融中心法院。

第二节 其他国际商事法院

一、阿布扎比全球市场法院

2013 年阿拉伯联合酋长国中最大的酋长国阿布扎比成立了国际金融中心——阿布扎比全球市场(Abu Dhabi Global Market),并于 2015 年 10 月 21 日正式投入使用。[①] 这个金融自由区,依托了阿布扎比自身的三大战略优势——私人银行、财产管理和资产管理,具有连接中东、非洲与南亚的战略地位。阿布扎比全球市场由 3 个独立的机构组成,包括注册机构、金融服务监管机构以及阿

---

① See Abu Dhabi Global Market,"About Abu Dhabi Global Market",https://fintechabudhabi.com/about/adgm/About Abu Dhabi Global Market,December 10,2017.

布扎比全球市场法院(Abu Dhabi Global Market Courts,ADGM Courts)。① 阿布扎比全球市场法院在法官的组成、律师代理制度、诉讼程序及审判语言、信息化建设以及判决的承认与执行制度等方面有着其鲜明的特点。

阿布扎比全球市场法院由初审法院(First Instance)和上诉法院(Court of Appeal)组成。所有法官都将成为初审法院和上诉法院的主审法官,包括首席大法官。其中,初审案件由 1 名法官审理,上诉案件由 3 名法官审理。② 初审法院又由民事庭(the Civil Division)、雇佣纠纷庭(the Employment Division)以及小额诉讼庭(the Small Claim Division)组成。③ 阿布扎比全球市场法院法官由全球市场的董事会任命,其中首席大法官 1 名,普通法官若干。法官队伍由来自世界主要普通法国家或地区的高水平法官组成。④ 这些经验丰富的法官主要来自英国、澳大利亚、中国香港特别行政区和新西兰。⑤

阿布扎比全球市场法院主要审理阿布扎比境内民事和商事纠纷,对刑事案件以及境外案件没有管辖权;⑥全球市场的当事人可以同意排除阿布扎比全球市场法院的管辖权,将案件提交给其他任何法院或者将此事提交仲裁。⑦ 阿布扎比全球市场法院初审法院的受案范围包括:涉及全球市场或者任何全球市场机构的民商事纠纷;在全球市场全部或者部分签订的合同或者达成的交易,或者发生在全球市场的事件而引起的诉讼或者民商事纠纷;任何对全球市场机构的决定(根据全球市场规范而作出的)或者实施的程序提起的上诉;根据全球市场法律规范,任何阿布扎比全球市场法院有权审理的请求。上诉法院只能审理

---

① 参见阿布扎比全球市场官网: https://www. adgm. com/about-adgm/about-adgm/,最后访问日期:2017 年 12 月 25 日。

② See ADGM Courts, Civil Evidence, Judgments, Enforcement and Judicial Appointments Regulations 2015,Section 3. See also Law No.(4)of 2013 Concerning Abu Dhabi Global Market,Article 13.

③ See Divisons and Jurisdictions(Court of First Instance)Rules 2015,Section 1.

④ 参见阿布扎比全球市场官网:https://www. adgm. com/doing-business/adgm-courts/home/,最后访问日期:2017 年 12 月 10 日。

⑤ See Dyfan Owen,"ADGM Courts and Abu Dhabi Judicial Department Sign MoU",https://www. ashurst. com/en/news-and-insights/legal-updates/adgm-courts-and-abu-dhabi-judicial-department-sign-mou/,December 12,2017.

⑥ See ADGM Courts, Civil Evidence, Judgments, Enforcement and Judicial Appointments Regulations 2015,Section 5 and Section 16.

⑦ See ADGM Courts, Civil Evidence, Judgments, Enforcement and Judicial Appointments Regulations 2015,Section 47.

针对初审法院的判决和决定提起的上诉。此外,如果首席大法官应全球市场董事会或者任何董事会授权的人或者任何全球市场机构的要求,对全球市场的法规和规则予以解释,且首席大法官认为此种解释是必要的,上诉法院还可以对这些条文进行解释。上诉法院作出的判决具有最终效力。①

阿布扎比全球市场法院是基于英国司法制度而建立的普通法法院。法院法律体系的基础源自 2015 年《英国法律适用条例》(the Application of English Law Regulations 2015)。该条例使英国法在这里可以得到直接的适用,包括英国法中的公平原则和规则,阿布扎比全球市场法院因此成为第一个直接适用英国法的中东地区法院。② 阿布扎比全球市场法院的法律框架包括一个单一的统一法规,即《阿布扎比全球市场法院条例》(ADGM Courts, Civil Evidence, Judgments, Enforcement and Judicial Appointments Regulations 2015)以及《阿布扎比全球市场法院规则》(ADGM Court Rules)和《诉讼指引》(Practice Directions)。③ 作为一个普通法法院,阿布扎比全球市场法院的所有诉讼活动都应适用英语。具体而言,相关文书(双方当事人往来的函件、所有向法院提交的诉状、申请、陈述与声明等,包括但不限于证人证言、公开声明、专家报告)、庭审和交叉询问、当事人提交的动议或者法院自己准备的动议以及任何法院的判决、裁定和决定(无论是以书面还是口头的形式)都应使用英语。④

值得一提的是,在开庭审理阶段,阿布扎比全球市场的初审法院可以在世界任何地方开庭。一般情况下,上诉法院不会在阿布扎比境外的地方开庭;如果上诉法院需要在阿布扎比以外的地方开庭,那么开庭涉及的地点、日期以及听证的具体规则(包括是否进行视频会议、电话会议或者面对面的会议以及具体的规则)需要首席大法官在咨询全球市场的董事会之后决定。法院可以根据

---

① See Law No. 4 of 2013 Concerning Abu Dhabai Global Market, Article 13.

② See Abu Dhabi Global Market, "About Abu Dhabi Global Market", https://fintechabudhabi.com/about/adgm/ About Abu Dhabi Global Market, December 10, 2017.

③ The ADGM Court Rules comprise the Division and Jurisdiction Rules, ADGM Court Procedure Rules, Certification of Enforcement Agents Rules, Taking Control of Goods and Commercial Rent Arrears Recovery Rules, Judicial Discipline Prescribed Procedure Rules, Judicial Conduct Rules, and Rules of Conduct. See Tarek Shrayh et al., "Abu Dhabi Establishes English-Language Commercial Courts", http://www.tamimi.com/en/magazine/law-update/section-14/october-6/abu-dhabi-establishes-english-languag commercial-courts.html, visited on December 10, 2017.

④ See ADGM Courts, Civil Evidence, Judgments, Enforcement and Judicial Appointments Regulations 2015, Section 99.

首席大法官的决定，制定休庭期间上诉法院以及法院办公室需要遵守的规定，以及为了确保上诉法院开庭的相关规定。首席大法官可以任命一名阿布扎比全球市场法院的法官在法院开庭与休庭期间行使他的职权。①

阿布扎比全球市场法院允许外国律师在法院进行诉讼活动。一国或地区司法管辖范围内主管律师从业资格与执业行为的机构依其律师执业法授权执业的律师，可以在阿布扎比全球市场法院进行诉讼活动。② 但根据《阿布扎比全球市场法院条例》第219条，行使出庭的权利或者在阿布扎比全球市场法院进行相关诉讼活动的律师需要执业达5年以上。③ 不同于迪拜国际金融中心法院，阿布扎比全球市场法院尚未建立以法律执业者注册为出庭的先决条件的制度。④

阿布扎比全球市场法院为当事人提供全方位的"电子服务"（e-service），以确保法院所有业务得到快速、有效和经济的管理。电子服务在2017年进行了分阶段投放。阿布扎比全球市场法院致力于采取一种方法，使法院几乎所有的业务，包括法官审理案件的听审（hearing）、庭前申请（pre-trial applications）以及庭审，都可以通过"电子服务"进行。阿布扎比全球市场法院相信，根据当事人的需求和争议的性质，此举可以最大限度地保证案件处理的灵活性。⑤ 此外，阿布扎比全球市场还提供公证服务。对于公证员的任职资格、执业规范、责任赔偿以及收取费用等事项，阿布扎比全球市场法院首席大法官可以制定相关的规则。⑥

在判决的承认和执行方面，阿布扎比全球市场法院承认和执行阿拉伯联合

---

① See ADGM Courts, Civil Evidence, Judgments, Enforcement and Judicial Appointments Regulations 2015, Section 102.

② See ADGM Courts Rules of Conduct 2016, Article 2-Article 4.

③ See ADGM Courts, Civil Evidence, Judgments, Enforcement and Judicial Appointments Regulations 2015, Section 219.

④ See Tarek Shrayh et al., Abu Dhabi Establishes English-Language Commercial Courts, http://www.tamimi.com/en/magazine/law-update/section-14/october-6/abu-dhabi-establishes-english-languag commercial-courts.html, December 10, 2017.

⑤ 参见阿布扎比全球市场官网：https://www.adgm.com/doing-business/adgm-courts/electronic-services，最后访问日期：2017年12月13日。

⑥ See Tarek Shrayh et al., "Abu Dhabi Establishes English-Language Commercial Courts", http://www.tamimi.com/en/magazine/law-update/section-14/october-6/abu-dhabi-establishes-english-languag commercial-courts.html, December 10, 2017.

酋长国的司法机关作出的判决。法院可以与酋长国的司法机关或者酋长国成员国的司法机关就判决的相互承认和执行问题,以及相关程序问题签订协议或者备忘录。对于阿拉伯联合酋长国与外国签订的互相承认和执行判决的条约,阿布扎比全球市场法院也应遵守,以此为基础承认和执行该国的判决。判决的胜诉方可以在判决作出后的6年内向初审法院申请承认和执行。如果针对此判决的上诉程序正在进行,那么在最终的判决作出之日起6年内向阿布扎比全球市场法院申请承认和执行。如果一国并非前述条约的缔约国,在首席大法官认为该国法院在承认与执行方面将给予阿布扎比全球市场法院判决以事实互惠待遇(substantial reciprocity of treatment)的情况下,大法官在咨询了阿布扎比全球市场的董事会后,可以直接认定该国法院为"被承认的外国法院"(the recognised foreign court),即阿布扎比全球市场法院将会给予该国法院与缔约国法院相同的待遇,承认和执行该国法院的判决。①

二、卡塔尔国际法院

卡塔尔国际法院与争议解决中心(Qatar International Court and Dispute Resolution Center,QICDRC,以下简称卡塔尔国际法院)是卡塔尔政府根据2005年《第7号卡塔尔金融中心法规》②成立的,它是卡塔尔建立世界级国际金融中心的最后一步。卡塔尔国际法院的建设构想是建立有国际标准的争端解决中心,并成为卡塔尔金融中心(Qatar Financial Center)引进国际商事和金融服务战略的一部分。卡塔尔国际法院由民商事法院(Civil and Commercial Court)、仲裁中心以及管理法庭(Regulatory Tribunal)组成。③ 卡塔尔国际法院配备现代化的、专业的民商事法庭和国际知名的独立法官队伍,以快速、经济地解决争端。④ 卡塔尔国际法院的法官组成、诉讼程序等制度具有鲜明的特色。

卡塔尔国际法院由初审法庭(First Instance Circuit)和上诉法庭(Appellate

① See ADGM Courts, Civil Evidence, Judgments, Enforcement and Judicial Appointments Regulations 2015, Section 171.

② 该法规2009年通过修正案,即2009年《第2号卡塔尔金融中心法规》。

③ 管理法庭有权审理针对卡塔尔金融中心的管理机构(Regulatory Authority)或者组织(Institutions)的决定提出的上诉。

④ 参见卡塔尔国际法院官网:http://www.qicdrc.com.qa/about-us,最后访问日期:2018年12月15日。

Division)组成。初审案件和上诉案件都由 3 位法官审理。[①] 初审法庭对发生在卡塔尔金融中心的民商事案件拥有管辖权,包括在金融中心成立的公司企业与其雇员之间的民商事纠纷。[②] 在遵守基本的国际法原则和国际惯例的前提下,当事人也可以协议选择卡塔尔国际法院作为解决争议的法院。法院对于任何属于法院管辖权范围内的事项和争端的决定或者判决具有最终的效力。但是如果法院认为有需要或者更为合适,也可以拒绝行使管辖权或者将案件移交给卡塔尔境内的其他法院。[③] 上诉法庭由 3 位法官组成,其中应当包括首席大法官(除非他因身体等原因或者有利益冲突而不能参加)。首席大法官将决定初审法庭和上诉法庭的主审法官人选,首席大法官或者其他法官不能参与其曾经参加过的案件的上诉审理。任何来自初审法院的上诉或者管理法庭的上诉都应通过审查的方式进行,而不是重新审理。[④]

卡塔尔国际法院法官以其独立、公正、正直著称。法官主要来自包括卡塔尔、英国、德国、新西兰以及印度在内的不同法律体系的国家,这使卡塔尔国际法院成为一个真正的国际法院。法官在被任命时年龄不应低于 30 岁,他们都可以作为初审法庭和上诉法庭的主审法官。[⑤] 首席大法官和其他法官不能同时担任卡塔尔金融中心其他机构的职位,[⑥]首席大法官和其他法官的任期都是 5 年,并可连任。[⑦] 在没有足够数量的法官审理案件的情形下,首席大法官出于司法公正的考虑,可以任命一位非法官的人来担任管理法庭的案件主审法官之

---

① See Law No. 2 of 2009 on Amending Some Rules of the Qatar Financial Center Law Issued by Law No. (7) of 2005, Article 3(3)(a).

② See QFC Law, Article 8.3(c).

③ See The Qatar Financial Center Civil and Commercial Court Regulations and Procedural Rules, Section 9, Article 9.2 - 9.5.

④ See The Qatar Financial Center Civil and Commercial Court Regulations and Procedural Rules, Section 35, Article 35.2 - 35.7.

⑤ See The Qatar Financial Center Civil and Commercial Court Regulations and Procedural Rules, Article 12.1.

⑥ 这些机构具体指卡塔尔金融中心机构董事会(Board of QFC Institution)以及管理机构董事会(Board of Regulatory Authority)。如果首席大法官和其他法官在这些机构具有职位,那么其作为卡塔尔国际法院的法官职位将被自动停止。

⑦ See Law No. 2 of 2009 on Amending Some Rules of the Qatar Financial Center Law Issued by Law No. (7) of 2005, Article 5(4).

一,但此人必须满足卡塔尔国际法院的任职条件。①

在法律适用方面,卡塔尔国际法院适用卡塔尔金融中心法规(the Qatar Financial Centre Law,No. 2 of 2009)和条例(QFC Law and Regulations)。当事人可以选择争端适用的法律,但争端仍旧会受到卡塔尔金融中心法规和条例里的消费者保护条款的规制,并且所选择的法律不得与卡塔尔的公共政策或者公共秩序相抵触。②

卡塔尔国际法院的程序规则和普通法国家的规则相似,它们实际上是英国《民事诉讼规则》的简化版本,并以英国商事法院的模式为范本,但是同时也受卡塔尔法律的规制。例如,在切迪德案(Chedid & Assoc. Qatar LLC v. Said Bou Ayash)中,法院声明在卡塔尔法规或者条例适用于案件时,诉讼当事人的主张不必拘泥于英国普通法。③ 卡塔尔国际法院在银叶案(QFCA v. Silver Leaf)中也强调:法院适用的法要根据卡塔尔国家的现实情况调整;④卡塔尔国际法院是一个卡塔尔的国家机关,适用相应的卡塔尔法规和英国法律原则,法院诉讼活动根据国际惯例(international practice)运作。⑤ 卡塔尔国际法院实施与英国、美国等普通法国家相似的对抗制诉讼模式(adversarial litigation),但是,卡塔尔却是植根于大陆法系的国家,所以卡塔尔境内非卡塔尔金融中心的法院仍适用法国、德国等大陆法系国家的纠问制模式(inquisitorial litigation)。⑥

卡塔尔国际法院的条例和程序规则都以英语和阿拉伯语起草,两种形式都具有法律效力。如果英语版本和阿拉伯语版本相冲突,以阿拉伯版本为准。卡塔尔国际法院的诉讼程序通常应使用英语。但法院应当尊重阿拉伯语是卡塔尔官方语言,即在卡塔尔国际法院进行诉讼活动的当事人如果希望使用阿拉伯

---

① See The Qatar Financial Center Civil and Commercial Court Regulations and Procedural Rules, Article 5.

② See The Qatar Financial Center Civil and Commercial Court Regulations and Procedural Rules, Article 11.1.

③ See Chedid & Assoc. Qatar LLC v. Said Bou Ayash, Case No. 02/2015(2015).

④ See QFCA v. Silver Leaf, Case No. 0001/2009(2009).

⑤ See Hon. Gerald Lebovits and Delphine Millera, "Litigating in the Qatar International Court", *International Law Practicum* 28, 2015, p. 54.

⑥ See McNair Chambers, "The QFC Civil and Commercial Court: The Essentials", https://www.mcnairchambers.com/client/publications/2010/McNair_QFC_Court_Guide_Second_Edition_September_2010.pdf, December 16, 2017.

语,则应该被给予相应的权利。[①]并且,法院会鼓励并支持当事人通过仲裁和调解或者其他非诉讼纠纷解决程序来解决他们之间的纠纷,[②]表现为法院可以随时延期(adjourn)或者中止审理,并为当事人提供相应的协助,以便当事人可以选择通过调解或者其他非诉讼纠纷解决程序来解决他们之间的争议。[③]

如果案件进入开庭审理阶段,卡塔尔国际法院会对即将开庭的案件提供指导。法院的指导以听审的形式开展,如果法院认为合适,也可以以电话或者视频会议的形式开展。如果需要进行指导,登记处会在正式召开 7 日前通知当事人。当事人可以就法院指导的事项达成合意,并将该事项提交给登记处以获得批准。如有必要,法院可以在指导过程中将争议事项进行分割。出于案件需要,法院也可以针对当事人的诉讼请求、答辩或者其他事项作出简易判决。[④] 在不与法院条例和程序规则冲突的情形下,卡塔尔国际法院可以对以下救济性事项作出裁决或者决定:(1)命令一方当事人履行付款义务;(2)损害赔偿,包括替代性的损害赔偿强制令(damages in lieu of an injunction);(3)强制令,包括命令性禁止令(mandatory injunctions);(4)特定履行(specific performance);(5)确认性救济(declaratory relief);(6)返还原物(restitution);(7)非法所得的返还(disgorgement of profits);(8)账目(an account);(9)支付利息的命令(payment of interest);(10)一方当事人为另一方支付费用的命令。[⑤]

在判决的承认和执行方面,卡塔尔国际法院的判决或者命令效力等同于卡塔尔其他法院的判决。任何有主管权限的卡塔尔机构或组织都应承认卡塔尔国际法院判决的效力等同于卡塔尔其他法院的判决,并协助卡塔尔国际法院判决的执行。卡塔尔国际法院有权自己执行其判决、决定以及命令。对于不履行判决的行为,法院可以执行被扣押财产变价所得价款、作出履行判决的命令,或者要求卡塔尔有主管权限的机构协助执行。如果判决是以英文作出的,法院应

---

① See The Qatar Financial Center Civil and Commercial Court Regulations and Procedural Rules, Article 3.

② See The Qatar Financial Center Civil and Commercial Court Regulations and Procedural Rules, Article 5.

③ See The Qatar Financial Center Civil and Commercial Court Regulations and Procedural Rules, Article 25.

④ See The Qatar Financial Center Civil and Commercial Court Regulations and Procedural Rules, Article 22.

⑤ See The Qatar Financial Center Civil and Commercial Court Regulations and Procedural Rules, Article 10.

该仅基于执行的目的,并有主管权限的机构要求,将判决翻译成阿拉伯语。[①]卡塔尔国际法院首席大法官会任命1位法官作为执行法官,以行使在卡塔尔金融中心境内发布执行令的职能。[②] 执行法官除了负责法院判决的执行外,还负责卡塔尔金融中心的仲裁中心所作出的仲裁裁决的执行,以及在仲裁庭组成之前或者仲裁程序开始后,根据一方当事人请求负责下令采取临时措施或者保全措施。[③]

三、特拉华衡平法院

始建于1792年的特拉华衡平法院(Court of Chancery)是美国最古老的商事法院,被认为是公司争端解决方面首屈一指的商事法院。[④] 在200多年的时间内,特拉华衡平法院成为处理公司内部事务以及其他商事纠纷的法院。[⑤] 特拉华因高效、专业的法院体系闻名世界,其在公司法、经济法和商事法等领域的成就尤其显著。全球许多经验丰富的律师建议客户选择在特拉华进行诉讼,主要原因就是特拉华衡平法院完善的判例法制度,尤其是衡平法院。

特拉华衡平法院由1位大法官(chancellor)和4位副大法官(vice chancellors)组成,[⑥]他们均由州长任命,经特拉华州参议院建议和同意后任期12年。从2006年后,法院有了2名辅助司法官,负责有关监护权、个人房地产和信托管理等案件,从而使5位大法官可以更好地专注于处理公司和商事纠纷。[⑦] 特拉华衡平法院的法官一直由经验丰富、精通法律、熟悉衡平法院日常审理的公司和商业事项的法律从业人员担任。特拉华衡平法院不设陪审团,案件

---

① See The Qatar Financial Center Civil and Commercial Court Regulations and Procedural Rules, Article 34.

② See Law No. 2 of 2009 on Amending Some Rules of the Qatar Financial Center Law Issued by Law No. 7 of 2005, Article 5(17).

③ See Minas Khatchadourian, "What Role Shall Play the Qatar Financial Center Civil and Commercial Court under the New Qatari Arbitration Law", http://arbitrationblog. kluwerarbitration. com/2017/03/02/what-role-shall-play-the-qatar-financial-center-civil-and-commercial-court-under-the-new-qatari-arbitration-law/, December 15, 2017.

④ Global Delaware, "Delaware Courts", https://global. delaware. gov/incorporate/why-delaware/delaware-courts/, December 7, 2017.

⑤ See Donald F. Parsons Jr. and Joseph R. Slights, "The History of Delaware's Business Courts", https://apps. americanbar. org/buslaw/blt/2008 - 03 - 04/slights. shtml, December 7, 2017.

⑥ Ibid.

⑦ Ibid.

全部由大法官或副大法官审理，并通过全面、缜密的书面意见书为裁决加以解释。[①] 法院意见在数量和质量上形成了完整的解释性判例法，阐释详尽，富有预见性，为特拉华商业实体提供了巨大的有利条件。特拉华商业实体的管理者和律师能够利用全面的判例法为公司经营和事务规划提供指导。

此外，由于大部分诉讼所涉及的公司的总部不在特拉华州，因此特拉华衡平法院不受地方保护主义的影响，法院断案依据的是案件的是非曲直，而非政治因素，特拉华衡平法院为公司提供了公平竞争的场所。由于特拉华州先进的公司立法以及卓越的商事争端解决系统，超过60%的财富500强企业注册于特拉华州，而且其衡平法院每年收到800～1000件案件，其中大部分是有关商事纠纷。[②]

特拉华州成文法和规则确立了许多在衡平法院开展非诉讼争议解决的机制。[③] 特拉华衡平法院也会主动采用替代性纠纷解决方式使当事人的争议得到迅速解决。近年来，特拉华衡平法院开展了许多工作，协助世界各地的商事主体在法庭以外解决复杂的商业争议。特拉华衡平法院规则允许诉讼当事方寻求将尚待处理的诉讼案件由司法官员调解处理，负责调解的司法官员不是负责相关诉讼案件的法官。特拉华还允许对尚未启动诉讼的商业和技术争议进行调解，只要有一方的营业地是注册在特拉华州。有关各方无须申请诉讼即可在特拉华衡平法院申请调解。商业实体可选择司法官员进行调解，而且处理过程高效、保密，调解的成功率高达70%。[④] 特拉华衡平法院传统的灵活特点同样体现在于非诉讼争议解决机制，各方能够根据需要制定切合实际的非诉讼争议解决流程。非诉讼争议解决的参与方无须遵从惯常的诉讼时间安排，但能取得符合需求的结果，这一特点使特拉华衡平法院的非诉讼争议解决机制对参与各方而言更具成本效益；而且，特拉华法院的收费一般低于其他地方的法院对同类程序所收取的费用。此外，在特拉华衡平法院进行调解的一项重大优势在于程序的保密性。与诉讼中的起诉书不同，调解申请书被视为保密文件。通常来说，在特拉华衡平法院开展的全部调解程序均保密，包括双方的解决方案。这

---

① See Donald F. Parsons Jr. and Joseph R. Slights, "The History of Delaware's Business Courts", https://apps.americanbar.org/buslaw/blt/2008-03-04/slights.shtml, December 7, 2017.

② Ibid.

③ Ibid.

④ Ibid.

种保密的做法不仅能够在公众视野以外解决复杂的争议，而且有助于维持双方的业务关系，日后继续合作。

作为一个衡平法院，特拉华衡平法院不审理刑事案件，也很少审理仅寻求金钱赔偿的日常民事案件（如产品质量或机动车过失案件等）。因此，特拉华法院能专注解决商事纠纷并且能够自由地以现代化商业要求的速度审理解决这些商事纠纷。特拉华衡平法院的裁决可直接上诉至特拉华州最高等级的法院—特拉华州最高法院。衡平法院审理的案件适用的是“90 日原则”，即要求在起诉 90 日内要审结案件，如果法官无法在此期限内审结需作出解释说明。① 同时若有一方提起上诉，特拉华州最高法院的处置也十分迅速，在 2014 年，特拉华州最高法院的结案时间平均是 27.3 日。②在必要时，特拉华州最高院能够也愿意在数日内解决诉讼案件，尤其是要求快速、及时处理的公司争议案件。长期以来，特拉华衡平法院和特拉华州最高法院一直为商业实体提供有关特拉华法律的书面意见以及专业、公正的法官，其有能力并愿意根据实际情况开展诉讼，使商业实体能够取得及时、权威的特拉华法律裁决，为特拉华公司法律的发展做出了杰出贡献。③ 此外，作为一个衡平法院，特拉华衡平法院有权审理、裁定涉及衡平法上的权利（如信托和受托义务）和救济（如禁止令和实际履行）的案件。特拉华衡平法院从来没有因为法律程序性技术问题和限制性法律原则的各种束缚而放弃履行一家衡平法院的根本职责，即使在现行法律无法提供足够救济的时候，特拉华衡平法院也会提供适合现实情况的衡平法上的救济。④

特拉华法院同样积极使用信息技术，便利其法院工作。特拉华衡平法院是最早采用电子报备系统的机构之一，有关各方能够便利地提交、查阅法院所需文件。

四、维多利亚最高法院商事法庭

澳大利亚实行联邦与州司法体系并存的制度。联邦司法制度包括高等法院，联邦法院，专门法院或法庭（家庭法院与行政上诉法庭），各州司法体制则包

---

① See Global Delaware, “Delaware Courts”, https://global.delaware.gov/incorporate/why-delaware/delaware-courts/, December 7, 2017.

② Ibid.

③ Ibid.

④ See William T. Quillen & Michael Hanrahan, “A Short History of the Court of Chancery”, https://courts.delaware.gov/chancery/history.aspx, Decmber 7, 2017.

括各州或领地的最高法院,中级法院和下级法院。[①] 一般而言,上述各法院均有权审理民商事纠纷案件。各州的最高法院还设有商事法庭专门处理商事案件,知名的要属维多利亚最高法院所属审判部门(Trial Division)下设的商事法庭(Commercial Court)。维多利亚最高法院有着促进商业社会处理商事纠纷的传统,该法院被公认为具有确定性、可预测性和及时性的特性,而这三大特征正是商业社会所需求的。[②] 从20世纪80年代起,维多利亚最高法院就集中司法和行政资源以便快速高效地解决商事纠纷。最早称为商事和衡平法庭,其拥有两套法官名单,两套名单的法官们每隔一段时间进行轮岗互换。自2009年2月起,商事法庭独立出来成为一个单独的部门,这是因为商事法庭的成功导致大量案件涌入,特别是有关公司的纠纷。法官名单也相应增加,以便满足对专业法官的需求。此外,商事法庭还吸引了大量的群体性诉讼,如集体诉讼,这对于当事人和法庭而言都是个挑战。

对此,由助理法官和司法登记员进行的司法调解已经成为维多利亚最高法院应对大量案件的方法之一。然而,维多利亚最高法院清楚地表明司法调解并非意在替代私人调解,[③]司法调解是在适当时机下的争议解决和案件管理方法。总的来说,司法调解可以应用在具有以下一个或多个特征的案件上:(1)早先不成功的私人调解;(2)缺少调解人;(3)诉讼所花费的时间和成本将远高于诉讼标的;(4)诉讼案件将大量占用司法资源;(5)其他为了公正利益的考虑而进行的司法调解。[④] 进行调解的司法人员应具有专业知识,能够对诉讼程序、费用进行具体分析,为当事人分析调解的利弊。维多利亚最高法院商事法庭的调解成功率高达到70%,由此,案件审理时间大大缩短。2014年维多利亚最高法院219件通过调解结案的案件共计节省了615日的庭审时间以及相同的法官书写判决时间。

---

① 参见澳大利亚宁波总商会:《试论澳大利亚民商事纠纷的解决机制》,载澳大利亚宁波总商会网:http://www.aunbcc.com/lawyer_detail.asp? ID=373&AtypeID=65,最后访问日期:2017年12月3日。

② Julian Hetyey, "Legalwise Seminars-Advanced Litigation Conference Commercial Court Reforms", https://www.supremecourt.vic.gov.au/contact-us/speeches/commercial-court-reforms, December 5,2017.

③ See Supreme Court of Victoria, Practice Note 2 of 2012 – Judicial Mediation Guidelines, Article 2.

④ See Supreme Court of Victoria, Practice Note 2 of 2012 – Judicial Mediation Guidelines, Article 7.

世界各国相继建立国际商事法院或法庭,给了维多利亚最高法院商事法庭很大的压力。为此,2014 年 9 月 1 日,商事法庭提级成为维多利亚最高法院直接领导的下设机构。[①] 这一提级举措不仅是形式上的变更,而且有着实质意义。提级有助于向商事法庭倾斜最高法院的司法资源,从而打造出专业化的商事法庭。2017 年 1 月 30 日,商事法庭转隶维多利亚最高法院下设的审判部门,[②]商事法庭的具体改革措施包括这些方面:(1)建立 8 套法官名单;(2)设立独立的商事立案处和预约立案处;(3)建立电子立案和案件管理系统。

为使商事纠纷得到专业化的解决,维多利亚最高法院商事法庭创建了更完备的法官名单,包括:(1)普通商事案件名单;(2)公司案件名单;(3)仲裁案件名单;(4)税务案件名单;(5)海事案件名单;(6)技术、工程和建筑案件名单;(7)知识产权案件名单;(8)保险案件名单。维多利亚最高法院商事法庭拥有一群能够高效处理商事纠纷的审判专家,法官专家名单的使用,使案件能够由在这方面最有专业知识和经验的法官审理。案件立案后就直接按商事法庭的法官名单进行分配,随即由分配到案件的法官和助理法官负责案件进程。分配到案件的法官和法官助理引导着整个案件的走向。在诉讼进程早期,法官就可召集当事人参加案件管理会议,识别案件争议事实和适用的法律并提供最优解决方案。在诉讼过程中,法官和法官助理有权随时根据需要调整诉讼程序。此外,商事法庭每周都组织一次会议讨论案件中碰到的新问题。

维多利亚最高法院商事法庭通过设置专门的商事法庭登记处来积极管理案件、固定审理期限,保证商事法庭及时有效地处理纠纷。登记处由 1 名登记代表和 2 名登记助理组成,承担向当事人提供专业的商事法庭诉讼程序以及案件进程信息的职能。

为提高便利当事人立案及法院对案件的管理,维多利亚最高法院商事法庭引入 RedCres 系统。这一系统是商事法庭案件管理上的创新,旨在提供优秀、高效的商事争议解决服务。2011 年 9 月 22 日,RedCrest 系统首次测试就吸引了超过 400 名用户,该系统是维多利亚最高法院从纸质立案系统转向电子立案系统的范例,可用以增进法庭和当事人之间的联系,为案件从开始到结束提供"一站式"服务。简易是这个系统的主要特征。它简单易用,用户在阅读了使用手

---

① See Supreme Court of Victoria, Practice Note 4 of 2014 – New Structure of Trial Division, Article 2.

② See Supreme Court of Victoria, Practice Note SC Gen 2, Article 3.1.

册后便可熟练地操作该系统。可用性是其另一个特征，用户可以随时随地地提交和访问文档，获取最新的案件进展。另外，当事人可以通过该系统支付查册费、听证费及其他费用。此外，系统还可以对合适的文件加盖印章，包括传票、上诉通知等文件。基于这些优点，RedCrest 系统在未来有可能向维多利亚最高法院其他部门推广。

五、荷兰商事法庭

为满足日益增长的国际民商事纠纷的解决需求，并专业化地解决复杂的国际商事纠纷案件，荷兰同样计划成立专门的国际商事法庭。2017 年 7 月 18 日，荷兰议会收到了有关成立荷兰商事法庭的提案，其中载有《荷兰民事程序法》的修正案，该提案提议在阿姆斯特丹地方法院和上诉法院中建立商事法庭，使用英文作为诉讼语言并用英文作出判决。从结构上来说，荷兰商事法庭是阿姆斯特丹地方法院和阿姆斯特丹上诉法院的特别分庭，其法官是从荷兰所有法院中选拔而来，具备专业经验和流利的英语水平。① 尽管荷兰商事法庭的成立有所迟延，但荷兰对成立首个使用英语审判的商事法庭表现出了强烈的政治支持。议会常设委员会的政治支持就是一个明显的例子，基督教民主党议员托伦伯格（Madeleine van Toorenburg）强调了荷兰商事法庭的重要性，特别是在英国“脱欧”之后。范奥斯特（Van Oosten）也赞同这一观点，他认为荷兰商事法庭的价值在于推进展示荷兰法律制度的示范作用，并吸引当事人从其他司法管辖区到荷兰提起诉讼。根据范奥斯特先生的说法，这符合荷兰作为一个具有国际贸易传统和国际法律经验的国家的历史。②

经过一番准备工作，荷兰商事法庭（Netherlands Commercial Court，NCC）于 2019 年 1 月 1 日正式成立，并于 2019 年 3 月 8 日作出第一份判决。正式成立的荷兰商事法庭在组织结构上与此前的提案稍有区别。荷兰商事法庭由阿姆斯特丹地方法院（Amsterdam District Court）商事法庭（NCC District Court）、荷兰

---

① See Netherlands Commercial Court, "Structure of the NCC", https://www.rechtspraak.nl/English/NCC/Paginas/default.aspx, May 28, 2018.

② See Dutch Litigation Attorneys, "Planning of The Netherlands Commercial Court", https://netherlands-commercial-court.com/#, January 19, 2018.

商事法庭简易程序法庭(NCC Court in Summary Proceedings, CSP)①及阿姆斯特丹上诉法院(Amsterdam Court of Appeal)商事法庭(NCC Court of Appeal)构成(以下简称荷兰商事法庭)。② 因此,荷兰商事法庭属于阿姆斯特丹地方法院及上诉法院的分庭。对于阿姆斯特丹地方法院商事法庭及简易程序法庭作出的判决,当事人可以上诉至阿姆斯特丹上诉法院商事法庭,而对于后者作出的判决,当事人可以上诉至荷兰最高法院。③ 值得注意的是,在荷兰最高法院进行的诉讼需采用荷兰语进行。

荷兰商事法庭主要受理国际民商事争议,其中,在阿姆斯特丹地方法院商事法庭提起诉讼的条件包括:

1. 诉讼是与当事人意思自治范围内特定法律关系有关的民商事事项,且不受分区法院(Subdistrict Court)④的管辖,或不属于其他分庭(chamber)或法院的专属管辖;

2. 与国际争议有关的事项;

3. 诉讼当事人选择阿姆斯特丹地方法院作为管辖法院或阿姆斯特丹地方法院基于其他原因对争议享有管辖权;

4. 当事人书面明确同意以英文向地方法院商事法庭提交诉讼。⑤

相较于2012年《布鲁塞尔条例Ⅰ》,荷兰商事法庭受理案件的民商事事项范围更广。公共采购(public procurement)、不正当竞争、交通及政府责任可以属于民商事事项。与破产有关的事项,如董事在破产中的赔偿责任,或受托人撤销法律行为,甚至是家事或者遗产纠纷也符合民商事事项范围。但是,如果前述这些民商事事项可能不是基于当事人意思自治而形成的特定法律关系,则

---

① 该法庭属于阿姆斯特丹地区法院的一个分庭,处理某些需要快速程序和决定的问题,如临时措施。See Netherlands Commercial Court, https://www. rechtspraak. nl/English/NCC/Pages/who-are-we. aspx, June 10, 2019. 根据《荷兰商事法庭规则》(NCC Rules)第1.3.2条的规定,在简易程序法庭申请临时措施亦需符合阿姆斯特丹地方法院商事法庭的起诉条件。

② See Netherlands Commercial Court, "Who are We", https://www. rechtspraak. nl/English/NCC/Pages/who-are-we. aspx, June 10, 2019.

③ Ibid.

④ 管辖的事项包括雇佣、租赁(tenancy)、租购(hire purchase)、消费者事项以及25,000欧元及以下的案件,因而前述这些事项不属于荷兰商事法庭的管辖范围。See Explanatory Notes to NCC Rules, Article 1.3.1(a).

⑤ See NCC Rules, Article 1.3.1.

不属于荷兰商事法庭的受案范围。①

同样地,"国际争议事项"的范围也较为广泛。根据《荷兰商事法庭规则》的解释,典型的国际争议事项包括:

1. 至少有一方诉讼当事人居住在荷兰以外,或者一方当事人是在荷兰境外成立或根据外国法设立的公司,或者是这类公司的子公司;

2. 争议适用一项条约或外国法,或者争议产生于以荷兰语以外的语言准备的协议;

3. 至少有一方诉讼当事人是公司或者属于企业集团(group of companies),其全球范围内的员工大多数在荷兰以外工作;

4. 至少有一方诉讼当事人是公司或者属于企业集团,其中超过一半的合并营业额(consolidated turnover)在荷兰境外实现;

5. 至少有一方诉讼当事人是公司或者属于企业集团,其证券在荷兰境外的、符合《荷兰金融监管法》(Dutch Financial Supervision Act)中定义的受监管市场中交易;

6. 争议涉及荷兰境外的法律事实或法律行为;

7. 争议涉及其他相关的跨境利益。②

一直以来,荷兰程序法被认为是具有高效、务实和成本较低的优势。在根据成本效益、效率、公正性和独立性等标准作出的《法治指数 2015 年度报告》[World Justice Project (WJP) 2015 Rule of Law Index®]排名中,荷兰的民事法律体系居世界所有民事司法制度之首。③ 这也就成为荷兰商事法庭的优势之一。同时,考虑到英语在商业领域巨大的影响力,避免跨国争议的当事人被迫选择自己不熟悉的语言进行诉讼,并提升荷兰商事法庭的竞争力,荷兰商事法庭采用英文作为诉讼程序语言并用英文作出判决。当然,荷兰商事法庭也允许当事人一致选择使用荷兰语作为诉讼语言。④

荷兰商事法庭的诉讼程序适用《荷兰民事程序法》(Code of Civil Procedure)及《荷兰商事法庭规则》(NCC Rules)。根据《荷兰民事程序法》的规

---

① See Explanatory Notes to NCC Rules, Article 1.3.1(a).

② See Explanatory Notes to NCC Rules, Article 1.3.1(b).

③ Dutch Litigation Attorneys, "Planning of The Netherlands Commercial Court", https://netherlands-commercial-court.com/#, June 11, 2019.

④ See NCC Rules, Article 2.1.

定,当事人可以基于自己的诉讼请求启动诉讼程序(by claim)或基于申请(by application)进行诉讼。① 大多数民事诉讼程序是基于诉讼请求的方式而启动。在此前的《荷兰民事程序法》中,基于当事人的诉讼请求提起诉讼的方式表述为"通过传票令提起诉讼"(proceedings initiated by writ of summons)。具体而言,在传票诉讼中,原告必须始终提请荷兰法警参与诉讼,法警应原告的要求,向被告发出传票。法警是被雇用发出传票和其他法庭文件的行政人员,并协助执行法院判决。在传票程序中,法院的裁决称为判决。② 申请程序适用于荷兰法律规定的特定情形的诉讼中。③ 在申请程序中,申请书(petition)不由法警送达对方,而是直接提交法院书记官处。法院随后以邮寄方式传唤申请人及申请中指定的有关人士。在申请程序中,法院的裁决称为法院命令(court order),而非裁决。④

无论采用何种方式提起诉讼,当事人均需提交原始文件(originating document)。荷兰商事法庭的诉讼程序可如图 3 所示。

除简易程序法庭审理的案件外,案件由 3 位法官组成的审判庭审理。⑤ 如果申请人或者被告人就程序或其他事(如管辖权或文件制作)或者其他原因提出动议(motion),法官可以安排案件管理会议或者动议听证。在庭审阶段,如果法官认为合适,其会与当事人讨论是否将全部或者部分争议交由调解员调解。如由调解员主持调解,调解过程中所讨论的实体问题将会严格保密,不会通知法院。⑥ 在诉讼代理方面,当事人不能自行参加诉讼,其必须由荷兰律师协会成员律师代理,法律另有规定的除外。⑦

在判决作出后,根据《荷兰商事法庭规则》第 9.7 条的规定,除非法律另有规定或者案件性质特殊,基于一方当事人提出的请求,尽管判决可能还会有上

---

① See Explanatory Notes to NCC Rules, Article 1.1.3.

② http://www.dutchcivillaw.com/jurisdiction/legalsystem011.htm, June 15, 2019.

③ 在传票程序中,通常是原告与被告之间产生纠纷,由法院解决该纠纷。而在申请程序中,申请人一般要求法院改变已有的法律关系。大多数与家庭法有关的法律程序会适用申请程序。例如,关于离婚、法律分居、父母责任、未成年人的法律地位、收养、请求变更姓名或监护人等。例如,申请人的目标是结束婚姻关系或改变父母与子女的关系。See http://www.dutchcivillaw.com/jurisdiction/legalsystem011.htm, June 15, 2019.

④ Ibid.

⑤ See NCC Rules, Article 3.5.1.

⑥ See NCC Rules, Article 7.6.3.

⑦ See NCC Rules, Article 3.3.1.

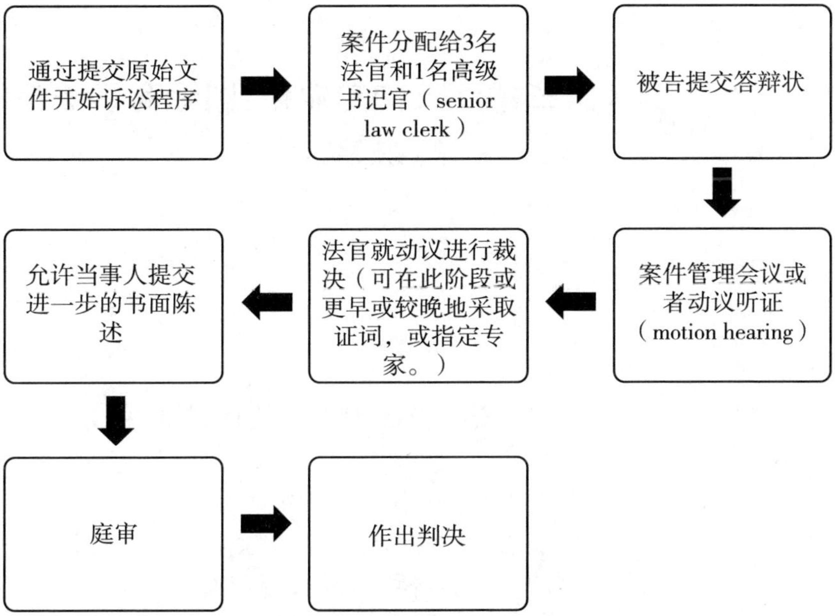

图3　荷兰商事法庭诉讼程序的主要步骤①

诉,法庭也可以要求判决强制执行其作出的判决。不过法庭也可同时要求当事人提供一定金额的保证金。②

荷兰法院的判决也是全球范围内最具有可执行性的判决之一。通过荷兰缔结的欧盟条例、双边或多边条约,荷兰法院的判决可以在30个其他司法辖区内得以承认和执行。除此以外,荷兰法院的决定一般在美国、加拿大、新加坡、中国香港、澳大利亚和新西兰(大部分州)都可以执行。基于这一优势,荷兰商事法庭具有较强的竞争力与吸引力。

---

① Netherlands Commercial Court, "Communications, Initiating an Action and Next Steps", https://www.rechtspraak.nl/English/NCC/Pages/initiating-an-action.aspx, June 15, 2019.

② See NCC Rules, Article 9.7.

第三章　架构专业化：国际商事法院的组织架构

第一节　国际商事法院的级别

国际商事法院的级别主要有两种：一种是级别较高的国际商事法院，以英国商事法院和新加坡国际商事法庭为代表；另一种是分级设立的商事法院，以迪拜国际金融中心法院和法国商事法院为代表。

一、级别较高的国际商事法院

新加坡国际商事法庭与英国商事法院在本国的司法体系中都位于比较高的等级。新加坡国际商事法庭的级别定位为法院系统中的最高等级，隶属于新加坡最高法院内设的高等法庭（见图4），其作出的判决与最高法院作出的判决效力等同。

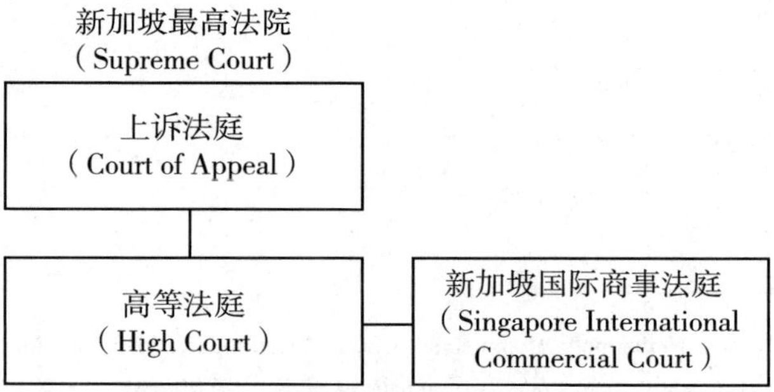

图4　新加坡最高法院构成

新加坡将国际商事法庭的级别定为法院系统高级别是为了促进判决的流通性,因为在有些国家,法院级别过低会导致判决无法获得承认与执行。英国商事法院则隶属于英国高等法院,是英国高等法院中王座分庭的下属法院。

二、分级设立的国际商事法院

迪拜国际金融中心法院与法国商事法院则采用分级设立的方式,迪拜国际金融中心法院是一个完整的法院体系。根据2004年《关于迪拜国际金融中心司法管理的第12号法律》(Law No. 12 of 2004 in respect of the Judicial Authority at Dubai International Financial Centre)①概念界定的相关内容,"法院"是指依据2004年《关于迪拜国际金融中心司法管理的第12号法律》设立的初审法院、上诉法院以及法院首席大法官根据迪拜国际金融中心法律设立的任何法院。② 同时,迪拜国际金融中心的初审法院和上诉法院可以有一个或多个巡回法院。③ 继2004年《关于迪拜国际金融中心司法管理的第12号法律》之后,《迪拜国际金融中心法院法》[DIFC Court Law(DIFC Law No. 10 of 2004)]④进一步明确指出,迪拜国际金融中心法院是指依据2004年《关于迪拜国际金融中心司法管理的第12号法律》在迪拜国际金融中心境内建立的初审法院和上诉法院。⑤ 因此,迪拜国际金融中心法院由初审法院、上诉法院及其他法庭构成,整个法院体系结构完整,相对独立(见图5)。

---

① 文中援引到其中的条文时,注释中援引为"Law No. 12 of 2004 in respect of the Judicial Authority at Dubai International Financial Centre"。

② See Law No. 12 of 2004 in respect of the Judicial Authority at Dubai International Financial Centre, Article 2.

③ Law No. 12 of 2004 in respect of the Judicial Authority at Dubai International Financial Centre, Article 3(3).

④ 根据该法律文件第1条的规定,《迪拜国际金融中心法院法》可援引为"DIFC Law No. 10 of 2004"(This law may be cited as the "DIFC Court Law 2004")。在文中的注释,"DIFC Law No. 10 of 2004"是指《迪拜国际金融中心法院法》。

⑤ See DIFC Law No. 10 of 2004, Article 7.

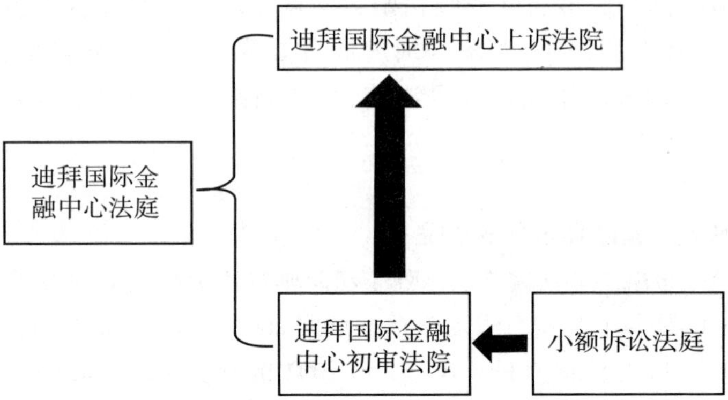

图 5 迪拜国际金融中心法院组织结构

法国商事领域的司法组织包括全国范围内的商事法院、普通的上诉法院(Cour d’ Appel)以及最高法院(Cour de Cassation)。法国商事法院的分布呈现不规律的形态。原则上,每个区都应当有一个商事法院,但由于商事法院的设定是依据商事活动兴盛程度而定,实际上,在商事活动更加兴旺的某些辖区内可能存在多个商事法院,①而在其他一些辖区可能不会设置商事法院。② 对于没有设置商事法院的地区,由大审法院(Cour de Grand Instance)或者大审法院当中的商事法庭来负责审理商事纠纷。③ 同样,在法国的海外省和海外领地也设有混合商事法庭,其组成人员包括当地大审法院院长,大审法院院长通常由拥有法学专业背景的法官担任,他在 2 位商事法官(从商人中依照商事法院法官遴选程序选举而来)的协助下领导混合商事法庭的工作。④

巴黎金融中心高级法律委员会(Haut Comité Juridique de la Place Financière de Paris,HCJP)在其工作报告中建议将解决国际商事与金融纠纷的专门法庭融入现有的法律体系中,在此基础上加入适合解决国际商事与金融纠纷的制度。⑤

---

① 例如,在科尔多省(Cote-d’ or),位于省府帝戎市(Dijon)的大审法院在 1999 年辖下有 5 个商事法院。

② 例如,摩日尔(Moselle)、上莱茵省(Haut-Rhin)以及下莱茵省(Bas-Rhin)等区域。

③ See French Judicial Oragnization Code, Article L. 215 – 1.

④ 参见[法] 洛伊特·卡迪耶主编:《法国民事司法法》,杨艺宁译,中国政法大学出版社 2010 年版,第 86 页;参见《法国司法组织法》第 L. 913 – 1 ~ 4 条。

⑤ See Haut Comité Juridique de la Place Financière de Paris, “Préconisations sur la Mise en Place A Paris de Chambres Spécialisées pour le Traitement du Contentieux International des Affaires”, http://hcjp.fr/avis-et-rapports/, December 10, 2017.

三、国际商事法院的审级

在案件的审级上,各商事法院通常审议一审案件,在某些特定的案件中,商事法院也可以作为上诉法院或者行使上诉法院的职能。此外,商事法院管辖的案件通常可通过其内设上诉机构或者其他一般性的上诉法院获得上诉救济,保证司法权威与公正。

新加坡国际商事法庭采用一级两审制,当事人有权将其作出的判决向新加坡最高法院的上诉庭上诉。迪拜国际金融中心法院实行的是二级两审制度,迪拜国际金融中心初审法院审理一审案件;上诉法院负责审理当事人对初审法院判决、判令的上诉案件,同时还对中心机构、企业及中心注册企业要求解释的迪拜国际金融中心法律法规具有最终司法解释权,这种司法解释与法律具有同等效力。[①] 上诉法院是迪拜国际金融中心境内的最高司法机关,其作出的判决不得再以任何形式上诉。[②] 同时,小额诉讼法庭作出的裁决可以在初审法院上诉,初审法院对这类上诉案件作出的判决是最终的判决。[③] 但是,小额诉讼法庭本质上并不构成一级法院。事实上小额诉讼法庭行使的也是初审管辖权,只是依据案件标的额和案件性质与迪拜国际金融中心初审法院的管辖权予以区分。在初审法院与小额诉讼法庭提起的诉讼最多经过两级法院的审理,判决、裁定即具备终审效力。

在美国的联邦法院系统中,纽约南区法院是案件的初审法院,同时也是美国联邦法院系统中工作最为繁重、知名度最高的法院之一。法院由地区法官组成,独任审判。如果当事人需要对纽约南区法院所作判决进行上诉,除涉及专利有效性、专利侵权等案件需到美国联邦巡回区上诉法院[④]上诉外,多数案件需上诉到美国联邦第二巡回上诉法院。

---

① See Law No. 12 of 2004 in respect of the Judicial Authority at Dubai International Financial Centre as amended, Article 5B(1).

② Law No. 12 of 2004 in respect of the Judicial Authority at Dubai International Financial Centre as amended, Article 5B(2).

③ See The Rules of the Dubai International Financial Centre Courts 2014, Article 53.6.

④ 美国联邦巡回上诉法院同美国其他 12 个上诉法院地位相同,由总统提名并经参议院同意任命的 12 名法官组成,位于哥伦比亚特区。该法院的特殊之处在于,其管辖范围涉及全国,管辖的案件范围限于审理由联邦地区法院以及有关联邦独立管理机构转来的涉及国际贸易、专利、商标等事由的案件。详情请参见美国联邦巡回上诉法院官网:http://www.cafc.uscourts.gov/the-court/court-jurisdiction,最后访问日期:2018 年 1 月 24 日。

英国商事法院和法国商事法院主要负责审理一审商事纠纷案件,法国商事法院的审级为三级两审制。商事领域的司法权由以下几个法院组成,全国范围内134个商事法院处理商事一审案件、①上诉法院(Courd' Appel)的商事法庭处理其辖区内的商事上诉案件以及最高法院(Cour de Cassation)中的商事法庭作出司法解释性的规定。② 但在特定情况下,法国商事法院也可以成为上诉司法机构,从而可以对某些上诉案件行使管辖权。例如,在司法重整和清算类案件审理过程中,如果当事人对商事法官作出的决定提出了上诉,那么法国商事法院就可以在职权范围内对该上诉进行审理。第二类情形是在审理禁止支付类案件的过程中,如果债务人对司法机构负责人作出的禁止支付令有异议,他可以将案件提交商事法院进行审理并作出最终决定。但从严格意义上讲,在禁止支付令案件中法国商事法院并不完全承担二审司法机构的职能,因为对于异议程序而言,法国商事法院的决定只是决定是否收回禁止支付令而不是对结果的改变。③

为了保持现有的三级两审的审级结构,巴黎金融中心高级法律委员会建议不创设新的法院,而是以专门法庭的形式面向公众。巴黎金融中心高级法律委员会在其出具的报告中建议合并巴黎商事法院部分法庭,作为国际商事纠纷与金融争议的一审法庭。该法庭将效仿巴黎商事法院国际与欧洲事务法庭自2010年以来采取的相关做法,组成相应的合议庭负责审判(une formation collégiale)。巴黎金融中心高级法律委员会还考虑让大审法院也承担一部分案件的审判工作,但案件分配由最终的司法文件确定。在上诉审阶段,报告建议在巴黎上诉法院(Courd' Appel de Paris)中创设专门法庭用以提供二审司法服务。为了配合该专门法庭的工作,最高法院第一、第二分庭以及商事、经济与金融分庭可能会调整相关的程序规则。④

---

① See French Commercial Code, Article L. 721 - 1.

② See Attributions de la Chambre Commerciale, Financière et Économique, https://www.courdecassation.fr/jurisprudence_2/chambre_commerciale_574/commerciale_financiere_11638.html, December 10, 2017.

③ 参见[法]洛伊特·卡迪耶主编:《法国民事司法法》,杨艺宁译,中国政法大学出版社2010年版,第185页。

④ See Haut Comité Juridique de la Place Financière de Paris, "Préconisations sur la Mise en Place A Paris de Chambres Spécialisées pour le Traitement du Contentieux International des Affaires", http://hcjp.fr/avis-et-rapports/, December 10, 2017.

该报告还分析了选址巴黎建立专门法庭的理由,巴黎在经济与法律层面都具有全法国甚至整个欧洲其他城市都不具有的优势。在经济层面,巴黎是一个具有活力与创造力的金融中心:全球前 20 强的银行,有 5 家的总部设置在巴黎;巴黎是全球第三大资本市场,每年有近 6.6 万亿美元的资本总量,在整个欧洲资本市场上占比 33%,领先于英国与德国;同时,巴黎在资产管理、保险等行业也位于世界前列。① 在法律层面,巴黎能提供丰富的、国际化的法律服务,33 家英国律所与 16 家美国律所在巴黎设有工作处,并雇用了 2600 名律师,法国本土开设国际业务的律所共有律师近 500 多名,1800 名法国律师同时拥有境外其他国家的执业资格。② 此外,国际商会(International Chamber of Commerce)坐落在巴黎,国际商事仲裁中所积累的处理国际商事与金融争议的经验也可以为专门法庭的建设带来丰富的经验。

因此,在选择国际商事法院设立地点时,应当综合法律、政治、经济等因素,选择最优的法院地点。

从前述内容可以看出,英国商事法院、法国商事法院、纽约南区法院、新加坡国际商事法庭、迪拜国际金融中心法院 5 个法院主要负责审理第一审的商事案件并且具有相应的上诉审理机构,当事人可以对该一审判决提出上诉(见表 1)。

表 1　5 个法院的级别及上诉审理法院

法院	级别	上诉审理法院
英国商事法院	主要审理第一审商事案件	英国上诉法院
法国商事法院	主要审理第一审商事案件	上诉法院

① See Paris Europlace, La Place Financière de Paris, available at http://www.paris-europlace.com/fr/la-place-fnanciere-de-paris, December 9, 2017. See also Haut Comité Juridique de la Place Financière de Paris, "Préconisations sur la Mise en Place A Paris de Chambres Spécialisées pour le Traitement du Contentieux International des Affaires", http://hcjp.fr/avis-et-rapports/, December 10, 2017.

② See Interview with Mr FrédéricSicard, President of the Paris Bar Association, on April 5, 2017. Figures provided by the professional practice department of the Paris Bar Association. See Haut Comité Juridique de la Place Financière de Paris, "Préconisations sur la Mise en Place A Paris de Chambres Spécialisées pour le Traitement du Contentieux International des Affaires", http://hcjp.fr/avis-et-rapports/, December 10, 2017.

续表

法院	级别	上诉审理法院
纽约南区法院	第一审法院	第二巡回上诉法院
新加坡国际商事法庭	负责审理第一审商事案件	新加坡最高法院上诉法庭
迪拜国际金融中心法院	迪拜国际金融中心初审法院审理第一审案件	迪拜国际金融中心上诉法院

第二节 商事法官的组成与遴选

为了保证法院在解决商事纠纷中的高效与专业性，各国针对法官的任命制定了一系列标准，这些标准主要包括法官任职资格、任职期限、任职限制、选任方式等。

一、严格的任职条件

商事纠纷涉及复杂的商事交易惯例，需要专业的、有经验的法官来胜任，在商事法官的选任上采用了十分严格的要求。迪拜国际金融中心法院为了保证法院高效、专业和公平地解决迪拜国际金融中心案件，对法官的任命制定了一系列的标准。迪拜国际金融中心法院的法官在来源上有两个途径：其一，现阶段或者曾经在阿联酋认可的法域内执掌相关高级司法机关的人员；其二，普通法系具有丰富经验的执业律师和法官。类似地，新加坡国际商事法庭法官也由新加坡最高法院首席大法官从最高法院中的法官中任命，包括上诉庭法官、高级法官、高等法庭法官以及国际法官。英国的法官主要是从律师中选拔而来，英国高等法院的法官是从声名显赫的出庭律师（barrister）和巡回法官中选拔，其中，律师要有至少10年的执业经历。[①] 英国商事法院的法官则从具备专业知识和技能的法官中选任，以满足商事审判的专业性要求。[②]

① 参见徐昕：《英国民事诉讼与民事司法改革》，中国政法大学出版社2002年版，第23页。

② 目前，英国商事法院共有13名法官，主管法官是波普尔韦尔法官。从这些法官的履历来看，英国商事法院的法官在商事领域具有多年且广泛的执业经历。资料来源：https://www.judiciary.gov.uk，最后访问日期：2018年1月24日。

在商事法官的任职要求上，法国商事法院独树一帜采用纯商人化的法官组成模式。纯商人化的法官构成源自法国商事裁判领域的历史，同时也是法国商事裁判追求专业化的体现，商人化的法官熟悉商业管理，能够迅速总结出核心争议点，通过多年的商事经验快速解决纠纷。[①] 法国商事法院的法官[②]全部是通过商人选举而产生，每一个商事法院法官数量的多少，主要依据其审理争议案件的数量及其职能的重要性来决定。在一些较大的工业或商业城市，商事法院所拥有的法官数量也相应较多。成为商事法官的被选举人需要满足的条件包括：(1)年龄必须年满 30 周岁以上；(2)依据《法国商法典》第 713 – 7 条规定，在商事法院管辖区域内成为商事法官代表团的成员(electoral register)；(3)满足《法国选举法》第 2 条有关国籍的要求；(4)所经营的企业不能陷入司法重组或者破产清算程序；(5)在商事以及公司登记簿(Commercial and Companies Register)上登记满 5 年或者具备《法国商法典》第 713 – 8 条中所列的资质满 5 年或者从事《法国商法典》第 713 – 7 条规定的职业满 5 年。[③]

值得注意的是，商事法官的工作是志愿行为，并没有薪酬。[④] 但是，作为商事法院的法官能够为自身带来荣誉，获得社会的尊重，收获一定的社会利益。[⑤] 并且由于商事法官的纯商人性，商人法官由大多数企业中的德高望重、有经验的商人构成，他们中大多已有丰厚的职业收入，因此尽管商事法官没有薪酬，但并不能阻碍商人们跃跃欲试想要成为商事法官。正是由于商事法官在薪酬上的牺牲，商事法院节省了一笔重大的财政开支。

如前所述，巴黎金融中心高级法律委员会建议在巴黎商事法院设立专门法

---

① See David Lemberg, "Les Acteurs de la restructuration en Droit Français", *International Journal of Insovency Law* 1, 2017, p. 163.

② 在实践中，法国商事法院的法官可能来自各个商事领域，其中，包括其中包括银行与金融行业、大宗商品买卖商、工业生产行业、房地产、编辑出版业、保险、旅游等，其中银行金融业、大宗商品买卖行业与工业生产行业比重最高，合计占大约 70%。See Debevoise & Plimpton LLP, "10 Things U. S. Litigators should Know About Court Litigation in France", http://www. debevoise. com, July 22, 2017. See also Conférence des Juges Consulaires de France, "Juge du Commerce—Règles de déontologie", http://www. tribunauxdecommerce. fr/? s = guide + pratique, December 10, 2017.

③ See French Commercial Code, Article L. 723 – 1.

④ See Jean-Bernard Blaise and Richard Desgorces, *Droit des Affaires: Commerçants, Concurrence, Distribution*, Paris, LGDJ-Lextenso Editions, 2015, p. 158.

⑤ See Hélène Béranger, "La justice commerciale est une justice spécialisé, rendue par des professionnels de la matière avec une efficacité certaine", *La semaine juridique-Édition Générale* 16, 2016, p. 783.

庭,以处理复杂的国际商事案件。其出具的报告指出,为了使专业法庭顺利地运转下去,必须配备有专业的、能用英语工作的司法人员。在巴黎商事法院层面,因为它本身配备有一个法官团队,他们曾经在跨国银行里有过工作经历,也熟悉国际商事交易,能够熟练使用英语作为工作语言,因此他们可以胜任专业法庭的工作。而对于巴黎上诉法院的法官们,他们虽然经过了职业培训,拥有丰富的经验,但是在专业层面使用英语还有一定的困难,在上诉法院层面选拔法官时一定要采用严格的程序,挑选出能够胜任的法官,选拔之后还要进行相应的语言与专业知识培训。①巴黎金融中心高级法律委员会还建议吸收具有高度技术性的法官作为联络法官(liaison judges)。② 除法官以外,还应该配置高素质的辅助职员,包括司法辅助人员、前台接待人员等,暂定的方案是整个专门法庭由 3 名法官、3 名书记员、5 名司法辅助人员、2 名登记人员与 2 名前台接待人员构成,他们都必须熟练掌握英语。③

在美国,联邦法官的选任会受到政治因素的影响,根据《美国宪法》第 2 条第 2 款的规定,联邦法官由美国总统提名,经咨询参议院并征得同意后任命。即便如此,法官的才能和品德在法官选任时同样受到重视,主要体现在两个方面:

第一,选任的法官需具有丰富的司法实践经验。以最高法院为例,获得提名的大法官必须具有作为 1 名法官、行政管理人员或律师的丰富经验,而且其职业能力能够得到认可。纽约南区法院法官的选任同样重视候选人的职业素养,法官候选人一般从该地区的法官和律师中间选拔。④

① See Haut Comité Juridique de la Place Financière de Paris, "Préconisations sur la Mise en Place A Paris de Chambres Spécialisées pour le Traitement du Contentieux International des Affaires", http://hcjp.fr/avis-et-rapports/, December 10, 2017.

② 指在国外配合国内法院从事有关工作的法官。See Haut Comité Juridique de la Place Financière de Paris, "Préconisations sur la Mise en Place A Paris de Chambres Spécialisées pour le Traitement du Contentieux International des Affaires", http://hcjp.fr/avis-et-rapports/, December 10, 2017.

③ See Annexe 6, État et évaluation des moyens à prévoir, http://hcjp.fr/avis-et-rapports/, December 10, 2017.

④ 以纽约南区法院首席法官科林·麦克马洪(Colleen McMahon)为例,她 1976 年获得哈佛大学法学博士学位,并在 1976 年到 1995 年从事律师工作。从 1995 年到 1998 年,她先后担任纽约州索赔法院(New York Court of Claims)、纽约州最高法院(New York Supreme Court)的法官。1998 年 5 月 21 日,经总统比尔·克林顿(Bill Clinton)提名,科林·麦克马洪出任纽约南区法院法官,并在 2016 年 6 月 1 日成为纽约南区法院的首席法官。

第二，法官候选人在正式当选之前需经过严格审查。每一位联邦法官候选人都需要经过司法部长、美国律协、联邦调查局以及国内税务局的审查，以确保选举出的法官能够公正地适用法律、完成审判任务。①

二、法官队伍的国际化

即使法官的审判权体现着一国的司法主权，各国为了拓宽自己国家法律服务的广度，提升法律服务的国际化程度，同时通过案件的审判将本国的法律加以输出，这些有国际影响力的商事法院在法官队伍的组成上体现出不拘一格的国际化特色。现阶段，迪拜国际金融中心法院由1位首席大法官（Chief Justice），1位副首席大法官（Deputy Chief Justice），8位法官（Justice）及2位审判员（Justice Officer）构成。迪拜国际金融中心法院的12位法官分别来自新加坡、英国、澳大利亚、马来西亚及阿联酋5个国家。② 新加坡也引进了国际法官，国际法官从其他国家的优秀法官或者已退休的法官中遴选。③ 此外，基于亚洲国家各法系并存的现状，除了有经过普通法系教育的法官外，新加坡国际商事法庭还有来自大陆法系国家的法官。目前，新加坡国际商事法庭一共有15位国际法官，其中有2位来自日本和法国，其余的均来自普通法系国家或地区，包括澳大利亚、美国、英国和中国香港特别行政区。④ 相比较之下，法国与英国则采用比较保守的做法，商事法院的法官由具有本国国籍的法官担任。巴黎金融中心高级法律委员会建议在巴黎商事法院建立的专门法庭亦未吸收外国国籍的法官来该法庭任职。纽约南区法院作为传统的国内法院，其法官也均由本国公民担任。

从新加坡国际商事法庭公布的判决来看，国际法官对于案件的审理发挥着

---

① 参见［美］理查德·波斯纳：《联邦法院：挑战与改革》，邓海平译，中国政法大学出版社2002年版，第15页。

② See Griffin Weaver, "Legal and Institutional Remedies for Middle East States Wishing to Develop and Increase Foreign Direct Investment", *Florida Journal of International Law* 27, 2015, p. 74. 迪拜国际金融中心法院的法官名单详见迪拜国际金融中心法院官网：https://www.difccourts.ae/court-structure/judges-demo/，最后访问日期：2018年5月19日。

③ See Johannes Landbrecht, "The Singapore International Commercial Court (SICC)—an Alternative to International Arbitration?", *ASA Bulletin* 34, 2016, p. 121.

④ 参见新加坡国际商事法庭官网：http://www.sicc.gov.sg/Judges.aspx? id=30，最后访问日期：2018年5月2日。

重要的作用。新加坡国际商事法庭现已公布24份案件判决，[①]其中有6个案件判决由3位法官组成合议庭进行审判并作出判决，其余的均由1位法官进行独任审理，每个案件都有国际法官参与审判：(1)如果案件由3位法官组成合议庭进行审理，则由1位本国法官和2位国际法官组成；(2)如果案件是由1位法官进行独任审理，则由国际法官担任案件的审判法官并作出判决。[②] 从新加坡国际商事法庭的实践经验来看，吸收国际法官作为国际商事法院的法官有助于提升法院的服务质量，扩宽案件的来源，并通过案件的审判输出本国法律，从而提升本国司法的国际竞争力与影响力。因此，引进国际法官，建设国际化的法官队伍具有一定的积极意义。

除此之外，阿布扎比全球市场法院、卡塔尔国际法院以及阿斯塔纳国际金融中心法院等新兴国际商事法院同样吸收世界各地的法官作为国际商事法院的法官，法官队伍呈现国际性的特点。除新加坡国际商事法庭之外，结合这些国际商事法院所处的环境，国际法官的产生基于特定的背景。

第一，这些国际商事法院普遍位于金融自由区(free zone)内，例如，迪拜国际金融中心法院位于迪拜国际金融中心，阿布扎比全球市场法院位于阿布扎比全球市场，卡塔尔国际法院地处卡塔尔金融中心，阿斯塔纳国际金融中心法院处在阿斯塔纳国际金融中心。从国土面积的角度来说，这些金融自由区占地面积相对较小，且大多都是普通法自由区，实行着与本国不同的司法制度，其司法制度与法律体系相对独立且具有弹性。从这些金融自由区产生与发展的背景来看，由于本国现行的法律制度在一定程度上束缚了外国企业的投资与发展，因而不利于吸引外国投资，促进本国经济的发展。基于这样的特定背景，这些国家或地区兴建金融自由区，并且在自由区内实行普通法制度，从而减少制度摩擦，吸引外商直接投资。因此，相较于本国法律的规定，这些金融自由区自身制定的法律具有较大的灵活性，使法律规定可以适应金融自由区的发展需要，并为经济发展提供司法保障。在这一条件下，在这些国际商事法院中引入国际法官具有可行性，且不会对本国的主权造成过度冲击。

---

① 在这24份案件判决中，有部分案件的当事人完全相同。

② 参见新加坡国际商事法庭官网：https://www. sicc. gov. sg/hearings-judgments/judgments，最后访问日期：2018年5月25日；潘辉文：《新加坡国际商事法庭三年考：管辖权以及受理案件类型分析》，载https://mp. weixin. qq. com/s/zH2O8PBltSl8H-dS0aa-mg，最后访问日期：2018年5月25日。

第二，由于这些金融自由区多大都是普通法自由区，实施着与其所在国不同的法律制度，因此，仅仅吸纳以本国培养的法官和律师作为国际商事法院的法官，难以满足金融自由区内经济与司法发展的要求。并且，在这些金融自由内，有大量的外国投资者，从为当事人提供公正、高效的司法服务的角度出发，吸收来自不同国家或地区、不同法律制度背景的国际法官，有助于提升这些金融自由区的吸引力与竞争力。

因此，基于前述两个原因，这些金融自由区内的国际商事法院有吸收国际法官的现实需要。

三、详尽的独立性要求

为了保证案件审理的中立性，迪拜国际金融中心法院采用了十分详细的任职限制，主要规定了法官与外界的商业联系不得存在与相关主体利益冲突的可能性。

其一，不得存在与迪拜国际金融中心机关（包括中心管理局、中心金融服务管理局、中心争议解决管理局）及中心机关的分支机构可能产生利益冲突的任何商业联系。

其二，不得存在与迪拜国际金融中心注册企业、被批准在中心营业的机构或者属于国际金融中心一部分的机构可能产生利益冲突的任何商业联系。

其三，不得存在与中心机关的任何雇员、中心机关的任何分支机构或者与第二点中的机构相关的个人，可能产生利益冲突的任何商业联系。[①]

在法官来源与禁止利益冲突的实质性标准之外，迪拜国际金融中心法院的法官在就职之前还有宣誓程序。[②] 这一程序借鉴了英美为代表的普通法系法官的就职程序，体现出迪拜国际金融中心法院参照英美普通法法院的特征。

法国商事法院也采用了严格的消极性任职条件与宣誓程序相结合的方式来保障法官的中立性。任何在任期内被剥夺掉职位的商事法官在此后的 10 年内不再享有选任的资格。[③] 任何商事法官，在国家纪律委员会（National Disciplinary Commission）针对其启动纪律审查程序时选择辞职的，在此后 10 年内不享有选任资格。[④] 由于商事法官可以连选连任，当一名商事法官连续 4 次

① See DIFC Law No. 10 of 2004, Article 9(4).
② See DIFC Law No. 10 of 2004, Article 9(5).
③ See French Commercial Code, Article L. 723 - 5.
④ See French Commercial Code, Article L. 723 - 6.

在同一商事法院任职后,他在一年内不享有继续在此法院任职的资格。不过,连续4个任期内担任商事法官或者商事法院的院长时,即将退任的院长可以选择再在一个新的任期内担任商事法院的法官或者院长,如果选择这样的任期方式,其在下一个任期结束以后一年内就不能在任何商事法院中担任法官。① 一名商事法院的法官不能同时在其他商事法院中任职。② 纯商人构成的法官能够最大限度地保证商事审判的专业性,但由于裁判是由纯商人法官作出的,他们与诉讼当事人有时从事相同的业务,因而他们之间有可能存在朋友或竞争对手关系,在此情况下无法保证商事法官能够恪守中立、公正司法。③ 近年来,提倡改革商事法院的声音也越来越多,提倡采用专业法官与商人法官混合的形势,但是由于这一提议遭到商事法官的反对,商事法官仍保留着纯商人化的构成。对此,《法国商法典》要求法国商事法院的法官保持公正廉洁、维护司法尊严与司法体制的整体性,禁止法官从事任何破坏司法尊严的行为。④ 对于就任商事法院法官所带来的一些威胁与可能潜在的伤害,刑事法律会对法官提供保护,而在民事方面会给法官一些经济补偿,具体的操作办法由法国国务委员会制定相应的政令。⑤ 法官还必须对影响其独立性的因素进行准确的、详尽的声明(declaration),这个声明由法官向该商事法院院长以及管辖该辖区的上诉法院院长做出。凡是5年内影响其独立性的事项都应当进行声明,所声明的内容具有保密性且不会向第三人公开。违反该项义务,该法官可能会受到45,000欧元的罚款,被禁止从事某些民事行为,严重者甚至会面临长达3年的刑罚。⑥ 可以说,法国商事法院对于法官的独立性具有非常高的透明度要求。

包括纽约南区法院在内的美国法官同样要遵守相应的行为准则来保持自身的中立性和案件审理的公正性。根据美国司法会议(Judicial Conference)通过的《美国法官行为准则条例》(Code of Conduct for United States Judges)的规定,法官需尽心维持司法机构的独立与尊严,在一切活动中避免不当行为或留下不当行为的印象,公正勤勉地履行其职责。⑦ 在下列情形中,法官本人不应审

---

① See French Commercial Code, Article L. 723 – 7.
② See French Commercial Code, Article L. 723 – 8.
③ See Roger Perrot, *Institutions Judiciaries*, Paris, Montchrestien, 2006, p. 117.
④ See French Commercial Code, Article L. 722 – 18.
⑤ See French Commercial Code, Article L. 722 – 19.
⑥ See French Commercial Code, Article L. 722 – 21.
⑦ See Code of Conduct for United States Judges, Articles 1 – 3.

理案件:

第一,法官对某一当事人持有偏见,或对有关事实证据有直接了解;

第二,法官知道自己作为个人或受托人,或其配偶或与其一起居住的未成年子女,与所争议之事或与当事人有金钱或其他利益关系,而这些利益会受本司法程序结果的影响。①

此外,法官不得从事对法官的公正性产生负面影响或影响其恰当履行司法职责的金融和商业活动,不应同律师或者其他与法院有往来的个人从事经常性交易。法官也不得违反司法会议有关馈赠的规定,索取或接受任何有价值的物品。②

四、灵活的任职期限

在法官任职期限标准上,各商事法院则有效地考虑法官年龄对案件处理效率的影响,同时兼顾了诉讼程序的连续性,具有一定的灵活机动性。具体而言,迪拜国际金融中心法院规定每届任期为 3 年,期限届满之后可以再次任命,原则上法官的年龄不得超过 75 岁。③ 为了保证诉讼程序的顺利进行,迪拜国际金融中心法律对于任职期限的规定存在例外。如果一项诉讼在法官达到退休年龄之前或者任命结束之前开始,在期限届满之后尚未结束,为了作出判决或者其他任何必要的行动,可以适当延长法官的任职期限。④

法国商事法官初次被选举为商事法官的任职期限是 2 年,再次当选的任期时 4 年。法国商事法院的法官可以连选连任,但是连选连任次数达到 4 次以后想要再次选任商事法院法官会有一些限制,这些限制规定在《法国商法典》第 723 - 7 条中。假如商事法官任期届满以后,其继任法官还未选举出来,在此期间,商事法院的相关事宜仍由其负责处理,这个期限最长不能超过 3 个月。⑤ 2 年的期间是非常合理的,因为初次任职期间实际上是对当选人的观察评验期,它能使选举人在较短期间内验证他们的选择正确与否;同样对于当选者而言,可以检验其是否具有从事商事审判这项繁重任务所应当具备的知识和能力。

---

① See Code of Conduct for United States Judges, Article 3(c).

② See Code of Conduct for United States Judges, Article 4(d).

③ See DIFC Law No. 10 of 2004, Article 9(1).

④ See DIFC Law No. 10 of 2004, Article 9(2).

⑤ See French Commercial Code, Article L. 722 - 6.

而4年以及有关连选连任的规定也是为了避免某些法官长期占据这一职位,而导致年轻人没有当选的机会。

法国商事法官任职终止的原因有四种:一是由于依据《法国商法典》第722-6条与第722-11条,其任期届满;二是由于该法官所隶属的商事法院被撤销;三是商事法官主动提出辞职;四是由于违反禁止性规定而被剥夺(forfeiture)商事法官资格。① 其中,涉及司法重组(judicial restructing)或者破产清算(liquidation)等程序时,若该商事法官是利益关联方,在此类程序开始之日,该商事法官被视为暂时辞职。同样,当该法官在申请司法重组或者破产清算的企业担任主席、首席执行官等董监高职位时,该法官也应被视为暂时辞职。②

美国联邦法官一旦获得任命,除因严重行为不端而被撤职除外,均拥有终身职位。③

五、选任方式的多样化

在法官的选任上,各商事法院均结合商事法院的组织与审级设定了不同的选任方法,新加坡国际商事法庭赋予最高法院首席大法官遴选法官的权力,迪拜国际金融中心法院的法官由迪拜君主发布命令而任命,法国商事法院则采用选举制的方式。

新加坡国际商事法庭的法官由新加坡最高法院首席大法官从最高法院中的法官中任命,包括上诉庭法官、高级法官、高等法庭法官以及国际法官。在迪拜,在君主立宪制的政体下,各级法院法官都是以迪拜君主的名义予以任命的本国公民。迪拜国际金融中心是独立于迪拜其他区域的普通法特区,但是其依然在迪拜政府的主权管辖范围之内。所以,迪拜国际金融中心法院的法官依然要由迪拜君主发布的命令予以任命。④

法国商事法院的法官采用两次选举制度,即商事法官是通过商人选举产生

---

① See French Commercial Code, Article L. 722-8.

② See French Commercial Code, Article L. 722-9.

③ 参见[美]杰弗里·C. 哈泽德、米歇尔·塔鲁伊:《美国民事诉讼法导论》,张茂译,中国政法大学出版社1998年版,第65页。

④ See Law No. 12 of 2004 in respect of the Judicial Authority at Dubai International Financial Centre, Article 3(4).

代表团成员(délégués consulaires),再由代表团成员选举产生商事法官。① 在每一个商事法院中,选举团成员是由两部分人组成:第一部分是商事法官选举人代表(commercial delegate),这些代表是依据所在商事法院辖区的重要性而确定的,其规模一般在60~600人,他们由该管辖区域内的商人第一轮选举产生,任期5年,目的是选举商事法官;第二部分成员由现任的商事法官和过去曾被列入选举名单的商人或企业主组成。采用两次选举的方式是为了确保能够选出胜任这项工作的人。②

《法国商法典》也为选举团成员设定了一些消极的条件,其中包括:不能曾经被剥夺任职资格;不能因为不诚信、破坏公共秩序整体性的行为而获得刑事处罚;在之前的15年内,个人没有陷入破产或者资产没有被接管;在任职商业或者工业管理人员时,没有通过直接行为或者间接行为从事《法国刑法典》第131-27条规定的行为。③

负责监督管理商事选任登记事项的法官应当成立一个委员会来管理选任登记事项,如果一个辖区内新设商事法院时,管辖该辖区上诉法院的主席应当指派一名法官负责选拔事宜。④

每一位选举团成员在选举辖区内同一商事法院法官时拥有一次投票的权利,其可以通过纸质的方式也可以通过电子投票的方式来行使投票权。⑤ 每一选举分为两轮。在第一阶段,候选人必须获得投票数半数以上且有超过1/4的选举团成员行使了投票权利。如果没有候选人当选或者还有职位空缺,可以通过第二轮投票的方式来填补空缺。若两位候选人的票数相同,年长的候选人当选。⑥ 通常,在有商事法官职位空缺时,每年举行一次选举程序。如果空缺的职位超过现有法官数量的1/3,地方行政长官(the prefect)将组织进行补选程序,在此情况下,所有法官的任期将在此年度后届满。上诉法院的主席将指定1位法官负责选举程序的有效进行,并负责公布选举结果,由国务委员会(Counseil

---

① 参见李玉林:《论法国特殊商事审判制度——以商事法院与商事法官为中心》,载《山东审判》2008年第3期。

② French Commercial Code, Article L. 723-1. 转引自李玉林:《论法国特殊商事审判制度——以商事法院与商事法官为中心》,载《山东审判》2008年第3期。

③ See French Commercial Code, Article L. 723-2.

④ See French Commercial Code, Article L. 723-3.

⑤ See French Commercial Code, Article L. 723-9.

⑥ See French Commercial Code, Article L. 723-10.

d' État)颁布的有关政令同样适用于选举程序中。①

法国商事法院每年会选任大约300名商事法官,商事法官总协会前主席认为,商事法官应当进一步扩大影响力,每年吸收300~400名候选法官,同时,加强法官之间的流动性(mobilité),使法官间能更好地沟通交流,互通有无。此外,鉴于女性商事法官占比仅为15%,他还建议缩小男女性别比例,使法官队伍性别比更均衡。② 由于法国并没有信息系统来统计在任商事法官的信息,前主席强调应该建立一个信息统计系统,从而更好地关注法官职业培训,建立一体化的电子邮箱,促进法官间的交流与沟通。③

第三节　商事法院的院长及司法辅助人员

一、商事法院院长

商事法院的院长或者首席大法官会承担多项职权,其不仅与普通商事法官一样参与商事审判工作,而且担负着管理职责。法国商事法院的院长,一方面行使着行政管理职权:指挥、组织商事法院工作;管理审判人员;主持全体会议;任命副院长和庭长。另一方面则履行其承担的司法审判职责:可根据当事人的申请作出程序上的裁定(批准延期、授权采取商事保全措施等)。④ 通常,只有在法律规定的情况下,法国商事法院院长才能行使依申请直接裁定程序的权力。其中,可以分为普通依申请直接裁定程序规则与涉及支付令的特殊程序规则。普通依申请直接裁定程序规则,是指因案情需要,无须开庭申请(adversarial proceedings),法国商事法院院长得在法院权限内,依申请命令采取一切紧急措施。⑤ 法国商事法院在进行这一程序时,遵循依申请直接裁定程序的一般法规则,法国商事法院院长所拥有的权力与大审法院院长相同,只是在紧急情况下,请求书应当送交至法国商事法院院长的住所,或者在院长进行职

---

① See French Commercial Code, Article L. 723 – 11 to Article L. 723 – 14.

② See Hélène Béranger, "La justice commerciale est une justice spécialisé, rendue par des professionnels de la matière avec une efficacité certaine", *La semaine juridique-Édition Générale* 16, 2016, p. 783.

③ Ibid., p. 782.

④ 参见李玉林:《论法国特殊商事审判制度——以商事法院与商事法官为中心》,载《山东审判》2008年第3期。

⑤ See French Civil Procedure Code, Article 875.

业活动的场所提交。[①] 支付令程序可以适用于商业债务的清偿，并且其适用要受到法国商事法院的控制。原则上，法国商事法院适用支付令程序要遵循法国《新民事诉讼法》第1405～1425条的规定。商事法院有两点需要说明：首先，在法国商事法院中，当事人对附有支付令裁定的异议不是向作出该裁定的法国商事法院院长提出的，而是向商事法院提出；[②]其次，在法国商事法院中，附有支付令裁定的费用由债权人提出请求之后15日内向法院书记处预付。同时，债务人若提出异议，法院书记员可以免费接收。书记员接收以后，应立即用挂号信提请债权人，在依据法国《新民事诉讼法》第1405条申请支付指令之日起15日内，向法院书记处存交因提出异议所引起的费用。[③]

此外，法国商事法院的院长还是商事案件紧急审理程序的审判法官。司法实践中，紧急程序对案件的解决起着非常重要的作用，在当事人提出异议时，紧急程序是一种高效快捷的纠纷解决途径。商事法院院长被赋予了在自己管辖权范围内行使紧急审判程序的权力，紧急情况下，院长可以命令采取一切不会产生不公正待遇的紧急措施，或者命令采取一切必要措施。为了防止即将发生的损害或者制止明显违法的行为，法国商事法院院长可以在相同的权限内甚至在有严重争议的情况下，紧急命令采取保全措施或者恢复原状的措施。[④] 同时，当债务是否存在这一争议焦点不存在严重争议的情况下，法国商事法院院长可作出支持债权人的临时支付裁定（interim payment award）或者裁定债务人履行义务，即使所涉及的义务是作为之义务。[⑤]

迪拜国际金融中心法院没有对首席大法官以外的其他法官的职权予以专门规定。但是首席大法官的职权并不是排他性的，在部分情况下可以由其他法官行使，法院赋予首席大法官的职权较大。首席大法官具有双重身份：一方面，他是迪拜国际金融中心法院的法官；另一方面，也是迪拜国际金融中心争议解决管理局的负责人。[⑥] 因此其职责也被划分为两部分，既包括一般的行政管理职能，也包括专门的司法职能。其行政管理职能主要包括设立巡回法庭及法院

---

① 参见[法]洛伊特·卡迪耶主编：《法国民事司法法》，杨艺宁译，中国政法大学出版社2010年版，第634页。

② See French Civil Procedure Code, Article 1415.

③ See French Civil Procedure Code, Article 1425.

④ See French Civil Procedure Code, Article 872.

⑤ See French Civil Procedure Code, Article 873.

⑥ See Law No. 9 of 2004 in respect of the Dubai International Financial Centre, Article 8(5).

分支机构的权力;确定实现法院目标所需的基础设施、建筑物、行政服务和其他必要服务,并就此向主席(迪拜国际金融中心的主席)提出建议,采取他认为适当行动的权力;与酋长国内外的第三方签订合同、协议和谅解备忘录,以实现法院的目标,并根据迪拜国际金融中心法律获得、拥有和处置动产的权力。专门的司法权力也包括三个方面:一是向主席建议并提交涉及法院管辖区内任何事项的法律草案;二是在法院管辖区内批准并颁布法院规则和迪拜国际金融中心条例;三是对法院管辖区内的迪拜国际金融中心法律草案或迪拜国际金融中心条例草案进行公众咨询。① 就行政管理权而言,在必要的时候首席大法官可以将这些职权委托给副首席大法官(Deputy Chief Justice)和其他任何法官。② 上述专门的司法管理权是法律单独赋予首席大法官的权力,只有在其缺位时才由副首席大法官行使。③

新加坡国际商事法庭的首席大法官也在司法审判中承担着一些特有的职能。新加坡国际商事法庭管辖的一审案件可以由 1 ~ 3 名法官审理。通常来说,一审案件实行独任制。④ 但是,在当案件的所有当事人同意或者首席大法官指令的情况下,案件由 3 人组成的合议庭审理,主审法官一律由首席大法官任命。⑤ 一般来说,无论任何原因,若合议庭有法官无法参与庭审,则案件需要重审;但例外的是,若只有 1 名法官缺席,且当事人同意,案件可由 2 名法官审理。⑥ 上诉案件通常由 3 ~ 5 名法官审理。一般来说是由 3 名法官审理;在当事人一致同意或首席大法官指令的情况下,可由 5 名法官审理。⑦

---

① See Law No. 12 of 2004 in respect of the Judicial Authority at Dubai International Financial Centre, Article 4(2).

② See Law No. 12 of 2004 in respect of the Judicial Authority at Dubai International Financial Centre, Article 4(3).

③ See Law No. 12 of 2004 in respect of the Judicial Authority at Dubai International Financial Centre, Article 4(4).

④ See SICC Practice Directions 2017, para. 23.

⑤ See Singapore SCJA, s 18H(1) and(2). 新加坡国际商事法庭受理的第一个案件即由首席大法官任命的三人合议庭审理。See BCBC Singapore Ltd. v. PT Bayan Resources TBK, [2016] SGHC (I)1.

⑥ See Singapore SCJA, s 18H(4) and(5). 当只有两名法官审理案件时,若两名法官判决意见一致,则依其意见决定;若二人意见相左,则应驳回相应的诉讼请求。See Singapore SCJA, s 18H (6).

⑦ See Singapore Rules of Court, Order 110, Rule 53(2).

二、司法辅助人员

训练有素的司法辅助人员能够帮助商事法院快捷、流畅地运转。新加坡国际商事法庭内设登记处(Registry),登记处由登记官、副登记官以及登记助理组成,负责管理提交到国际商事法庭的案件和从国际商事法庭上诉到上诉庭的案件。其职责包括以下方面:协助新加坡国际商事法庭和上诉庭法官高质量和及时地审理案件;协助执行国际商事法庭和上诉庭法官在庭审准备时或审判后发布的指令;管理案件法庭记录和文件的提交以及获取;提供庭审技术支持;编辑并发布法院判决和其他出版物;更新《新加坡法院规则》、《新加坡国际商事法庭诉讼指引》和《新加坡国际商事法庭用户指引》(SICC User Guides);筹建并运行新加坡国际商事法庭外国律师的注册;管理新加坡国际商事法庭商业和其他事务;收取与新加坡国际商事法庭诉讼等有关的费用。①

法国商事法院的司法辅助性工作由书记员完成。与其他司法机构相比,法国商事法院的书记员工作具有两大特点:首先,书记员是司法辅助官;其次,除了要完成普通的司法书记员工作,法国商事法院的书记员还负责保管多种商事登记簿,②承担着重要的商业信息管理职能。③

本章小结

综上所述,以上几个国家的商事法院呈现以下几个共同特点:

1. 商事法院主要负责审理一审商事案件,并且案件有完备的上诉途径;

2. 商事法院的法官在商事纠纷领域深耕多年,深谙商事纠纷的解决之道,一些国家的商事法院甚至吸收其他国家或者地区的商事法官来本国商事法院任职,其法官队伍呈现国际化特色;

3. 商事法院的院长承担着重要的职能,对商事法院的高效运转起着重要的作用;

---

① See The Singapore International Commercial Court Registry, http://www.sicc.gov.sg/About.aspx? id = 22, July 23, 2017.

② 其中包括商业和企业登记簿、拒绝证书登记簿、商业基金登记簿、动产租金信用公示登记簿等。

③ 参见[法]洛伊特·卡迪耶主编:《法国民事司法法》,杨艺宁译,中国政法大学出版社 2010 年版,第 88 页。

4. 商事法院都配有专业、训练有素的司法辅助人员,使法官能从烦琐的行政事务中抽离出来从而专注于案件审理工作,这些司法辅助人员对商事法院的快速运转同样起着重要的作用。

第四章　机制灵活化:国际商事法院的制度特色

第一节　管辖权制度

管辖权是法院运行的前提与基础,同时也是国家司法主权的直接体现,其在司法竞争力和国际司法话语权的争夺中扮演着关键角色。一国法院管辖权的范围是该国司法能力的体现,司法能力越强,司法吸引力越大,国家扩张其司法管辖范围效果往往越好。反过来,司法管辖范围扩张带来更多的案源,又进一步提升其国际知名度,增强其国际司法吸引力,从而形成良性循环。因此,无论是传统的还是新兴的商事法院,大多采取集中管辖的方式行使管辖权,既可以提高案件管理的专业性,也能更为方便地扩张其案件管辖权。此外,本书研究的商事法院均结合其所属国家国情,有意或无意地形成了各自极具特色的管辖权制度。

从这些商事法院管辖权法律规定和实践中受案情况来看,商事法院所管辖的案件核心特征是具有国际性和商事性,即跨国商事案件。通过属人管辖、属地管辖、协议管辖、移送管辖等方式,这些商事法院建立了较为完整的案件管辖制度,也适当地解决了其与国内其他法院的管辖冲突。以下对 5 个法院的管辖制度共同点和各自特色进行分析。

一、管辖案件的国际性

这些商事法院无不吸引着大量的跨国性争议,①形成这种情况的主要原因包括法院的特殊地理位置和特殊的管辖制度。一方面,正是特殊的地理位置才使得法院特殊的管辖制度有实施基础;另一方面,这种特殊的管辖制度也同时进一步强化了该地区的特殊地位。二者的结合造就这些商事法院管辖案件的国际性。下文主要以美国纽约南区法院为例进行说明。

美国纽约南区法院之所以在全球享有较高的知名度,在很大程度上是因为美国独特的管辖权规则为其审理重大涉外案件提供了制度保障。在美国,当事人在确定向哪一个法院提起诉讼时,需要考虑以下三个问题:第一,明确应在哪一个州提起诉讼;第二,由于美国的法院系统分为联邦法院系统和州法院系统,当事人需要进一步明确在该州的哪一个法院系统提起诉讼;第三,在被选择的法院系统内确定具体的审判地点。②

第一,美国法院在长期司法实践中所确立的长臂管辖(long-arm jurisdiction)原则为纽约南区法院受理涉外民商事案件提供了前提和依据。1945 年美国联邦最高法院在国际鞋业公司诉华盛顿(International Shoe Co. v. Washington)案③确立了长臂管辖原则,以最低限度联系标准来认定管辖依据。在该原则指导下,只要法院与外国(州)法人、自然人之间存在最低联系,法院行使管辖权便不会违反传统观念所要求的公平竞争与实质正义。④ 根据美国学者冯·梅伦(Arthur T. von Mehren)和特罗特曼(T. Trautman)的理解,最低限度联系标准预示着美国对人管辖权发展为两种类型:“一般管辖权(general jurisdiction)和特殊管辖权(specific jurisdiction)。”⑤一般管辖权使法院可以审

---

① 例如,英国商事法院受理国际和国内的商事纠纷案件,但英国商事法院所受理的案件中,有 2/3 以上的案件一方当事人来自英国以外的地区。See The Law Society of England and Wales, “England and Wales: The Jurisdiction of Choice”, http://www. eversheds-sutherland. com/documents/LawSocietyEnglandAndWalesJurisdictionOfChoice. pdf, July 25, 2017.

② 参见[美]理查德·D. 弗里尔:《美国民事诉讼法》(上),张利民、孙国平、赵艳敏译,商务印书馆 2013 年版,第 280 页;杜涛:《美国联邦法院司法管辖权的收缩及其启示》,载《国际法研究》2014 年第 2 期。

③ See International Shoe Co. v. Washington, 326 U. S. 310(1945).

④ See International Shoe Co. v. Washington, 326 U. S. 310, 316(1945).

⑤ See Arthur T. von Mehren & T. Trautman, “Juridsiction to Adjudicate: A Suggested Analysis”, *Harvard Law Review* 79, 1966, p. 1121.

理任何与被告有关的诉讼请求，[①]而特殊管辖权则只允许法院管辖“由被告与法院地之间存在的联系所引起或与之相关的诉讼请求”。[②] 这一规则使处于特殊地理位置的纽约南区法院极易对外国法人行使管辖权。例如，在 2014 年之前，美国法院在审理涉外案件时，往往基于外国公司在美国设立分支机构从事交易活动这一事实，认定美国法院对该外国公司享有一般管辖权。由于纽约南区法院辖区内的纽约市是国际金融中心，聚集了纽约证券交易所、美国证券交易所和纳斯达克等著名交易所，吸引了大量世界闻名的经济、金融、保险公司在此设立分支机构。基于这一优势，纽约南区法院从美国 94 个联邦地区法院中脱颖而出，成为审理金融、证券类案件的知名法院。即便美国联邦最高法院 2014 年在“戴姆勒案”中对一般管辖权的行使进行了限制，纽约南区法院仍可通过纽约州的长臂管辖条款，以外国企业与法院地之间的某种联系进而行使特殊管辖权。在 2016 年阿卡皮塔无担保债权人官方委员会诉巴林伊斯兰银行（Official Committee of Unsecured Creditors of Arcapita v. Bahrain Islamic Bank）案[③]中，巴林伊斯兰银行在纽约州没有设立任何分支机构，仅仅通过其在纽约摩根大通银行的代理账户为其客户进行了一次银行转账。即便如此，法院仍认为巴林伊斯兰银行的行为符合特殊管辖权的要求并受理了案件。

第二，《美国宪法》对联邦法院管辖范围的界定巩固了纽约南区法院在审理证券、金融等涉外案件中的核心地位。根据美国的管辖权制度，联邦法院审理案件的前提是确立法院体系的基本法（宪法及其实施法规）必须已经明确授权法院来决定该未决诉讼中的此类案件。[④] 由于美国的法院系统分为联邦法院系统和州法院系统，需要明确案件争议应由该州的哪一级法院系统进行管辖。《美国宪法》第 3 条第 2 款规定了联邦法院可以进行管辖的 9 类事项，但是该管

---

① See Twitchell, "The Myth of General Jurisdiction", *Harvard Law Review* 101, 1988, p. 610; Goodyear Dunlop Tires Operations, S. A. v. Brown, 131 S. Ct. 2846, 2851 (2011).

② See Arthur von Mehren and Donald Trautman, "Jurisdiction to Adjudicate: A Suggested Analysis", *Harvard Law Review* 79, 1966, p. 1121; Helicopteros Nacionales de Colombia, S. A. v. Hall, 466 U. S. 408, 414 (1984).

③ Official Committee of Unsecured Creditors of Arcapita v. Bahrain Islamic Bank, 549 B. R. 56 (S. D. N. Y. 2016).

④ 参见［美］杰弗里·C. 哈泽德、米歇尔·塔鲁伊：《美国民事诉讼法导论》，张茂译，中国政法大学出版社 1998 年版，第 179 页。

辖权并非自动授予联邦地区法院,而是需要国会的授权。[①] 根据国会的授权,联邦地区法院对异籍案件和联邦问题享有管辖权。[②]

异籍案件要求案件当事人双方来自不同的两个州,同时也包括美国一州居民与外国人这一情形。随着社会的发展,外国人之间的诉讼也被纳入异籍案件的范畴之内。当案件双方当事人均为外国人时,美国法院能够对其进行审理的依据多是基于法院地与相关争议财产之间的联系。由于纽约市存在发达的金融贸易服务,许多国际支付业务通过纽约市的银行进行跨境操作。正是基于这一原因,许多涉外民商事案件尤其是外国人之间的诉讼会选择在纽约南区法院进行,这无形中提升了纽约南区法院的国际影响力和知名度。

至于国会授权联邦法院审理的联邦问题,《美国法典》第 1331 条规定:"联邦地区法院对产生自美国宪法、法律或条约的所有民事案件享有初始管辖权。"[③]此外,《美国法典》还明确将涉及针对外国国家、[④]海事、[⑤]破产、[⑥]反垄断、[⑦]专利和著作权侵权以及植物品种保护[⑧]等诉讼的管辖权授予联邦地区法院。在《1934 年证券交易法》中,联邦法院同样被赋予了对证券案件的专属管辖权。[⑨]

第三,审判地。在明确了某一特定州的管辖权并确定了受理案件的法院系统后,最后需要选定审判地,即确定具体的一审法院。在联邦法院层面,《美国法典》第 28 编第 1391 条对联邦法院受理案件的审判地进行了规定,并提供了三个方面的考虑因素,即被告居住地、主要事实发生地以及涉案主要财产所在地。[⑩] 由于美元是一种世界货币,加之纽约市作为国际金融中心具有完备的货币金融体系,许多涉外案件基于法院与涉案财产所在地之间的联系而由纽约南区法院审理。

---

① 参见[美]理查德·D. 弗里尔:《美国民事诉讼法》(上),张利民、孙国平、赵艳敏译,商务印书馆 2013 年版,第 184 页。

② 参见王学棉:《美国民事诉讼管辖权探究》,载《比较法研究》2012 年第 5 期。

③ See 28 U. S. C. § 1331.

④ See 28 U. S. C. § 1330.

⑤ See 28 U. S. C. § 1333.

⑥ See 28 U. S. C. § 1334.

⑦ See 28 U. S. C. § 1337.

⑧ See 28 U. S. C. § 1338.

⑨ See Securities Exchange Act of 1934, Article 27.

⑩ See 28 U. S. C. § 1391.

除了美国之外,新加坡国际商事法庭的案件国际性制度值得一提。[①] 新加坡除了规定案件可以与新加坡国际商事法庭不具有任何联系之外,还独创了"离岸案件"的概念。《新加坡法院规则》将案件的国际性规定为:

1. 争议当事人的营业地点位于不同国家。

2. 争议当事人的营业地点均不在新加坡境内。

3. 下列地点之一位于各方当事人营业地点所在国以外:(1)履行商事关系的大部分义务的任何地点;(2)与争议标的有最密切联系的地点。

4. 双方当事人明确同意争议标的与一个以上的国家有关。[②]

新加坡国际商事法庭实际上是借鉴了 1985 年《国际商事仲裁示范法》(2006 年修订)第 1 条第 3 款中对"国际"的定义,采用了实质性连接因素标准和争议性质标准的混合方式,对"国际"的概念作出界定。在国际商事仲裁领域,各国对国际商事仲裁中"国际"的界定标准分为两类:(1)实质性连接因素,即当事人的国籍、住所或居所、法人注册地、公司管理地等;(2)争议的国际性质标准,指对争议的性质加以分析,如果争议"涉及国际商事利益",为解决该争议所进行的仲裁便是国际仲裁。[③] 1985 年《国际商事仲裁示范法》(2006 年修订)第 1 条第 3 款中对"国际"界定为:

(1)仲裁协议的各方当事人在缔结协议时,其营业地位于不同国家;或

(2)下列地点之一位于各方当事人营业地点所在国以外:(a)仲裁协议中确定的或根据仲裁协议而确定的仲裁地点;(b)履行商事关系的大部分义务的任何地点或与争议事项管辖最密切的地点;或

(3)各方当事人明确同意,仲裁协议的标的与一个以上的国家有关。

---

① 同样是作为商事法院,法国商事法院和迪拜国际金融中心并没有明确区分案件的国际与国内因素,只要符合其管辖规定,法院均有权对此进行管辖。

② See Singapore Rules of Court, Order 110, Rule 1(2)(a).

③ 参见韩德培主编、肖永平修订:《国际私法》,高等教育出版社、北京大学出版社 2014 年版,第 551 页。

以上定义便是采用了实质性因素标准和争议性质标准结合的方式,[①]由此可以看出,新加坡国际商事法庭对“国际”的定义,无论是内容还是立法技术,借鉴了1985年《国际商事仲裁示范法》(2006年修订)第1条第3款中对“国际”的界定,对“国际”作扩大理解。

所谓离岸案件是指与新加坡无实质联系的案件。具体来说,无实质联系包括:争议的准据法不是新加坡法,争议标的也不受新加坡法律调整,或者新加坡与案件唯一的联系在于当事人选择新加坡法律为准据法并将案件提交新加坡管辖。[②] 离岸案件这一概念在新加坡国际商事法庭的制度中地位很重要,后文中的外国律师代理权限、诉讼程序都受这一制度影响。这种极具创新性的制度使新加坡国际商事法庭几乎可以受理发生在世界上任何地方的商事争议。需要注意的是,离岸案件必须基于当事人的申请,且该申请需由当事方在诉讼中第一次提交材料时一并提交,逾期无效。[③]

在泰拉斯离岸有限私人贸易公司诉泰拉斯货物运输(美国)有限责任公司[Teras Offshore Pte Ltd. v. Teras Cargo Transport(America)LLC]案中,被告申请新加坡国际商事法庭的法官确认本案属于离岸案件,这也是首个申请确认的案件。本案的独任法官——亨利·伯纳德·埃德尔(Henry Bernard Eder)法官认为,在决定诉讼是否为离岸案件时,关注的焦点在于诉讼本身是否可以被确认为与新加坡没有实质联系。法官审查新加坡《诉讼指引》第29(3)段所规定的要素,该法列举了5项要素并且规定任何一项要素本身的存在不会构成争议与新加坡之间的实质联系。[④] 同时,法官注意到,虽然《新加坡法院规则》与新加坡《诉讼指引》都有关于“离岸案件”的相关规定,但是两者间的措辞有所不同。《新加坡法院规则》的措辞是“诉讼”(action),而新加坡《诉讼指引》的措辞则是“争议”(dispute)。法官认为诉讼的含义比争议更广,其整体不仅包括争议本

---

① 参见韩德培主编、肖永平修订:《国际私法》,高等教育出版社、北京大学出版社2014年版,第552页。

② See Singapore Rules of Court, Order 110, Rule 1(2)(f).

③ Singapore Rules of Court, Order 110, Rule 35.

④ 新加坡《诉讼指引》第29(3)段规定[SICC Practice Directions 2017, para. 29(3)],以下各项要素本身的存在不会构成争议与新加坡之间的实质联系:(1)案件的任何证人可以在新加坡内找到;(2)与案件相关的文件位于新加坡;(3)资金在新加坡内流转或者储存在新加坡境内的银行账户;(4)争议的一方当事人在新加坡有资产和财产,并且这些资产不是本案的诉讼标的;(5)一方当事人并非来自新加坡或者虽然一方不是新加坡当事人,但有新加坡股东。为了方便行文,前述5个要素分别概括为证人要素、文件要素、资金流转要素、财产要素以及当事人要素。

身,还包括其他诸如程序和行政等问题。原告辩称,虽然新加坡《诉讼指引》规定一项要素本身不构成争议与新加坡之间的实质联系,但其援引《新加坡国际商事法庭指南》(the SICC Handbook)中的相关解释——如果[第29(3)段]所列举的要素出现得越多,该案越有可能与新加坡有实质联系,则该案被认定为离岸案件的可能性就越小,因此,原告认为这不意味着两个或多个要素积累在一块不能构成实质联系。并且,原告认为,新加坡《诉讼指引》所列举的5个要素都存在于本案之中。

法官同意可以将各项要素结合起来审查,用以合理地推导出案件是否与新加坡具有实质联系。但是,根据本案的具体情况,法官认为各项要素无法合理地推导出案件与新加坡具有实质联系的结论。就当事人要素和财产要素,法官认为原告是新加坡公司及在新加坡拥有不属于本案诉讼标的的财产,就本诉讼而言是无关紧要;就资金流转要素,法官认为通过原告在新加坡的账户转账属于次要的。就证人要素与文件要素,法官认为这些要素表明诉讼在程序和行政层面与新加坡有联系,将这两个要素与其他要素结合起来,这些要素都无法使其信服该联系属于"实质联系"。并且,法官进一步认为,本案中原告的诉讼请求与被告的反诉都涉及服务条款,并且这些服务条款均与位于澳大利亚昆士兰的3个液化天然气项目有联系,其中项目履行中的大部分相关服务义务以及与项目有关的问题均与新加坡没有联系。法官审查了原告的诉讼请求与被告的反诉,认为请求与反诉的核心均与新加坡没有实质联系。基于此,法官确认本案属于"离岸案件"。①

在法国巴黎银行诉雅各布·阿甘(BNP Paribas S. A. v. Jacob Agam)案中,法官审查了《新加坡法院规则》第110号命令第37(6)条的规定,认为对于某一案件是否属于离岸案件,新加坡国际商事法庭的决定具有最终的效力,当事人对该决定不享有上诉权。②

二、管辖案件的商事性

商事案件因其案件金额巨大,且易牵涉国家经济利益,备受各法院关注。关于何种案件具有商事性,因而属于专业的商事法院管辖,各法院各有其不同的规定和特色。

---

① See Teras Offshore Pte Ltd v. Teras Cargo Transport(America)LLC,[2016]SGHC(I)02.

② See BNP Paribas SA v. Jacob Agam,[2018] SGHC(I)03.

以纽约南区法院和迪拜国际金融中心法院为例,两者并未对“商事案件”赋予特别的含义。在美国长臂管辖规则下,纽约南区法院审理的商事案件范围和其他美国联邦地区法院无异,大多涉及海事、破产、反垄断、证券、专利和著作权侵权以及植物品种保护等一般性的商事诉讼,商事性在该法院也并无特别含义。同样地,迪拜国际金融中心法院也并未对“交易”“事件”等概念作出明确解释,一般认为只要涉及发生在迪拜国际金融中心内的民商事案件都属于其管辖范围。但在迪拜国际金融中心法院与迪拜其他法院签署的管辖权协议中,对“交易”作出了具体的规定,将交易的类型限定为银行金融业务、一般金融业务、辅助活动或任何许可在迪拜国际金融中心内进行的业务活动。此外,迪拜国际金融中心法院对部分涉及人身关系的案件,如婚姻家庭案件,并不行使管辖权。① 由此看来,迪拜国际金融中心法院受理的商事案件以金融案件为主。

新加坡国际商事法庭和英国商事法院的规定方式较为类似,均采取列举式规定商事案件的范围。根据英国《民事诉讼规则》第 58.1 条的规定,“商事诉讼”(commercial claims)是指因贸易和商业纠纷而产生的任何案件,包括有关如下事项的案件:

> (1)商事文书和合同;(2)货物的进口与出口;(3)货物的陆路运输、海运、空运或管道运输;(4)油田、天然气田或其他自然资源的开发;(5)保险和再保险;(6)银行和金融服务;(7)市场的运作和交流;(8)大宗商品(commodities)的买卖;(9)船舶建造;(10)商业代理;(11)仲裁。②

而《新加坡法院规则》则详细列举了三类商事法律关系:

> (1)提供或交换商品或服务的任何贸易;经销协议;商事代理;保理和租赁;建筑工程;咨询服务、管理服务以及许可证交易;投资、金融、银行业务或保险业务;资源开发协议;合营企业或其他形式的工业或商业合作关

---

① See Michael Hwang,“The Courts of the Dubai International Finance Centre —A Common Law Island in a Civil Law Ocean”,http://difccourts. ae/my-search-result/? fwp_search = THE%2BDIFC%2BCOURTS%2BJUDGMENT-%2BARBITRATION%2BPROTOCOL%2BREFERRAL%2BOF%2BJUDGMENT%2BPAYMENT%2BDISPUTES%2BTO%2BARBITRATION&fwp_categories = judges-addresses&fwp_paged = 2,July 10,2017.

② See English Civil Procedure Rules,Rule 58.1(2).

系;公司合并与收购;航空、航运、铁路和公路货物和旅客运输。

(2)对人的知识产权争议。

(3)双方当事人明确同意争议标的具有商业性。[①]

从内容上来看,新加坡国际商事法庭的规定要广于英国商事法院的管辖范围,这是因为英国还有其他专业性的法院审理部分商事争议,如技术与建筑法院、大法官分庭下的各专门法院分别享有部分商事争议管辖权。

最具特色的应属法国商事法院的管辖规定,根据《法国司法组织法》第261－1条,法国商事法院的受案范围由《法国商法典》予以规定。[②]《法国商法典》在第721－3条中采用"主体加行为"的模式规定法国商事法院审理以下争议:[③]

一是商人之间、信贷机构之间、金融公司之间或者前述主体之间有关承诺的争议。

二是商事企业之间的争议。

三是所有自然人、法人之间与商事行为有关的争议。

可见,法国商事法院设立的目的就是为了由商人来审理商人之间的纠纷,它的受案范围既与商事主体有关,又与商业行为相关。

(一)商事主体

商事主体的范围不仅包括从事商业行为的各类商事公司(unesociété commerciale),如商事合伙、商事公司有关的合伙人或者股东之间的纠纷,而且包括起诉该商事公司高管的诉讼。[④] 概括而言,法国商事法院对于一切与商业合伙的组织、运行和解散有关的诉讼均享有管辖权。相反,有关合伙或者股权份额转让的诉讼一般不属于法国商事法院的管辖范围,因为受让人不一定是商人,对于转让人与受让人而言,转让行为属于私人行为。当然,如果合伙或者股权份额的转让人和受让人都具有商人资格,那么商事法院对该交易就享有管

---

① See Singapore Rules of Court, Order 110, Rule 1(2)(b).

② See French Judicial Organization Code, Article L. 261 – 1.

③ See French Commercial Code, Article L. 721 – 3.

④ See Jean-Bernard Blaise and Richard Desgorces, *Droit des Affaires: Commerçants, Concurrence, Distribution*, Paris, LGDJ-Lextenso Editions, 2015, p. 158.

辖权。①

还有一种"混合行为"值得注意。所谓混合行为是指一个行为对一方当事人而言属于民事行为,而对另一方当事人而言属于商事行为,混合行为多发生在商人与非商人之间。根据法国最高法院的判例,当原告是商人时,被告是民事行为人时,案件不由商事法院受理,商人一方只能向民事法院起诉;当原告是非商人一方时,其有权选择向普通民事法院或者商事法院提起诉讼。②

(二)商业行为

法国商事法院对某一案件是否享有管辖权由该案的商事特性所决定,发生在商人之间的具有民事法律性质的行为不应当受到法国商事法院的管辖。③ 根据《法国商法典》的规定,法国商事法院可以受理发生在商人之间因为商事行为而产生的争议,但是在某些情况下,属于商事行为的案件也可能由其他法院受理,如商事租约、发明专利、商标、机动车交通事故等案件根据法律的规定由大审法院受理。④

近年来,越来越多的法国商事法院的法官认为应当扩大法国商事法院的受案范围,特别是涉及商事租约与知识产权的案件,他们认为知识产权的争议本质上就源自商事活动,知识产权在一些技术公司中占据着十分重要的地位,商事法院比大审法院更适合审理此类案件。⑤

判断某一行为是否具有商事性又是另一个比较棘手的问题,实践中通常会采用客观或者形式主义的标准来判断。对此,法国最高法院的商事与经济金融法庭对商事行为做了一个肯定式的列举,属于商事行为的包括商业保险、银行证券、商业保证、新闻出版行为、商业基金等。⑥ 对于一些只有商人才能实施的

---

① 参见[法]洛伊特·卡迪耶主编:《法国民事司法法》,杨艺宁译,中国政法大学出版社2010年版,第183页。

② 参见金邦贵主编:《法国司法制度》,法律出版社2008年版,第146~147页。

③ 参见[法]洛伊特·卡迪耶主编:《法国民事司法法》,杨艺宁译,中国政法大学出版社2010年版,第182~183页。

④ See Jean-Bernard Blaise and Richard Desgorces, *Droit des Affaires: Commerçants, Concurrence, Distribution*, Paris, LGDJ-Lextenso Editions, 2015, p. 158.

⑤ Carine Guicheteau, "La tribunal de commerce doit devenir la juridiction des affaires économique", *Juriste d' entreprise* 28, 2017, p. 8.

⑥ 具体参见法国最高法院官网:https://www.courdecassation.fr/jurisprudence_2/competences_chambres_7467/chambre_commerciale_financiere_economique_33466.html,最后访问日期:2017年12月9日。

侵权行为或准侵权行为,如不正当竞争,也被认为应由商事法院受理。1960 年的法令还明确规定对海上船舶、内河船舶、水运交通工具造成的损害提起的赔偿之诉由商事法院管辖。①

巴黎商事法院国际商事法庭基本继承了原有国际法法庭的受理案件类型,即将适用或可能适用欧盟法或外国法的具有国际性特点的经济商事案件,并且,此次新设立的国际商事法庭对受理案件的具体类别也作出了明确规定,包括:(1)与商事合同以及商事关系终止有关的争议;(2)交通运输领域的争议;(3)不正当竞争领域的争议;(4)反竞争活动后续的赔偿诉讼;(5)与金融领域有关的争议。②

三、案件管辖的集中化与强制性

如前所述,为了提高商事争议审理的专业性,很多国家采取集中审理的方式处理商事案件,商事法院即集中审理的体现。英国商事法院、法国商事法院、迪拜国际金融中心法院、新加坡国际商事法庭都对商事案件进行集中管辖,纽约南区法院是唯一未对商事案件采取集中审理的法院。③ 此外,集中审理往往还带有强制性要求,即法院对于发生在该法院所属地域范围内的案件享有唯一排他的管辖权,这一规定以迪拜国际金融中心法院为代表。

从内容上来看,迪拜国际金融中心初审法院对民商事案件的排他性管辖权是中心法院管辖权的基础。其管辖权制度主要规定在 2004 年《关于迪拜国际金融中心司法管理的第 12 号法律》和《迪拜国际金融中心法院法》中,二者规定类似,以下仅介绍 2004 年《关于迪拜国际金融中心司法管理的第 12 号法律》的规定。

根据 2004 年《关于迪拜国际金融中心司法管理的第 12 号法律》的规定,迪拜国际金融中心初审法院对所有涉及迪拜国际金融中心、任何中心机构及在中心经营业务实体(包括由金融服务管理局予以批准并注册,在迪拜国际金融中

---

① 参见[法]洛伊特·卡迪耶主编:《法国民事司法法》,杨艺宁译,中国政法大学出版社 2010 年版,第 33 页。

② Protocole Relatif ὰ la Procédure devant la Chambre Internationale de la Cour d' appel de Paris et Protocole Relatif ὰ la Procédure devant la Chambre Internationale du Tribunal de Commerce de Paris.

③ 因为纽约南区法院本身是普通的联邦地区法院,其受理了众多商事案件的原因在与其特殊的地理位置。

心提供金融服务、进行其他活动的机构)的民商事案件及争议都有管辖权。① 该规定是基于迪拜国际金融中心内部主体行使的管辖权。此外,由合同引发的或者与合同相关的民商事案件与争议,且该合同全部或者部分在迪拜国际金融中心履行时,迪拜国际金融中心初审法院对此类案件具有管辖权。同时,涉及与交易相关的民商事案件和争议时,只要该交易行为全部或者部分在迪拜国际金融中心达成,则迪拜国际金融中心初审法院对此也有排他性管辖权。除上述管辖标准外,对于任何发生在迪拜国际金融中心的事件,迪拜国际金融中心初审法院都有管辖权。② 相关条文对于"交易""事件"并没有作出严格的界定,一般认为只要涉及中心法律规定可以进行的商事交易、与民商事有关的事件且发生在迪拜国际金融中心之内,迪拜国际金融中心法院都可以行使管辖权。

除上述管辖标准外,当事人不服中心机构决定的案件也由迪拜国际金融中心初审法院管辖。迪拜国际金融中心机构由三部分构成,包括迪拜国际金融中心管理局、金融服务局管理局以及争议解决管理局。③ 在这些机构行使职能的过程中,可能出现当事人对迪拜国际金融中心机构作出的决定存在异议的情形。为保障商事交易的进行和中心业务的发展,2004 年《关于迪拜国际金融中心司法管理的第 12 号法律》规定当事人对于迪拜国际金融中心机构作出的决定如有异议,可以依据中心法律法规对该决定提起诉讼,并由迪拜国际金融中心初审法院管辖这类案件。④

此后,随着迪拜国际金融中心的发展和中心内部经济贸易的增长,迪拜国际金融中心法院的受案量不断上升。为保证迪拜国际金融中心法院的有序运行和案件解决的效率,迪拜当局对 2004 年《关于迪拜国际金融中心司法管理的第 12 号法律》进行了修订,并于 2011 年公布了《迪拜国际金融中心法院 2004 年第 12 号法律修正》(Law No. 12 of 2004 in respect of the Judicial Authority at

---

① See Law No. 12 of 2004 in respect of the Judicial Authority at Dubai International Financial Centre, Article 5A(1)(a).

② See Law No. 12 of 2004 in respect of the Judicial Authority at Dubai International Financial Centre, Article 5A(1)(b).

③ 迪拜国际金融中心管理局与金融服务管理局属于迪拜国际金融中心的行政机构,负有政策制定和行政管理的双重职能。

④ See Law No. 12 of 2004 in respect of the Judicial Authority at Dubai International Financial Centre, Article 5A(1)(c).

Dubai International Financial Centre as amended)。[①] 2011 年《迪拜国际金融中心法院 2004 年第 12 号法律修正》对原有的管辖标准进行了部分修改,同时为了进一步提升迪拜国际金融中心法院的影响力,该法扩大了初审法院的管辖权。[②] 该法规定只要双方当事人有同意将民商事索赔或诉讼提交迪拜国际金融中心初审法院管辖的书面协议,且该协议条文表述具体、清晰、明确,无论协议是在争议发生之前还是争议发生之后达成,迪拜国际金融中心法院都对此有排他性管辖权。[③] 同时,对于迪拜国际金融中心初审法院管辖范围内的案件,如果双方当事人有书面协议将该民商事诉求或诉讼提交给其他法院管辖,而该法院以缺乏管辖权为由驳回当事人的起诉,则迪拜国际金融中心初审法院可以行使管辖权。[④]

据此,迪拜国际金融中心法院建立起以迪拜国际金融中心地域范围为核心的管辖权,其管辖权制度体现了非常明确的地域属性,连结因素包括中心主体、合同履行地、交易达成地、事件发生地、中心机构的决定,等等。同时,在此基础上,法院直接宣称其对相关争议具有强制性管辖权。

在相较于诉讼的管辖权,商事仲裁有个重大缺陷即在于对仲裁协议以外的主体不具有约束力。而新加坡国际商事法庭则保留了诉讼中的这一优势。根据《新加坡法院规则》规定,当新加坡行使了管辖权之后,可以追加第三方参与诉讼,其可以作为原告方、被告方,也可作为独立的第三方。除非另有书面协议,主权国家不得被强制加入第三方。[⑤] 此外,不同于其对于被告的管辖,在对

---

① 这两部法律都属于迪拜国际金融中心的司法管理法。

② 修改内容如下:第一,对于合同引发的或者与合同相关的民商事诉求与诉讼,无论该合同是部分还是全部在迪拜国际金融中心达成、终结或者履行,或者根据合同明示或默示的条款,该合同将在或者被认为是在迪拜国际金融中心履行,迪拜国际金融中心初审法院对此类案件具有管辖权;第二,对于在迪拜国际金融中心发生的任何事件、交易引发的民商事诉求与诉讼或者与该事件、交易相关的民商事诉求与诉讼,且该事件、交易与主体在迪拜国际金融中心的活动有关,则迪拜国际金融中心初审法院对此有管辖权;第三,当事人对中心机构的决定和相关程序有异议,且中心法律允许当事人对此异议提起诉讼的情况下,迪拜国际金融中心初审法院对此有管辖权。See Law No. 12 of 2004 in respect of the Judicial Authority at Dubai International Financial Centre as amended, Article 5A(1).

③ See Law No. 12 of 2004 in respect of the Judicial Authority at Dubai International Financial Centre as amended, Article 5A(2).

④ See Law No. 12 of 2004 in respect of the Judicial Authority at Dubai International Financial Centre as amended, Article 5A(3).

⑤ See Singapore Rules of Court, Order 110, Rule 9.

第三人行使管辖权之时,新加坡国际商事法庭必须发布送达命令。[①] 另外,虽然新加坡国际商事法庭对第三人的管辖要求原争议具有国际商事性质,但是第三人提出的请求所涉及的争议却并不要求具有国际性和商事性。[②]

四、管辖选择的自由化

在国际商事领域,商事法院体现出越来越尊重当事人意思自治的自由化倾向。这些商事法院所在国的法律均允许当事人协议选择管辖法院,有些甚至把协议管辖作为其主要的管辖权来源,如英国。新加坡国际商事法庭则充分吸收了诉讼与仲裁的优势,极为重视当事人意思自治,因此案件管辖的自由化在新加坡国际商事法庭表现得尤为明显。

依据《新加坡法院规则》,除了案件必须具有国际商事的性质外,要构成新加坡国际商事法庭的书面协议管辖权,还要求当事人提出申请不是为了获得救济命令和特权命令(如禁止令)。[③] 其中,"书面协议"并不限于一般意义上的书面,而包括了任何可以供后续使用的方式,包括口头、行为和电子形式。[④] 此外,前述《新加坡法院规则》关于"国际性"与"商事性"的规定,当事人可以通过约定把新加坡纯国内的商事争议案件转为国际商事争议,从而提交新加坡国际商事法庭解决,但反过来则不行。[⑤] 同样地,商事性的认定也允许当事人约定,这可能会导致当事人把涉及国家主权和海事案件也约定为商事案件,这对于新加坡国际商事法庭来说是个挑战。[⑥]

在英国,英格兰及威尔士法院对民商事案件取得管辖权的主要法律渊源有:(1)1968 年《布鲁塞尔公约》;(2)1988 年《卢加诺公约》;(3)2012年《布鲁塞尔条例 I》;(4)英国普通法管辖权规则(the common law rules of jurisdiction)。[⑦] 2012 年《布鲁塞尔条例 I》是赋予欧盟成员国(除丹麦以外)法院具有管辖权的

---

① 因为《新加坡法院规则》第 110 条命令,第 6(2)条并未将不需送达的范围扩展至第三人。

② See Yeo TM, "Staying Relevant: Exercise of Jurisdiction in the Age of the SICC", *Eighth Yong Pung How Professorship of Law Lecture* 2015(Singapore, May 13 2015), para. 45.

③ See Singapore Rules of Court, Order 110, Rule 7(1)(c).

④ See Singapore Rules of Court, Order 110, Rule 1(2)(e).

⑤ See Yeo TM, "Staying Relevant: Exercise of Jurisdiction in the Age of the SICC", *Eighth Yong Pung How Professorship of Law Lecture* 2015, Singapore, May 13, 2015, para. 14.

⑥ 允许当事人约定争议商事性这一规则在 2015 年加入《新加坡法院规则》,以前并无。

⑦ 参见欧福永:《英国民商事管辖权制度研究》,法律出版社 2005 年版,第 2 页。

基本成文法,成员国(除丹麦以外)法院首先从2012年《布鲁塞尔条例Ⅰ》出发(starting point)来决定其是否有管辖权。[①] 当该民商事案件不属于2012年《布鲁塞尔条例Ⅰ》的适用范围时,英国普通法管辖权规则将会适用。此外,2012年《布鲁塞尔条例Ⅰ》第6条第1款[②]规定:当被告在成员国内没有住所时,则各成员国法院的管辖权由该成员国法律确定,但第18(1)条、第21(2)条和第24条、第25条另有规定的除外。因此,当原告在英国法院提起诉讼,而被告却在欧盟成员国(除丹麦以外)没有住所时,英国法院将根据英国普通法管辖权规则作为其管辖权的基础。英国普通法管辖权规则可概括为:法院的管辖权取决于传票的送达。如果被告出现(present)在辖区内,则原告有权送达传票;如果被告身处在辖区之外,则传票的送达须取得法院的许可。[③]

英国商事法院对案件的管辖权主要源于当事人的申请,表现为两种方式:第一,当事人在诉状右上方标注"王座分庭商事法院"字样。[④] 英国商事与财产法院设立以后,欲提起诉讼的当事人有权根据案件类型,选择管辖与审理案件的法院。如果当事人欲提起商事案件清单(commercial list)中登记的商事诉讼,提起诉讼的当事人须在诉状右上方标注"王座分庭商事法院",在这之后由海事和商事登记处(Admiralty and Commercial Registry)签发诉状格式(claim form),或者如果登记处在关闭状态时,签发诉状格式的请求可通过传真的方式作出,登记处接收到传真后,诉状格式便会签发。诉状格式经由海事和商事登记处签发之后,案件则登记在商事案件清单,由英国商事法院审理。[⑤] 第二,一方当事人向英国商事法院的法官提出申请。[⑥] 当事人在其他法院提起诉讼后,若认为不应在该法院起诉,而应在商事法院提起,其可向英国商事法院法官提出申请。审理诉状格式签发申请的法官如果认为案件不应登记在商事案件清

① See Adrian Briggs, *Civil Jurisdiction and Judgment*, New York, Informa Law, 2015, p. 5.

② See If the defendant is not domiciled in a Member State, the jurisdiction of the courts of each Member State shall, subject to Article 18(1), Article 21(2) and Articles 24 and 25, be determined by the law of that Member State. See the Brussels I Regulation 1215/2012, Article 6.

③ See Adrian Briggs, *Civil Jurisdiction and Judgment*, New York, Informa Law, 2015, pp. 379 – 380.

④ See English Practice Direction 58, 2.3.

⑤ See English Civil Procedure Rules, Rule 58.4(1). See also English Practice Direction 58, 2.1 – 2.3.

⑥ See English Civil Procedure Rules, Rule 58.4(2).

单的,该法官则可中止对申请的审理程序,由不是英国商事法院法官的聆案官(master)①或法官审理。②

对于国际商事案件,当事人可以协议选择是由巴黎商事法院国际商事法庭还是由巴黎上诉法院国际商事法庭来审理案件。③

当然,尊重当事人的意思自治并不意味着当事人可以置管辖协议于不顾,而随意在其他法院提起诉讼。为促使当事人履行管辖协议,2007 年《新加坡最高法院司法法》对管辖协议的效力作出了规定。根据该条规定,除非当事人另有约定,当事人约定新加坡国际商事法庭管辖的书面协议具有以下效力:(1)同意新加坡国际商事法庭具有专属管辖权;(2)同意及时履行新加坡国际商事法庭发布的任何命令和判决;(3)放弃任何在新加坡国际商事法庭之外的法院或法庭对其作出的判决和命令提起诉讼的权利,放弃反对新加坡国际商事法庭作出的判决和命令的执行。④ 需要说明的是,在新加坡国际商事法庭的书面管辖之下,针对在新加坡国外的被告,不需要向法院申请送达命令(leave for service out of the jurisdiction)。⑤

五、管辖权冲突及解决

在英国商事法院、法国商事法院、纽约南区法院、新加坡国际商事法庭、迪拜国际金融中心法院这五大商事法院(庭)中,新加坡国际商事法庭和迪拜国际金融中心法院是新成立的专业性法院,因为二者均实行集中管辖制度,不可避

---

① 聆案官制度于 1837 年创设。英国议会于 1867 年通过法令,实现了聆案官的职位从法官助理角色转型为一种独立、专门的司法官员。聆案官是英国审理程序和判决后程序中重要的司法权行使主体。参见徐昕:《英国民事诉讼与民事司法改革》,中国政法大学出版社 2002 年版,第 26 页。

② See English Practice Direction 58,3.3.

③ See Le 7 février 2018,deux protocoles relatifs à la procédure devant la chambre internationale du tribunal de commerce de Paris d' une part,et de la cour d' appel de Paris d' autre part,ont été conclus avec le concours de l' Ordre des avocats de Paris. https://business. lesechos. fr/directions-juridiques/partenaire/partenaire-1475-une-nouvelle-procedure-pour-les-litiges-internationaux-devant-le-tribunal-de-commerce-et-la-cour-d-appel-de-paris-319711. php? Jg3GdmY5ZK5cxU3M. 99,June 6,2018.

④ See Singapore SCJA,s 18F.

⑤ 值得讨论的是这一规定在新加坡的适用。一般来说,多数国家承认书面管辖协议有其自己的准据法或者推定适用主合同准据法,但是当当事人约定的主合同准据法和书面管辖协议的准据法均不是新加坡法律之时,前述新加坡关于书面管辖协议效力的规定是否能够适用则成问题。有人认为这一规定构成新加坡的强制性规范,但大多数学者持否定态度。因此,这一规定的效力如何尚需立法机关修订,或者法院通过司法判例释明。

免地会与其他法院的管辖范围发生冲突。在新加坡国际商事法庭,管辖权冲突主要表现在其与高等法庭的冲突,而在迪拜国际金融中心法院,则主要表现为其与迪拜国际金融中心以外的其他法院的冲突。

(一)新加坡国际商事法庭

根据《新加坡最高法院司法法》的规定,除了案件具有国际性和商事性外,还要求新加坡国际商事法庭管辖的案件原本属于高等法庭的管辖范围,同时新加坡国际商事法庭还建立了与新加坡高等法庭之间的移送管辖制度,二者混合在一起便引起了新加坡高等法庭与国际商事法庭之间的管辖权冲突。

根据《新加坡最高法院司法法》和《新加坡法院规则》,新加坡国际商事法庭与高等法庭可以互相移送案件,移送条件和结果基本一致。① 这种移送可以是法院主动命令(无论当事人是否同意),也可以是基于当事人的申请。事实上,移送管辖正是为了保证新加坡国际商事法庭的案源而设立的管辖制度。②

其中,法院主动移送的条件为:高等法庭具有案件管辖权且案件由新加坡国际商事法庭管辖更为合适。当事人主动申请移送管辖之时,若当事人之间存在指定高等法庭为管辖法院的非排他性管辖协议,该管辖协议被推定当事人同意移送;若当事人指定高等法庭为排他性管辖法院,则仅以下条件满足之时才能移送至新加坡国际商事法庭:(1)高等法庭认为案件属于国际商事案件,且当事人非申请任何形式的救济命令和特权命令;(2)在全体当事人同意的情况下,法院自行移送或者一方当事人申请移送。③

但是,在考察案件是否属于高等法庭管辖范围之时,却需要按照传统的管辖权制度来决定。在新加坡的传统管辖权制度之下,管辖权的运行分为存在(existence)和行使(exercise)。前者考察的是法院是否有管辖权,后者关注法院是否要行使其管辖权。在对人诉讼中,新加坡高等法庭的管辖权基于送达,只

---

① See Singapore SCJA, s 18J; Singapore Rules of Court, Order 110, Rule 12.

② See Johannes Landbrecht, "The Singapore International Commercial Court (SICC)—an Alternative to International Arbitration?", *ASA Bulletin* 34, 2016, p. 115. 从目前新加坡国际商事法庭官网发布的12份判决书来看,共涉及7个案例,其中有5个在判决书中明确表明是从高等法庭移送的,另外的未表明管辖权来源,参见新加坡国际商事法庭官网:http://www.sicc.gov.sg/HearingsJudgments.aspx? id=72,最后访问日期:2017年7月22日。

③ 根据《新加坡法院规则》的规定,移送的效果包括:接受移送案件的法院不得重新审查其是否有管辖权;根据法院的命令,即使法院实行不同的证据规则,原法院已审理事项具有效力;除非法院另有命令,当事人应继续在原法院缴纳审理费和法庭费。移送法院自主可以作出上述命令,接受移送的法院也可以在一定条件下作出。See Singapore Rules of Court, Order110, Rule 12(5).

要诉讼材料能送达到被告,高等法庭可对其行使管辖权,其中,对于在国外的被告,需要申请法院命令进行送达。① 在决定是否要行使管辖权之时,法庭通常区分是否有管辖权协议以及管辖权协议是否具有排他性。其中,主要考虑的因素是"不方便法院管辖"原则。在没有管辖权协议之时,适用 Spiliada 原则来决定是否行使管辖权。② 同样地,非排他性协议管辖也适用这一原则。但是在当事人的约定为排他性管辖的情形下,则要适用"更强理由"(strong cause)的标准来考察法院是否应当拒绝行使管辖权。③

但是前述两个标准在新加坡国际商事法庭的管辖权制度下却可能会产生冲突。因为新加坡国际商事法庭的管辖权来源并不需要案件与新加坡的联系,新加坡国际商事法庭因其法官构成和律师的国际性通常都可以被认为是方便法院。此外,高等法庭又有权移送此类案件给新加坡国际商事法庭管辖,这会导致当事人提出的"不方便"因素难以获得高等法院的认定。这便使国内管辖权分配制度与国际管辖权两个不同层面的制度混合在一起。

同样地,在法院主动移送的情形中,需要考虑被移送法院是否为合适法院(appropriate court)。在确定合适性(appropriateness)的时候,是否应适用上述的 Spiliada 原则和"更强理由"则存疑。基于前述讨论,新加坡高等法庭和新加坡国际商事法庭管辖权的不同,在确定合适性的时候其各自适用的标准是否一致

---

① See Yeo TM,"Staying Relevant: Exercise of Jurisdiction in the Age of the SICC",*Eighth Yong Pung How Professorship of Law Lecture* 2015,Singapore,May 13,2015,para. 3.

② Spiliada 原则起源于英国 Spiliada Maritime Corp. v. Cansulex Ltd. [1987] AC 460 案,该案确立了法院确定方便法院的原则。这一标准的适用以当事人利益和正义为原则,分为两个阶段适用:第一阶段,考察案件与相关国家的连结因素,这些连结因素包括人身联系、交易或事实联系、准据法、其他诉讼、以及诉讼的状况,这不仅是数量上的累计,而是根据案件的不同情形侧重于不同的连结点;第二阶段,则侧重经过第一阶段筛选后留下的法院是否能获得中立公正的审判。See Man Yip,"The Resolution of Disputes Before the Singapore International Commercial Court",*International and Comparative Law Quarterly* 65,2016,p. 441.

③ 因为当事人约定的是排他性管辖协议,所以当一方当事人申请约定法院中止诉讼或者驳回起诉,从而使当事人能在其他国家诉讼之时,约定法院考虑的因素更加严格。这些因素通常是双方当事人约定之时不可预见的因素(不同于 Spiliada 原则中的连结因素)和正义目标,需要当事人证明。因此称为"strong cause"。See Man Yip,"The Resolution of Disputes Before the Singapore International Commercial Court",*International and Comparative Law Quarterly* 65,2016,p. 442.

也值得讨论。[①] 也就是说,合适性的判断标准并不明确。同时,因为新加坡传统的“存在”和“行使”管辖权的区分,就接受移送的法院而言,虽然法律规定其不得重新审查是否具有管辖权,但其是否可以拒绝行使管辖权也存有疑问。

这一现象产生的根本原因,在于新加坡国际商事法庭的管辖权制度扩展了高等法庭的传统管辖权,而《新加坡法院规则》却又要求国际商事法庭管辖的案件必须原本属于高等法庭的管辖范围,这是新加坡将国际商事法庭设为高等法庭分支的必然结果。[②]

(二)迪拜国际金融中心法院

根据迪拜有关建立酋长国法院法律的规定,迪拜初审法院(指迪拜国际金融中心法院以外的法院)对于境内的各种案件都有管辖权,除非其他法律规定了某一特别法庭和司法委员会对相关案件的排他性管辖权。[③] 在管辖权的规定中,迪拜国际金融中心初审法院对与中心主体相关的民商事案件、对中心机构决定有异议的案件、法律规定可以申请诉讼的案件,以及当事人以书面协议选择初审法院审理的案件都可以行使排他性管辖权。

虽然迪拜国际金融中心初审法院对上述管辖权的行使有明确的依据,但迪拜国际金融中心初审法院并不属于迪拜法律规定的“特别法庭和司法委员会”。因此,在管辖权的行使上迪拜国际金融中心法院与迪拜法院的管辖权有可能产生冲突。同时,在迪拜国际金融中心法院与合同、交易和事件发生相关的案件管辖权规定中,中心的法律没有对“合同执行”“交易”“事件”的概念进行明确的界定,这容易导致相关法院依据不同的规则对上述概念进行解释,进而可能引发迪拜国际金融中心法院与其他迪拜法院的管辖权冲突。同时,也没有法律

---

① See Kenny Ching, “Exploring a New Frontier in Singapore's Private International Law—IM Skaugen SE v Man Diesel & Turbo SE[2016] SGHCR 6”, *Singapore Academy of Law Journal* 28, 2016, pp. 649 – 666.

② 目前,新加坡成文法并未明确地解决这一冲突,但这一问题已经引起了学者们的关注。有学者认为不应当适用这些普通法规则,而应主要考虑案件的国际性和商事性特质,并允许一定的例外即可;也有学者认为应当适用修订后的 Spiliada 原则和“更强理由”标准,这两个标准应当受“国际商事”性质约束,法院应非常严格地运用 Spiliada 原则和“更强理由”标准拒绝行使管辖权。See Kenny Ching, “Exploring a New Frontier in Singapore's Private International Law—IM Skaugen SE v. Man Diesel & Turbo SE[2016] SGHCR 6”, *Singapore Academy of Law Journal* 28, 2016, pp. 664 – 666; Man Yip, “The Resolution of Disputes Before the Singapore International Commercial Court”, *International and Comparative Law Quarterly* 65, 2016, p. 455.

③ See Dubai Law No. 3 of 1992, Article 23.

对法院之间的案件移转予以规定。为了解决这种困境，迪拜国际金融中心法院与迪拜法院系统签订了2009年《迪拜法院与迪拜国际金融中心法院管辖权协议》(Protocol of Jurisdiction between Dubai Courts and DIFC Courts)。

2009年《迪拜法院与迪拜国际金融中心法院管辖权协议》对迪拜国际金融中心法院与迪拜法院的管辖权进行了明确划分，并将涉及迪拜国际金融中心、中心机构、中心公司及其分支机构及在迪拜国际金融中心领取执照并营业的经营机构的民商事案件与争议的管辖权赋予迪拜国际金融中心法院。① 此外，合同引发的或者与合同相关的民商事诉求与诉讼，无论该合同是部分还是全部在迪拜国际金融中心履行，迪拜国际金融中心法院对此类案件都具有管辖权。② 2009年《迪拜法院与迪拜国际金融中心法院管辖权协议》中的这两项规定与2004年《关于迪拜国际金融中心司法管理的第12号法律》没有实质性的区别。协议对部分或者全部发生在中心的交易则作出了更具体的限定，将交易的类型限定为银行金融业务、一般金融业务、辅助活动或任何许可在迪拜国际金融中心内进行的业务活动。换言之，对于由发生在迪拜国际金融中心内的交易所引起的相关民商事案件和与该交易相关的民商事案件，只有在交易类型符合中心规定的银行金融业务、一般金融业务、辅助活动或任何许可业务活动时，迪拜国际金融中心法院才能行使管辖权。③ 对于发生在迪拜国际金融中心的案件，则明确排除了依据刑法规定涉及刑事犯罪的相关诉讼。④ 同时，对由发生在中心的刑事案件引起或者与这种刑事案件有关的民事救济争议，由迪拜国际金融中心法院管辖。⑤ 除上述案件由迪拜国际金融中心法院专属管辖外，迪拜法院对其他案件行使一般管辖权。

六、拒绝行使管辖权

虽然商事法院都在极力地扩张自己的管辖权，但是在特定情况下，出于尊重当事人意思自治、维护司法公正等要求，法院有时也会在符合法律规定的情况下拒绝行使管辖权。

---

① See Protocol of Jurisdiction between Dubai Courts and DIFC Courts, Article 3.1.

② See Protocol of Jurisdiction between Dubai Courts and DIFC Courts, Article 3.2.

③ See Protocol of Jurisdiction between Dubai Courts and DIFC Courts, Article 3.3.

④ See Protocol of Jurisdiction between Dubai Courts and DIFC Courts, Article 3.4.

⑤ See Protocol of Jurisdiction between Dubai Courts and DIFC Courts, Article 3.5.

如前所述,新加坡传统民事诉讼管辖权区分“存在”和“行使”的做法,新加坡国际商事法庭也继承了这一点,但却不再以管辖协议是否为排他性作为判断标准。根据《新加坡法院规则》,新加坡国际商事法庭认为其不是合适法庭之时,即可以拒绝行使管辖权;但是拒绝的理由不能仅仅因为新加坡与案件无联系。① 法庭拒绝行使管辖权可以是其主动作为也可以依当事人请求而为。拒绝行使管辖权后应把案件移送至高等法庭或者驳回起诉。②

在迪拜国际金融中心的成文法规定中,迪拜国际金融中心法院只有在其他法院对案件作出了最终判决之后才会放弃对相关民商事案件的管辖权。即使这种管辖权已经由当事人通过书面协议赋予迪拜国际金融中心法院,但是基于对相关法院最终判决的尊重,迪拜国际金融中心法院对该类案件不予受理和裁决。③ 这种管辖权的放弃存在于协议管辖案件之中。对于2004年《关于迪拜国际金融中心司法管理的第12号法律》中规定的其他类型的管辖权,迪拜国际金融中心法院是否会依据这一原则放弃并没有明确的规定。

2008年《迪拜国际金融中心仲裁法》[Arbitration Law(DIFC Law No. 1 of 2008)]规定,当事人向迪拜国际金融中心法院提起的诉讼与仲裁协议事项有关时,如果一方当事人在不迟于提交关于争议实质问题的第一份陈述前要求法院驳回案件或停止诉讼程序,则法院应该驳回案件或停止诉讼程序,除非发现该仲裁协议无效或无法执行。④ 在司法实践中,如果当事人之间的民商事争议存在仲裁协议或者仲裁条款,该案件被提交到迪拜国际金融中心法院,一方当事人依据仲裁协议或仲裁条款的内容对法院管辖权提出异议时,则法院会选择中止相关诉讼程序。

美国长臂管辖制度扩大了法院的受案范围,但是对于一些法院不便受理的案件,法官会通过不方便法院原则排除与美国没有太多联系的案件。不方便法院原则,是指法院发现其是审理案件的一个严重不方便的法院,且诉讼当事人和公共利益要求原告到另外一个更为方便的法院诉讼,它允许法院行使自由裁

---

① See Singapore Rules of Court, Order 110, Rule 8(1) and(2).

② See Singapore Rules of Court, Order 110, Rule 10.

③ See Law No. 12 of 2004 in respect of the Judicial Authority at Dubai International Financial Centre as amended, Article 5A(4).

④ See Arbitration Law(DIFC Law No. 1 of 2008), Article 13(1).

量权拒绝管辖权。[①] 非方便法院原则的存在，对于解决国际民事管辖权冲突，实现司法任务的简单化、提高司法工作的效率均具有重要意义。[②]

七、其他特殊管辖制度

在符合“国际商事争议”和“高等法庭具有管辖权”的前提下，《新加坡法院规则》针对《新加坡最高法院司法法》规定的“其他条件”进行了细化，规定了三种管辖权类型，分别为协议管辖、移送管辖和原诉传票管辖，其中前两种前文已经阐释。针对当事人藐视法院作出的任何命令和判决的行为，法院可作出对其惩罚的命令，但法院必须是基于一方当事人的原诉传票（originating-summons）或其他形式的传票作出。原诉传票管辖的即是对此类传票的争议。该情况出现的情形极少。

不同于一般上诉法院的管辖权，迪拜国际金融中心上诉法院的管辖权主要体现在两个方面：一是对迪拜国际金融中心初审法院判决和决定提起上诉的案件的管辖权，即上诉管辖权；[③]二是中心管理机构、中心营业机构和中心注册机构提起的要求对迪拜国际金融中心法院法律法规予以解释的请求，由迪拜国际金融中心上诉法院行使管辖权。[④] 从这种意义上来说，迪拜国际金融中心上诉法院既是一般的案件审理法院，也是迪拜国际金融中心内部的司法解释机关。在上诉案件中，也存在当事人依据迪拜法院规则对法院的管辖权提出异议的情况。司法实践中存在当事人提出管辖权异议的案例，迪拜国际金融中心上诉法院在确定其具体的管辖权依据时，运用的标准同样也是迪拜国际金融中心初审法院确定管辖权的依据，即迪拜国际金融中心主体、合同履行地、交易达成地等标准。

八、小结

从前述的比较和分析可以看出，在管辖权问题，现代商事法院呈现如下

---

① 参见何其生：《非方便法院原则研究》，载陈光中、江伟主编：《诉讼法论丛》（第7卷），法律出版社2002年版，第420页。

② 同上。

③ See Law No. 12 of 2004 in respect of the Judicial Authority at Dubai International Financial Centre, Article 5B(1)(a).

④ See Law No. 12 of 2004 in respect of the Judicial Authority at Dubai International Financial Centre, Article 5B(1)(b).

特点：

1. 英国商事法院、法国商事法院、新加坡国际商事法庭以及迪拜国际金融中心法院管辖的案件均为商事案件，对商事案件采用集中管辖的方式。在纽约南区法院审理的案件中，商事案件占有较大的比重。而在这些法院审理的商事案件中，跨国商事案件占有重要的比重。

2. 对于“国际”和“商事”的概念，各国都趋向于扩大解释。

3. 各法院通常会尊重当事人的意思自治，基于当事人的管辖协议行使管辖权，迪拜国际金融中心法院及新加坡国际商事法庭基于此而具有排他性管辖权。

4. 在适当的情况下，法院会出于礼让等原因拒绝行使管辖权。

总之，国际商事法院（庭）的管辖权是一项系统性的制度。在对该制度进行设计的时候，立法者应当以“国际商事争议”这一概念为核心，首先，应明确该定义的内涵与外延；其次，应结合国际商事争议解决的需求——专业化与便捷化来进行制度设计，结合集中管辖与当事人协议管辖的优势，扩大集中管辖的范围，赋予当事人更广泛的选择；最后，必须合理协调国际商事案件管辖权与国内案件管辖权的划分与冲突，可以通过移送管辖、法院审级等方式解决。

第二节 案件的简繁分流

由于法院解决案件纠纷的压力逐年增大，对案件进行繁简分流以减轻诉累是各国法院的通行做法。通过对案件进行繁简分流，法院可以合理地配置有限的司法资源，高效地解决案件。各国法院对案件繁简分流的做法既有相似之处，也有各自独特的制度。

一、运用非诉讼纠纷解决程序

纽约南区法院是美国 94 个联邦地区法院中最忙碌的法院之一。以 2012 年为例，纽约南区法院在该年度民事案件的受案量为 10,329 件，占该年度全美联邦地区法院民事案件受案量的 3.62%。[①] 而迪拜国际金融中心法院自成立

---

① See United State Courts, “U. S. District Courts-Civil Cases Filed, Terminated, and Pending-During the 12-Month Periods Ending March 31, 2011 and 2012,” http://www.uscourts.gov/statis tics/table/c/federal-judicial-case load-statistics/2012/03/31, July 6, 2017.

后便迅速发展,法院年均受案量的增长幅度达到14%。相似的是,纽约南区法院与迪拜国际金融中心法院都运用非诉讼纠纷解决程序(ADR程序)来实现案件的繁简分流,但在具体实施措施上两者略有不同。

纽约南区法院在20世纪90年代开始便引入了非诉讼纠纷解决程序,现已形成了以调解为主的非诉讼纠纷解决规则。根据根据《美国纽约南区法院、纽约东区法院地方规则》(Local Rules of the United States District Courts for the Southern and Eastern Districts of New York)民事篇第83.9条的规定,法院为当事人提供了司法和解会议(judicial settlement conference)和调解(mediation)两种非诉讼纠纷解决程序。后来,《美国纽约南区法院、纽约东区法院地方规则》民事篇第83.9条改名为"纽约南区法院调解程序",意在提升运用调解程序解决纠纷的灵活性,形成以调解程序为主的纠纷解决机制。根据纽约南区法院公布的2015年《年度调解报告》显示,该年度共有1094件案件进入调解程序,①很好地起到了案件分流的作用。在纽约南区法院,调解的范围包括除社会保险、人身保护以及税收案件外的民事案件,②其启动可由当事人自己选择,也可由法院法官选择。双方当事人随时可向案件受理法官提出选择适用调解程序。受案法官可在审前会议前、中、后期决定案件通过调解程序解决,而不必征得双方当事人的同意。③

值得注意的是,调解过程中的交流信息除法律明确规定外,均属保密信息,不得随意泄露。④ 对于调解员的选任,调解办公室将会根据法院作出的调解令(Mediation Referral Order)以及案件所涉及的具体领域在调解员名单中进行随机选择。如果该领域没有合适的调解员,则会在与案件相关领域的调解员名单中进行选择。被选中的调解员需在3日内向调解办公室回复,以确定其是否接受选派或者请求延期进行答复。⑤ 调解员在接受选派后的30日内,调解员需与

---

① See Annual Report, http://www.nysd.uscourts.gov/docs/mediation/Annual_Reports/2015/Annual%20Report.2015.pdf, July 8, 2017.

② See Local Rules of the United States District Courts for the Southern and Eastern Districts of New York, Article 83.9(e)(1).

③ See Local Rules of the United States District Courts for the Southern and Eastern Districts of New York, Article 83.9(e)(3).

④ See Procedures of the Mediation Program for the Southern District of New York, Articles1(a)&(b).

⑤ See Procedures of the Mediation Program for the Southern District of New York, Article 2(a).

双方当事人的律师或当事人就第一次调解会议的程序、时间、地点进行协商并最终确定,除非法院已就相关事项进行了规定。① 为使调解程序的进行有具体的操作细则可遵循,纽约南区法院为此还专门起草《纽约南区法院调解项目程序》(Procedures of the Mediation Program for the Southern District of New York)。②

相较于纽约南区法院以调解为主要方式的非诉讼纠纷解决程序,除了调解以外,迪拜国际金融中心法院则鼓励当事人选择仲裁等方式作为解决纠纷和特定问题的替代性方案。③ 就具体程序而言,迪拜国际金融中心法院首先通过庭审之前的替代性纠纷解决方式减少进入庭审程序的案件数量,有效利用仲裁和调解方式来解决争议,减轻迪拜国际金融中心法院的受案压力。在案件管理会议上,如果法官认为,案件或其中产生的任何问题特别适合通过替代性争议解决方式解决,但双方没有试图通过替代性方式解决上述问题,则法官可以邀请各方使用替代性的方式解决争议。④ 法官不仅努力促进当事人采用替代性争议解决方式,而且为替代性争议解决方式的适用创造有利条件、采取具体措施。法官在其认为适当的情况下可以使案件延期一段特定的时间,以鼓励和保证各方当事人能够使用替代性的争议解决方式;法官可以为实现这个目的延长双方当事人或其中任何一方遵守相关规则或法院命令规定的时限。⑤ 在为替代性争议解决方式的适用提供时间保障的同时,法官还可以在审前会议或任何其他听证会上作出替代性争议解决的相关命令。具体而言,法官可以在所有适当的情况下就双方因使用或试图使用替代性纠纷解决方式而产生的费用作出命令。⑥

在发挥法官在促进替代性争议解决方式适用的前提下,迪拜国际金融中心的法院规则对当事人的代理人也赋予了相关义务。代理人在所有情况下都应考虑客户、其他相关当事人以及通过替代性争议解决方式尝试解决争端或特定问题的可能性,并确保其客户充分了解最具成本效益的争端解决方法。⑦ 通过

① See Procedures of the Mediation Program for the Southern District of New York, Article 4(a).

② See Local Rules of the United States District Courts for the Southern and Eastern Districts of New York, Article 83.9(c)(3).

③ See The Rules of the Dubai International Financial Centre Courts 2014, Article 27.1.

④ See The Rules of the Dubai International Financial Centre Courts 2014, Article 27.6.

⑤ See The Rules of the Dubai International Financial Centre Courts 2014, Article 27.7.

⑥ See The Rules of the Dubai International Financial Centre Courts 2014, Article 27.8.

⑦ See The Rules of the Dubai International Financial Centre Courts 2014, Article 27.4.

发挥法院职权和当事人自身的作用,促进民商事争议以诉讼之外的方式解决,是迪拜国际金融中心法院对案件进行繁简分流的第一步。这种方式将法院有限的司法资源配置到更需要的案件之中,不仅有效地利用了司法资源,而且促进了争议解决的多元化,保障了当事人的利益。此外,如果法院在审理案件过程中支持当事人就纠纷进行和解,则需要以该和解是对当事人有利为前提。①

从法院的角度出发,用非诉讼纠纷解决程序解决纠纷实现了案件的繁简分流,而这一程序的运用对于诉讼当事人而言也是大有裨益的。非诉讼纠纷解决程序的运用能够帮助当事人节约成本、防止当事人以诉讼方式解决纠纷所导致的延误,使各方能够在保持现有商业关系和市场声誉的同时,实现争议解决。

二、成立专门法庭

纽约南区法院和迪拜国际金融中心法院通过成立专门法庭的方式实现案件的繁简分流,使不同的案件可依据其索赔额、标的额和性质分配到不同的法庭予以审理。

首先,在1898年《破产法案》通过以后,纽约南区法院破产案件数量逐年递增。仅仅在1900年,该法院所接收的破产类案件就高达1400件,这一数量甚至超过了法院该年度其他类型案件的受案量。② 为应对这一情况,纽约南区法院破产法庭便顺势成立,成为专门审理破产类案件的专业化法庭。这对促进纽约南区法院的案件分流、提升司法的专业性和权威性具有极为重要的作用。

与此相类似的是,为对索赔额、标的额不同的案件进行分流,迪拜国际金融中心法院为此建立了小额诉讼法庭,行使对小额案件的管辖权。主要分流标准包括:索偿额度或者诉讼标的价值不超过50万迪拉姆的案件由小额诉讼法庭管辖;此外,索偿额度或者诉讼标的价值不超过100万迪拉姆的案件,且所有当事人在相关合同(如果存在该种合同的情况下)中或者合同执行完毕之后以书面协议选择小额诉讼法庭对案件予以管辖的,由小额诉讼法庭管辖。③ 就小额诉讼法庭而言,涉及一方当事人雇佣合同的案件,且所有当事人以书面协议选

① See The Rules of the Dubai International Financial Centre Courts 2014, Article 20.45.

② See John D. Winter and Richard Maidman, "Retelling the History of the United States District Court for the Southern District of New York", *New York Litigation Lawyer* 17, 2012, p. 7.

③ See The Rules of the Dubai International Financial Centre Courts 2014, Article 53.2(3).

择小额诉讼法庭对案件予以管辖时,小额诉讼法院行使排他性管辖权。①

其次,法院还依据案件的不同性质进行分流。在小额诉讼法庭之外,迪拜国际金融中心法院正筹备建立专门解决技术和建筑工程相关诉讼的部门。技术与建筑部门有专门任命的法官负责解决涉及复杂技术争议的相关案件。② 小额诉讼法庭和法院技术与建筑部门分别依据案件的索偿额、标的额和案件性质对迪拜国际金融中心初审法院管辖的案件进行分流。

将案件分流至小额诉讼法庭的做法有效缓解了迪拜国际金融中心初审法院的案件审理压力,合理分配了司法资源,使司法资源得到最大限度的利用(见表2)。同时,小额诉讼法庭在司法实践中也积累了大量处理相关案件的经验,极大地提高了案件的解决效率和法庭的专业化程度。数据显示,小额诉讼法庭中75%的案件在4周之内得到解决,而初审法院收到的案件中也有83%能够得到解决。③ 这在一定程度上也是受益于案件管辖的繁简分流。

表2　迪拜国际金融中心法院小额诉讼法庭及初审法院受案情况④

年份	小额诉讼法庭案(件)	初审法院案(件)
2016	217	26
2015	216	25
2014	116	36
2013	74	28

① See The Rules of the Dubai International Financial Centre Courts 2014, Article 53.2(2).

② 具体受理案件的范围包括:建筑或其他建造纠纷;工程纠纷;针对或者由工程师、建筑师、测量师、会计师和其他专业顾问提起的有关其提供的服务的诉讼;由迪拜国际金融中心或任何中心机构提起的与其开发土地或建造建筑物的法定职责有关的诉讼,针对迪拜国际金融中心或任何中心机构提起的与其开发土地或建造建筑物的法定职责有关的诉讼;关于设计、供应和/或安装计算机、计算机软件和涉及网络系统的诉讼;涉及业主与租客之间违反修缮契约的诉讼;涉及侵入、滋扰土地的相邻权、所有权、占有权的诉讼;因火灾引起的诉讼;涉及复杂账目的诉讼;对建筑和工程纠纷仲裁决定异议。See DIFC Courts, "Draft New Part 56 of the Rules of the DIFC Courts-Introducing Technology and Construction Division — Opens for Public Consultation", http://difccourts.ae/draft-new-part-56-rules-difc-courts-introducing-technology-construction-division-opens-public-consultation-22-april-2017/, July 15, 2017.

③ See DIFC Courts, "Annual Review of DIFC Courts (2016)", http://difccourts.ae/wp-content/uploads/2014/05/DIFC-Annual-Review-2016.pdf, July 10, 2017.

④ 2013年至2016年的案件受理资料均来源迪拜国际金融中心法院官网:http://difccourts.ae/,最后访问日期:2017年7月10日。

三、合理配置法官数量

合理配置法官的数量在一定程度上也能促进案件繁简分流机制的有效运行,这在纽约南区法院和迪拜国际金融中心法院都有所体现。作为美国最为忙碌的法院之一,纽约南区法院的法官数量也高居美国联邦法院系统的前列,[①]这在一定程度上分担了法官的压力。截至目前,纽约南区法院共有地区法官(district judge)44 名、治安法官(magistrate judge)15 名。[②] 此外,还有包括法律助手(law clerk)、法院助理(staff attorneys)和实习生(interns)在内的大量法官助手(judicial adjuncts)来协助地区法官的日常工作。[③] 迪拜国际金融中心法院则根据不同法院的案件受理情况科学地配置案件审理法官人数。对于小额诉讼法庭和初审法院受理的案件,由 1 名法官审理,上诉法院则由 3 名法官对案件进行审理。在法官人数设置的基础上,迪拜国际金融中心法院还对法院司法行政人员的配置进行了规定,有效实现了案件的繁简分流。

四、创新庭审方式与推行裁判文书繁简分流

为实现案件的繁简分流,迪拜国际金融中心法院还创新庭审方式,对案件的审理实行远程视频审理的方式进行,并且推行裁判文书繁简分流,小额诉讼法庭案件判决在案件论证说理的过程上采取相对简单的形式,而初审法院和上诉法院案件的说理则更为详细。

五、小结

通过前述分析,各法院重视对案件的繁简分流,以提高案件纠纷的解决效率,并减轻当事人的成本。通过发挥多种案件繁简分流方式的作用,各法院得以维持高效的运转。

---

① 早在 20 世纪 80 年代,纽约南区法院便拥有 34 名地区法官,其数量远远高于排名第二位的哥伦比亚联邦地区法院(22 名)和排名第三位的宾夕法尼亚东区联邦地区法院(20 名)。See John D. Winter and Richard Maidman, "Retelling the History of the United States District Court for the Southern District of New York", *New York Litigation Lawyer* 17, 2012, footnote 109.

② See Official Website of United States District Court for the Southern District of New York, http://www.nysd.uscourts.gov/judges/District, July 8, 2017.

③ 参见[美] 理查德・A. 波斯纳:《联邦法院:挑战与改革》,邓海平译,中国政法大学出版社 2002 年版,第 8 页。

各法院主要通过运用非诉讼纠纷解决程序实现争议的迅速解决,减少案件进入庭审程序的数量,从而减轻诉累。

此外,法院也通过设置专门法庭、配置相当数量的法官及司法辅助人员等方式,保证进入庭审程序的案件得到有效的解决。

第三节　法律适用制度

在国际商事领域,基于其私人性和自治性,意思自治原则具有主导型地位,为各商事法院所遵循。迪拜国际金融中心作为一个普通法特区,适用于该区域内的法律呈现多元化特色。

一、适用当事人选择的法律

意思自治是私法领域内的重要原则,其赋予了当事人自由处分私权的权利。意思自治原则反映在国际私法中,表现为当事双方有权自由选择某个国家或地区的法律来调整他们之间产生的涉外民商事关系。① 商人作为市场经济中的理性人,对商业经营的规律与判断更为精准,法律理应充分尊重商人自治,在商事审判中同样如此。这也体现在各商事法院的法律适用之中,英国商事法院、新加坡国际商事法庭以及迪拜国际金融中心法院在审理国际商事案件的过程中,通常都会尊重当事人的意思自治,适用当事人选择的法律。英国高等法院在处理适用外国法的案件方面更是具有丰富的经验。② 在美国,法院一般会尊重双方当事人的合意,在民商事纠纷中适用当事人合意选择的法律,前提是适用当事人合意选择的法律不违反法院地的公共政策。③

二、意思自治原则的限制与例外

相比英国商事法院和新加坡国际商事法庭,迪拜国际金融中心对法律适用有着较为完备且成体系的规定,除了适用当事人协议选择的法律外,其法律适

---

① 参见梅傲:《论涉外民商事审判中的选法规则》,载《北方法学》2016 年第 2 期。

② See The Law Society of England and Wales, "England and Wales: The Jurisdiction of Choice", http://www. eversheds-sutherland. com/documents/LawSocietyEnglandAndWalesJurisdictionOfChoice. pdf, July 25, 2017.

③ See Gary B. Born and Peter B. Rutledge, *International Civil Litigation in United States Courts*, New York, Wolters Kluwer, 2011, p. 759.

用制度独具特色。

(一)适用于迪拜国际金融中心的具体法律类型

关于适用当事人选择的法律,迪拜国际金融中心法院有具体而明确的规定与要求。《迪拜国际金融中心法院法》规定法院在行使权力和履行职能时要适用当事人同意的法律。① 在适用当事人选择的法律的具体要求上,2004 年《关于迪拜国际金融中心司法管理的第 12 号法律》作出了原则性的规定。在争议的当事人没有明确同意以其他法律解决当事人之间的争议时,法院要适用迪拜国际金融中心的法律来解决争议。在当事人明确选择的法律与该国公共政策和公共道德相悖时,即使当事人明确选择适用其他法律,法院依然要依据迪拜国际金融中心的法律解决争议。② 公共政策和公共道德是排除适用当事人选择的法律的原则性规定。如果迪拜国际金融中心缺乏相关的法律法规,当事人也未选择适用的法律,则法官也可以在审理案件的过程中依据实际情况对适用的法律作出选择,即依据与问题的事实和所涉及的当事人最相关法域的法律来解决争议。

其中,《迪拜国际金融中心法院法》明确指出,法院在行使权力和履行职能的过程中应适用的域内法律包括 2004 年《关于迪拜国际金融中心司法管理的第 12 号法律》、迪拜国际金融中心法律或者依据迪拜国际金融中心法律制定的任何规则、法院规则。③ 因此,迪拜国际金融中心适用的法律主要是迪拜国际金融中心专门制定的实体法和程序法。

由于迪拜国际金融中心是一个司法理念相对开放的普通法特区,除了适用中心专门制定的实体法和程序法之外,还规定了其他法域的法律在迪拜国际金融中心适用的情形。在适用法律类型的具体规定上,《迪拜国际金融中心适用民商事法律法》[DIFC Law No. 3 (2004) on the Application of Civil and Commercial Laws in DIFC]指明了适用于中心的五类法律:(1)迪拜国际金融中心法律或者任何在迪拜国际金融中心有强制力的法律;④(2)迪拜国际金融中

① See DIFC Law No. 10 of 2004, Article 30.

② See Law No. 12 of 2004 in respect of the Judicial Authority at Dubai International Financial Centre, Article 6.

③ See DIFC Law No. 10 of 2004, Article 30.

④ "迪拜国际金融中心法律"是指迪拜国际金融中心当局依据中心立法程序制定的相关法律;"在迪拜国际金融中心有强制力的法律"主要是指由迪拜当局和阿联酋联邦制定的可以在迪拜国际金融中心适用的相关法律。

心法律明确选择的中心之外其他法域的法律;(3)所有相关当事人一致同意选择的法域的法律;(4)法院或仲裁员认为与问题的事实和所涉及的当事人最相关法域的法律;(5)英格兰及威尔士法律。① 上述五种类型的法律是迪拜国际金融中心法院在解决各类案件时所要遵循的法律。而法院具体适用这些法律的先后顺序也如前所述。

由此可见,当事人选择适用的法律未必是迪拜国际金融中心法院优先适用的法律,当事人选择适用的法律是《迪拜国际金融中心适用民商事法律法》明确规定的法律适用情形之一。在司法实践中,最优先适用的法律应该是迪拜国际金融中心法律或者任何在迪拜国际金融中心有强制力的法律,即包括适用于迪拜国际金融中心的联邦法律和《迪拜国际金融中心法院规则》在内的一系列实体法与程序法。如果迪拜国际金融中心相关法律对适用其他法律有明确规定的,也应该予以优先适用。

(二)英格兰及威尔士法律在迪拜国际金融中心的适用

迪拜国际金融中心是参照英美法律体系构建的普通法特区,对应的迪拜国际金融中心法院是以英国商事法院为模板建立的普通法法院。中心实体法和程序法在内容上也大多仿照英美法律,在司法实践中,法院经常依英国普通法原则对案件进行审理,并援引相关判例进行说理论证。

事实上,迪拜国际金融中心法院规则对英国民事程序规则的适用有具体的规定。2014 年《迪拜国际金融中心法院规则》(the Rules of the Dubai International Financial Centre Courts 2014)指出,在法院规则、迪拜国际金融中心法律和相关指南对程序性事项没有规定的时候,法院认为适当的情况下可以适用英国《民事诉讼规则》。② 英国《民事诉讼规则》在法院的这种适用不限于初审法院,在上诉法院认为适当的时候,英国《民事诉讼规则》中的部分上诉程序也可以适用。此外,在破产程序中,法院规则、迪拜国际金融中心法律和相关指南没有规定的情况下,可以适用 1986 年《英国破产规则》。③ 因此,英格兰及威尔士法律也是迪拜国际金融中心法律适用的主要类型之一。

在法院规则的解释中,非迪拜国际金融中心法律主要是指除下述法律之外

---

① See DIFC Law No. 3(2004) on the Application of Civil and Commercial Laws in DIFC, Article 8(2).

② See The Rules of the Dubai International Financial Centre Courts 2014, Article 2.10.

③ See The Rules of the Dubai International Financial Centre Courts 2014, Article 2.10.

的法律:迪拜国际金融中心法律或者任何在迪拜国际金融中心有强制力的法律;迪拜国际金融中心法律明确选择的中心之外其他法域的法律;所有相关当事人一致同意选择的法域的法律;法院认为与问题的事实和所涉及的当事人最相关的法域的法律;英格兰和威尔士法律。[①] 因此,适用于迪拜国际金融中心及其法院的各类法律,无论是本国法律还是域外法律,都属于广义的迪拜国际金融中心法律。

三、外国法查明与适用

从传统上来说,外国法在普通法系国家通常被视为事实问题,而不是法律,其不属于司法认知的范围,法官通常无权主动适用外国法,也不能对外国法进行司法认知。[②] 由于民事诉讼程序不告不理的特点,再加上法官不能进行司法认知,当事人就必须承担外国法的证明责任。[③] 英国商事法院即如此。英国对于外国法查明的一般原则有详细的规定:首先,由当事人提供和证实外国法的存在;然后向法官提供;其次,外国法证明的方式是由专家提供证明,法院不会依据职权去查明;最后,外国法内容的证明必须由当事人负举证责任。在英国法下,提供证明的专家包括外国法官和职业律师。在外国法无法查明的情况下,英国法院则采用类推方式适用内国法。[④]

新加坡的做法与英国类似。在新加坡,外国法可以通过两种方式被证明:一是直接援引外国法原文材料;二是通过外国法专家意见来证明。但是,外国法原文的存在,并不意味着法官就得赋予这些条文以证据效力,最好要有外国法专家的意见。[⑤] 通常来说,外国专家的书面证据还需要该专家来口头证明。但是,新加坡国际商事法庭则改变了这一传统做法。根据《新加坡法院规则》的规定,经过当事人申请,法院可命令任何外国法问题都可不再作为证据问题,其确定可基于当事人的主张(submission)及提交的材料。但在法院同意该命令之

---

① See The Rules of the Dubai International Financial Centre Courts 2014, Article 29. 132.

② See Richard Fentiman, *Foreign Law in English Courts: Pleading, Proof and Choice of Law*, Oxford, Clarendon Press, 1998, p. 64.

③ 参见肖芳:《论外国法的查明——中国法视角下的比较法研究》,北京大学出版社 2010 年版,第 35 页。

④ 参见李研:《英法两国关于外国法查明问题之比较及其启示》,载《郑州大学学报》(哲学社会科学版)2005 年第 3 期。

⑤ See Pacific Recreation Pte Ltd. v. SY Technology Inc. [2008] 2 SLR(R).

前,法院必须审查当事人是否有由能胜任提交外国法材料的律师代理,若律师不具有出庭权,则该律师在满足特定条件之后才可提交外国法的材料;①在分析律师的能力之时,新加坡国际商事法庭可以考察律师以往外国法实践经验、英语能力等问题。② 新加坡国际商事法庭认定外国法之时,可以基于外国立法、法院判决和决定、新加坡高等法院上诉庭或其自身的判决等材料。③ 同样,当新加坡国际商事法庭的案件上诉到上诉庭之时,上诉庭也可以作出类似关于外国法的命令;而且可以不需要当事人的申请。④

随着美国1966年《联邦民事诉讼规则》的修订,外国法在美国法院由"事实问题"转变为"法律问题"。1966年《联邦民事诉讼规则》新增第44.1条并规定:"当事人提起涉及外国法争点的诉讼时,应在诉答文书中记载通知或以其他书面文件向其他当事人送达通知。为确定外国法,法院可以考虑包括证言在内的任何相关资料或典籍,无论其是否由当事人提供或依联邦证据规则是否具有可采性。法院对外国法问题的确定应该被视为对法律问题的裁定。"⑤就外国法的查明主体而言,这一规定确立了美国法院"查明外国法的二元制主体机构,即当事人与法官均为查明外国法的法定主体"。⑥ 一方面,当事人可以主动查明外国法事项;另一方面,在当事人未查明或未充分查明外国法事项时,法官应承担查明的责任。就外国法的查明途径而言,专家作证和学术论著是主要的证明途径。其中,专家作证包括专家亲自作证、提交书面证词和宣誓书,是美国法官进行外国法查明的主要途径。⑦

---

① See Singapore Rules of Court, Order 110, Rule 25.

② See SICC Practice Directions 2017, para. 110.

③ See Singapore Rules of Court, Order 110, Rule 26.

④ See Singapore Rules of Court, Order 110, Rule 29.

⑤ See F. R. C. P. , Art. 44. 1. Rule 44. 1. Determining Foreign Law A party who intends to raise an issue about a foreign country's law must give notice by a pleading or other writing. In determining foreign law, the court may consider any relevant material or source, including testimony, whether or not submitted by a party or admissible under the Federal Rules of Evidence. The court's determination must be treated as a ruling on a question of law.

⑥ 参见霍政欣:《美国法院查明外国法之考察》,载《北京科技大学学报》(社会科学版)2007年第4期。

⑦ 同上。

四、小结

在通常情况下,各商事法院会尊重当事人的意思自治,适用当事人选择的法律来审理案件。

新加坡作为普通法系国家,新加坡国际商事法庭在外国法查明制度上有所创新。新加坡国际商事法庭基于当事人的主张及提交的材料确定外国法的适用,当事人无须证明外国法,仅需提供相关材料,材料不需要经过质证。这是因为新加坡国际商事法庭的法官具有国际性优势。但对于这一制度,《新加坡法院规则》规定需要当事人提出申请时才能适用。

第四节　诉 讼 程 序

综观英国商事法院、法国商事法院、纽约南区法院、新加坡国际商事法庭以及迪拜金融中心法院的诉讼程序,可以看出世界一流法院在司法实践中通过案件管理等方式逐步加强对诉讼程序的控制,不断吸纳仲裁程序中的优点,致力于设计快捷化、专业化和国际化的诉讼程序。

一、加强法官对诉讼程序的控制

随着跨国民商事往来的日益频繁,商事争议随之增多,进而给各国司法系统带来一定的冲击。为应对"诉讼洪峰"、妥善处理诉讼过程中案件的"堵塞"和"拖延"问题,发达国家于20世纪70年代兴起案件管理(case management)运动。[①] 案件管理,也称司法流程管理(judicial case flow management),是指在诉讼中根据案件的诉讼标的、案件复杂程度以及重要程度来实行相应的程序,由法官对具体案件在诉讼进程和审判节奏方面进行司法控制和监督,以此提高诉讼效率,避免诉讼延迟和不必要的诉讼成本。[②] 作为世界一流商事法院的典范,英国商事法院、法国商事法院、新加坡国际商事法庭以及纽约南区法院在其司法实践中,均加强了法官对诉讼程序的控制力度,充分发挥法官对案件进程的

---

① 参见陈桂明、吴巧如:《美国民事诉讼中的案件管理制度对中国的启示——兼论大陆法系国家的民事诉讼案件管理经验》,载《政治与法律》2009年第7期。

② 参见张婷:《英美民事对抗制的演变(1945~2012)——以美国的案件管理制度为切入点》,上海世纪出版集团2014年版,第96页。

引导作用。

英国1999年生效的《民事诉讼规则》对法官与当事人之间的诉讼权限进行了重新分配,扩大了法官对案件的管理权,以克服当事人主义带来的弊端。[①] 据此,英国商事法院可以主动或者基于当事人的申请召开案件管理会议(case management conference)。[②] 在案件管理会议召开之前,当事双方及其代理律师会有一定程度的合作,以推进诉讼的顺利进行。在与另一方协商之后,原告在案件管理会议召开前应该准备的材料包括:(1)案件备忘录(case memorandum),包括一份简短的且没有争议的案件概要及客观的案情历史(material case history);(2)关于案件系争的列表,其中应有一部分列明重要且无异议的问题;(3)包含前述以及其他材料的案件管理夹(case management bundle)。[③]

在案件管理会议上,法官基于提高案件处理效率的考虑,就诉讼程序的相关问题进行确定,包括:(1)原告提起的诉讼请求(特别是请求金额)是否阐释清楚;(2)诉讼请求、案情陈述或其他任何文书是否需要修改;(3)是否需要开示书证以及需要开示哪些书证;(4)是否需要依据《民事诉讼规则》第35.1条提交专家证据,如何以及何时取得并且开示专家证据;[④](5)如何安排阐明或进一步提供信息,以及向专家的提问;(6)责令开庭审理分割进行,或对一项或者多项初步争议问题进行审理,是否公正以及能否减少诉讼成本。[⑤] 此外,在案件管理会议上,法官应确定案件审理的时间表(time table),鼓励当事人适用非诉讼纠纷解决程序,在适当的情况下,法官可作出非诉讼纠纷解决程序指令(ADR指令)。[⑥]

新加坡国际商事法庭同样基于提升诉讼效率的考虑,会在案件审理前召开案件管理会议。在案件管理会议中,法官扮演着比较积极的角色,可以主动发布指令和诉讼进程规划。根据《新加坡国际商事法庭诉讼指引》,案件管理会议

---

① 参见齐树洁:《英国民事司法制度》,厦门大学出版社2011年版,第266页。

② See English Practice Direction 58,10.2 – 10.6.

③ See English Practice Direction 58,10.8.

④ 在案件管理会议阶段,当事人虽然提交专家证据,但在一般情况下不许可运用专家证据。See English Practice Direction 29,5.5.

⑤ See English Practice Direction 29,5.3.

⑥ See David Steel and Gloster DBE,"Admiralty and Commercial Court Guide",https://www.gov.uk/government/uploads/system/uploads/attachment_data/file/508023 /admiralty-and-commercial-courts-guide.pdf,July 25,2017.

需要讨论以下问题:(1)调解或其他非诉讼纠纷解决程序的可行性;(2)案件的时间安排;(3)是否用简易程序或类似的简易方式审理案件;(4)适用何种证据规则;(5)外国法如何查明及其适用问题;(6)保密问题;(7)法官组成;(8)证人与专家情况;(9)审判的时间安排;等等。根据前述讨论的情况,法官与当事人共同制定出案件管理计划,包括当事人的诉状、案件备忘录、争议问题清单、案件管理计划建议。① 值得注意的是,当事人间的和解和采取其他非诉方式解决争议是案件管理会议较为关注的问题。若当事人同意和解,法官可以就案件与新加坡国际调解中心的对接时间、调解时间以及调解结果的通知等时间问题发出指令。为此,律师有出席案件管理会议的义务,并有义务就当事人对上述问题的态度告知法官。同时,针对法官作出的指令和案件安排,当事人及律师有遵守的义务;若不遵守,经另一方当事人申请,违反方可能要承担相关的费用或其他惩罚。②

在法国商事法院的诉讼程序中,如果案件尚不适于判决,审判庭会推迟至下一次开庭,或者将案件委派给法庭的 1 名成员,以独任法官的身份对案件进行审前准备。③ 独任法官拥有许多权利,包括:(1)可以决定诉的合并与分离;(2)有权命令任何庭前准备措施;(3)有权对有关传达证据材料的争议做出裁判;(4)确认诉讼消灭并在必要时对费用作出裁判;(5)独任法官还可以要求当事人提供其认为解决争议所必要的说明,并且催促当事人在其规定的期限内提出有利于法庭查验事实真相的一切材料、文件或者证明;(6)最后独任法官还可以对和解提供证明也可以促成当事人和解。④ 如果当事人不加以反对,独任法官可以一人主持庭审,以听取双方的争诉。独任法官在其评议中需要向法庭做出汇报。其他情况下,只要庭前准备的情形允许,独任法官可以将案件移交法庭。⑤

纽约南区法院对案件的管理主要体现在美国《联邦民事诉讼规则》中,分为审前管理和庭审管理两个部分。就审前管理而言,《联邦民事诉讼规则》第 16 条第 1 款明确规定法官可基于加速处理诉讼、减少不必要的审前活动等目的召

---

① See SICC Practice Directions 2017, para. 76.

② See SICC Practice Directions 2017, para. 82.

③ See French Civil Procedure Code, Article 861.

④ See French Civil Procedure Code, Articles 862 – 867.

⑤ See French Civil Procedure Code, Article 869.

开审前会议。[①] 在审前会议中，法官可以通过制定日程安排对当事人参加诉讼、修改诉讼申请、完成证据开示程序的期限予以限制。[②] 为此，诉讼当事人必须委托至少一名代理律师参加审前会议并就审前会议所讨论的事项发表意见。[③] 审前会议结束后，法官应当发布一道审前令(pretrial order)。除非法庭对该命令进行修改，诉讼程序的进行均应严格按照该命令所规定的程序进行。[④] 如果一方当事人及其代理律师没有参与审前会议、没有遵循审前会议所制定的日程安排，法院可处罚违反规定一方承担对方当事人因此产生的律师费用。同时，法院可视具体情节，认定违反日程安排一方当事人构成藐视法庭、对其作出不利事实推定等。[⑤] 就庭审管理而言，又可以分为程序性管理和证据管理两部分。[⑥] 程序性管理主要包括案件分配、合并审理和分开审理、主事官的任命、制裁措施、律师费用的管理等；[⑦]证据管理则包括证据开示的次数、证据开示的范围、违反证据开示命令的处罚措施等。[⑧]

二、实现诉讼与仲裁程序的兼容

随着时代的发展，仲裁逐渐成为一种主流的纠纷解决方式，并对诉讼程序的改革起到了良好的示范作用。仲裁和诉讼不再是截然独立的程序，而是呈现出一种相互借鉴和学习的态势。迪拜金融中心法院对审判地的灵活处理以及新加坡国际商事法庭对商事案件保密措施的规定同样体现了诉讼程序对仲裁程序的吸纳和借鉴，英国 1996 年《仲裁法》允许英国商事法院的法官担任仲裁员的做法也是如此。

诉讼程序与仲裁程序的兼容体现在法院对审判地点的规定上。在传统的法院司法程序中，法院的管辖范围有属地限制，案件的审判地点也有严格限制，一般不会出现变更审判地点而案件审理法院不变的情况。而在仲裁实践中，仲

---

① See F. R. C. P. , Article 16(a).

② See F. R. C. P. , Article 16(b).

③ See F. R. C. P. , Article 16(c).

④ See F. R. C. P. , Article 16(e).

⑤ See F. R. C. P. , Article 16(f).

⑥ 参见张婷：《英美民事对抗制的演变(1945 ~ 2012)——以美国的案件管理制度为切入点》，上海世纪出版集团 2014 年版，第 96 页。

⑦ 同上。

⑧ 参见陈桂明、吴巧如：《美国民事诉讼中的案件管理制度对中国的启示——兼论大陆法系国家的民事诉讼案件管理经验》，载《政治与法律》2009 年第 7 期。

裁庭对一个案件的审理也许要开庭或者听审多次,并可能在不同的国家或地区进行。迪拜国际金融中心法院则吸收了仲裁的这一特点。根据中心法律规定,法院可以变更案件的审判地点,且审判地点变更之后迪拜国际金融中心法院的实体法和程序法依然可以适用于案件的审理。[①] 这种诉讼程序上的兼容既有利于突破传统法院的限制,也能够吸收仲裁程序的优点。不仅能够降低司法成本和当事人的诉讼成本,而且能够快速高效地解决当事人之间的争议。

新加坡国际商事法庭基于商事案件的特殊性,吸收仲裁的保密性特点,允许在当事人申请的基础上对案件进行保密。当事人可以通过两种方式请求与案件相关的文件和诉讼程序都不公开。一是诉前证书(pre-action certificate),在诉讼开始之前就保密问题向法院提出申请;二是诉讼开始后任何时间当事人可直接向法院申请。二者在保密的具体内容上完全一致,但效力上略有差别。前者只能根据诉前证书中列明的理由被撤销,后者可由法官在任何时候撤销。[②] 保密的范围包括以下三个方面:案件不公开审理;任何人不得公开与案件相关的任何信息和文件;相关的法庭文件被密封。[③] 在决定是否作出上述三个方面的保密指令时,新加坡国际商事法庭可以(may)考虑的因素包括案件是否为离岸案件以及当事人之间是否达成合意。[④] 需要注意的是,在实践操作中,新加坡国际商事法庭采取多种方式保证信息不公开,例如,提前准备"秘密文件包"(confidential bundle),经当事人申请,所有在文件包里的文件都不向公众公开;诉讼中清空法庭,不允许公众旁听等措施。[⑤] 原则上,法院需要在相关的出版物中公开那些具有重大法律意义的判决。但同时,当事人可就相关信息申请不公开,若案件信息的保密会导致案件无法公开,则法官可以命令判决作出后 10 年或更短的时间再公开。[⑥]

根据英国 1996 年《仲裁法》第 93 条的规定,英国商事法院的法官可在一定条件下担任仲裁员。该法规定英国商事法院的法官担任仲裁员的条件和程序有:(1)如果本人在各种条件下认为合适,英国商事法院的法官可根据仲裁协议

① See DIFC Law No. 10 of 2004, Article 36.

② See Singapore Rules of Court, Order 110, Rule 30(12) and(13).

③ See Singapore Rules of Courts, Order 110, Rule 30(1).

④ See Singapore Rules of Courts, Order 110, Rule 30(2).

⑤ See TEH Hwee Hwee et al., "The Singapore International Commercial Court in Action—Illustration from the First Case", *Singapore Academy of Law Journal* 28, 2016, pp. 711 – 712.

⑥ See Singapore Rules of Court, Order 110, Rule 31.

或仲裁协议的方式接受指定担任仲裁员(umpire)或独任仲裁员(a sole arbitrator);(2)除非首席大法官从英国高等法院和皇家法院(the Crown Court)公务方面考虑,通知英国商事法院的法官担任仲裁员是合适的,否则该法官不得接受这种指定;(3)英国商事法院的法官担任仲裁员或独任仲裁员的报酬应在英国高等法院领取。[①] 但是,这一制度在实践中的情况并不尽如人意。《商事和海事法院报告(2004 ~ 2005)》指出,英国1996年《仲裁法》第93条在实践中较少得到运用,因为首席大法官不同意指定英国商事法院的法官担任仲裁员。[②]

三、提倡诉讼程序的快捷化

在卓越法院国际框架标准联合会发布的《卓越法院国际框架标准》中,司法的及时快捷被视作最重要的10项司法核心价值之一。[③] 这一价值在本书所选取的一流法院中也得到了充分体现。

从2015年10月1日开始,英国商事法院采用两项新试验性的程序——"速裁机制"(Shorter Trials Scheme)和"灵活审理机制"(Flexible Trials Scheme)。就速裁机制而言,该程序的启动可基于当事人的选择,例如,在诉状格式的右上标识"王座分庭,商事法院,速裁机制"字样。法院可在双方当事人同意的基础上适用灵活审理机制,[④]此外,法院在一些案件中也会鼓励当事人采用这一机制。[⑤] 如果法院采用速裁机制来审理案件,则当事人及其代理律师应与法院合作或者协助法院,使诉讼程序的进行与该机制相符,以便争议焦点得以尽快识别并且以最为有效的方式解决。[⑥] 速裁机制适用于商事案件之中,但不适用下列案件:(1)涉及欺诈的案件;(2)案件需要广泛的证据开示或者需要大量的证人或专家证据;(3)涉及众多问题和多方当事人的案件;(4)企业知识产权

---

① 译文参见罗楚湘:《英国仲裁法研究》,武汉大学出版社2012年版,第99页。

② Judiciary of England and Wales, "Report of the Commercial Court and Admiralty Court", https://www.judiciary.gov.uk/wp-content/uploads/JCO/Documents/Reports/annual_report_comm_admiralty_ct_0405.pdf, July 25, 2017.

③ See International Consortium for Court Excellence, *The International Framework for Court Excellence*, Dever, International Consortium for Court Excellence, 2013, p. 3.

④ See English Practice Direction 51N, 3.1.

⑤ See Courts and Tribunals Judiciary, "Shorter and Flexible Trial Procedures: Pilot Scheme", https://www.judiciary.gov.uk/wp-content/uploads/2015/09/Shorter-and-Flexible-Trial-Schemes-Announcement.pdf, July 25, 2017.

⑥ See English Practice Direction 51N, 1.5.

法院[①](Intellectual Property Enterprise Court)受理的案件;(5)政府采购案件(public procurement cases)。[②] 该试验机制的核心特征表现为:庭审在4日之内完成,[③]判决在庭审结束后6周之内作出。[④] 案件一旦适用速裁机制,证据开示的范围将会有所限制,事实证据(factual evidence)及专家证据(expert evidence)将以书面形式呈现并限制其长度,口头证据也限制在与已识别的争议焦点有关的范围之内。英国商事法院在阿布扎比国家银行诉英国石油国际有限公司(National Bank of Abu Dhabi PJSC v. BP Oil International Limited)案中适用速裁机制。在该案中,双方当事人协议选择(by agreement)适用速裁机制并得到了法院的许可,当事双方及其代理律师以合作的方式推进诉讼的进行,使争议得到迅速而有效的解决。2016年11月7日法官在1日内完成庭审,在庭审结束后的2周内,判决送达给当事人。[⑤] 目前,速裁机制已在多起案件中得到使用,运行效果良好。[⑥]

交叉询问与全面的证据开示规则的运作虽然有公平、公开的优势,但是这

---

① 企业知识产权法院(Intellectual Property Enterprise Court)区别与大法官分庭下的专利法院(Patents Court),后者审理的案件更为复杂,标的金额更大。企业知识产权法院主要处理的是涉及中小企业或者个人的知识产权争议。资料参见英格兰及威尔士法院与裁判所管理官网:https://www. judiciary. gov. uk/you-and-the-judiciary/going-to-court/high-court/courts-of-the-chancery-division/intellectual-property-enterprise-court/work/,最后访问日期:2017年12月8日。

② See English Practice Direction 51N,2. 3.

③ See English Practice Direction 51N,2. 4.

④ See English Practice Direction 51N,2. 55.

⑤ See National Bank of Abu Dhabi PJSC v. BP Oil International Limited,[2016] EWHC 2892 (Comm).

⑥ 马赛克之家诉皮尔房地产有限公司(Family Mosaic Home Ownership Ltd. v. Peer Real Estate Ltd)案也让外界更为关注速裁机制。该案在大法官分庭提起,双方当事人申请该案转为适用速裁机制。由于这是当事人第一次提出这样的申请,其中涉及诸多新的问题,包括:(1)法院是否有权将一个待审案件(pending case)转为适用速裁机制;(2)该案是否是属于适用速裁机制的案件范围;(3)将本案转为适用速裁机制是否合理;(4)转为速裁机制所适用的程序。伯斯(Birss)法官对此作出一个简短的判决用以阐明上述问题。伯斯法官认为,首先,速裁机制的目的在于使争议以合理的方式得到解决,并而节省当事人的诉讼费用、合理分配司法资源,将本案转为适用速裁机制符合这一目的,英国《民事诉讼规则》第3.1条第2款第15项是法院有权的法律依据。此外,从《诉讼指引》第51D条整体来看以及立法目的而言,法院是有权这么做的。基于前述两点理由,法院有权将案件转为适用速裁机制。其次,由于该案为商事案件,且不存在排除适用速裁机制的情形,以及该案适用速裁机制符合其目的,所以案件属于适用速裁机制的范围,且适用速裁机制是合理的。最后,就程序问题,双方当事人应确定第一次案件管理会议的时间,由一名指定法官对该申请进行听审。See Family Mosaic Home Ownership Ltd v. Peer Real Estate Ltd,[2016] EWHC 257(Ch).

些规则在一定程度上会降低诉讼的效率,造成诉讼拖延并且也会导致当事人支出昂贵的费用。英国的司法实践表明,对所有案件中都适用标准的证据开示规则、对所有的问题都进行交叉询问在很多情况下是没有必要的,也是不合理的。① 英国法院在审理民商事案件时,会采用"菜单式开示"(menu-approach to disclosure)规则,证据开示的范围会因为案件本身性质和大小的不同而会有所不同,在一些案件中甚至不需要开示。② 灵活审理机制旨在鼓励当事人在庭审上限制证据开示和口头证据的范围,从而减少诉讼时间和成本。在灵活审理机制下,法院可以就当事人提交的书面证据和书面陈述识别系争问题。法院也可以应当事人的请求,就书面证据和陈述解决已识别的系争问题。在必要的时候,法院可就任何已识别的系争问题要求当事人提供口头证据和进行口头审理。③

上述两个试验机制有助于缩短诉讼时间、提高诉讼的效率,使商事争议能够迅速而有效地得以解决,并节省当事人对诉讼费用的支出。

为追求诉讼程序的快捷,法国商事法院在诉讼过程中不但不实行强制代理制度,而且赋予法院院长在紧急情况下缩短诉讼期限、采取紧急措施的权力。首先,在法国商事法院进行诉讼的当事人可以自己为自己辩护,不强制聘请专业的律师进行代理。④ 其次,法国《新民事诉讼法》规定诉讼以传唤状的方式提起,并对传唤状的内容⑤和提出期限⑥进行了详细规定。在紧急情况下,出庭期

---

① See Courts and Tribunals Judiciary, "Shorter and Flexible Trial Procedures: Pilot Scheme", https://www.judiciary.gov.uk/wp-content/uploads/2015/09/Shorter-and-Flexible-Trial-Schemes-Announcement.pdf, July 24, 2017.

② See Lord Thomas, "Cutting the Cloth to Fit the Dispute: Steps towards Better Procedures across the Jurisdictions", https://www.judiciary.gov.uk/wp-content/uploads/2016/10/lcj-speech-singapore-academy-of-law.pdf, July 24, 2017.

③ See English Practice Direction 51N, 3.3 – 3.4.

④ 尽管在实际操作中,大多数当事人还是会聘请专业的律师代理,但是法律不做强制要求。当事人可以选择任何它想要的人进行诉讼活动,但是聘用的代理人不是律师时,必须要出具有关的授权文件。See French Civil Procedure Code, Article 853.

⑤ 传唤状的内容有一些严格的规定,其中必须要包含进行案件召唤的时间、地点和日期;如果原告居住在国外,其在法国选定住所的人的姓名与地址;提起诉讼的书状还应当写明被告可以由他人助理或代理的条件,以及如有必要,原告的代理人的姓名,如果缺少上述内容,传唤状将会没有效力。See French Civil Procedure Code, Article 855.

⑥ 对于传唤状提出的时间法律也有详细的规定,其要求传唤状至少应当在开庭前15日内提出;法庭由一方当事人或另一方当事人主动向法院书记室送交传唤状副本而受理案件时,提送传唤状副本最迟在开庭前8日进行。See French Civil Procedure Code, Article 856.

限、送交传唤状的期限,经院长批准可以缩短。① 最后,法国商事法院院长被赋予了在自己管辖权范围内行使紧急审判程序的权力。为了防止可能发生的损害或者制止显然非法的行为,法院院长可以在相同的权限内,甚至在有严重争议的情况下,紧急命令采取保全措施或者必需的恢复原状的措施。② 同时,在对债务的存在没有重大分歧的情况下,法院院长得同意给予债权人预付款项或者裁定履行债务。③

对于建议在巴黎商事法院和巴黎上诉法院设立的专门法庭,巴黎金融中心高级法律委员会在其报告中指出,为了提供便利的诉讼程序,专门法庭将强化并简化证据开示与证据质证的程序。具体包括证据的展示、听取证人证言以及技术证据等,避免英美法系烦琐、费用高昂的证据披露程序。④ 为了让庭审更有效率,专门法庭希望通过程序设计,让双方当事人与法庭之间有更便捷的沟通渠道,双方当事人能更明确争议的核心,提升庭审效率。⑤ 此外,巴黎金融中心高级法律委员会在报告中还建议专门法庭应当做到高效守时,应当建立一套完整的流程缩短诉讼程序所需时间,并要求法官从接受案件到作出判决严守时间节点。⑥

以纽约南区法院为代表的美国法院主要通过即决判决的形式实现案件的过滤,加快案件争端的解决。即决判决是指在审前程序中,如果一方当事人认为案件不存在实质性事实争议或者案件中的重要事实不存在争点,而只有法律上的争议,就可以向法院申请简易判决。⑦ 通过即决判决这一方式将案件阻挡

① 在海事案件与有关空运的案件中,在当事人没有住所地的情况下或者所涉及的是紧急事务或先予执行事务的情况下,提出传唤状的时间得按小时计算,而无须法院院长批准。See French Civil Procedure Code, Article 858.

② See French Civil Procedure Code, Article 872.

③ See French Civil Procedure Code, Article 873.

④ See Haut Comité Juridique de la Place Financière de Paris, "Préconisations sur la Mise en Place A Paris de Chambres Spécialisées pour le Traitement du Contentieux International des Affaires", http://hcjp.fr/avis-et-rapports/, December 10, 2017.

⑤ Ibid.

⑥ Ibid.

⑦ 参见吴如巧编著:《美国联邦民事诉讼规则的新发展》,中国政法大学出版社 2013 年版,第 138 页;张婷:《英美民事对抗制的演变(1945 ~ 2012)——以美国的案件管理制度为切入点》,上海世纪出版集团 2014 年版,第 98 页。

在审判程序之外，减少了不必要的审判，在整体上提高了民事诉讼的效率。[①] 美国的诉讼实践表明，在实现减少司法资源消耗的核心目标中，即决判决占据着关键位置；在辩护程序后，是唯一可行的对不必要的开庭审判进行监控的方式。[②]

新加坡国际商事法庭所创设的诉前证书制度，同样是一项提升司法效率的举措。诉前证书（pre-action certificate）是指在诉讼开始前，允许当事人就部分问题（主要为管辖权、离岸案件、保密等方面的问题）先行获得解决。具体来说，计划在新加坡国际商事法庭提起诉讼的当事人可以就以下方面申请诉前证书：（1）案件的国际性与商事性性质；（2）诉讼是离岸案件；（3）诉讼不公开审理（heard in camera）的命令，或任何人不得公布与案件相关的任何信息和文件的命令，或者法庭文件密封（sealed）命令。[③] 诉前证书在6个月内就其决定的相关问题具有终局效力，除非被全部或部分撤销；超过6个月，该证书即失效。证书的撤销可以由法官主动撤销，也可以由一方当事人或者是第三方申请提出。撤销的理由包括证书依赖的事实表明证书不应签发、新事实出现表明证书不应签发、证书签发依靠的事实是错误的。[④] 此外，为提升司法效率，经法官指令或当事人申请，该法院的案件管理会议除口头方式之外，可以通过电话会议或者视频会议的方式进行。在双方当事人一致同意的情况下，也可以仅采取书面审理的方式进行。[⑤]

四、追求诉讼程序的专业化

为高效、迅速地解决纠纷，以英国商事法院、纽约南区法院、新加坡国际商事法庭为代表，在司法实践中结合自身实际，采取一系列专业化的措施，提升案件审理的质量。

---

① 参见陈桂明、吴巧如：《美国民事诉讼中的案件管理制度对中国的启示——兼论大陆法系国家的民事诉讼案件管理经验》，载《政治与法律》2009年第7期。

② See Stephen B. Burbank, "Vanishing Trials and Summary Judgment in Federal Civil Cases: Drifting Towards Bethlehem or Gomorrah?", *Journal Empirical Legal Study* 1, 2004, p. 590. 转引自陈桂明、吴巧如：《美国民事诉讼中的案件管理制度对中国的启示——兼论大陆法系国家的民事诉讼案件管理经验》，载《政治与法律》2009年第7期。

③ See Singapore Rules of Court, Order 110, Rule 39(1).

④ See Singapore Rules of Court, Order 110, Rule 44.

⑤ See SICC Practice Directions 2017, para. 77.

为确保重大复杂的金融案件得到集中管辖与统一审理,英国商事法院和大法官分庭创造性地建立了“金融案件清单”[①](Financial List)。2015 年 10 月 1 日金融案件清单正式开始运作,登记在金融案件清单的案件会在商事法院或在大法官分庭中审理。登记由当事人提出申请,[②]如果审理申请的法官认为案件不应登记在金融案件清单的,则该法官可中止对申请的审理,将申请交由王座分庭的非商事法院法官的聆案官或法官审理。[③] 目前,共有 10 名来自商事法院和大法官分庭的具有金融市场方面专长和经验的法官被任命为审理金融案件清单所列案件的法官,[④]而具体由哪位法官审理某一具体的金融案件清单的案件将由大法官分庭的庭长(Chancellor of the High Court)和商事法院的负责法官(judge in charge of the Commercial Court)共同决定。[⑤] 当事人可以阐明审理该案件需要法官具备哪一领域的专长,但不允许当事人直接挑选法官(judge shopping)。

对于金融案件清单的案件标准,英国《民事诉讼规则》第 63A. 1 条规定:(1)与项目融资、私募交易、对冲基金争议等有关的、标的在 5000 万英镑或以上或等值的争议案件;(2)案件纠纷的解决要求(审理该案的法官)具有金融市场方面的专长;(3)对金融市场具有重要意义的案件。[⑥] 值得注意的是,就第一个标准而言,对于简单明了、不要求金融市场方面专长的案件,即使标的超过 5000 万英镑,该案件也不应登记在金融案件清单之中,其不属于英国《民事诉讼规则》第 63 A. 1 条所界定的范围内;第二个及第三个标准则对案件的标的金额不

---

① 值得注意的是,这是一项独立的审理机制,由大法官分庭和英国商事法院共同运作。

② See English Practice Direction 63AA,3. 1.

③ See English Practice Direction 63AA,3. 3.

④ 这 10 名法官也会继续担任商事法院或大法官分庭的法官,法官的数量随着时间的推移而会有所变化。法官名单详见:https://www. judiciary. gov. uk/you-and-the-judiciary/going-to-court/high-court/financial-list/judges/,最后访问日期:2018 年 5 月 15 日。

⑤ See Courts and Tribunals Judiciary,“Financial List: FAQ”,https://www. judiciary. gov. uk/publications/financial-list-faq/,July 25,2017.

⑥ “(2) In this Part and Practice Direction 63AA, ‘Financial List claim’ means any claim which —(a) principally relates to loans, project finance, banking transactions, derivatives and complex financial products, financial benchmark, capital or currency controls, bank guarantees, bonds, debt securities, private equity deals, hedge fund disputes, sovereign debt, or clearing and settlement, and is for more than £ 50 million or equivalent; (b) requires particular expertise in the financial markets; or(c) raises issues of general importance to the financial markets.” See English Civil Procedure Rules, Rule 63A. 1.

作要求,可以少于 5000 万英镑。[①] 目前,已有多起案件适用金融案件清单制度而审结,[②]该制度运行效果良好。

此外,与金融案件清单相适应的一项试验性方案——金融市场案件测试方案(Financial Markets Test Case Scheme)[③]正处于运行之中。就实体法而言,英国普通法具有较高程度的法律确定性(legal certainty)——普通法的一个重要特点是"遵循先例",当商事争议发生时,当事人能较好地预测案件的结果。在商事交易领域,商事对法律确定性更为依赖,而金融市场案件测试方案恰恰是用以解决相关具有较大不确定性的问题。[④] 在通常情况下,与金融市场相关的交易都较为重大、复杂,其中衍生出的法律问题也往往较为复杂,有可能会对金融市场产生重要的影响。当这些重要且复杂的问题没有先例可循,而又急需英国法律的权威指引时,在金融市场案件测试方案[⑤]这一试验机制下,在这些问题变成当事人之间真正的争议之前,当事人可以达成合意,将潜在的争议问题以及双方同意的相关事实交由法院,法院就其中的法律争点(issue of law)作出预先判决(precedential judgment)。在这一试验机制下,由于双方当事人是将未来可能发生的争议问题事先交由法院作出预先判决,因而不需要当事人之间当前存在真正的诉讼理由(cause of action)。[⑥] 如果有必要,对于法院作出的该预先

---

① See Terence Etherton and Julian Flaux, "Guide to Financial List", https://www.gov.uk/government/uploads/system/uploads/attachment_data/file/465590/financial-list-guide.pdf, July 25, 2017.

② 参见英格兰及威尔士法院与裁判所管理局网:https://www.judiciary.gov.uk/court/financial-list/,最后访问日期:2017 年 12 月 3 日。

③ 该项方案最初的试行时间是从 2015 年 10 月 1 日至 2017 年 9 月 30 日,但根据英国《民事诉讼规则》最近的修改,该试验方案的试行时间为 2015 年 10 月 1 日至 2020 年 9 月 30 日。See English Practice Direction 51M, 1.1(a).

④ See Courts and Tribunals Judiciary, "The Strength of English Law and the UK Jurisdiction", https://www.judiciary.gov.uk/wp-content/uploads/2017/08/legaluk-strength-of-english-law-draft-4-FINAL.pdf, December 4, 2017.

⑤ 适用金融市场案件测试方案这一试验机制须满足三个条件:(1)该案件应属登记在金融案件清单之中;(2)相关问题可能会对金融市场产生重要影响;(3)急需英国法律的权威指引。此外,适用该机制需要双方当事人事先达成合意,且当事人是在相关市场中进行商事活动的。See English Practice Direction 51M, 2.1 & 2.3.

⑥ See English Practice Direction 51M, 2.1 – 2.2; see also Terence Etherton and Julian Flaux, "Guide to Financial List", https://www.gov.uk/government/uploads/system/uploads/attachment_data/file/465590/financial-list-guide.pdf, July 25, 2017.

判决,当事人可以考虑上诉。[①] 在适当的情形下,经法院许可,法院对相关问题作出的决定而因此可能受到影响的第三人、专业机构或协会、监管机构或协会(regulatory body or association)可以加入其中成为当事人,或者出席庭审。[②] 参与该项试验机制中的人须自行承担相关费用。[③] 但在金融市场案件测试方案最初的试行时间里,即2015年10月1日至2017年9月30日,没有案件适用于该试验机制之中。在2017年该项试验机制的试行时间延长了3年,其未来的运行效果如何,仍有待进一步的考验。

纽约南区法院通过设立破产法庭来提升案件审理的专业化。在20世纪初期,为应对逐年增长的破产类案件,纽约南区法院破产法庭成立并成为美国联邦法院系统审理破产类案件的典范。破产法庭的成立不仅很好地起到了案件分流的效果,而且极大地提升了法院在案件审理过程中的专业性。

五、注重诉讼程序的国际化

建设世界一流法院必然要求具有国际化的诉讼程序。在这一方面,法院在审判语言、诉讼规则的适用等方面必然要具有国际化。

英语作为一种国际化语言,不仅被英国商事法院、纽约南区法院以及新加坡国际商事法庭等以英语为母语或为官方语言的国家的法院认定为审判语言,而且被迪拜国际金融中心法院所认可。根据迪拜金融中心法院的规定,所有诉讼程序以英语进行。[④] 这一规定是基于以下两点考虑:其一,迪拜国际金融中心法院的建立是为了向广大境外投资者提供一个高效、公正且相对熟悉的司法环境。现阶段国际商事合同最常见的语言是英语,阿联酋境内最主要的商业语言也是英语,因此迪拜国际金融中心法院有管辖权的商事纠纷多数涉及英文合同。[⑤] 在此基础上,以英语作为法院诉讼程序的官方语言对于建立全球领先的

① See Lord Thomas, "Giving Business What It Wants-A Well Run Court for Commercial and Business Disputes", https://www.judiciary.gov.uk/wp-content/uploads/2017/03/grand-court-of-the-cayman-islands-guest-lecture-march-2017.pdf, December 7, 2017.

② See English Practice Direction 51M, 2.5(a).

③ See Simon Bushell, "London's Financial List-A Choice of Forum Crossroads", https://www.lw.com/thoughtLeadership/londons-financial-list, December 7, 2017.

④ See The Rules of the Dubai International Financial Centre Courts 2014, Article 2.2.

⑤ See Damien P. Horigan, "Consensual Jurisdiction of the DIFC Courts", https://wbiworldconpro.com/uploads/dubai-conference-2013-april/banking/1364462735_601-Damien.pdf, July 20, 2017.

国际商事法院有积极意义。其二,迪拜国际金融中心是一个普通法特区,境内实行的法律法规多数参照英美法律制定,甚至在法律适用上可以直接适用英国的程序性规则。[①] 法院以英语作为诉讼程序的官方语言,不仅要求法官审理案件以英语进行,而且要求当事人尽量以英语参与案件的审理过程。以证人出庭作证为例,证人出庭作证原则上使用英语,只有在不能流畅地使用英语参与诉讼程序时可以使用自己的语言,并且此种证言会被翻译为英文。[②] 证人在不能流畅使用英语但是能理解书面英语的情况下,法院要求证人能够以书面形式对证据进行实质性描述。[③] 此外,法院对相关文本的语言运用也有相关规定。所有依据法院规则需要存档和送达的文件的语言都是英语。[④] 法院判决书的官方语言是英文,且判决书的英文文本效力高于其他语言的文本。[⑤] 迪拜国际金融中心法院诉讼程序以英语进行,有利于吸引更多的当事人选择中心法院作为纠纷解决机构,对于促进法院的国际化意义极大。

为了扩大巴黎国际商事与金融纠纷专门法庭的竞争力,吸引商事案件,特别是选择了普通法作为准据法的国际商事纠纷,巴黎金融中心高级法律委员会建议允许英语在特定诉讼程序上的使用,让国际商事纠纷当事人有能力按照当事人所诉请的权利及所选择的商业语言解决纠纷。[⑥] 为了推广英语在专门法庭的使用,必须要解决相关的法律障碍、确定可以使用英语审判的诉讼程序以及使用英语审判的前提条件。首先,其面临宪法层面上的障碍。《法国宪法》第2条第1款规定:"共和国的官方语言是法语",公共司法机构以及私人司法主体在使用公共司法服务时使用法语是一项义务。[⑦] 1539年维勒歌特热斯特(Villers-Cotterêtsd'août 1539)的判例也要求公共司法机关使用法语撰写司法文件。另外,法语的排他性使用与至上性原则(de primauté et exclusivité de la

---

① See The Rules of the Dubai International Financial Centre Courts 2014, Article 2.10.

② See The Rules of the Dubai International Financial Centre Courts 2014, Article 29.20.

③ See The Rules of the Dubai International Financial Centre Courts 2014, Article 29.21.

④ See The Rules of the Dubai International Financial Centre Courts 2014, Article 2.3.

⑤ See The Rules of the Dubai International Financial Centre Courts 2014, Article 36.20.

⑥ See Haut Comité Juridique de la Place Financière de Paris, "Préconisations sur la Mise en Place A Paris de Chambres Spécialisées pour le Traitement du Contentieux International des Affaires", http://hcjp.fr/avis-et-rapports/, December 10, 2017.

⑦ See Note d'analyse du Service de documentation, des études, et du Rapport de la Cour de Cassation, http://hcjp.fr/avis-et-rapports/, December 10, 2017.

langue française)也限制了英语在法院的使用。[①] 其次,就程序而言,报告指出,证人证言(testimony)以及技术证据(technical evidence)以外国文字的形式呈现已经获得了认可。但是庭审文件与庭审程序能否允许外语作为适用的语言则并不明确。

尽管面临宪法及程序上的障碍,巴黎金融中心高级法律委员会还是找了使用英语审判的理由。就宪法上的障碍,巴黎金融中心高级法律委员会出具的报告指出,首先,在管辖法院统一的前提下,当事人可以提交有关的外文证明文件;其次,在双方当事人合意且经过管辖法院的同意,只要不损害社会公共秩序,当事人可以提交书面文件。法国《新民事诉讼法》第 23 条规定:"在法官能够理解的前提下,不需要另请翻译人员。"如果法官以法语撰写判决书,为判决书提供外文翻译版本,也应当被允许。[②] 这也就意味着,在不损害公共秩序的前提下,当事人在语言使用上享有一定的意思自治。程序上的障碍,巴黎金融中心高级法律委员会出具的报告指出,庭审材料,例如,证据开示不受前述判例的约束,只要法官能够理解文件的原始语言,并且使用外文不会造成对双方当事人的不平等对待时,可以允许在庭审文件中使用外文。[③] 而庭审程序也容易解决,法国《新民事诉讼法》第 23 条规定:"在法官能够理解的前提下,不需要另请翻译人员",同样可以运用到庭审过程中来。[④] 如此一来,巴黎商事法院和巴黎上诉法院的专门法庭具有使用英语作为审判语言的空间。因此,巴黎金融中心高级法律委员会建议从以下三个层面允许英语在专门法庭的使用:

第一个层面:在双方当事人与法官都能理解的前提下,书面证据、质证、证人证言的书面陈述、专家评估与专家报告可以允许以英文的形式作出。

第二个层面:在双方当事人同意并经过法院同意的前提下,庭审过程、书面文件答辩状等也可以使用英语作出。

第三个层面:尽管判决书很难用英文作出,但是应当附上英语翻译版本,有

---

① See Guy Canivet,"Note sur la creation de chambres internationales devant les juridictions civiles et commerciales parisiennes",http://hcjp. fr/avis-et-rapports/,December 9,2017.

② See Guy Canivet,"Note sur la creation de chambres internationales devant les juridictions civiles et commerciales parisiennes",http://hcjp. fr/avis-et-rapports/,December 9,2017.

③ See Note d' analyse du Service de documentation, des études, et du Rapport de la Cour de Cassation,http://hcjp. fr/avis-et-rapports/,December 9,2017.

④ See French Civil Procedure Code,Article 23.

助于判决的承认与执行。[①]

新加坡一直致力于打造世界争议解决中心,这也使新加坡国际商事法庭在某些诉讼规则的适用上呈现出开放、包容的姿态。以证据规则为例,新加坡国际商事法庭允许当事人申请适用外国证据规则。申请适用外国证据法的条件包括:(1)当事人一致同意不适用全部或部分新加坡的证据法,且同意适用其他规则;(2)所涉证据规则不具有政治或制度敏感性(如属于外国国家秘密);(3)当事人提交的材料对其适用证据规则的意愿进行说明,并提供所要适用的证据规则文本。[②] 对于当事人主张适用的证据规则,经过当事人同意,法院还可对其进行修改和补充。最后,新加坡国际商事法庭还允许当事人通过协商限制、变更和放弃全部或者部分的上诉权,这对传统的上诉制度是很大的突破与创新。[③]

六、小结

从前述内容可看出,商事法院的诉讼程序极其注重效率的提升。

1. 诉讼效率的改革内容覆盖了诉讼程序的整个进程,集中体现在诉前程序的改革以及诉讼程序与其他争议解决方式的兼容上。

2. 诉前程序主要通过法官主导案件管理会议、诉前证书等方式,将正式庭审中会涉及的程序与实体问题固定下来,从而可以使诉讼程序快速有序地进行,有效克服了传统诉讼程序效率低下的缺陷。

3. 在与其他争议解决方式的兼容上,一方面,法院主动吸收其他诉讼程序的优势,引入意思自治,在保密、上诉等问题上进行革新,赋予当事人选择自由;另一方面,法院也注重在诉讼程序中与仲裁、调解和和解等方式相衔接,支持争议解决方式的多元化,从而可以真正地解决当事人间的争议。

4. 商事法院的建立本身体现了商事审判的专业化。在业已建立的商事诉讼程序中,商事法院继续根据商事案件的特点对现有的程序不断细化,组建更加专业的诉讼队伍参与案件解决。

---

① See Haut Comité Juridique de la Place Financière de Paris, "Préconisations sur la Mise en Place A Paris de Chambres Spécialisées pour le Traitement du Contentieux International des Affaires", http://hcjp.fr/avis-et-rapports/, December 10, 2017.

② See Singapore Rules of Court, Order 110, Rule 23 and Rule 24.

③ See SICC Practice Directions 2017, para. 139(3).

第五节 律师制度

一、外籍律师代理制度

为了迎合商事法院的国际管辖制度、外国法适用制度以及审理国际商事案件的需求,在吸收了商事仲裁的优势后,新兴的新加坡国际商事法庭和迪拜国际金融中心法院均突破了传统的外籍律师代理制度,允许注册过的外国律师以律师身份参与案件审理。新加坡国际商事法庭与迪拜国际金融中心法院的外籍律师代理制度比较相似,总体来说具有以下要点。

(一)注册制度

外国律师要想获得在新加坡国际商事法庭和迪拜国际金融中心法院的案件代理资格,必须通过注册获得。其中,新加坡国际商事法庭设立了两种注册方式:一是完全注册(full registration);二是限制注册(restricted registration)。获得完全注册的外国律师可以以律师身份参与"离岸案件"(offshore cases),限制注册的律师则只能在一审和上诉审中就外国法问题提交书状(submission)。① 注册申请直接可通过电子或书面等形式向新加坡国际商事法庭登记处(Registry)提交,一般在 14 日内审核完毕。注册完毕后,由登记处颁发证书。② 任何形式的注册在一年内有效,过期后可申请更新,更新的效力也仅维持一年。③

迪拜国际金融中心法院与新加坡国际商事法庭的情况有所不同,其并未基于"离岸案件"制度区分完全注册和限制注册,获得注册的外籍律师享有同等的代理权限。这种情况出现的原因在于迪拜国际金融中心法院并无"离岸案件"的概念,而且原本在阿联酋境内,外国律师事务所的律师可以就涉及国际法和

---

① See T. E. H. Hwee Hwee et al., "The Singapore International Commercial Court in Action—Illustration from the First Case", *Singapore Academy of Law Journal* 28, 2016, pp. 708 – 709; Singapore Legal Profession Act(CAP. 161), S. 36P.

② See Legal Profession (Foreign Representation in Singapore International Commercial Court) Rules 2014, S. 11.

③ See Legal Profession (Foreign Representation in Singapore International Commercial Court) Rules 2014, S. 10.

本国法律的问题提供意见。① 并且在阿联酋境内，外国律师可以作为阿联酋公民的代理律师出庭。因此，比较而言，外籍律师原本就较容易在迪拜国际金融中心获得代理资格。

但为了进一步迎合其国际性的需求，迪拜国际金融中心对外籍律师在境内代理案件采取了更为宽松的政策。迪拜国际金融中心法院对外籍律师在境内代理事项没有严格要求，理论上可以在中心代理各类民商事案件，以登记的方式执业。在向迪拜国际金融中心法院登记官员申请登记注册后，外籍律师就可以在迪拜国际金融中心法院进行诉讼和行使相关权利。此外，虽然迪拜国际金融中心法院是普通法法院，但是大陆法系背景的律师也可以在迪拜国际金融中心法院代理当事人出庭。②

（二）执业条件

通常来说，外国律师要获得注册，内国一般会对律师的执业能力、语言水平、道德水平等提出较高要求，这一方面是为了保证当事人获得高质量的律师代理，另一方面也是为了维护本国律师服务市场。

具体来说，外国律师在新加坡获得完全注册需要满足以下条件：（1）该律师在申请时在其外国为合法执业律师（经过注册或授权），且其在该国不存在被禁止、暂停或受到执业处罚等情形；（2）该律师具有5年以上的执业经验；（3）该律师能够使用英语参与诉讼。③ 与完全注册相比，限制注册不要求律师具有5年以上的执业经验。④ 为了获得注册，外国律师在申请注册的时候需要提交其执

---

① 迪拜境内有大量的国际律师事务所，截至2015年，在迪拜国际金融中心内注册的律师事务所已达到了70家，这些律所大多数来自英国和美国，也有部分来自欧洲大陆和东南亚国家。See Jayanth K. Krishnan and Priya Purohit, "A Common Law court in an Uncommon Environment: The DIFC Judiciary and Global Commercial Dispute Resolution", *The American Review of International Arbitration* 1, 2015, p. 32.

② See Michael Hwang, "The Courts of the Dubai International Finance Centre — A Common Law Island in a Civil Law Ocean", http://difccourts.ae/my-search-result/? fwp_search = THE%2BDIFC%2BCOURTS%2BJUDGMENT-%2BARBITRATION%2BPROTOCOL%2BREFERRAL%2BOF%2BJUDGMENT%2BPAYMENT%2BDISPUTES%2BTO%2BARBITRATION&fwp_categories = judges-addresses&fwp_paged = 2, July 20, 2017.

③ See Legal Profession (Foreign Representation in Singapore International Commercial Court) Rules 2014, S. 4(1).

④ See Legal Profession (Foreign Representation in Singapore International Commercial Court) Rules 2014, S. 4(2).

业所在国关于该律师执业良好的证明。[①] 而迪拜国际金融中心法院则要求向中心法院申请注册登记的外籍律师在自己的国家有资格代表客户出庭、熟悉迪拜国际金融中心的相关法律法规且能够用英语进行诉讼。[②]

(三)执业管理

为了进一步规范外籍律师在本国的执业行为,迪拜国际金融中心和新加坡还制定了相应的法律人员从业规则和道德规范等要求。当然,这些从业规则和道德规范不仅适用于外籍律师,而且适用于在法院执业的法官和其他律师等法律执业者。

其中,迪拜国际金融中心出台的《法院执业者强制性行为准则》(The Mandatory Code of Conduct for Legal Practioners in the DIFC Court)规定,法官可以依据注册登记官员的申请作出暂停或者取消外籍律师在迪拜国际金融中心法院代理案件资格的命令。前提是该外籍律师出现下述情况:(1)根据迪拜或其他地方的刑事诉讼,已被判处监禁;(2)因为不诚实或欺诈而在迪拜或其他地方被判处有罪;(3)因执业过程中的行为在迪拜或者其他地方被判处有罪;(4)存在针对其本人的破产令而被相关破产法禁止收取客户的款项;(5)被迪拜国际金融中心以外任何对其执业行为有管辖权的法庭判处其执业行为违背职业道德;(6)由于疾病或意外,或由于从业人员的身体或精神状况而丧失工作能力;(7)使用英语困难或由于缺乏适当的诉讼专长而无法在法庭上进行案件辩护;(8)窃取或以其他不当方式处理客户的款项。[③]《法院执业者强制性行为准则》还明确规定了执业者对法院、客户和其他法律执业者的相关义务。虽然没有专门针对中心法律执业人员的相关法律,但是中心法院通过指导性行为规范有效地划定了执业人员的权利义务界限。

新加坡则在设立国际商事法庭之时对《司法执业人员法》(The Legal Profession Act)进行了修改,同时还编制了《职业道德法典》(Code of Ethics),获得注册的外国律师在新加坡执业时必须遵守这些规则和其他新加坡法律法规。否则,其注册可被取消、禁止在新加坡从事法律执业,并可能向其本国发出该律

---

① See Legal Profession (Foreign Representation in Singapore International Commercial Court) Rules 2014, S. 5(2) and S. 6(2).

② See Anthony Evans, "Dispute Resolution in the DIFC", http://difccourts.ae/dispute-resolution-in-the-difc-2/, July 20, 2017.

③ See DIFC Courts, "The Mandatory Code of Conduct for Legal Practitioners in the DIFC Courts", http://difccourts.ae/code-of-conduct/, July 20, 2017.

师违反职业道德的通知。[①]

二、律师团体与司法改革的良性互动

以律师为代表的民间法律团体因其各自不同的特色，在司法改革中扮演着重要的角色。在美国，民间法律团体与法院之间往往形成一种良性的互动关系。以美国的案件管理运动为例，该项运动主要有三个推动主体：美国律师协会、联邦司法中心和美国司法会议。其中，美国律师协会便是来自民间的法律职业团体。[②] 此外，美国丹佛大学的促进美国法律体系研究机构（Institute for the Advancement of the American Legal System）作为由律师和学者组成的团体，往往最先发起某项研究或者最先提出某项标准，之后又起到对项目的持续跟踪、检验和后续评估工作，是案件管理运动的前锋和反馈机制。[③] 具体到纽约南区法院，该法院于 2011 年启动的“复杂民事案件管理方法试验项目”（Pilot Project Regarding Case Management Techniques for Complex Civil Cases）便是由纽约南区法院的司法改革委员会牵头，组成了一个律师顾问团队，集众人之力最终成形。[④]

纽约南区法院同样非常重视律师在诉讼中的作用。在该法院的官方网站中，“attorney”作为独立一栏出现在纽约南区法院的 13 个栏目板块中，这足以体现法院对律师的重视。在“attorney”栏目下，一方面，法院向执业律师提供了办理品行声明等证明文件的流程、联系方式，极大便利了律师的工作；另一方面，通过该栏目发布公益援助律师的招募信息，在保障当事人诉讼权益的同时与律师实现了良好的互动。此外，在纽约南区法院的执业律师可通过申请携带一件移动电子设备进入庭审，在征得主审法官同意的情况下还可以携带笔记本电脑进入庭审。这些举措也极大地便利了律师信息的沟通，提升了庭审效率。

此外，还有像纽约法律援助诊所（NYLAG Legal Clinic）这样的公益团体专门为在纽约南区法院进行诉讼的当事人提供法律服务。该团体由执业律师和

---

① See SICC Committee Report, p. 19, para. 41.

② 参见张婷：《英美民事对抗制的演变（1945～2012）——以美国的案件管理制度为切入点》，上海世纪出版集团 2014 年版，第 100 页。

③ 同上。

④ See United States District Court for the Southern District of New York, “Pilot Project Regarding Case Management Techniques for Complex Civil Cases”, http://iaals. du. edu/rule-one/sdny-pilot-project-regarding-case-management-techniques-complex-ciil-cases, July 30, 2017.

律师助理组成，旨在帮助那些在纽约南区法院没有聘请律师进行诉讼的当事人。该团队的服务范围包括民权案件、雇佣歧视案件、劳工案件、社会保障福利案件、税收案件等。纽约南区法院在其官方网站上为当事人提供了该组织详细的联系方式和方法。①

三、小结

国际商事法院在律师制度上最大的突破在于，创设了特别的注册制度，允许他国的注册律师在本国执业。外国律师通过这些特别制度能较为容易地在他国执业，这符合跨国性争议解决的需求。这种注册制度一方面能增强法院对国际性商事争议的吸引力，另一方面还通过制度设计，如授予时间、执业限制，最大限度地减少了国际律师对国内法律服务市场的冲击，具有较大的优势。

第六节　判决的承认与执行

随着经济全球化的发展，国与国之间的联系日益密切，在此背景下的全球经济流转和人员交往所导致的纠纷也日益增加。国际民商事纠纷解决的有效渠道之一就是国际民事诉讼。法院判决的承认与执行是国际民事诉讼程序的关键性阶段，是整个国际民事诉讼程序的归宿，是有关司法程序的实质所在。本书所指的判决是法院对当事人民商事争议作出的决定，广义上的判决包括法院的判决、裁决和判令。判决的承认与执行虽然往往作为一个整体进行研究。但是承认与执行却是两个独立的问题。承认是对一国判决的效力在域外的认可，执行则是在承认一国判决域外效力的基础上对判决中涉及财产、金钱给付的部分予以实现。承认是执行的前提，执行却不是承认的必然结果。对于不涉及财产或者其他经济问题的判决，只需要承认而一般不需要执行，最典型的例子是不涉及财产分割和金钱给付的离婚判决。英国、美国、新加坡以及迪拜的商事法院判决指的主要是可执行的金钱判决，判决的承认与执行制度涵盖了外国判决在本国法院的执行和本国判决在境外的承认与执行。

英国、美国、新加坡以及迪拜的商事法院横跨了发达国家与发展中国家，普通法系国家与大陆法系国家。由于各国发展阶段不同，商事法院的结构也存在

① See the Official website of the United States District Court Southern District of New York, http://www.nysd.uscourts.gov/prose? clinic, July 30, 2017.

差异。因此,现阶段各国商事法院的判决承认与执行制度有共性也有差异。

就商事法院判决承认与执行制度的共性而言,主要体现在制度理念和制度体系的构建两个方面:其一,各商事法院的判决承认与执行制度在理念上存在共性。各商事法院的主要理念之一就是推动商事判决在全球范围内的高效流动。此外,新加坡国际商事法庭和迪拜国际金融中心法院作为新兴的商事法院,在制度设计上大量参考了英国和美国的经验。在判决承认与执行上更是遵循了英国的"债务说"理论。其二,各国商事法院对判决承认与执行制度十分重视,基本上形成了由国际公约、区际公约、双边条约以及双边备忘录构成的层次分明、结构严密的判决承认与执行体系。

各商事法院判决承认与执行制度的差异主要体现在各法院对制度构建的侧重点不同。以英国和美国为代表的传统商事法院,由于建立时间较早,各项制度较为完备,法院具备较高的国际声誉。同时,法院所在地区是全球金融中心,大量商事纠纷在该地区产生或者与该地区有密不可分的联系。因此,上述优势有力地保障了传统商事法院判决在境外的承认执行,而对外国法院判决在本地的承认与执行进行规范则成为传统商事法院的主要侧重点。以新加坡和迪拜为代表的新兴商事法院则更关注本地判决在境外的承认与执行。一方面,是由于上述地区的经济体量和商业交易活跃度无法与传统商事法院所在区域相比,因此外国法院判决在境内承认与执行的需求暂时不及本地判决在境外承认与执行的需求;另一方面,是由于新兴商事法院能够通过在境外执行本地法院判决快速树立法院的国际声誉,从而促进本地商业交易的发展和国际金融中心的构建。

由于美国并未就判决的承认与执行达成任何双边或多边条约,也未加入任何国际公约,因此美国法院所作判决的承认与执行需依执行地法院的国内法进行。英国商事法院以及新兴的新加坡国际商事法庭、迪拜国际金融中心法院主要采取加入双边条约和多边公约、签订双边备忘录的形式来提高自身判决在外国法院的承认与执行率。在对商事法院共性与差异概括的基础上,下文按照判多边公约、双边条约、双边备忘录的方式对各商事法院判决承认与执行制度进行简要介绍。

一、依据多边公约和双边条约承认与执行判决

现阶段各商事法院的管辖权已不仅局限于法院所在地范围之内,部分与法

院所在地完全无关的民商事案件可以通过当事人的书面协议选择各商事法院管辖。尤其是随着商事法院所在地国际金融中心的发展,境外经营者、投资者与国际金融中心相关的民商事活动会进一步增加,协议管辖也会更多地出现。在这种情况下,判决的执行标的也不仅仅限于法院所在国境内。这就涉及法院判决在境外的承认与执行。出现法院判决在境外承认与执行时,各方首先考虑的就是判决作出国与判决执行国之间是否存在多边公约和双边条约。

以英国商事法院为例,英国参加的涉及判决承认与执行事项的国际条约主要有:(1)1968 年《布鲁塞尔公约》(the 1968 Brussels Convention),目前适用于解决英国与丹麦之间的判决承认与执行问题;(2)1988 年《卢加诺公约》(the Lugano Convention),用以解决英国与缔约的欧洲自由贸易联盟国家间(瑞士、冰岛、挪威)的判决承认与执行事宜;①(3)2012 年修订的《布鲁塞尔条例Ⅰ》(the Brussels I Regulation),适用于英国与欧盟成员国(除丹麦)之间②的判决承认与执行问题。前述 3 个条约在一定程度上保证了英国法院作出的判决在欧洲国家的承认与执行。但是,在 2016 年 6 月英国经公投之后宣布退出欧盟。随后于 2017 年 3 月 29 日英国首相致函欧盟,正式开启英国"脱欧"程序,触发《里斯本条约》(The Treaty of Lisbon)第 50 条,就"脱欧"事项与欧盟进行谈判。③ 如果英国正式退出欧盟,英国将不再是 2012 年《布鲁塞尔条例Ⅰ》的成员国之一,因此有不少人会担心英国法院作出的判决难以像之前一样在欧盟成员国境内自由地承认与执行。为回应这些疑虑,英国方面发布了《英国法及司法管辖权的力量》(The Strength of the English Law and UK Jurisdiction)这一立场性文件,其中第 7 项指出,英国退出欧盟之后,英国与欧盟因 2012 年《布鲁塞尔条例Ⅰ》所形成的关系不会发生改变。但是,无论"脱欧"的后果如何,在非欧盟成员国的国家中,基于之前双边条约安排(bilateral treaty arrangements)、协议

---

① 参见朱志晟:《论英国的区际判决承认与执行制度》,载《河北法学》2011 年第 2 期。

② 2012 年修订的《布鲁塞尔条例Ⅰ》不适用于丹麦。参见杜涛:《欧盟跨国民事诉讼制度的新发展——评欧盟〈布鲁塞尔第一条例〉之修订》,载《德国研究》2014 年第 1 期。

③ 同时根据《里斯本条约》第 50 条第 3 款的规定,如果英国与欧盟达成"退出协议"(withdrawal agreement)并从协议生效之日起,或者即使没有达成协议,从其通知欧盟之日起的两年谈判期结束之后,英国也将退出欧盟。

(protocols)或者礼让原则,英国的判决仍将获得承认与执行。①

此外,新加坡已加入并批准了海牙《选择法院协议公约》。公约在 2016 年 10 月 1 日在新加坡生效。这意味着新加坡国际商事法庭可以依据《选择法院协议公约》在相关缔约国执行法院判决。《选择法院协议公约》目前的签署国有欧盟成员国(除丹麦外)、墨西哥、新加坡、美国、乌克兰和中国。其中,美国、乌克兰和中国尚未批准。② 在《选择法院协议公约》之外,新加坡国际商事法庭还利用《英联邦判决互惠执行法》(Reciprocal Enforcement of Commonwealth Judgments Act)以及《外国判决互惠执行法》(Reciprocal Enforcement of Foreign Judgments Act),促进判决在相关国家或地区通过登记得到执行。③

同新加坡国际商事法庭一样,迪拜国际金融中心法院作为新兴的国际商事法院,判决在境外的承认与执行首先依据的是阿联酋与相关国家之间的多边公约或者双边条约。从本质上来讲,迪拜国际金融中心法院判决是阿联酋及迪拜法院判决的一部分。在境外承认执行中心法院的判决时首先依据的也是公约的规定。迄今为止,阿联酋没有加入全球性的判决承认与执行公约,只加入了两个区域性的多边公约:一是 1983 年签订的《利雅得阿拉伯司法合作协定》(以下简称《利雅得协定》),④二是 1996 年签订的《海湾合作委员会关于执行判决、委托和司法通知的公约》(以下简称《海湾合作委员会公约》)。⑤ 通过这些公约,迪拜国际金融中心法院的判决作为缔约国司法机关作出的有效判决,在符合协定规定的管辖权要求的基础上,只要不属于协定排除承认的事项,都可以

① See Courts and Tribunals Judiciary, "The Strength of the English Law and UK Jurisdiction", https://www. judiciary. gov. uk/wp-content/uploads/2017/08/legaluk-strength-of-english-law-draft-4-FINAL. pdf, December 10, 2018. 中文译本参见英格兰及威尔士法院与裁判所管理局:《英国法及司法管辖权的力量》,王玲芳译,载 http://www. legaldaily. com. cn/international/content/2017 - 11/02/content_7375780. htm,最后访问日期:2017 年 12 月 10 日。

② 中国于 2017 年 9 月 12 日签署了《选择法院协议公约》,该公约已于 2015 年 10 月 1 日生效。参见中华人民共和国外交部网:http://www. fmprc. gov. cn/web/wjb_673085/zzjg_673183/tyfls_674667/xwlb_674669/t1492306. shtml,最后访问日期:2017 年 10 月 29 日。

③ 前者包括英国、澳大利亚、新西兰、斯里兰卡、马来西亚、向风群岛(*Windward Islands*)、巴基斯坦、文莱、巴布亚新几内亚、印度,后者包括中国香港特别行政区,一共 11 个国家或地区。

④ 缔约国包括:阿联酋、约旦、巴林、突尼斯、阿尔及利亚、吉布提、沙特阿拉伯、苏丹、叙利亚、索马里、伊拉克、阿曼、巴勒斯坦、卡塔尔、科威特、黎巴嫩、利比亚、摩洛哥、毛里塔尼亚、也门。

⑤ 缔约国包括:阿拉伯联合酋长国、阿曼苏丹国、巴林王国、卡塔尔国、科威特国、沙特阿拉伯王国。

在其他缔约国以执行令的方式得到执行。①

二、依据双边备忘录承认与执行判决

现阶段除了多边公约和双边条约,各商事法院尤其是新兴的商事法院还通过与其他法院签订大量的双边备忘录来促进判决的承认与执行。

新加坡最高法院与众多国家法院签署了合作备忘录。② 尽管备忘录不具有正式的法律效力,但其可通过明确承认与执行的程序保证判决承认与执行顺利进行。③ 此外,迪拜国际金融中心法院也签订了大量的双边承认与执行备忘录。这些双边备忘录同样不具备法律效力,但是在司法实践中却发挥了较大的作用。

多边公约和双边条约适用的对象包括阿联酋境内各级法院和有审判权的其他机关。理论上,迪拜国际金融中心法院的判决被视为阿联酋法院判决。但是并不是在所有公约和条约中迪拜国际金融中心法院判决都可以直接作为阿联酋法院判决在其他缔约国执行。在《利雅得协定》中,迪拜国际金融中心法院判决不能直接在缔约国承认执行,而是需要由阿联酋初审法院对该判决事先批准,然后才能作为阿联酋判决在其他缔约国承认与执行。④ 同时,阿联酋签订的多边公约和双边条约覆盖的范围较小,在公约和条约缺位时法院判决的承认与执行没有确切的依据。因此,迪拜国际金融中心法院通过与其他国家相关法院签订判决承认与执行的谅解备忘录来解决上述问题。⑤

迪拜国际金融中心法院判决在满足判决类型和管辖权的前提下,且不属于被请求国法院予以拒绝承认与执行的情形时,其判决可以依据双边备忘录在相

---

① 具体而言,迪拜国际金融中心法院判决在存在多边公约缔约国的执行需要满足三个基本条件:迪拜国际金融中心法院的判决是终审判决;迪拜国际金融中心法院对案件有确定的司法管辖权;迪拜国际金融中心法院的判决不存在公约拒绝承认执行的情形。

② 例如,新加坡国际商事法庭与迪拜国际金融中心法院、阿布扎比全球市场法院以及澳大利亚维多利亚最高法院签署的备忘录就包括了判决承认与执行的内容。

③ See Sundaresh Menon, "International Commercial Courts: Towards a Transnational System of Dispute Resolution", *Opening Lecture for the DIFC Courts Lecture Series*, 2015, p. 45, footnote 148.

④ See DIFC Courts, "DIFC Courts Enforcement Guide", http://difccourts.ae/enforcing-difc-court-judgments-and-orders-outside-the-difc1/, July 20, 2017.

⑤ 迄今为止与迪拜国际金融中心法院签订执行备忘录的法院包括:英国商事法院、美国纽约南区法院、新加坡最高法院、澳大利亚联邦法院、新南威尔士最高法院、韩国最高法院、哈萨克斯坦最高法院、马来西亚联邦法院、肯尼亚高等法院商事和海事法庭等。

关法院予以执行。虽然这些备忘录没有形成正式的条约和法律，也不能取代现行法律、司法决定或者法院规则，但是上述备忘录为迪拜国际金融中心法院判决在相关国家的执行提供了参照，也是现阶段迪拜国际金融中心法院促进判决在境外承认和执行的有效方式。

三、其他执行方式

以迪拜金融中心法院为典型代表的商事法院针对本地判决在境外的承认执行进行了有益的探索。

迪拜国际金融中心法院判决可以依据多边公约、双边条约及执行备忘录的规定予以执行。而阿联酋与其他国家的多边公约、双边条约以及中心法院与其他法院之间签订的双边执行备忘录覆盖的范围有限。这导致迪拜国际金融中心法院判决在绝大多数国家的执行依旧缺乏明确的依据。① 在不存在条约关系时，迪拜国际金融中心法院判决在境外的执行主要通过两个渠道实现：一是依据其他国家内国法的相关规定实现判决的承认与执行；二是将中心法院的判决转换为仲裁裁决，然后通过《纽约公约》在相关缔约国承认执行。

《迪拜国际金融中心法院法》规定中心作出或批准的判决、命令和裁决，依据2004年《关于迪拜国际金融中心司法管理的第12号法律》的规定在迪拜国际金融中心以外执行。② 2011年《迪拜国际金融中心法院2004年第12号法律修正》指出迪拜国际金融中心法院判决执行需满足的前提条件包括：判决的终局性与可执行性、判决被翻译为请求执行国的官方语言、中心法院对判决附有执行说明。在此前提下，迪拜国际金融中心法院判决的域外执行依据的是域外有管辖权国家通过的程序性与实体性法律。③ 在实践中，各国对外国法院判决的承认与执行的规定各不相同。部分国家在没有相关协定的情况下不会执行任何外国法院判决，大多数国家只有存在互惠的前提才对外国法院判决予以承认和执行。而阿联酋签订的多边公约与双边协定有限，且在本国法院对案件有管辖权时，阿联酋拒绝承认执行外国法院对此类案件作出的判决，这使外国法

---

① See Jayanth K. Krishnan and Priya Purohit, "A Common Law Court in an Uncommon Environment: The DIFC Judiciary and Global Commercial Dispute Resolution", *The American Review of International Arbitration* 1, 2015, p. 17.

② DIFC Law No. 10 of 2004, Article 42(2).

③ See Law No. 16 of 2011 in respect of the Judicial Authority at Dubai International Financial Centre, Article 7(2).

院判决极难在阿联酋得到承认执行。① 因此,按照2004年《关于迪拜国际金融中心司法管理的第12号法律》规定的渠道,在境外执行迪拜国际金融中心法院的判决存在较大困难。

为了解决法院判决在无条约国家承认与执行的困难,迪拜国际金融中心法院于2012年出台了将中心法院判决转化为仲裁裁决的实践指导。这一实践指导的目的是将中心法院判决转化为仲裁裁决,并依据阿联酋加入的《纽约公约》在其他缔约国予以承认执行。② 这种转化方式的前提是中心法院判决出现可执行性问题,而该判决满足实践指导中规定的参考标准。此时,则将该执行争议提交迪拜国际金融中心——伦敦国际仲裁院仲裁中心予以仲裁。

判决转化为仲裁裁决的实践指导参考标准包含了五个方面的内容:(1)迪拜国际金融中心法院的判决已经依据法院规则生效;(2)中心法院的判决是一个支付金钱的判决;(3)判决存在执行争议;(4)判决是无法提起上诉的判决且当事人对判决提起上诉的时间期限已经期满;(5)判决债权人与判决债务人之间存在将执行争议按照实践指导的规定提交仲裁的书面协议。③ 指导实践中的参考标准的核心是关于"执行争议"的界定,因为"执行争议"的范围决定了判决能否提交仲裁,是判决向仲裁裁决转化的中间环节。"执行争议"具体是指判决债权人与判决债务人之间根据判决所产生的金钱支付(包括费用支付)争议。④ 这种争议包括未能全额支付判决款项或者未能按要求在规定的期限内支付判决确定的款项。⑤

实践指导是为了保证判决债权人在不丧失判决赋予其权利的基础上有更多的选择来获得金钱支付。因此,判决转化为仲裁裁决的方式本质上是为了增

---

① See Saloin Kantaria, "The Enforcement of Foreign Judgments in the UAE and DIFC Courts", *Arab Law Quarterly* 28, 2014, p. 200.

② See Dalma R. Demeter and Kayleigh M. Smith, "The Implications of International Commercial Courts on Arbitration", *Journal of International Arbitration* 33, 2016, p. 456.

③ See Amended DIFC Courts Practice Direction No. 2 of 2015-Referral of Judgment Payment Disputes to Arbitration.

④ See Amended DIFC Courts Practice Direction No. 2 of 2015-Referral of Judgment Payment Disputes to Arbitration.

⑤ 《迪拜国际金融中心法院规则》第36.34条规定,金钱支付判决的支付期限是判决作出后14日之内,除非判决中对支付期限另有规定、其他规则另有规定或者法院程序停止。

强判决的可执行性，判决的效力和可执行性在这一过程中保持不变。[①]

迪拜国际金融中心首席大法官提出这一举措的初衷是拓宽判决承认与执行的方式。但值得注意的是，这一制度存在两个方面的缺陷：

第一，减损司法审查制度的价值。在迪拜国际金融中心境内，迪拜国际金融中心法院对区域内的仲裁进行司法监督和审查。一方面，迪拜国际金融中心法院允许当事人将执行争议提交迪拜国际金融中心——伦敦国际仲裁院仲裁中心予以仲裁；另一方面，如果该仲裁裁决最后被当事人申请撤销，那么迪拜国际金融中心法院将会成为对该仲裁裁决进行司法审查的法院，这在一定程度上会减损司法审查制度的价值。

第二，如果该仲裁裁决到外国法院申请承认与执行，外国法院可能会以公共政策为由而予以拒绝承认和执行。被申请执行国的法院有可能会因为该外国判决（转化为仲裁裁决）的做法与法院地国的法律相冲突，而援引公共政策的情况日益增多，并用以抵消这一转化机制可能带来的、潜在的对《纽约公约》的滥用。[②]

四、小结

最终判决的流通性无疑是诉讼吸引力的关键一环。各国和各商事法院均努力推动其判决在全球范围内的承认与执行。从前述内容可以看出，这些努力主要包括两方面：一是具有法律约束力的国际合作；二是自发的、无法律约束力的合作。

具有法律约束力的国际合作指商事法院所在国积极参与双边或多边判决承认与执行条约的签订，从而有效地解决判决的流通问题。在全球范围内统一的公约缺少的情况下，国家可以通过参与区域性的判决承认与执行条约来促进判决的承认与执行。区域性的条约由于成员少、国家法律制度的同质性而面临较少的障碍。

商事法院还可以自发地与其他国家具有重大影响力的法院签订合作协议、合作备忘录，可以在一定程度上减少判决流通的障碍。

---

① See Michael Hwang, "The DIFC Courts Judgment-Arbitration Protocol Referral of Judgment Payment Disputes to Arbitration", http://difccourts. ae/my-search-result/? fwp_search = THE%2BDIFC%2BCOURTS%2BJUDGMENT-%2BARBITRATION%2BPROTOCOL%2BREFERRAL%2BOF%2BJUDGMENT%2BPAYMENT%2BDISPUTES%2BTO%2BARBITRATION&fwp_categories = judges-addresses&fwp_paged = 2, July 20, 2017.

② See Dalma R. Demeter and Kayleigh M. Smith, "The Implications of International Commercial Courts on Arbitration", *Journal of International Arbitration* 33, 2016, pp. 463 – 467.

第五章　管理信息化:国际商事法院效率的提升

信息化是现代国际商事法院的重要特征之一。国际商事法院在解决争议上的高标准、高效率不仅要求对法院工作人员进行最新的培训,以应对快速变化的技术环境,而且需要法院确保其数字信息系统的不断更新。[①] 法院的信息化建设对以高效、便捷、经济的方式解决当事人之间的争议来说十分重要。走在时代前列的国际性商事法院无不采取信息化手段来简化诉讼程序和提升其诉讼效率。总的来说,信息技术主要运用于两方面:一是与诉讼文件相关的程序;二是辅助开庭审理。

第一节　诉讼文件提交

为了促进诉讼信息化,前述商事法院大多在其法院规则中明确要求当事人及其律师应以电子文件的形式提交相关诉讼文件。作为辅助,法院大多建立了电子诉讼系统,从立案到答辩,从文书送达到文书公开,这些文件均可在电子诉讼系统中获得。

---

① See Lord Thomas, "Commercial Justice in the Global Village: The Role of Commercial Courts", http://difccourts. ae/11319 – 2/, July 20,2017.

2017 年 6 月纽约南区法院作出决定,自 2017 年 6 月 26 日起,凡在该法院提起的各种民事诉讼,需由当事人的代理律师通过法院的电子立案系统(Electronic Case Filing)进行。根据法院的命令,起诉所涉及的文件均以 PDF 的形式上传到系统中,诉讼费用的缴纳则需通过网上支付的形式进行。[①]新加坡国际商事法庭则可以利用最高法院建立的电子诉讼系统(Integrated Electronic Litigation System,Elitigation)。用户可以利用此系统提交和获取相关文件,并通过电子邮件和短信服务系统(short messaging system,SMS)获取诉讼通知;经注册的律师也能登录该系统。

英国商事法院则采取了"在线司法"(e-judiciary)电子司法系统,包含最新硬件和专用软件(dedicated software),是当前最高标准的配置,它加快了法官使用大型电子数据库的速度。[②] "在线司法"的亮点在于"电子卷宗"在多个专门法院和大法官分庭的推广与使用。根据英国《诉讼指引》的有关规定,诉讼当事人须通过电子系统提起诉讼并且提交文件,[③]对此,为通过电子系统提交文件,当事人应该注册电子账户以便使用该系统。[④] 新加坡国际商事法庭的做法也基本类似。

根据《迪拜国际金融中心法院规则》(The Rule of the Dubai International Financial Centre Courts 2014)的规定,所有向迪拜国际金融中心法院提交的文件应该以电子文件的形式予以提交,提交渠道是迪拜国际金融中心法院网站上的电子文件提交端口。[⑤] 文件的提交渠道除了迪拜国际金融中心网站的电子提交端口外,还可以将电子文件发送到法院登记注册机构的电子邮箱或者将含有电子文件的任何形式的数据存储介质提交给法院的登记注册机构。对于以电子邮件形式提交给法院的文件,法院对邮件的大小、格式以及登记注册机构收到邮件后的确认都进行了明确规定。而以数据存储介质方式提交给法院登记注册机构的文件,则要求存储介质中必须附有文件清单。登记注册机构的官员对

① See the Official website of the United States District Court Southern District of New York, http://www. nysd. uscourts. gov/ecf. pdf, July 30, 2017.

② See William Blair, "Commercial Dispute Resolution-Current Developments in the Commercial Court", https://www. judiciary. gov. uk/wp-content/uploads/2016/11/blair-j-legal-week-20161103. pdf, July 28, 2017.

③ See English Practice Direction 51o, 2. 1.

④ See English Practice Direction 51o, 2. 3.

⑤ See The Rules of the Dubai International Financial Centre Courts 2014, Article 6. 20.

存储介质的所有文件按照清单进行核实后,将对文件提交进行确认。

值得说明的是,上述信息化举措同样具有案件管理的作用。例如,在美国,通过上述系统,立案材料通过网络在线提交,联邦法官及其辅助人员通过电子方式查询案件进程并适时干预以确保每个案件的顺利进行。[①] 法官可以通过信息化的手段实现对案件的积极管理。

第二节 诉讼文件送达与公开

随着迪拜国际金融中心法院管辖权的扩张,当事人协议选择法院管辖的案件增加。送达效率对于诉讼程序的推进和案件的高效解决影响较大。迪拜国际金融中心法院对文书的送达方式主要包括直接送达、邮寄送达、留置送达和电子送达。[②] 直接送达、邮寄送达、留置送达方式都不能保证文书送达的效率,电子送达则通过传真或者邮件的形式极大地提高了文书送达的效率。就电子送达而言,送达的前提是被送达的当事人或其法定代表人事先以书面形式明确表示:他愿意以电子方式接受服务,并且提供相应的传真号码、电子邮件地址或电子身份证件。[③] 同时,《迪拜国际金融中心法院规则》对电子送达的前提条件进行了进一步的规定。就送达的电子地址而言,传真号是拟送达一方法定代表人的书面文件所载传真号码。在文书送达之前,送达方需与被送达方就送达文书的格式和相关限定条件进行协商。虽然《迪拜国际金融中心法院规则》对电子送达方式的文书送达作出了具体规定,但是现阶段文书送达的范围仅限于迪拜境内。未来电子送达的范围可能随着迪拜国际金融中心法院的发展进一步扩展。

此外,在文书公开上,利用现有的电子诉讼系统,当事人和公众可以在不同权限内获取法院公开的电子文件。例如,纽约南区法院推行了法院电子文件公共访问系统(Public Access to Court Electronic Records,PACER)。只要通过互联网注册一个账号,公众便可以通过该系统查询相应案件的案情简介、案件编号、

---

① 参见[美]戴维·奥布莱恩:《法官能为法治做什么》,何帆、姜强等译,北京大学出版社2015年版,第85页。

② See The Rules of the Dubai International Financial Centre Courts 2014,Article 9.2.

③ See The Rules of the Dubai International Financial Centre Courts 2014,Article 9.3.

以及案件审理过程中所提交的文件信息。[①] 而英国商事法院和新加坡国际商事法庭则都通过其统一化的电子诉讼系统公开文书，根据信息保密的不同情况，公众对诉讼文件的接触权限有所不同。

第三节　审判信息化

除了文件电子化，各商事法院还采取现代化技术手段简化诉讼程序，便利诉讼主体，以提升诉讼效率。

首先，英国商事法院和新加坡国际商事法庭都采取在司法综合大厦的集体办公的方式，提升司法服务的便利性。以英国罗尔斯大厦(Rolls Building)为例，随着罗尔斯大厦在2011年的竣工，英国高等法院的大法官分庭以及商事法院、海事法院、技术与工程法院等专门法院都入驻罗尔斯大厦，使罗尔斯大厦成为当时世界上最现代化的解决金融、商事以及财产纠纷案件的中心。罗尔斯大厦配有现代的信息化设备，使英国商事法院的信息化改革迈入一个新时代。罗尔斯大厦内设有31个审判室，其中包括3个“超级审判庭”(super court)，用以方便审理重大的国际和国内纠纷案件，55个咨询室(consultation room)。为方便当事人使用自己的电子设备，法院的设施内包括电子证据展示设备以及有线宽带，WiFi也覆盖整栋大楼，每个审判庭也都配备电话会议设备(video conferencing facilities)。[②] 罗尔斯大厦实现了将相关的商事与财产纠纷案件集中在此管辖和审理，配以先进的现代化设备，有助于提高英国商事法院处理商事纠纷案件的效率。而新加坡国际商事法庭则位于新建立的新加坡最高法院大厦内，旁边即囊括了新加坡国际仲裁中心和新加坡国际调解中心在内的马克斯韦尔大厦(Maxwell Chamber)。这种集中性的办公场所加强了伦敦和新加坡作为国际商事争议中心的地位。

其次，信息化技术措施也应用于真实的庭审中。在新加坡国际商事法庭中，设置多个电子屏幕，使法官、律师以及旁听人员均可以全方位地了解法庭内的情况；必要时允许使用高清晰度的触摸屏，方便证人指证；广泛使用诉讼技

① See the Official website of the United States District Court Southern District of New York, http://www.nysd.uscourts.gov/ecf.pdf, July 30, 2017.

② See Courts and Tribunals Judiciary, “The Rolls Building”, https://www.judiciary.gov.uk/you-and-the-judiciary/going-to-court/high-court/the-rolls-building/, July 28, 2017.

术,如证据管理和审判管理系统;利用远程会议、视频会议等方式进行案件审理。这使法官和律师均可以不用出现在新加坡,而诉讼可以正常进行,非常契合新加坡国际商事法庭国际化法官和律师的需求。当事人可以申请使用此类技术,新加坡国际商事法庭用户还可以使用各种形式的电子翻译服务。① 这些技术在新加坡国际商事法庭第一起案件中都有使用,极大地简化了诉讼程序,提高了诉讼效率。② 但同时,使用者在使用这些系统之时,也需要注意核对电子格式文件的正确性、错误的责任承担以及文件的安全保护等问题。

迪拜国际金融中心法院同样也有类似的措施,在文件提交电子化的基础上,《迪拜国际金融中心法院规则》还规定法院可以通过视频连接、电话、电子设备或者其他适当的方式听取当事人的申请。③ 这是由于迪拜国际金融中心法院的法官来自不同国家,除了来自阿联酋的法官之外,其他法官并不常驻迪拜境内。而法院往往会收到当事人紧急申请的案件,此时法官无法在迪拜国际金融中心法院出庭审理案件,因此必须借助电子设备对案件进行远程审理。并且法官认为,这种远程审理的案件,其判决在本质上也是由迪拜国际金融中心法院作出。④ 但是不同于新加坡国际商事法庭的是,在案件审理电子化的情形下,迪拜国际金融中心法院仅允许法官可以借助电子设备远程审理案件,相关当事人必须本人出庭,而不能以远程出庭的方式参加庭审。事实上迪拜国际金融中心法院也对当事人远程出庭的可能性进行了探讨。虽然现阶段法院并不允许当事人远程出庭,但是随着信息化建设的进一步发展也存在这种可能性。

本章小结

从前述内容可以看出,信息化是法院现代发展的趋势,各商事法院重视信息技术在法院工作的运用,提高其工作效率。信息技术主要运用于三个方面,即文书的提交、诉讼文件的送达与公开以及审判工作。

首先,在文书提交方面,各商事法院建立独立的电子系统,要求当事人及其

---

① See SICC Practice Directions 2017, part Ⅷ, paras. 43 – 59.

② See TEH Hwee Hwee *et al.*, "The Singapore International Commercial Court in Action—Illustration from the First Case", *Singapore Academy of Law Journal* 28, 2016, pp. 715 – 716.

③ See The Rules of the Dubai International Financial Centre Courts 2014, Article 3.27.

④ See Anthony Evans, "Dispute Resolution in the DIFC", http://difccourts.ae/dispute-resolution-in-the-difc-2/, July 20, 2017.

代理律师以电子文件的形式提交。其次，在诉讼文件的送达与公开上，各商事法院利用电子方式送达，同时也运用电子系统公开裁判文书，提高司法透明度。最后，在审判工作上，法院设在现代化的办公大楼内，配以先进的电子设备与系统，利用信息技术提高审判工作的效率。

第六章　声誉国际化:国际商事法院的国际影响力

如今,越来越多的国家和地区建立了或正在建立专业性的国际商事法院或类商事法院组织,来增强其在国际商事争议解决领域的国际竞争力。树立国际声誉是增强国际竞争力的关键。除了自身在组织结构、审判制度、诉讼机制等方面的突破创新引起世界范围的关注外,各商事法院还通过更加直接的方式宣传自己,形成了以重大国际案件为核心、组织和积极参加国际交流与合作为辅助的一系列宣传措施。

第一节　国际交流与合作

构建一流的国际商事法院需要创造良好的外部环境,新兴的新加坡国际商事法庭与迪拜国际金融中心法院即通过参与国际交流合作来增强其在世界范围内的关注度,提升其知名度。

一、与其他国家的法院签署备忘录

新加坡国际商事法庭和迪拜国际金融中心法院都只是各自司法体系的组成部分之一,法院本身没有与外国法院签订条约的权利。因此,法院主要通过签订没有法律约束力的双边备忘录与其他国家法院进行国际司法合作。目前,根据可查询的资料显示,新加坡已经与迪拜、新南威尔士、卡塔尔、孟买、泰国等地司法机构签署备忘录，合作内容包括外国法的理解与适用、判决承认与执行、诉讼程序、案件管理、司法协助等方面。[①] 截至2016年年底，迪拜国际金融中心法院已经与10个国家的法院签订了双边司法合作备忘录。这些备忘录对双方法院判决承认与执行的条件和程序进行了集中规定。[②] 其中，还包括2016年与我国上海市高级人民法院签订的《加强上海市高级人民法院与迪拜国际金融中心法院司法交流与合作的谅解备忘录》。[③] 该备忘录的目的是承认和加强双边司法合作，促进司法活动的国际化；同时，各方将就法律和司法制度交流意见，优化司法资源等共同战略目标实行公开、定期的讨论。

双边备忘录的签订对这些法院而言至少有三个方面的积极意义。首先，虽然双边司法合作备忘录不具备法律约束力，但是其内容规定灵活，对于签署法院的司法实践有指导作用；其次，通过各类双边备忘录强化了这些法院与世界其他法院的交流与司法合作，为法院的发展创造了良好的外部环境；最后，英国商事法院、纽约南区法院、新南威尔士最高法院等在解决国际商事纠纷上具备丰富的经验和良好的国际声誉，新加坡国际商事法庭和迪拜国际金融中心法院通过与上述知名法院签订双边备忘录，能够借助这些法院的上述优势在较短的时间内极大提高法院的国际声誉。

二、法官合作

跨境破产案件、国际家庭法以及知识产权方面的国际合作论坛还促进了商事法官间的交流。其中成果最突出的是跨境破产案件合作上，2016年10月在新加坡举行的“司法破产网络”（Judicial Insolvency Network，JIN）会议，通过了《法院间跨境破产案件交流合作指导原则》（Guidelines for Communication and Cooperation between Courts in Cross-Border Insolvency Matters）。该原则以保护平行诉讼中破产案件债权人的利益为目标，建立在法院交流对话和信息共享基

---

① 涉及的司法机构包括澳大利亚新南威尔士最高法院、迪拜国际金融中心法院、卡塔尔最高司法委员会、泰国司法部等。

② 涉及法院包括美国纽约南区法院、英国高等法院中的商事法院、澳大利亚联邦法院、新加坡最高法院、新南威尔士最高法院、肯尼亚高等商事与海事法庭、哈萨克斯坦最高法院、韩国最高法院、马来西亚联邦法院和上海最高人民法院等。

③ See Memorandum Strengthening Judicial Exchange and Cooperation between Shanghai High People's Court and DIFC Courts.

础上的合作框架,其合作主要集中在诉讼程序方面,目前已有 5 个法院批准。①

2017 年 5 月 17 日在英格兰及威尔士首席大法官托马斯的邀请下,来自五大洲的各商事法院负责人首次在伦敦举行关于建立商事法院常设国际论坛(Standing International Forum of Commercial Courts)的会议。② 会议强调所有司法管辖区之间合作与协商的重要性与可行性。会议的讨论范围涉及判决执行、案件管理、科学技术、法院的最佳实践(best practice),以及商事法院、仲裁与调解的相互关系。关于商事法院常设国际论坛,各商事法院在会议上就以下应立即采取的后续步骤达成了共识:(1)论坛将试图制作一个多边备忘录(multilateral memorandum),寻求在现行规则之下,如何使一国商事法院作出的判决在另一个国家得到最大限度的有效执行;(2)论坛将利用一个工作小组进一步详细研究确定怎样的做法对法院而言是行之有效的,并使诉讼更有效率。这将是一份更进一步的多边文件,而这份多边文件将在论坛的下次会议上得到进一步讨论;(3)论坛将建立一套制度,使一国商事法院的法官能够在另一国的商事法院担任观察员;(4)论坛将讨论商事法院如何与包括仲裁机构在内的其他机构联络等实际安排问题,以鉴别和解决棘手的事项。目前,英国已同意为该常设国际论坛设立秘书处,秘书处将支持、协调并促成前述活动的开展以及论坛今后会议的举办。下一届论坛将在美国纽约举行。③ 此外,新加坡还和中国香港特别行政区、上海以及新南威尔士、孟买地区的法官建立了关于商事诉讼的司法论坛交流机制。④

三、其他对外宣传方式

此外,这些商事法院还通过法官在世界各地演讲、撰写学术论文介绍并解释其制度、举办周年庆祝活动等来对外宣传。例如,英国首席大法官托马斯勋

① 目前已有 5 个法院加入该原则,分别为美国特拉华州地区破产法院(United States Bankruptcy Court for the District of Delaware)、美国纽约南区破产法院(United States Bankruptcy Court for the Southern District of New York)、百慕大最高法院(Supreme Court of Bermuda)、英国高等法院大法官分庭(Chancery Division of the High Court of England & Wales)以及新加坡最高法院。

② 目前有 28 个代表团,中国最高人民法院第一巡回法庭、新加坡最高法院及商事法庭、纽约南区法院等均派法官参加了该会议。

③ See William Blair and Robin Knowles, "A Unique Gathering of Commercial Courts", https://www.judiciary.gov.uk/announcements/a-unique-gathering-of-commercial-courts/, July 26, 2017.

④ See Sundaresh Menon, "The Transnational Protection of Private Rights: Issues, Challenges, and Possible Solutions", *Asian Journal of International Law* 5, 2015, p. 244.

爵通过在各场合发表演讲进一步介绍与宣传英国商事法院最新的改革进展，从中凸显出英国商事法院的竞争优势与国际声誉。① 新加坡最高法院院长Sundaresh Menon近些年也在世界各地借助不同平台，在国际商事争议特别是商事法院方面发表了很多富有洞见的演讲，并直接向外界宣传新加坡国际商事法庭的制度和理念。② 英国和新加坡首席大法官在世界各地的场合中密集地、不遗余力地宣传其商事法院的各项改革措施，有利于英语国家以外的国家或地区认识各自商事法院及其专业化的制度与程序，从而树立英国商事法院和新加坡国际商事法庭的良好国际声誉，起到宣传和提升知名度的双重效果。另外，新加坡国际商事法庭还直接通过办案法官撰写学术论文来解释其制度优势和实践运行，如前文已谈到的新加坡国际商事法庭第一案法官即撰写文章直接解释该案中新加坡国际商事法庭的相关制度。③ 纽约南区法院作为最早成立的联邦地区法院之一，具有深厚的历史积淀。基于这一优势，纽约南区法院会在重要的时间节点进行周年庆祝活动，通过会议研讨、历史文物展览、展开模拟法庭等活动追忆该法院悠久、辉煌的历史，借此提升法院的知名度。

第二节　以重大案件为突破口

重大国际案件往往能在短期内引起国际社会的关注，从而极大地提升涉案法院的关注度。同时，案件本身也为外界提供观察该法院的窗口，高质量的典型案件能生动形象地帮助法院在国际范围内快速地树立起良好的声誉。纽约南区法院得益于其特殊的地理位置，经过长期的积累，其审理的证券类和国家豁免类案件在世界范围内有重要影响；新加坡国际商事法庭则通过其第一起案件有力地向外界证明其有能力高效高质地解决国际商事复杂案件；迪拜国际金

① 例如，2016年在迪拜国际金融中心发表题为"Commercial Justice in the Global Village: The Role of Commercial Courts"的演讲，2017年在北京国家法官学院发表题为"Commercial Dispute Resolution: Courts and Arbitration"的演讲，演讲稿可在英国法院网（https://www.judiciary.gov.uk/announcement-type/speeches/）上查阅。

② 例如，2015年在迪拜国际金融中心法院发表发表题为"International Commercial Courts: Towards a Transnational System of Dispute Resolution"的演讲，2016年在日本庆应义塾大学发表题为"The Future Is Now: Legal Trends in the Global Village"的演讲等，所有演讲稿可在新加坡最高法院官方网（http://www.supremecourt.gov.sg/news/speeches）上查阅。

③ See TEH Hwee Hwee *et al.*, "The Singapore International Commercial Court in Action—Illustration from the First Case", *Singapore Academy of Law Journal* 28, 2016.

融中心法院在判决承认与执行领域拓展了其管辖范围,极具突破创新意义。以下分别介绍这3个法院的重大国际案例。

一、纽约南区法院

通过深入分析纽约南区法院的成名之路可以发现,美国的管辖权制度以及纽约市国际金融中心的经济优势,为该法院的发展提供了良好的制度保障和外部环境。与此同时,纽约南区法院善于利用自身优势,注重以重大案件为突破口提升国际影响力和知名度的做法值得中国法院借鉴。自法院成立至今,纽约南区法院在金融证券、外国主权豁免等领域审理了许多具有代表性的案件,时至今日仍在美国的判例法中占据重要地位。

(一)证券类案件

在美国,第二巡回法院被视作美国商事裁判领域的"领头羊",被誉作证券法领域"事实上的最高法院"(de facto Supreme Court)。这一现象的出现在很大程度上是因为,作为纽约南区法院的上诉法院,第二巡回法院能够审理许多在证券领域具有开创意义的案件。以美国证券法域外管辖权规则的发展为例,美国涉外证券诉讼的管辖权规则在过去的50年中衍生出"效果标准""行为标准""效果—行为标准"乃至2010年"反域外适用推定原则"回归等一系列经典理论。在上述理论发展过程中,纽约南区法院均作为案件的一审法院发挥了重要的作用。

纽约南区法院审理的库克诉克拉朗(Kook v. Crang)案①是美国联邦法院就证券法域外适用问题作出裁决的首例案件,对后来法院审理类似案件产生了深远影响。② 舒恩鲍姆诉费斯布鲁克(Schoenbaum v. Firstbrook)案③经纽约南区法院一审并被上诉至美国第二巡回法院。通过该案,第二巡回法院首次明确了用以确定美国证券法域外效力的"效果标准",该案的判决成为大多数文献研究美国证券法域外效力问题的入手点;④在伯奇诉卓克塞尔·凡士通案(Bersch v. Drexel Firestone)案⑤中,经历了由纽约南区法院一审并上诉至第二巡回法院

---

① See Kook v. Crang, 182 F. Supp. 388(S. D. N. Y. 1960).

② 参见李国清:《美国证券法域外管辖权问题研究》,厦门大学出版社2008年版,第72页。

③ See Schoenbaum v. Firstbrook, 405 F. 2d 200(2nd. Cir. 1968).

④ 参见李国清:《美国证券法域外管辖权问题研究》,厦门大学出版社2008年版,第72页。

⑤ See Bersch v. Drexel Firestone, 519 F. 2d 974(2nd. Cir. 1975).

的历程。在该案中,第二巡回法院的弗兰德利法官对“效果标准”提出了一系列的限制标准,并为日后的司法实践所遵循;莱斯科数据处理设备公司诉麦克斯韦(Leasco Data Proceeding Equipment Corp. v. Maxwell)案①同样由纽约南区法院一审并最终上诉至美国第二巡回法院。弗兰德利法官在该案中对“效果标准”进行了反思,进而提出了具有里程碑意义的“行为标准”。莫里森诉澳大利亚国家银行(Morrison v. National Australia Bank)案②亦是由纽约南区法院一审,最终被上诉至美国联邦最高法院,该案也是美国联邦最高法院历史上首度介入涉外证券侵权诉讼。③ 在该案中,美国联邦最高法院明确了“反域外适用推定原则”,否定了美国《证券交易法》第 10 条第 2 款的域外效力。该案的判决结果不仅对美国证券法领域具有深远影响,而且对其他联邦法律的域外效力问题产生了重大影响。④ 值得说明的是,早在 1967 年纽约南区法院便是“反域外适用推定原则”的忠实拥护者,在该法院审理的伯奇诉卓克塞尔·凡士通案(Bersch v. Drexel Firestone)案中,纽约南区法院的欧文·本·库珀(Irving Ben Cooper)法官便以“反域外适用推定原则”驳回了原告的诉讼请求。⑤

通过上述案件可以看出,纽约南区法院可被视作美国证券法域外管辖权规则演进的亲历者和见证者,也正是通过上述经典案件,纽约南区法院逐步树立了自己在美国联邦法院系统乃至全球的知名度。

(二)国家豁免类案件

国家豁免类诉讼往往涉及敏感的国家主权问题,与此相关的案件多会引起国际社会的广泛关注。同证券类案件类似,纽约南区法院作为联邦地区法院同样在国家豁免类案件中作出了许多经典的判例,为美国国家豁免理论的发展以及对《外国主权豁免法》的解读做出了巨大贡献,并借此提升了法院自身的国际影响力和知名度。

举例来说,根据美国《外国主权豁免法》第 1605 条第 1 款第 1 项的规定,外国可以通过明示或者默示的方式放弃自己的豁免资格。⑥ 但是,对于何为明示放弃、何种行为构成默示放弃、如果外国放弃豁免资格后是否要求该外国的行

---

① See Leasco Data Proceeding Equipment Corp. v. Maxwell, 468 F. 2d 1326(2nd. Cir. 1972).

② See Morrison v. National Australia Bank, 130 S. Ct. 2869(U. S. 2010).

③ 参见杜涛:《美国联邦法院司法管辖权的限缩及其启示》,载《国际法研究》2014 年第 2 期。

④ 同上。

⑤ See Schoenbaum v. Firstbrook, 268 F. Supp. 385(S. D. N. Y. 1967).

⑥ See 28 U. S. C. § 1605(a)(1).

为与美国存在一定的联系等问题,《外国主权豁免法》并未进行明确的界定。对于上述问题,在维登林诉尼日利亚中央银行(Verlinden BV v. Central Bank of Nigeria)案中,纽约南区法院进行了较为集中且清晰的解答,该案的判决也成为学者研究美国《外国主权豁免法》的重要案例之一。[①]

再如,根据美国《外国主权豁免法》第1605条第1款第2项的规定,如果诉讼是基于外国在美国进行的商业活动而提出的,或者诉讼基于外国在美国实施的某行为提出的,而该行为与该外国在其他国家从事的商业活动有关,又或者诉讼基于外国在美国领土外实施的行为提出的,而该行为与该外国在其他国家从事的商业活动有关且在美国引起直接影响,美国法院便享有对上述案件的管辖权。[②] 但是,该条款并未明确界定何为"商业活动"(commercial activity)、何为直接影响(direct effect)。在阿根廷诉韦尔特尔公司(Republic of Argentina v. Weltover Inc.)案[③]中,美国最高法院在分析"直接影响"时,拒绝采用《美国对外关系法重述(第二次)》第18条所采用的"直接的、可预见的和实质性"标准,认为直接影响便是"被告商业活动的直接后果"。[④] 在"商业活动"的认定上,联邦最高法院指出,"当外国政府的行为并非以市场调控者的身份作出,而是以市场私人参与者的身份作出的,该外国政府的行为便构成《外国主权豁免法》所指的'商业性'行为"。[⑤] 事实上,纽约南区法院作为本案的一审法院,对"商业活动"进行了正确理解。负责初审的斯普利佐法官指出,"法院应主要分析系争行为是私人参与者能够经常作出的行为还是仅限于一国主权者所能做出的行为"。[⑥] 由此可见,纽约南区法院与联邦最高法院的解读在本质上是相似的,这

---

① See Gary B. Born and Peter B. Rutledge, *International Civil Litigation in United States Courts*, New York, Wolters kluwer, 2011, pp. 337 – 340; Lawrence W. Newman and Michael Burrows Carlos, *Practice of International Litigation*, New York, Juris Publishing, 2013, pp. 1 – 12; M. Vazquez, "Verlinden B. V. v. Central Bank of Nigeria: Federal Jurisdiction over Cases between Aliens and Foreign States", *Columbia Law Review* 82, 1982, pp. 1057 – 1086; Monroe Leigh, "Verlinden B. V. v. Central Bank of Nigeria. 103 S. Ct. 1962", *The American Journal of International Law* 77, 1983, pp. 885 – 888; RT Novick, "Problems Arising under Verlinden B. V. v. Central Bank of Nigeria", *American University Law Review* 31, 1981, p. 1039.

② See 28 U. S. C. § 1605(a)(2).

③ See Republic of Argentina v. Weltover Inc. ,112 S. Ct. 2160(1992).

④ See Republic of Argentina v. Weltover Inc. ,112 S. Ct. 2160,2168(1992).

⑤ See Republic of Argentina v. Weltover Inc. ,112 S. Ct. 2160,2163(1992).

⑥ See Weltover, Inc. v. Republic of Argentina, 753 F. Supp. 1201,1205(S. D. N. Y. 1991).

也从侧面体现了纽约南区法院对联邦法律具有较为深入、准确的理解和解读。

除上述案件外,随着中国企业尤其是国有企业走出去规模的扩大,纽约南区法院审理了大量涉及中国国有企业豁免资格的案件,进而极大地提升了纽约南区法院在中国的知名度。其中,比较具有代表性的案件有:ICC 化学公司诉中国工商银行(ICC Chemical Corp. v. Industrial and Commercial Bank of China)案、①上海外贸公司被诉(Transatlantic Shiffahrtskontor GmH v. Shanghai Foreign Trade Corp.)案、②雷曼兄弟诉五矿金属公司(Lehman Bros. Commercial Corp. v. Minmetals Intern. Non-Ferrous Metals Trading Co.)案、③罗斯纳诉中国银行(Rosner v. Bank of China)案、④远航集团诉中国租船公司(Ocean Line Holdings v. China National Chartering Corp.)案、⑤埃马拉海事诉山东烟台海运(Emarat

---

① See ICC Chemical Corp. v. Industrial and Commercial Bank of China, 886 F. Supp. 1(S. D. N. Y. 1995). 在该案中,美国法院认为,中国工商银行将 UCP 纳入其所开立的信用证之中并不必然意味着中国工商银行明示或默示地放弃主权豁免,因为信用证中没有关于放弃主权豁免的条款且 UCP 中也没有关于主权豁免的规定。因此,美国法院在判决中否定了原告因信用证纠纷对中国工商银行作预先财产扣押的请求。

② See Transatlantic Shiffahrtskontor GmH v. Shanghai Foreign Trade Corp., 204 F. 3d 384(2nd Cir. 2000). 在该案中,美国法院认为,由于原告没有证明诉讼是基于被告对美国有直接影响的商业活动而提起的,且被告没有默示放弃主权豁免,从而判定上海外贸公司享有主权豁免,美国法院对此没有管辖权。

③ See Lehman Bros. Commercial Corp. v. Minmetals Intern. Non-Ferrous Metals Trading Co., 169 F. Supp. 2d 186(S. D. N. Y. 2001). 在 2001 年的 Lehman Bros 案中,美国法院认为,中国国有企业的子公司也具有主权豁免。在该案中,美国法院按照《外国主权豁免法》第 1603 条的通常含义解释认为外国具有广泛的含义,包括代理机构或者媒介。由于中国有色金属公司是由一家中国国有企业控股,而中国国有企业属于《外国主权豁免法》第 1603 条所定义的国家,所以中国有色金属公司属于美国《外国主权豁免法》第 1603(2)条中规定的"大多数股份由国家所持有的代理机构或媒介",是《外国主权豁免法》下主权豁免的主体、享有主权豁免。

④ See Rosner v. Bank of China, 528 F. Supp. 2d 419(S. D. N. Y. 2007). 在该案中,美国法院均认为,中国银行在美国提供银行服务属于商业行为,属于美国《外国主权豁免法》下规定的商业例外情形。因此,中国银行虽然具有主权豁免的资格,但不能适用主权豁免。

⑤ See Ocean Line Holdings v. China National Chartering Corp., 578 F. Supp. 2d 621(2008). 在该案中,中国租船公司答辩称,其 100% 股权属于中国政府,是中国法下的全民所有制企业,符合美国《外国主权豁免法》关于"代理媒介或机构"的定义。但是美国法院认为中国租船公司是中国外运长航集团有限公司的子公司,根据美国最高法院在多乐食品公司案中确定的标准,国有企业子公司的股份不直接由国家所持有,由国家间接持股的企业不属于美国《外国主权豁免法》下的代理媒介或机构。因此,中国租船公司不属于美国《外国主权豁免法》下的代理媒介或机构。此外,中国租船公司不是为国家目的而设立的、不由中国政府管理,因此中国租船公司不享有主权豁免。

Maritime LLC v. Shandong Yantai Marine Shipping)案①等。

(三)争议性案件的处理

纽约南区法院作为纽约州的联邦地区法院,在《美国宪法》及其他法律、判例的前提下,在审理案件中往往会加入公共政策的考量,尤其会在司法中注重保护纽约市的金融证券利益。例如,在韦尔特尔公司诉阿根廷(Weltover, Inc. v. Republic of Argentina)案中,纽约南区法院便非常直接的指出"美国在确保纽约市作为全球金融中心地位上具有实质性的利益",进而将其纳入公共政策考量的范围指导案件的判决。② 正由于上述原因,纽约南区法院会作出一系列具有争议的判决,这也间接提升了纽约南区法院在国际上的知名度。以域外取证为例,纽约南区法院在近年来往往基于保护美国知识产权利益这一目的,绕开《海牙取证公约》所规定的取证路径,径直要求在纽约市设立分支机构的外国银行遵守美国的证据开示程序。在近期发生的案件中,中国银行、中国工商银行、中国招商银行等多家中资银行便牵涉其中,尤其以古驰美国(Gucci America v. Weixing Li)案③最具代表性。在该案中,古驰等多家奢侈品公司提起商标侵权诉讼,并要求中国银行冻结被告的财产、出示被告的开户信息和资产状况。中国银行辩称,未经授权披露客户的银行账户文件会违反中国法律并主张原告通过《海牙取证公约》规定的途径进行取证。该案历时近6年,中国银行两次上诉,两次被判藐视法庭,最终中国银行迫于美国法院的高额罚金,提交了位于中国境内的7000多页银行文件。纽约南区法院对该案的判决引起了我国国内实务界和理论界的广泛关注,为此中国人民银行和原银监会曾致函纽约南区法院的主审法官表明中国政府的立场。④

---

① See Emarat Maritime LLC v. Shandong Yantai Marine Shipping, 2009 WL 1024317(S. D. N. Y. 2009). 在该案中,美国法院否认了了山东烟台航运公司享有主权豁免。法院认为,被告提供的证据无法初步证明(prima facie)山东烟台航运公司享有主权豁免,缺少足够法律依据或分析以山东烟台航运公司事实上具有主权豁免。因此,法院认为山东烟台航运公司不具有主权豁免资格。

② See Weltover, Inc. v. Republic of Argentina, 753 F. Supp. 1201, 1207(S. D. N. Y. 1991).

③ See Gucci AmericaInc. v. Weixing Li, 2011 WL 6156936(S. D. N. Y 2010).

④ 外交部条法司司长徐宏在中国国际私法学会2016年年会中,曾专门对该案的进展情况以及影响同与会专家进行了讨论。详情请参见中国国际法前沿官方公众号对徐宏司长《国际私法领域新情况新发展》专题报告的内容选摘,资料来源:http://mp. weixin. qq. com/s? src = 3&timestamp = 1502029480&ver = 1&signature = * NRir6RxGekX0aPlnsuleakqQE3 * HeHDGKVdw8Bw MNksOmc6-Bi5CJyUpSxFwJjZnDP3OJuyce8VEkKtokOlNS * fxv4U1EfJRDoqQGRqCJyvDWeG3ZcpNr SAhDJHqh-Cgh4RfywJPorbfxKa8hM3BHMJjpLItOCgXDpbQ0R-JnCE = ,最后访问日期:2017年8月6日。

二、新加坡国际商事法庭

新加坡国际商事法庭于 2015 年受理第一起案件,该案涉及由澳大利亚和印度尼西亚当事人在印度尼西亚投资设立的煤矿开发合资企业,争议主体涉及合资企业和各投资主体以及各自相关的附属公司。争议内容主要涉及双方的合资协议及所涉专利纠纷,涉案金额高达 8 亿美元。因双方的合作框架太过复杂,经当事人同意,法庭决定对该案分阶段审理。第一阶段主要厘清双方合作框架,确定当事人之间的权利义务关系;第二阶段则集中于解决当事人达成的 11 项具体争议焦点。该案并分别于 2016 年 5 月和 2017 年 7 月发布两部分判决。①

因该案为新加坡国际商事法庭受理的第一案,对于其制度的实际运行状况具有重大意义,引起了实务界的关注。2016 年 5 月公布的判决向外界展示出新加坡国际商事法庭的高效和专业,表明其有能力在短时间内高质量地解决复杂商事争议。

该案充分地展示了新加坡国际商事法庭诉讼制度在实践中是如何运行的。具体来说,包括以下方面:②

第一,移送管辖。该案展示了高等法庭应在移送案件至新加坡国际商事法庭要考虑的因素:一是案件的国际商事本质;二是当事人提出的本诉和反诉请求。同时,在移送管辖时,该案还涉及已经经高等法庭审理过部分的证据效力。

第二,法官的组成。经最高法院院长任命,该案由 3 名法官审理,由 1 名高等法庭法官和 2 名分别来自中国香港特别行政区和英国的国际法官组成合议庭。

第三,外国法查明及适用。在该案中,经当事人申请,法庭同意部分印度尼西亚法律的查明不需要当事人证明,当事人仅需提供相关材料,这一不同于普通法中外国法查明的方式在实践中得以实施。

第四,外国律师注册制度。在本案中,有两个印度尼西亚律师获得限制性注册,从而得以律师身份提交有关印度尼西亚法律问题的书状。

---

① See BCBC Singapore Pte Ltd and Anor v. PT Bayan Resources TBK and Anor, [2016] SGHC (I)01; BCBC Singapore Pte Ltd & Anor v. PT Bayan Resources TBK & Anor, [2017] SGHC(I)06.

② See TEH Hwee Hwee et al., "The Singapore International Commercial Court in Action—Illustration from the First Case", *Singapore Academy of Law Journal* 28, 2016.

第五,案件保密。案件开始时,经双方当事人同意和申请,法庭签发了保密令;同时当事人还达成了"保密包"(confidential bundle)等。

第六,案件管理。本案中也采取了案件管理会议的方式进行案件管理,当事人在案件管理会议中达成了一些焦点问题,并结合律师的合作,案件审理时间得以缩短,极大地提高了诉讼效率。

第七,信息技术适用。在本案中,案件管理会议多次通过电话或视频会议的方式举行,使在不同国家的法官、当事人和律师参与诉讼而不受场所限制,便利各方诉讼参与人,提升诉讼效率。此外,本案庭审中还使用了即时翻译技术。

这一案件充分展示了新加坡国际商事法庭的众多创新制度是可行的,甚至可以说运行良好。该案也体现出该法庭法官的高水平,可以说,该案在树立新加坡国际商事法庭的形象方面作用巨大,至少在业界均对其持观望态度之时,为商事纠纷主体提供了另一优质争议解决方式。

三、迪拜国际金融中心法院

2014 年的 DNB 银行诉海湾伊亚达公司及海湾航运公司(DNB Bank ASA v. Gulf Eyadah Corporation & Gulf Navigation Holdings Pjsc)案①(以下简称 DNB 案)对于迪拜国际金融中心法院国际声誉的树立和国际性的推动具有关键意义。

2014 年 12 月上诉人(原审案件的原告)DNB 银行请求执行英国高等法院于 2014 年 9 月的判决。该判决要求被上诉人(原审被告)海湾伊亚达公司和海湾航运公司依据相关金融文件和担保向 DNB 银行支付 870 万美元的费用。被告在迪拜国际金融中心没有可供执行的资产,相关执行资产在迪拜境内。被上诉人认为,依据 2011 年《迪拜国际金融中心法院 2004 年第 12 号法律修正》第 5 条规定,迪拜国际金融中心法院对本案没有管辖权;同时,上诉人的行为构成了司法程序滥用;被上诉人还要求依据《迪拜国际金融中心法院规则》第 35.4 条对本案进行非公开审理。

2015 年 3 月初审法院的阿里・艾尔・麦达尼(Ali Al Madhani)法官对该案进行了审理。阿里・艾尔・麦达尼法官驳回了被告关于管辖权的异议。法官首先指出 2011 年《迪拜国际金融中心法院 2004 年第 12 号法律的修正》第

① See DNB Bank ASA v. Gulf Eyadah Corporation & Gulf Navigation Holdings Pjsc, [2015] DIFC CA 007.

5A(1)(e)条规定法院可以对本案行使管辖权,只要迪拜国际金融中心法院的法律赋予了法院相应的管辖权。同时,法官指出"迪拜国际金融中心法律"是2011年《迪拜国际金融中心法院2004年第12号修正》第2条中规定的"任何由迪拜君主发布的涉及迪拜国际金融中心的法律"。而2011年《迪拜国际金融中心法院2004年第12号法律修正》第7(6)条的规定授予了迪拜国际金融中心法院对外国法院作出的判决、裁决和命令在迪拜国际金融中心境内执行的管辖权。因此,法律明确授予迪拜国际金融中心法院对英国法院的判决在中心执行的管辖权。① 且《迪拜国际金融中心法院法》第24(1)条明确规定初审法院依据2011年《迪拜国际金融中心法院2004年第12号法律修正》第7(4)条,对可执行的外国法院判决、裁决和命令在中心的相关诉讼有管辖权。② 也就是说,本案中2011年《迪拜国际金融中心法院2004年第12号法律修正》第7(6)条和《迪拜国际金融中心法院法》第24(1)条为迪拜国际金融中心法院行使管辖权提供了"通道",使法院对案件的管辖符合2011年《迪拜国际金融中心法院2004年第12号法律修正》第5A(1)(e)条的规定。同时,初审法官还指出:"迪拜国际金融中心法院依据2011年《迪拜国际金融中心法院2004年第12号法律修正》对外国法院判决在中心内部的承认与执行行使管辖权并不要求执行标的在迪拜国际金融中心之内。"③

就判决的承认与执行,阿里·艾尔·麦达尼法官援引了悦榕庄公司(Banyan Tree)案④中的观点,认为执行判决与本地判决、仲裁裁决的执行应该有区分。本地判决、仲裁裁决可以依据2011年《迪拜国际金融中心法院2004年第12号法律修正》的相关规定,在迪拜国际金融中心法院与迪拜法院之间通过转移来执行,而本地法院作出的执行判决并不属于2011年《迪拜国际金融中

① See DNB Bank ASA v. Gulf Eyadah Corporation & Gulf Navigation Holdings Pjsc, [2015] DIFC CA 007, p. 12, para. 37.

② 被告主张2004年《关于迪拜国际金融中心司法管理的第12号法律》第7(4)条只规定了当执行标的物在迪拜国际金融中心时法院对判决执行的管辖权,但是法官认为在该法律修订之前,《迪拜国际金融中心法院法》第24(1)条所依据的是2004年《关于迪拜国际金融中心司法管理的第12号法律》第7(4)条。而2004年《关于迪拜国际金融中心司法管理的第12号法律》在2011年修订之后,第24(1)条所依据的应该是2011年《迪拜国际金融中心法院2004年第12号法律修正》第7(4)条、第7(5)条和第7(6)条。

③ DNB Bank ASA v. Gulf Eyadah Corporation & Gulf Navigation Holdings Pjsc, [2015] DIFC CA 007, p. 12, para. 40.

④ See Banyan Tree Corporate Pte Ltd. v. Meydan Group LLC, [2014] DIFC CA 005.

心法院2004年第12号法律修正》第7(2)条所规定的由中心法院作出的判决、裁决和命令的范畴。因此,不能通过转移的方式予以执行。①

初审法院判决认为,对迪拜国际金融中心法院有管辖权的外国法院判决、裁决和命令的承认与执行是有界限的,即承认与执行的范围仅限于迪拜国际金融中心之内。迪拜国际金融中心不能将外国法院的判决转移至迪拜国际金融中心以外的其他迪拜法院申请承认与执行。同理,如果迪拜法院对外国法院判决的承认与执行也作出一个本地判决,那么这个判决同样只能在迪拜国际金融中心以外的迪拜境内执行,即"迪拜国际金融中心法院不能仅仅只作为外国法院判决在其他地方执行的通道"。并且,初审法院认为上诉人没有滥用诉讼程序,驳回了被上诉人非公开审理的要求。

上诉人对初审法院的判决不服,于2015年7月向迪拜国际金融中心上诉法院提起上诉。上诉人认为,外国法院判决依据普通法程序在迪拜国际金融中心法院申请承认与执行,最终迪拜国际金融中心法院依据诉讼程序会作出一个本地判决。而根据2011年《迪拜国际金融中心法院2004年第12号法律修正》第7条的规定,迪拜国际金融中心法院的本地判决是可以依据相关程序在迪拜法院予以执行的。在上诉程序中,被上诉人对迪拜国际金融中心法院的管辖权再次提出异议,但是最终撤回,仅要求上诉法院对外国法院判决不能通过迪拜国际金融中心法院转移至迪拜法院执行予以确认。

上诉法院的迈克·黄(Michael Hwang SC)、奥马尔·穆海里(Omar Al Muhairi)和戴维·斯蒂尔(David Steel)3位法官对该上诉案件进行了审理。首先,主审法官在判决中对初审法院确定案件管辖权的理由进行了确认。对于英国法院判决,法官认为该判决是一个金钱判决。同时,该判决满足《迪拜国际金融中心法院与英国高等法院商事法院判决指导备忘录》中规定的判决承认与执行的条件。法官同时认可了初审法院的观点,即当事人在迪拜国际金融中心存在可执行的资产不是外国法院判决执行的必要条件。因此,依据普通法原则,当事人可以就判决的执行在迪拜国际金融中心法院提起诉讼。

对于初审法院将"执行判决"排除在2011年《迪拜国际金融中心法院2004年第12号法律修正》第7(2)条范围之外的观点。法官首先援引了约翰·查德威克(John Chadwick)法官在波西马尔(Bocimar)案中的观点:中心法院的"执

① See DNB Bank ASA v. Gulf Eyadah Corporation & Gulf Navigation Holdings Pjsc, [2015] DIFC CA 007, p. 29, para. 47.

行判决”并不是2011年《迪拜国际金融中心法院2004年第12号法律修正》中的概念，将一个不适用的概念加以运用容易引起混淆。① 可执行的外国金钱判决一旦提交本地法院执行，就会转变为一个独立的本地法院判决。法官进一步援引了英国法官布里奇（Bridge）在欧文斯（Owens）案中的观点：法院依据普通法原则执行外国法院判决，要对外国法院的判决理由予以尊重，不对判决作实质性的审查，且在此基础上的执行判决是一个独立的本地判决。② 因此，法官认为，迪拜国际金融中心法院作出的是一个独立、可执行的本地判决。③ 这表明法院作出的执行判决属于2011年《迪拜国际金融中心法院2004年第12号法律修正》第7(2)条规定判决的范围，即迪拜国际金融中心法院的判决可以在中心之外执行。戴维·斯蒂尔在其简易判决中对主审法官的判决意见进行了确认，认为迪拜国际金融中心法院的执行判决属于本地判决，应该按照2011年《迪拜国际金融中心法院2004年第12号法律修正》第7(2)条的规定予以执行。④ 在此基础之上，法官认为，迪拜国际金融中心法院可以作为申请承认与执行外国法院判决的通道。上诉人要求在迪拜法院执行迪拜国际金融中心法院判决的主张得到支持。

本案是迪拜国际金融中心法院成立之后关于外国法院判决承认与执行最重要的案件。通过该案的判决，迪拜国际金融中心法院确立了一项基本原则，即“迪拜国际金融中心法院可以被作为申请承认与执行外国法院判决的通道”。这意味着外国法院的判决在迪拜乃至阿联酋境内的承认与执行有了一种全新的方式。过去，阿联酋承认执行外国法院判决的条件十分严苛。如果阿联酋境内法院对外国法院判决的案件有管辖权，那么一般不存在执行外国法院判决的可能性。因此，理论上只有在存在多边公约或者双边条约时外国法院判决才具备执行的可能性。根据DNB案件确立的原则，当外国法院判决的执行标的在迪拜国际金融中心以外时，当事人可以选择依据普通法原则在迪拜国际金融中心法院起诉。迪拜国际金融中心法院在非实质性审查的基础上作出执行判决。迪拜国际金融中心法院作出判决是一个可执行的本地判决，在此基础上可以将

---

① See Bocimar International N. V. v. Emirates Trading Agency LLC, [2015] DIFC CFI 008.

② See Owens Bank v. Bracco [1992] 2 A. C. 443

③ See DNB Bank ASA v. Gulf Eyadah Corporation & Gulf Navigation Holdings Pjsc, [2015] DIFC CA 007, p. 23, para. 103.

④ See DNB Bank ASA v. Gulf Eyadah Corporation & Gulf Navigation Holdings Pjsc, [2015] DIFC CA 007, p. 2, para. 3.

判决按照中心法院与迪拜法院规定的执行方式进行转移并执行。迪拜国际金融中心法院对外国法院判决的承认与执行一直采取比较宽松的标准。这一新的判决执行方式使迪拜国际金融中心法院成为外国法院判决在阿联酋地区执行的重要“通道”。对于执行标的在阿联酋境内的判决和以英语为工作语言的当事人来说,中心法院作为执行“通道”的意义尤其明显。此外,DNB 案件的这一原则扩大了外国法院判决在阿联酋境内的执行范围,而且极大地推动了当事人选择迪拜国际金融中心法院作为执行案件的管辖法院(见图 6)。该案也有力地提升了迪拜国际金融中心法院的国际性并树立了法院的国际声誉。

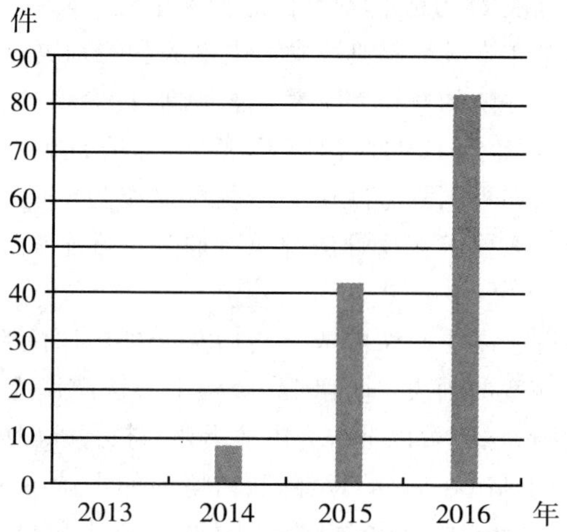

图 6　2013～2016 年迪拜国际金融中心法院受理执行案件的情况①

① 资料来源迪拜国际金融中心法院官网:https://www.difccourts.ae/,最后访问日期:2017 年 7 月 10 日。

第七章　中国国际商事法庭的建设

随着“一带一路”倡议的深入推进，中国与沿线国家的贸易联系变得越来越紧密。2014～2016年，中国同“一带一路”沿线国际贸易总额在3年内达到3万亿美元，中国对“一带一路”沿线国家投资累计超过500亿美元。[①] 在对外经济发展的过程中，由于各国间的经济、文化及司法制度等方面的差异，因贸易或投资衍生出的纠纷不可避免，这不仅包括国家之间的贸易与投资争端、投资者与东道国之间的争端，还包括平等商事主体之间的商事纠纷。

对于平等商事主体之间的商事纠纷，解决的方式包括诉讼、商事仲裁、调解等。从世界范围来看，除了传统的诉讼，有些国家通过设置专门的国际商事法院或国际商事法庭来高效地解决商事纠纷案件，并取得了有目共睹的成效。晚近，越来越多的国家已经建立或者准备建立本国的商事法院或法庭，试图通过这一举措增强其在国际商事争议解决市场上的竞争力，打造区域性甚至世界性的争议解决中心，从而提高其本国的司法竞争力。

中国作为“一带一路”倡议的发起国，必将在该倡议中扮演日益重要的角色。多边经贸往来、民间贸易与投资的增长，可能会导致跨国商事案件的持续增长，当这些案件由中国法院受理时，如何专业地处理这些跨国

---

① 参见新华社：《习近平出席“一带一路”国际合作高峰论坛开幕式并发表主旨演讲》，参见新华社网：http://news.xinhuanet.com/2017-05/14/c_1120969571.htm，最后访问日期：2018年1月11日。

商事案件,将对中国法院提出更高的要求。而建设中国国际商事法庭不仅能推动中国国际商事审判专业化的发展,更能有效地促进跨国民商事交往,保持区域内的经济与商业活力。本章将在借鉴英国商事法院、法国商事法院、纽约南区法院、新加坡国际商事法庭以及迪拜国际金融中心法院5个法院制度的基础上,对比中国国际商事法庭已有的建设成果,探索中国国际商事法庭建设的困境、思路与突破。

第一节 建设中国国际商事法庭的必要性

一、中国涉外商事审判发展的需求①

当前,中国已成为全球第二大经济体、世界第一大贸易国。② 贸易与投资的繁荣发展以及人口跨境流动的激增,潜在地会产生更多的跨国商事争议,中国有可能成为全球民商事争议解决的集结地之一。因此,中国具备建设国际商事法庭的前提与基础。中国也应适时抓住机遇,推进建设专业化的国际商事法庭。

在中国商事法庭建设的必要性上,中国海事审判的发展是很好的参照。航运贸易的发展产生了大量的海商事纠纷,中国适时抓住机遇,推进建设了专门的海事法院,建成亚太地区海事司法中心。而健全的海事审判制度不仅促进了我国航运贸易的持续增长,而且推进了海商事相关行业的蓬勃发展。从表3可以看出,我国涉外商事案件的数量尚不足海事海商案件的一半,每年的案件增长量也较少。

表3 2013~2016年各级法院审结的第一审涉外商事与海事海商案件情况③

年份	涉外商事案件(件)	海事海商案件(万件)
2013	5364	1.1
2014	5804	1.2

---

① 参见何其生:《大国司法理念与中国国际民事诉讼制度的发展》,载《中国社会科学》2017年第5期。

② 根据联合国贸易和发展会议(UNCTAD)公布的数据,在2016年,中国外商直接投资流入量排名世界第三,总量达到1340亿美元;外商直接投资流出量排名世界第二,总量达1830亿美元。See UNCTAD, *Handbook of Statistics*, New York, United Nations Publication, 2017, p. 55.

③ 2013~2016年的数据分别源于2013年、2014年、2015年、2016年《最高人民法院工作报告》。此处的海事海商案件既包括涉外案件,也包括国内案件。

续表

年份	涉外商事案件(件)	海事海商案件(万件)
2015	6079	1.6
2016	6899	1.6

一般而言,海事海商争议由于涉及领域不及普通商事案件广而专业性又较强,涉案总量理应少于涉外商事案件的数目。以英国为例,英国海事法院受理的案件数量远少于英国商事法院,以2014年和2015年的数据为例,2014年英国海事法院受理案件197件,而英国商事法院的受案量为1174件;2015年英国海事法院受理的案件数目为205件,而英国商事法院受理的案件数目为1087件。[①] 中国的实践正好相反。未来,随着中国对外贸易与投资的持续增长,涉外商事案件的数量将会有所增加。因此,中国在国际商事法庭的建设方面有巨大的发展空间。

涉外商事审判对于经济发展具有能动作用。从英国商事法院的实践来看,因其专业而卓越的审判服务,加上其本国完备的司法体系,对于巩固伦敦世界金融中心的地位、促进本国经济与商事活动稳健发展起着重要的作用。[②] 而新加坡国际商事法庭的建设以及海湾国家(如阿联酋、卡塔尔)为促进本国经济发展而新建国际商事法院,也取得了很好的预期效果。从长远发展的角度来看,中国建设专业化的国际商事法庭有利于促进中国经济与商事活动的进一步发展,同时,也将促进中国法律制度的进一步完善。

二、服务"一带一路"倡议

随着"一带一路"建设逐渐从理念转化为行动,从愿景转变为现实,中国与沿线国家的贸易联系也变得越来越紧密。[③] 中国与"一带一路"沿线国家在贸易与投资领域的合作不断深化。在"一带一路"深入推进的大背景下,涉外商事

---

① See The CityUK:"UK Legal Services 2016", https://www.thecityuk.com/assets/2016/Reports-PDF/UK-Legal-services-2016.pdf, January 30, 2018.

② Ibid.

③ 根据商务部公布的数据,2017年,我国与沿线国家贸易额7.4万亿元人民币;我国企业对沿线国家直接投资144亿美元,在沿线国家新签承包工程合同额1443亿美元。资料来源商务部网:http://www.mofcom.gov.cn/article/ae/ah/,最后访问日期:2018年1月30日。

争议呈现出三大特点：

一是争议数量明显增长。以上海法院为例，根据《上海法院 2012～2016 涉外、涉港澳台商事审判白皮书》，近 5 年来，上海法院涉外、涉港澳台地区商事案件呈现"三多"特征，其中一个特征是"一带一路"沿线国家的案件逐年增多。2012～2016 年，涉及外国当事人的案件共计 3138 件，占比 66%。当事人涉及美国、英国、日本、巴基斯坦、以色列、英属维尔京群岛等 60 多个国家和地区，涉及的国家主要分布于东南亚及东欧地区。① 未来，随着"一带一路"倡议的继续深入推进，涉及沿线国家的涉外商事案件也会持续增长。

二是争议具有国际性。国际性的特点体现在法律制度的复杂与适用语言的多样化上。由于"一带一路"涉及国家地理跨度大，覆盖范围广，沿线各国法律制度纷繁多样，既有普通法系国家、大陆法系国家和伊斯兰法系的国家，还有一些国家适用十分复杂的混合法律制度。例如，印度存在普通法、习惯法和伊斯兰法；泰国和尼泊尔同时存在普通法、大陆法和习惯法；巴基斯坦和孟加拉国同时适用普通法和伊斯兰法，这给中国当事人了解沿线国家的法律制度带来了极大的困难。② 在语言适用上，英语在国际商事领域以及国际商事法律中占据着主导地位，③大部分货物销售、服务提供以及企业并购合同都采用英语撰写合同。④

三是争议类型更加复杂。"一带一路"合作的领域涵盖基础设施建设、能源开发、物流交通、投资、产能合作以及人文交流等各个领域，不同领域的争议有不同的特点，这些专业性较强的案件加入了国际性因素后变得更加复杂。以上海法院为例，除传统国际商事合同、金融合同以外，其他如演出、居间、建筑设

① 参见《高院发布 2012～2016 上海法院涉外、涉港澳台商事审判白皮书及十大典型案例》，载上海法院网：http://shfy.chinacourt.org/article/detail/2017/09/id/3001681.shtml，最后访问日期：2018 年 5 月 14 日。

② 参见朱伟东：《中国与"一带一路"国家间民商事争议解决机制的完善》，载《求索》2016 年第 12 期。

③ See D. Crystal, *English as a Global Language*, Cambridge, Cambridge University Press, 2003, p. 459.

④ See Christoph A. Kern, "English as a Court Language in Continental Courts", *Erasmus Law Review* 5, 2012, p. 188.

计、安保、海上护航等新兴涉外服务合同也逐年增多。①

因此,涉及"一带一路"沿线国家涉外商事争议案件的不断增长以及争议日趋复杂与国际化,沿线国家复杂的法律制度可能会对审判带来一定的不确定性。而建设专业化的中国国际商事法庭,其所具备的专业司法服务能力,无疑有助于公正而高效地解决复杂的国际商事纠纷。

三、提供专业化的纠纷解决机制

最高人民法院在《关于人民法院为"一带一路"建设提供司法服务和保障的若干意见》②中强调"支持发展多元化纠纷解决机制,依法及时化解涉'一带一路'建设的相关争议争端"。尽管传统的国际民事诉讼、国际商事仲裁以及国际商事调解在国际商事纠纷解决上发挥着重要的作用,但是前两种争议解决方式各有利弊。

首先,仲裁的基础是意思自治,仲裁协议通常只约束双方当事人,但现代商业实践常常涉及其他主体,合同可能由多方共同订立。③ 此时,仲裁庭在没有经过第三方当事人同意的情况下很难合并当事人以集中处理争议,因为第三方当事人不受仲裁协议的约束,④由此还可能出现仲裁与诉讼平行进行,导致争议的复杂化。⑤ 相比仲裁程序,法院可以在程序规范的指引下,加入必要的当事人,将争议一并处理。⑥ 但是传统的国际民事诉讼未必能提供专业、高效而便捷的法律服务,这也导致当事人通常更愿意选择国际商事仲裁作为争议解决方式。

其次,仲裁裁决一裁终局,裁决很少被公开,且缺少一定的上诉机制,使仲

---

① 参见《高院发布2012~2016上海法院涉外、涉港澳台商事审判白皮书及十大典型案例》,载上海法院网:http://shfy.chinacourt.org/article/detail/2017/09/id/3001681.shtml,最后访问日期:2018年5月15日。

② 参见最高人民法院《关于为"一带一路"建设提供司法服务和保障的若干意见》(法发〔2015〕9号)2015年6月6日,第11条。

③ See Loukas Mistelis and Crina Mihaela Baltag, "Trends and Challenges in International Arbitration: Two Surveys of In-House Counsel of Major Corporations", *World Arbitration & Mediation Review* 2, 2008, p. 95.

④ See Steve Chong, "The Singapore International Commercial Court: A New Opening in a Forked Path", *Speech delivered at the British Maritime Law Association Lecture*, para. 27.

⑤ See Michael Hwang, "Commercial Courts and International Arbitration-Competitors or Partners?", *Arbitration International* 31, 205, p. 195.

⑥ See Vivian Ramsey, "The Challenges to International Arbitration", *Asian Dispute Review* 19, 2017, p. 56.

裁裁决缺乏一定的一致性,不利于国际商事法律的统一发展。有调查显示,在处理金融领域的争议时,82%的律师更倾向于选择法院诉讼,而选择仲裁的律师只有23%。[①] 原因在于金融领域的纠纷专业性极强,常常涉及专业名词的解释,这些专业名词的界定需要遵循有指导意义的判例,而仲裁往往很难提供。[②]

最后,高昂的仲裁费用与拖延的仲裁程序也是现代仲裁的明显缺陷。在通常情况下,高昂的费用是由于仲裁程序的拖延而导致。[③] 此外,由于仲裁没有上诉机制,当事人必须全力以赴以获得有利的裁决。由于现代商事争议标的额越来越大,大标的额迫使当事人为了获得有利的裁决而不得不付出过高的代价。[④]

国际商事法院是介于传统诉讼与国际商事仲裁之间的一种争议解决方式。它能有效地弥补传统国际民事诉讼和国际商事仲裁的固有缺陷,为当事人提供公正、专业、经济及便利的纠纷解决方式。因此,从这一角度出发,建设中国国际商事法庭能有效地为当事人提供专业的司法服务,丰富涉外民商事争议解决的方式,满足包括中资企业在内的各国企业维护自身利益的强烈需求。

第二节　建设中国国际商事法庭的限制与困境

前述已经讨论,从服务国家经济发展和为"一带一路"倡议提供司法保障,以及为当事人提供专业化的纠纷解决机制的角度出发,中国建设国际商事法庭具有客观必要性。然而,在我国现有法律框架下,构建中国国际商事法庭需要对法官的选任、审判语言、律师代理、管辖权、法律选择、举证规则等问题进行回应。

---

① See School of International Arbitration, Queen Mary, University of London and PwC, "Corporate Choices in International Arbitration Industry Perspectives", https://www.pwc.com/gx/en/arbitration-dispute-resolution/assets/pwc-international-arbitration-study.pdf, January 3, 2018.

② See Justice Quentin Loh, "The Limits of Arbitration", *McGill Journal of Dispute Resolution* 1, 2014, p. 69.

③ See Sundaresh Menon, "Some Cautionary Notes for an Age of Opportunity", *Arbitration* 79, 2013, p. 397.

④ See Lord Mustill, "The History of International Arbitration: A Sketch", in Lawrence W. Newman and Richard D. Hill, eds., *The Leading Arbitrators' Guide to International Arbitration*, New York, Juris Publishing, 2008, p. 27.

一、法官的选任与管理

相比于传统意义上的涉外审判法庭,国际商事法院的一个重要方面就是引入外籍法官参与案件审理。新加坡国际商事法庭和迪拜国际金融中心法院是这方面的典范。目前,新加坡国际商事法庭一共有 15 位国际法官,其中有 2 位来自日本和法国,其余均来自普通法系国家或地区。① 迪拜国际金融中心法院的 12 位法官分别来自新加坡、英国、澳大利亚、马来西亚及阿联酋。② 通过对国际商事法院的研究可以看出,为拓宽自己国家法律服务的广度,提升法律服务的国际化程度,这些有国际影响力的商事法院在法官队伍的组成上体现出不拘一格的国际化特色。

目前,我国建立国际商事法庭所面临的问题之一,在于是否需要引进国际法官参与案件的审理。如果要引进国际法官,则需要对我国现行的法官选拔、管理制度进行修改和完善。

首先,引进国际法官违反了我国现行法律对法官的国籍要求。我国《法官法》第 9 条第 1 款规定,法官必须具有中华人民共和国国籍;我国《公务员法》第 11 条第 1 款同样对公务员的国籍进行了限定。在建立中国国际商事法庭的过程,如果要引进国际法官,则必须要考虑如何处理国际法官制度与现行法律之间的冲突问题;如果不引进国际法官,则需要明确如何在我国现有法官管理制度基础上,选拔高素质的国内法官来应对专业化、国际化的民商事争端,进而更好地发挥国际商事法庭的作用。

其次,引进国际法官将打破我国现行的法官选拔体系。在我国,法官是纳入国家行政编制、由国家财政负担工资福利的国家公务人员,法官的录用考核需要遵循我国《公务员法》《法官法》的相关规定。如果我国在建立国际商事法庭过程中需要引进国际法官,至少需要考虑两个问题:第一,国际法官是否需要纳入公务员的管理体系?第二,国际法官的任命和罢免应该由谁提出、由谁决定?

---

① 参见新加坡国际商事法庭官网:http://www.sicc.gov.sg/Judges.aspx?id=30,最后访问日期:2018 年 5 月 12 日。

② See Griffin Weaver, "Legal and Institutional Remedies for Middle East States Wishing to Develop and Increase Foreign Direct Investment", *Florida Journal of International Law* 27, 2015, p. 74.

二、审判语言

在当今世界,无论是国际谈判还是国际民商事往来,英语作为一种国际性语言在其中均发挥了重要的作用。在世界一流商事法院或法庭的建设中,尤其是新加坡国际商事法院和迪拜国际金融中心法院,他们不仅在世界范围内聘请专业的国际法官,还以英语作为主要的审判语言。根据《迪拜金融中心法院规则》的规定,所有诉讼程序以英语进行。① 此外,在近年来兴起的国际商事法院建设的浪潮中,包括德国、法国、比利时在内的官方语言非英语的国家,纷纷着手建立以英语为主要工作语言的国际商事法庭。②

我国在建立国际商事法庭过程中将面临审判语言的问题。我国《民事诉讼法》第 262 条规定,人民法院审理涉外民事案件,应当使用中华人民共和国通用的语言、文字。在建立我国的国际商事法庭时,是否需要在审判语言上进行突破同样也是一个不可回避的问题。

三、律师代理

国际商事法庭的构建同样离不开高水准的律师参与,但各国对律师参与的程度和范围规定并不一致。有的国家,特别是法国、奥地利等大陆法系国家实行强制性的律师代理制度。但是,涉外民事诉讼中的律师代理有一个特点,即各国都要求聘请法院地国的律师。法院地国不允许委托外国律师代理诉讼主要有两种理由:第一,委托诉讼代理人目的在于寻求法律上的帮助,而外国律师一般对法院地国的法律不熟悉;相反,法院地国的律师代理诉讼往往有利于案件的公正解决。第二,基于主权因素,外国律师是根据外国的法律制度所赋予的身份,一般不为内国所承认。③

为了满足国际商事案件的需求,在吸收了商事仲裁的优势后,新兴的新加坡国际商事法庭和迪拜国际金融中心法院均突破了传统的外籍律师代理制度,

---

① See The Rules of the Dubai International Financial Centre Courts 2014, Article 2. 2.

② See Lan Tucker, "Plans afoot for English-speaking Commercial Courts in Europe Post-Brexit-A Summary of Developments in the EU to Establish English-language Litigation Centres following Brexit", https://www. burges-salmon. com/news-and-insight/legal-updates/plans-afoot-for-english-speaking-commercial-courts-in-europe-post-brexit/, May 14, 2018.

③ 参见何其生:《比较法视野下的国际民事诉讼》,高等教育出版社 2015 年版,第 30 页。

允许经注册的外国律师以律师身份参与案件审理。[①] 但是,这样的做法与我国现行的《民事诉讼法》和最高人民法院《关于适用〈中华人民共和国民事诉讼法〉的解释》(以下简称《民事诉讼解释》)相冲突。我国《民事诉讼法》第 263 条规定:“外国人、无国籍人、外国企业和组织在人民法院起诉、应诉,需要委托律师代理诉讼的,必须委托中华人民共和国的律师。”我国《民事诉讼解释》第 528 条规定:“涉外民事诉讼中的外籍当事人,可以委托本国人为诉讼代理人,也可以委托本国律师以非律师身份担任诉讼代理人;外国驻华使领馆官员,受本国公民的委托,可以以个人名义担任诉讼代理人,但在诉讼中不享有外交或者领事特权和豁免。”我国建立国际商事法庭是否需要同新加坡、迪拜一样对现行的律师代理制度进行突破,同样值得深入研究。

四、协议管辖与实际联系原则

在国际商事领域,当事人的意思自治越来越受到重视和保护,而协议管辖制度是当事人意思自治原则在国际民事诉讼程序中的具体表现。在协议管辖制度下,双方当事人可以通过协议约定的方式,将已经发生或者将要发生的争议提交某国法院进行审理。在协议管辖制度下,审理案件的法院是双方当事人合意选择的结果,双方当事人很少会对法院的管辖权提出异议。而且,在诉讼纠纷发生后,为了追求高效、便捷地解决纠纷,当事人可能会减少对所选择法院作出的判决进行上诉。因此,协议管辖对减少诉讼环节和缩短诉讼周期、减少当事人的诉讼费用和国际平行诉讼、促进国际纠纷的有效解决具有积极作用。[②] 出于对当事人意思自治的尊重以及扩大案源的考虑,以新加坡为代表的国际商事法庭在管辖权制度上通常会尊重当事人的管辖协议。[③] 这也使该法院能够审理与本国并无实质联系的案件,无形中扩大了法院的案源。

但是,根据我国现行《民事诉讼法》第 34 条的规定,当事人只能在财产或合同纠纷案件中选择与案件争议有实际联系的法院。而且我国现行立法对涉外协议管辖的规定仅列举了被告住所地、合同履行地、合同签订地、原告住所地、

---

① See Singapore Legal Profession Act(CAP. 161), s 36P; DIFC Courts, “The Mandatory Code of Conduct for Legal Practitioners in the DIFC Courts”, http://difccourts. ae/code-of-conduct/, January 20, 2018.

② 参见吴永辉:《论新〈民诉法〉第 34 条对涉外协议管辖的法律适用》,载《法律科学》(西北政法大学学报)2016 年第 5 期。

③ See Singapore Rules of Court, Order 110, Rule 7.

标的物所在地等少数几个选项，当事人可以选择的管辖法院范围较为有限。在我国建立起国际商事法庭后，难免会出现双方当事人协议选择我国法院作为管辖法院，而我国法院与案件争议没有任何实质联系的情形，此时如何处理协议管辖与实质联系原则之间的关系显得尤为重要。

五、集中管辖

为了融入世界经济的主流，更大范围和更深程度地参与国际竞争与合作，最高人民法院于2001年通过了《关于涉外民商事案件诉讼管辖若干问题的规定》，对涉外案件的集中管辖进行了专门规定。集中管辖改变了原来的地域管辖和级别管辖。

集中管辖与中国国际商事法庭的管辖权之间的关系，是中国国际商事法庭所需要解决的重点问题之一。实行集中管辖后，涉外民商事案件的管辖权集中由少数受理案件较多、审判力量较强、审判经验较丰富的中级人民法院行使。可以说，对于涉案民商事案件管辖权已经做出分配以后，中国国际商事法庭的管辖权是否属于集中管辖的法院范围需要进一步明确。若属于，中国国际商事法庭应如何进行集中管辖也需要深思。这不仅涉及中国国际商事法庭的级别以及内部构成等问题，还涉及国际商事法庭与其他普通法院针对涉外商事案件管辖权的分享问题。若所有涉外商事案件由中国国际商事法庭集中管辖，则中国国际商事法庭的大量优势资源将被用于处理案情简单的小额案件；但若涉外商事案件由国际商事法庭与其他普通法院分享，由于国际商事法庭的审判制度的特殊性，会导致中国涉外商事案件审判制度的双轨制，可能会引起司法不公。

六、证据规则

提出并落实构建国际商事法庭的设想，其中的一个目的便在于将中国打造为全球争议解决的中心之一，提升我国的司法公信力和影响力。在这一过程中，由于当事人来自不同的法系，法院在审理案件过程中势必会面临不同法律观念的冲突和碰撞，这一点在取证方面尤其明显。以美国为例，其审判制度要求相关证据必须提交于法庭，审判前予以披露，以防止对方在庭审阶段的证据突袭,并形成了极具美国特色的审前证据开示制度。①

在我国,诉讼程序中并没有与美国证据开示规则相对应的制度设计。我国《民事诉讼法》第 49 条规定:“当事人有权委托代理人,提出回避申请,收集、提供证据,进行辩论,请求调解,提起上诉,申请执行。”该法第 61 条规定:“代理诉讼的律师和其他诉讼代理人有权调查收集证据,可以查阅本案有关材料。查阅本案有关材料的范围和办法由最高人民法院规定。”由上述立法可以看出,我国法律并未赋予一方当事人要求对方当事人出示证据的权利,普通法系国家的证据开示规则与我国的证据规则存在较大的差异。这就给我国国际商事法庭的构建提出了难题:如果坚持我国现行立法所规定的证据规则,由于法律观念和制度设计上的差异,外国当事人不会将我国法院作为争议解决的第一选择;如果为吸引外国当事人而吸纳普通法系的法律制度,则会与我国现行法律产生冲突。

第三节　中国国际商事法庭及其制度的建设与发展

比较国际知名的商事法院,例如,英国商事法院、法国商事法院、纽约南区法院、新加坡国际商事法庭以及迪拜国际金融中心法院的相关制度,具有如下特征:

一是专业化,即通过建立精英化法官队伍、对审判和诉讼进行专业化改革,以满足商事案件审判注重专业与效率的要求,从而通过审判专业化这一核心要素提升法院的竞争力,凸显出法院的特色,这也是前述 5 个法院享誉世界的真正内核。

二是国际化,即从受案范围到司法人员的构成、从案件审理到司法合作交流,再到判决的承认与执行,都不再把视野局限在本国,而是放眼全球,均以世界一流法院为建设目标。

三是灵活化,即建立灵活、富有弹性的诉讼程序制度。

---

① 美国审前证据开示程序规定在美国《联邦民事诉讼程序规则》(US Federal Rules of Civil Procedure)第 26 ~ 37 条。具体包括笔录证言(depositions)、书面质询书(interrogatories)、披露文件和物证(producing documents, electronically stored information, and tangible things)或勘验不动产(or entering on to land for inspection and other purposes)、检查身体和精神状况(physical and mental examinations)、要求自认(requests for admission)这几种方式。

四是信息化,即利用现代信息技术提高诉讼效率、优化便民服务、提升司法透明度,从而增强其吸引力。

“专业化”“国际化”“灵活化”“信息化”4 个特征集中体现了当今世界一流国际商事法院的发展特征和趋势。① 未来,中国国际商事法庭的建设,也应以此特征作为建设发展的标杆。

一、构建专业化的中国国际商事法庭

建立中国国际商事法庭的目的在于为当事人提供专业的解决国际商事纠纷的服务,这要求中国国际商事法庭具有专业的组织架构,法官具备商事审判的专业能力。因此,在国际商事法庭的组织架构、法官人选、律师制度上应该考虑是否应该在一定范围内突破现有的制度。

(一)中国国际商事法桐的审级与架构

中国商事法庭应集中审理第一审重大、复杂的涉外商事案件,其审级要高。这样才可以在一定程度上保证判决的权威性,提高法院的吸引力,同时也能促进其作出的判决在域外得到承认与执行。对于中国国际商事法庭的组织结构,我们曾设想存在以下几种可能的建设方案:

方案一:借鉴最高人民法院巡回法庭及海事法院、知识产权法院的发展经验,设立多个区域性国际商事法院。最高人民法院已在多个城市设立最高人民法院巡回法庭,实现重大行政案件和跨区域民商事案件就地审理,方便当事人开展诉讼活动。海事法院和知识产权法院级别相当于中级人民法院,皆采用“三级两审终审制”的审级制度(10 个海事法院/3 个知识产权法院—高级人民法院—最高人民法院)。因此,借鉴前述发展经验,中国可在多个城市建立国际商事法院,管辖多个省级行政区内的涉外商事案件;法院级别与中级人民法院相当,采用“三级两审终审制”,即多个国际商事法院—高级人民法院—最高人民法院。②

方案二:在多个中级人民法院内设立中国国际商事法庭。新加坡国际商事法庭隶属于新加坡最高法院内设的高等法庭,中国国际商事法庭可借鉴这一做法,在受理涉外商事案件数量较多的城市的中级人民法院内,设立国际商事法

① 从这些国际商事法院的具体制度来看,一些制度可能会体现多个上述特征。

② 参见何其生:《大国司法理念与中国国际民诉讼制度的发展》,载《中国社会科学》2017 年第 5 期。

庭，由具有涉外审判和商事审判经验的法官专门负责审理重大复杂的涉外商事案件。该方案亦采用“三级两审终审制”，由相应的高级人民法院负责审理上诉案件。

方案三：借鉴迪拜国际金融中心法院的组织结构，建立组织体系相对独立而完备的商事法院。迪拜国际金融中心法院由初审法院、上诉法院以及其他审判庭构成，初审法院审理的一审案件可以上诉至上诉法院，上诉法院作出的判决是可以执行的终审判决，并且不得再以任何形式上诉。[①] 中国国际商事法院的建设可参照这一发展经验，在其内部设立初审庭与上诉庭，初审庭审理的案件可以上诉至上诉庭，上诉庭对案件作出的判决具有终审效力。

对于中国国际商事法庭的组织体系，方案一和方案二具有一定的合理性，方案三在现阶段不宜采用。理由如下：

第一，建设多个区域性的国际商事法院有助于实现跨区域重大国际商事案件就地审理，并且其相对独立的运行体制有助于法官专注于国际商事案件的审判工作。此外，设置相对独立的国际商事法院有助于清晰地向外界表明其工作职能，便于当事人识别并选择该法院作为审理案件的法院。而且，从供当事人选择和创建国际品牌来说，“法院”要比“法庭”更容易为国际商事交易当事人所接受。

第二，在中级法院内设置国际商事法庭，因地域管辖和级别管辖的限制，其管辖的案件范围仅限于该市辖区内的部分重要商事案件，其审理的涉外商事案件的数量有限。设立专门的国际商事法庭则有可能无法使司法资源得到有效的配置。而且如果在中级人民法院内设置国际商事法庭，则需要对现行法律中关于地域管辖的相关规定进行突破。

第三，在中国国际商事法院内设置初审庭与上诉庭的做法不能有效地保障司法的独立性与公信力。并且在全国范围内建立一个相对独立的两级两审制的国际商事法院也极大地突破了我国现行《法院组织法》的相关规定。因此，方案三在现阶段不宜采纳。

方案一与方案二保障了当事人上诉救济的权利，也符合国际上各国国际商事法院的一般设置。但是，根据目前中国国际商事法庭的审级与架构，与前述国际商事法院相比，中国国际商事法庭的构建可以说是另辟蹊径。首先，根据

---

① See Law No. 12 of 2004 in respect of the Judicial Authority at Dubai International Financial Centre, Article 2.

《中国国际商事法庭规定》,中国国际商事法庭是由最高人民法院设立,是最高人民法院的常设审判机构。[①] 中国国际商事法庭在级别上是最高级,既没有上诉机构,也不会有分级设立。其次,中国国际商事法庭在审级上是一审终局,因此,中国国际商事法庭作出的判决、裁定,是发生法律效力的判决、裁定。[②] 由于当事人没有上诉渠道,只能诉诸最高人民法院进行再审。因此,《中国国际商事法庭规定》专门对再审进行了规定,即当事人对国际商事法庭作出的已经发生法律效力的判决、裁定和调解书,可以依照民事诉讼法的规定向最高人民法院本部申请再审。最高人民法院本部受理前款规定的申请再审案件以及再审案件,均应另行组成合议庭。[③] 对于国际商事法庭的判决来说,上述规定似乎让再审完成上诉的功能。这不符合司法审判的一般规律和常识,似乎有滥用再审之嫌,让中国生效的法律判决具有更多的法律不确定性。

另外,一个国家的最高法院,通常是一国法院的指导和协调机关,直接用于案件审理的还非常少见。中国国际商事法庭的设置有其特殊性,类似于一裁终局,注重商事案件解决的效率。但这恰恰是新加坡国际商事法庭在设置时要避免的,其认为仲裁的一裁终局是其"短板"之处,国际商事法庭的上诉机制则弥补了这一不足。另外,现代的仲裁机构,例如,国际投资争端解决中心曾经考虑设置上诉机构;欧盟晚近的投资法院也在纷纷设立上诉法庭。可见,中国的这一做法确有值得商榷之处。

(二)法官与陪审员

商人法经过长期发展,国际社会制定了一系列具有重要影响力的关于国际商事的条约,一些国际商事惯例在这一过程中得以成文化。"从这一个角度出发,商事活动的国际化和商人法的国际化带来的直接影响就是,在跨国商事审判中要求法官具有更高的国际法视野,更专业的国际商事法律素养,更加独立的商事审判法律制度。"[④]新兴的新加坡国际商事法庭和迪拜国际中心法院都

---

① 《中国国际商事法庭规定》第1条规定:"最高人民法院设立国际商事法庭。国际商事法庭是最高人民法院的常设审判机构。"

② 《中国国际商事法庭规定》第15条规定:"国际商事法庭作出的判决、裁定,是发生法律效力的判决、裁定。"

③ 《中国国际商事法庭规定》第16条规定:"当事人对国际商事法庭作出的已经发生法律效力的判决、裁定和调解书,可以依照民事诉讼法的规定向最高人民法院本部申请再审。最高人民法院本部受理前款规定的申请再审案件以及再审案件,均应当另行组成合议庭。"

④ 范健:《商事审判独立性研究》,载《南京师范大学学报》(社会科学版)2013年第3期。

吸纳其他国家和地区的法官参与诉讼，组建一支国际化的法官队伍，不仅有利于在诉讼过程中合理解决外国法的适用等问题，还可以有效避免当事人对本国法院地方保护带来判决不公的顾虑，不失为一种有益的尝试。① 但是根据我国《法官法》及其他相关法律，担任中国法官必须具有中国国籍且需通过法律职业考试。在不对现行法律制度作出重大突破的情况下，中国国际商事法庭可从以下三个方面进行改革：

一是培养一批具有良好的外语能力，又具备专业素养的中国国际商事法庭的法官。培养出高素质的国际商事法庭法官才是建设中国国际商事法庭的关键所在，也是未来持续发展、提升国际竞争力的重要因素。对此，可以首先从全国范围内遴选一批外语能力好、能使用英语进行庭审并撰写英文判词、熟悉商事交易惯例与商事审判的法官，然后进一步鼓励和支持这些法官在国外进行学历进修或培训，打造出能胜任国际商事审判的精英法官队伍。这也符合最高人民法院在《关于人民法院为"一带一路"建设提供司法服务和保障的若干意见》中提出的目标，即"加快建立专门的审判队伍，拓展法官国际视野，鼓励法官参加国际交流，提高法官应对处理国际事务的能力，努力造就一批能够站在国际法律理论前沿、在国际民商事海事审判领域具有国际影响力的法官"。②

二是选任港澳台籍法官担任人民陪审员。根据我国《法院组织法》，人民陪审员不需要通过司法考试，且享有与陪审员同等的权利。③ 此外，中国香港特别行政区、澳门特别行政区与台湾地区的法官国籍为中国，也享有选举权和被选举权。因此，选任港澳台籍法官担任中国国际商事法庭的人民陪审员具有一定的可操作性。并且，港澳台籍法官具有不同法系背景，如果能真正发挥陪审员的作用，将能在一定程度上解决法官多元化的问题，并且发挥其在审判活动中的作用。例如，前海合作区人民法院选任港籍人民陪审员的做法具有参考价值。2016 年 7 月首批 13 名港籍人民陪审员在前海合作区人民法院宣誓就职，并在随后的 1 年内参与 60 件涉港案件的审理，涵盖金融保理、融资租赁、跨境

---

① 参见王欣濛：《新加坡国际商业法庭的司法制度及启示》，载《湖北社会科学》2015 年第 6 期。

② 最高人民法院《关于人民法院为"一带一路"建设提供司法服务和保障的若干意见》（法发〔2015〕9 号）2015 年 6 月 6 日，第 15 条。

③ 《法院组织法》第 37 条规定：有选举权和被选举权的年满二十三岁的公民，可以被选举为人民陪审员，但是被剥夺过政治权利的人除外。人民陪审员在人民法院执行职务期间，是他所参加的审判庭的组成人员，同审判员有同等权利。

电商、国际货运、融资融券等类型案件。从实践的效果来看,港籍专家陪审员在其熟悉的跨境专业领域,不仅在庭前会议和法庭调查时能有针对性地提问,而且能在合议庭评议时发表权威性意见,还可以协助主审法官在制作法律文书时用准确而专业的语言把复杂的问题阐述透彻,避免了“陪而不审、审而不言、合而不议”的现象,提高了前海法院涉港商事案件审理的专业化水平。[①] 因此,借鉴前海合作区人民法院的成功经验,中国国际商事法庭可以选任港澳台籍法官担任人民陪审员,使其参与到国际商事案件审判工作之中。

三是创建任期制法官制度,选任港澳台籍法官担任任期制法官。陪审员制度的改革经验也可运用至任期制法官的多元化中。而相对于外国国籍法官,港澳台籍法官最大的优势在于其具有中国国籍,且享有宪法规定的选举权和被选举权。所以,从港澳台籍法官或资深律师中选任国际商事法庭法官的障碍就相对较小,其他障碍也相对容易解决。

以上三种改革思路既能有效地提升中国国际商事法庭法官队伍的多元化程度,又能有助于提升中国国际商事法庭处理国际商事案件的专业能力。

对于外国籍法官的选任,中国国际商事法庭应采取审慎的态度。从前述分析可以看出,国际商事法院引进国际法官,其产生根植于特定的经济背景与法律环境,如果不适当移植这一制度,则有可能无法与本国的法律制度相兼容,进而难以实现该项制度的本土化。从荷兰构建国际商事法庭的思路以及巴黎金融中心高级法律委员会在巴黎商事法院和巴黎上诉法院构建专门国际商事法庭的建议来看,这些国家的国际商事法庭都是从本国的法官队伍中选拔并加以培训,使其能够胜任以英语作为审判语言,并且满足跨国商事审判对于专业的要求。[②] 基于司法主权等因素的考量,以英美为代表的司法大国均由本国国籍的公民担任本国法院的法官。因此,从世界范围内的司法大国的实践来看,这些国家通常会采取较为保守的做法,仅允许具有本国国籍的公民担任本国法院的法官。因此,基于法律制度以及司法主权的考量,中国国际商事法庭不宜选

---

① 参见前海合作区人民法院:《前海法院实施港籍陪审员制度一周年》,载前海合作区人民法院官网:http://szqhcourt.gov.cn/News/newsdetail.aspx? cls = 2&id = 400,最后访问日期:2018 年 5 月 14 日。

② See Netherlands Commercial Court, "Structure of the NCC", https://www.rechtspraak.nl/English/NCC/Paginas/default.aspx, May 28, 2018; Haut Comité Juridique de la Place Financière de Paris, "Préconisations sur la Mise en Place A Paris de Chambres Spécialisées pour le Traitement du Contentieux International des Affaires", http://hcjp.fr/avis-et-rapports/, May 28, 2018.

任外国籍法官。虽然这一保守的做法可能会导致中国国际商事法庭在初期阶段国际影响力不足，但是中国国际商事法庭可以通过自身培养、建立任期制法官制度来发挥港澳台籍法官的优势等方式弥补这一不足。

四是设立专家委员会，吸引外国国籍的法官担任其中的成员。中国国际商事法庭的合议庭成员可以与专家委员会中的外籍法官就外国法适用、诉讼程序及其他疑难复杂问题进行讨论交流。但专家委员会成员所提供的意见只具有参考性，对主审法官、合议庭不具有约束力。这一举措在一定程度上有助于提升中国国际商事法庭的国际竞争力与影响力。

根据目前《中国国际商事法庭规定》第 4 条的规定，国际商事法庭法官由最高人民法院在具有丰富审判工作经验，熟悉国际条约、国际惯例以及国际贸易投资实务，能够同时熟练运用中文和英文作为工作语言的资深法官中选任。而从已经产生的国际商事法庭法官的名单来说，主要是来自最高人民法院的法官。① 毫无疑问，这些法官具有丰富的审判工作经验，但就国际商事法庭法官的国际性而言，其国际化的程度有待提升。这或许是因为受限于我国现有法律规定的无奈之举。但就中国国际商事法庭法官的组成而言，还有较大的突破空间。并且，根据《中国国际商事法庭规定》第 11 条的规定，中国最高人民法院组建国际商事专家委员会。② 国际商事专家委员会的成员承担一定的调解职责，为当事人提供"一站式"国际商事纠纷解决服务。③ 这一做法在一定程度上为当事人提供了更加多元与专业的纠纷解决方式，有助于提升中国国际商事法庭的竞争力。

（三）律师制度

为了迎合国际商事争议解决的需求，新加坡国际商事法庭和迪拜国际金融中心法院通过允许外国律师在本国注册，授权外国律师在国际商事法庭以律师

---

① 2018 年 7 月 3 日，最高人民法院公布了国际商事法庭的首批法官，包括张勇健、王闯、高晓力、奚向阳、孙祥壮、沈红雨、朱理、杜军。

② 《中国国际商事法庭规定》第 11 条规定："最高人民法院组建国际商事专家委员会，并选定符合条件的国际商事调解机构、国际商事仲裁机构与国际商事法庭共同构建调解、仲裁、诉讼有机衔接的纠纷解决平台，形成'一站式'国际商事纠纷解决机制。"

③ 《中国国际商事法庭规定》第 12 条规定："国际商事法庭在受理案件后七日内，经当事人同意，可以委托国际商事专家委员会成员或者国际商事调解机构调解。"第 13 条规定："经国际商事专家委员会成员或者国际商事调解机构主持调解，当事人达成调解协议的，国际商事法庭可以依照法律规定制发调解书；当事人要求发给判决书的，可以依协议的内容制作判决书送达当事人。"

身份执业。在我国,目前外国律师仅能以非律师身份担任诉讼代理人,执业范围受限。对于中国国际商事法庭审理的国际商事案件,本书认为,不宜允许外国律师以律师身份代理案件,理由在于:

一是基于主权因素。外国律师是根据外国的法律制度所赋予的身份,如果允许外国律师以律师身份担任诉讼代理人,则否定了本国法律对于律师的选拔和管理等制度。① 不允许外国律师以律师身份在内国执业,是目前各国的普遍实践。

二是基于法律服务市场的考虑。中国法律服务市场较为庞大,允许外国律师以律师身份担任诉讼代理人,则会对本国的律师服务市场造成冲击。目前,中国法律服务市场正不断地向国际社会扩展,中国的律师事务所已经培养了众多具有国际视野的律师,但力量依旧比较薄弱。中国作为世界大国,需要进一步培养符合国际商事争议解决要求的律师,从而使当事人在中国国内市场就能选任到足够优秀的人才。在本国培养大批优秀的律师同样也是中国国际商事法庭长久发展、提升国际竞争力的关键所在。

(四)建立专业化的审理团队

中国国际商事法庭可通过设置专门审判团队的方式实现对案件的分流并提升审判的专业化程度。未来,中国国际商事法庭可设置金融案件审判团队、公司案件审判团队、建筑工程案件审判团队等专门团队,根据案件性质将其交由相应的审判团队进行审理。对此,每个团队建立相应的法官名册,并且允许法官跨团队审理案件,以满足审判专业性的要求。法官应当在判决中严谨地进行说理和论证,增强裁判的信服力。② 此外,应配以相应的司法辅助人员,使法官能专注于案件的审判工作。但是,中国国际商事法庭目前仅有 8 位法官,囿于人数的限制,中国国际商事法庭难以有效地建立专业化的审判团队,并且,中国国际商事法庭尚处于初期发展阶段,是否需要构建专业化的审判团队尚有待观察。

二、构建国际化的中国国际商事法庭

中国国际商事法庭在建设的过程中应加强其国际化水平,积极参与国际竞

① 参见何其生:《比较法视野下的国际民事诉讼》,高等教育出版社 2015 年版,第 30 页。

② 参见最高人民法院《关于人民法院为“一带一路”建设提供司法服务和保障的若干意见》(法发〔2015〕9 号)2015 年 6 月 6 日,第 7 条。

争,进而提升中国司法的国际竞争力。国际化也是建设国际商事法庭的应有之义,具体体现在管辖权制度、审判语言以及判决的承认与执行等方面。

(一)管辖权制度

一国法院的管辖权对于提升其国际竞争力发挥着重要的作用,目前国际商事法院都在强化其对案件的管辖权,而法院对案件行使管辖之后,专业高效的处理纠纷争议的能力,反过来也能提升其知名度,吸引越来越多的当事人主动选择将争议案件由该法院管辖,从而提升该法院的国际影响力。

1. 国际商事案件的界定

中国国际商事法庭的管辖范围应是国际商事案件,建立国际商事法庭需要明确"国际商事"的内涵。现代国际商事法院对案件的管辖范围大多对此采取概括式与列举式相结合的规定,其最明显的特征是案件具有商事性,即与贸易和商业活动有关。此外,这些法院受理的案件,跨国商事纠纷占有较大比重,呈现出明显的国际性特点。

《中国国际商事法庭规定》第 3 条对于"国际"作出了界定。① 该条规定与我国《民事诉讼法解释》第 522 条②的规定一致,但缺少相应的兜底条款。从现有的规定来看,《中国国际商事法庭规定》对于"国际性"的界定趋向于传统与保守的解释,未作出扩大理解,没有进一步考虑采用实质性连接标准和争议性标准的混合方式。例如,履行商事关系主要义务的地点,以及与争议标的有最密切联系的地点在国外,或者双方当事人明确同意争议标的与一个以上的国家有关,③对于这些连接因素是否可以使案件认定为国际案件,中国国际商事法庭

---

① 《中国国际商事法庭规定》第 3 条规定:"具有下列情形之一的商事案件,可以认定为本规定所称的国际商事案件:(一)当事人一方或者双方是外国人、无国籍人、外国企业或者组织的;(二)当事人一方或者双方的经常居所地在中华人民共和国领域外的;(三)标的物在中华人民共和国领域外的;(四)产生、变更或者消灭商事关系的法律事实发生在中华人民共和国领域外的。"

② 《民事诉讼法解释》第 522 条规定:"有下列情形之一,人民法院可以认定为涉外民事案件:(一)当事人一方或者双方是外国人、无国籍人、外国企业或者组织的;(二)当事人一方或者双方的经常居所地在中华人民共和国领域外的;(三)标的物在中华人民共和国领域外的;(四)产生、变更或者消灭民事关系的法律事实发生在中华人民共和国领域外的;(五)可以认定为涉外民事案件的其他情形。"

③ 例如,《新加坡法院规则》对案件的"国际性"界定为:1. 争议当事人的营业地点位于不同国家。2. 争议当事人的营业地点均不在新加坡境内。3. 下列地点之一位于各方当事人营业地点所在国以外:(1)履行商事关系的大部分义务的任何地点;(2)与争议标的有最密切联系的地点。4. 双方当事人明确同意争议标的与一个以上的国家有关。

的实践是否会有所突破,仍有待观察。

对于“商事”的定义,《中国国际商事法庭规定》未予以作出界定,留待商事法庭自己决定。本书认为,应考虑中国加入《纽约公约》时关于契约性和非契约性争议的界定,①但应该有所扩张。在考察新加坡的做法后,建议应赋予当事人一定程度的意思自治权——如果当事人明确同意争议标的具有商事性,则可将案件归为商事案件。结合新加坡国际商事法庭和英国商事法院对“商事”的定义,可以将商事法律关系界定为:

> (1)商事合同及类似商业文书争议;(2)商事代理;(3)保理和租赁;(4)建筑工程;(5)保险和再保险;(6)投资、金融或银行业务;(7)公司合并与收购;(8)资源开发协议;(9)当事人明确同意争议标的具有商事性;(10)与商事活动有关的其他争议。②

2. 集中管辖

中国国际商事法庭应对全国范围内的重大涉外商事案件进行集中管辖。因此,建立国际商事法庭需要协调与各级法院涉外审判庭的关系。中国国际商事法庭具体如何集中管辖应取决于其如何设置,即中国国际商事法庭在审级与架构上设置不同会导致其集中管辖的范围也不同。

《中国国际商事法庭规定》第 2 条规定:“国际商事法庭受理下列案件:(一)当事人依照民事诉讼法第三十四条的规定协议选择最高人民法院管辖且标的额为人民币 3 亿元以上的第一审国际商事案件;(二)高级人民法院对其所

① 最高人民法院《关于执行我国加入的〈承认及执行外国仲裁裁决公约〉的通知》规定,所谓“契约性和非契约性商事法律关系”,具体是指由于合同、侵权或者根据有关法律规定而产生的经济上的权利义务关系,如货物买卖、财产租赁、工程承包、加工承揽、技术转让、合资经营、合作经营、勘探开发自然资源、保险、信贷、劳务、代理、咨询服务和海上、民用航空、铁路、公路的客货运输以及产品责任、环境污染、海上事故和所有权争议等,但不包括外国投资者与东道国政府之间的争端。

② 对“商事”的定义借鉴了联合国贸易法委员会《国际商事仲裁示范法》的界定,即对“商事”一词应作广义解释,使其包括无论是契约性还是非契约性的一切商事性质的关系所引起的事项。商事性质的关系包括但不限于下列交易:供应或交换货物或服务的任何贸易交易;销售协议;商事代表或代理;保理;租赁;咨询;建筑工程;使用许可;投资;筹资;银行;保险和再保险;开发协议或特许;合营和其他形式的工业或商业合作;空中、海上、铁路或公路的客货载运。同时,本界定从诉讼层面借鉴了英国《民事诉讼规则》和《新加坡法院规则》对于“商事诉讼”的列举式规定。第(9)项借鉴了《新加坡法院规则》列举的第三类商事关系,第(10)项作为兜底条款。

管辖的第一审国际商事案件,认为需要由最高人民法院审理并获准许的;(三)在全国有重大影响的第一审国际商事案件;(四)依照本规定第十四条申请仲裁保全、申请撤销或者执行国际商事仲裁裁决的;(五)最高人民法院认为应当由国际商事法庭审理的其他国际商事案件。”

从《中国国际商事法庭规定》第2条的规定来看,中国国际商事法庭对全国范围内的重大国际商事案件进行集中管辖。《中国国际商事法庭规定》第2条第1款对于中国国际商事法庭受案标的额作出了较高的限制;第2款规定案件的移送管辖规则;第3款规定中国国际商事法庭审理在全国有重大影响的第一审国际商事案件,未对标的额作出限制,但是如何界定“重大影响”仍有待具体的实践;第4款体现了中国国际商事法庭对于仲裁的司法支持与监督;第5款为兜底条款。

3. 协议管辖

在协议管辖制度上,应尊重当事人的管辖协议,并且可以考虑进一步扩大协议管辖的范围。

首先,中国国际商事法庭的法官应充分尊重当事人的管辖协议,在不违反我国国家基本利益、社会公共政策、专属管辖的情况下,应认可当事人的管辖协议。

其次,当前我国《民事诉讼法》允许当事人有限地选择涉外案件管辖法院,对此,针对国际商事案件,可以考虑扩大协议管辖的范围,不再限制当事人必须选择与案件具有实际联系的法院,允许与中国无实质联系的外国当事人协议选择中国国际商事法庭作为争议的管辖法院。

最后,当事人的协议管辖既包括排他性选择法院协议,也包括非排他性选择法院协议。即使当事人非排他性地选择中国国际商事法庭,该法庭也应具有管辖权。

(二)审判语言

目前,英语仍是国际商事交易中使用最为广泛的语言。一些官方语言非英语的国家,如德国和荷兰,在建立国际商事法庭时纷纷允许英语作为庭审语言。这样的做法主要在于提升法院的国际司法竞争力。

在人民法院审理的案件中,汉语是法院审判的工作语言,在涉外审判中亦是如此。根据我国《民事诉讼法》第262条的规定,“人民法院审理涉外民事案件,应当使用中华人民共和国通用的语言、文字”。为了突破现行法律的限制,最有效的方式通过特别立法允许中国国际商事法庭使用英语进行审判。原则上,英语审判必须由当事人申请,须经法官同意。

中国可以在如下几个层面尝试英语在国际商事法庭中使用:

第一个层面:在双方当事人与法官都能理解的前提下,书面证据、质证、证人证言的书面陈述、专家评估与专家报告可以允许以英文的形式作出。

第二个层面:在双方当事人同意并经过法院同意的前提下,庭审过程、书面文件答辩状等也可以使用英语作出。

第三个层面:如果判决书很难用英文作出,则应当附上英语翻译版本,有助于判决的承认与执行。①

为使英语审判顺利地运转下去,一方面,中国国际商事法庭应配有专业的、能使用英语作为工作语言的司法辅助人员;另一方面,中国国际商事法庭应能提供翻译支持,并且方式应具有多样性:既可在国际商事法庭内部设立翻译办公室,直接从外界招录多语言人才;也可以通过国际商事法庭与其他专业翻译机构的合作,由翻译机构提供支持。除此之外,还可以在法院审判庭内配备电子翻译设备,通过电子即时翻译技术解决语言障碍。若现行制度难以突破,中国国际商事法庭可以考虑通过增加对翻译配套设施的投入,满足英语审判的需求。这样虽然不能彻底实现英语审判,但是能最大限度地满足当事人的需求。

根据《中国国际商事法庭规定》第9条的规定,当事人提交的证据材料可以采用英语作出,②但对庭审语言以及判决书是否可以使用英语,囿于现有法律规定的限制,《中国国际商事法庭》未作出具体的规定与回应,英语是否可以作为审判的工作语言,还是仅为辅助工具,仍有待进一步的观察。

(三)判决的承认与执行

如果法院作出的判决无法得到有效的执行,判决将成为一纸空文。促进本国判决在国外的承认与执行是大国的必然要求。③ 目前,在双边条约上,中国已与30多个国家签订了双边司法协助条约,在其中规定了判决的相互承认与执行。在多边条约上,中国已签署2005年《选择法院协议公约》,并曾积极参与海

---

① See Haut Comité Juridique de la Place Financière de Paris, "Préconisations sur la Mise en Place A Paris de Chambres Spécialisées pour le Traitement du Contentieux International des Affaires", http://hcjp.fr/avis-et-rapports/, May 14, 2018.

② 《中国国际商事法庭规定》第9条规定:"当事人提交的证据材料系英文且经对方当事人同意的,可以不提交中文翻译件。"

③ 参见何其生:《大国司法理念与中国国际民诉讼制度的发展》,载《中国社会科学》2017年第5期。

牙国际私法会议制定的《承认与执行外国民商事判决公约》。从这些举措可以看出，中国正主动推动其判决在全球范围内流转，这为中国国际商事法庭的建设提供了良好的外部环境。

此外，中国国际商事法庭可借鉴迪拜国际金融中心法院和新加坡国际商事法庭的相关做法，主动减少其判决流通的障碍。当前，迪拜国际金融中心法院与包括英国商事法院、美国纽约南区法院、新加坡最高法院、韩国最高法院等10个国家的法院签订了双边司法合作备忘录。新加坡国际商事法庭与新南威尔士、卡塔尔、孟买、泰国等地的法院签署备忘录，内容包括外国法理解与适用、判决承认与执行等方面。[①] 这些备忘录对双边法院判决承认与执行的条件和程序进行了集中规定。虽然这些备忘录没有形成正式的条约和法律，但是这些备忘录为这些法院判决在相关国家的执行提供了参照，也是这些法院促进判决在境外执行的有效方式。

因此，中国国际商事法庭可借鉴这一做法，与相关国家的法院签订双边备忘录，在其中约定判决承认与执行的条件和程序，促进判决在外国法院的承认与执行，从而有效提高其判决的国际流转。2018年《中华人民共和国最高人民法院和新加坡最高法院关于承让与执行商事案件金钱判决的指导备忘录》就是很好的开始。

三、构建灵活的国际商事诉讼程序

商事交易活动倚重效益，这也决定了当商事争议发生时，当事人是否将争议交由法院解决，经济成本与时间成本是两个重要的因素。[②] 从这一角度出发，商事诉讼的解决同样也应符合经济、便利、迅捷的要求。因此，中国国际商事法庭应建立灵活的国际商事诉讼程序，以满足商事纠纷解决的需求。

（一）法官主导的庭前会议

对于中国国际商事法庭的诉讼程序制度设计，在保持诉讼程序灵活性的同时，应加强法官对庭前会议的控制。2015年《民事诉讼解释》规定人民法院可

---

① See Sundaresh Menon, "International Commercial Courts: Towards a Transnational System of Dispute Resolution", *Opening Lecture for the DIFC Courts Lecture Series* 2015, p. 45, footnote 148.

② See Lord Thomas, "Giving Business What It Wants-A Well Run Court for Commercial and Business Disputes", https://www.judiciary.gov.uk/wp-content/uploads/2017/03/grand-court-of-the-cayman-islands-guest-lecture-march-2017.pdf, May 14, 2018.

以召集庭前会议。[①] 从其中规定的内容来看,庭前会议的功能与各国际商事法院的案件管理会议相似,旨在使法官加强对案件的管理,提高诉讼效率,从而避免诉讼迟延和成本增加。参考英美及新加坡等国法院在案件管理会议制度上的实践经验,中国国际商事法庭可以从如下几个方面完善现有的庭前会议制度:

第一,倡导争议当事人及其代理律师互相合作,配合法院共同推进案件进程。在庭前会议之前,原告与被告及双方诉讼代理人应该先行协商,准备好双方均无异议的案件材料,包括案件概要、客观的案情历史、案件争议问题清单,并列明其中双方均无异议的问题等,从而尽快确定案件焦点,加快诉讼程序进程。

第二,规定代理律师有出席庭前会议的义务。庭前会议上可能会涉及确定案件审理的日程安排、案件基本事实、保全措施、证据范围等重要问题。因此,代理律师出席庭前会议可以就前述事项发表意见或对需要解决的问题给予准确的答复,从而避免诉讼迟延。如果一方当事人及其代理律师无正当理由没有出席庭前会议,或者没有遵守达成的日程安排而导致诉讼迟延的,法院可以责令该当事人承担对方当事人因此产生的费用。

第三,建立诉调对接机制。法官在庭前会议上促成当事人和解或者采用其他非诉方式解决争议。如果当事人能当场达成和解,法官可对和解提供证明。如果当事人需在调解员的协助下进一步达成和解协议,法官可以根据案件涉及的争议事项,将案件委派给具有相关经验与专长的调解员主持调解,促成最终达成调解协议。对此,中国国际商事法庭可以成立诉调对接中心,聘任在商事交易与行业规则、商事法律等方面具有专长的调解员,并且应注重聘任来自不同国家和地区的调解员,以满足不同当事人的选择需求。

从《中国国际商事法庭规定》第 11 ~ 15 条的规定来看,中国国际商事法庭将建立较为完善的诉调对接机制,"选定符合条件的国际商事调解机构、国际商事仲裁机构与国际商事法庭共同构建调解、仲裁、诉讼有机衔接的纠纷解决平

---

① 《民事诉讼解释》第 224 条规定,依照《民事诉讼法》第 133 条第 4 项规定,人民法院可以在答辩期届满后,通过组织证据交换、召集庭前会议等方式,作好审理前的准备。第 225 条规定,根据案件具体情况,庭前会议可以包括下列内容:(1)明确原告的诉讼请求和被告的答辩意见;(2)审查处理当事人增加、变更诉讼请求的申请和提出的反诉,以及第三人提出的与本案有关的诉讼请求;(3)根据当事人的申请决定调查收集证据,委托鉴定,要求当事人提供证据,进行勘验,进行证据保全;(4)组织交换证据;(5)归纳争议焦点;(6)进行调解。

台,形成'一站式'国际商事纠纷解决机制"。[①] 并且,在案件受理后,中国国际商事法庭可以主动促成当事人采用调解方式解决纠纷,并为调解提供司法支持,如"当事人达成调解协议的,国际商事法庭可以依照法律规定制发调解书;当事人要求发给判决书的,可以依协议的内容制作判决书送达当事人"。[②]

从中国国际商事法庭审理案件的实践来看,庭前会议对推进诉讼程序、提升诉讼效率发挥着重要的作用。

在 2018 年年底受理了第一批案件后,最高人民法院第一和第二国际商事法庭于 2019 年 5 月底首次开庭审理了各自的第一案。2019 年 5 月 29 日,第二国际商事法庭在西安公开开庭审理原告泰国华彬国际集团公司(Ruoychai International Group Co. ,Ltd.)与被告红牛维他命饮料有限公司及第三人英特生物制药控股有限公司(Inter-Biopharm Holding Limited)股东资格确认纠纷一案,敲响了我国国际商事法庭的"第一槌"。本案是第二国际商事法庭受理的红牛系列案件之一,争议焦点是红牛公司的股东资格确认纠纷。该案此前分别在 5 月 15 日和 5 月 27 日召开了庭前会议,庭前会议确定了以下事项:第一,关于公开开庭的有关事项。原被告均以涉及商业秘密为由申请不公开开庭审理,对此第二商事法庭对涉及商业秘密的证据进行了不公开举证质证,本次庭审未予展示。第二,本案应适用的法律。本案为涉外案件,各方均同意依照《涉外民事关系法律适用法》的规定适用中国法律。第三,各方当事人签字确定无争议事项。第四,经各方当事人讨论,确定本案争议焦点为:案涉 7% 股权的出资情况;对案涉股权实际行使股东权利和履行股东义务的主体;相关当事人之间是否存在代持合意;原告的显名请求是否应予以支持;原告的请求是否超过诉讼时效期间。本次庭审围绕这 5 个问题进行审理。[③]

2019 年 5 月 31 日,最高人民法院第一国际商事法庭在深圳公开开庭审理原告广东本草药业集团有限公司(以下简称本草公司)与被告贝思迪大药厂(Bruschettini S. R. L. ,住所地为意大利热那亚)(以下简称贝思迪大药厂)产品责任纠纷一案。合议庭于 4 月 29 日就本案召开庭前会议,确定了相关程序性事项,并向双方当事人说明了国际商事法庭的相关规则。本次庭审中,各方当

---

① 《中国国际商事法庭规定》第 11 条。

② 《中国国际商事法庭规定》第 12 条和第 13 条。

③ 资料来源:http://cicc. court. gov. cn/html/1/218/149/192/1235. html,最后访问日期:2019 年 6 月 3 日。

事人就以下3个争议焦点进行了充分辩论:第一,贝思迪大药厂是否负有召回案涉细菌溶解物的法律义务;若有,贝思迪大药厂是否怠于履行召回义务。第二,本案能否排除本草公司与案外人 Aprontech 公司签订的《独家经销协议》及其附录中关于本草公司放弃对贝思迪大药厂索赔的约定的适用。第三,贝思迪大药厂是否应向本草公司赔偿损失及本草公司的损失金额如何确定。①

(二)证据规则

中国国际商事法庭的诉讼程序应具有较大的灵活性,在证据规则方面应赋予法官更大的裁量权。我国现行《民事诉讼法》及司法解释对证据规则都有专门的规定。2015年我国《民事诉讼解释》第103条第1款规定:"证据应当在法庭上出示,由当事人互相质证。"对此,证据的出示范围应以必要性、合理性为原则,否则会导致诉讼迟延。在案件复杂的情况下,法官可在庭前会议上引导当事人明确证据范围,同时,考虑庭前证据开示的可行性。

此外,我国现行《民事诉讼法》第79条规定:"当事人可以申请人民法院通知有专门知识的人出庭,就鉴定人作出的鉴定意见或者专业问题提出意见。"对此,经过法院准许,当事人可以询问对方当事人申请的具有专门知识的人进行询问,双方各自申请的具有专门知识的人可以互相对质。② 如果案件的证据有鉴定意见,并且当事双方各自申请具有专门知识的人出庭,则法官应对出庭的人数进行限制,同样将其限制在必要与合理范围之内,避免当事人就鉴定意见的质证投入高昂的诉讼成本。③

从《中国国际商事法庭规定》的规定来看,其中对证据规则的规定较少,中国国际商事法庭所采用的证据规则应与其他人民法院所采用的证据规则一致。并且,《中国国际商事法庭规定》第9条规定:"当事人向国际商事法庭提交的证据材料系在中华人民共和国领域外形成的,不论是否已办理公证、认证或者其他证明手续,均应当在法庭上质证。"这一做法虽然保证了案件的程序正义,但有可能会导致诉讼的拖延。

---

① 该案案号为(2019)最高法商初1号,载 http://cicc.court.gov.cn/html/1/218/149/192/1247.html,最后访问日期:2019年6月3日。

② 《民事诉讼解释》第123条第1款规定:"人民法院可以对出庭的具有专门知识的人进行询问。经法庭准许,当事人可以对出庭的具有专门知识的人进行询问,当事人各自申请的具有专门知识的人可以就案件中的有关问题进行对质。"

③ 《民事诉讼解释》第122条第3款规定:"人民法院准许当事人申请的,相关费用由提出申请的当事人负担。"

(三)审判的公开性与保密性

司法以公开为原则,但是基于涉外商事案件特殊性的考虑,即使不涉及商业秘密,经当事人申请并且法官同意,审判过程可以不公开进行,但是判决原则上应当公开。在中国国际商事法庭公布其判决之前,当事人可向法庭申请对案件中的相关信息不予公开。如果相关信息的不公开会导致整个案件无法公开,法官可以命令判决作出后、一定期限届满时,判决应当公开。但《中国国际商事法庭规定》未赋予当事人申请对相关信息不予公开的权利,因此,中国国际商事法庭作出的判决,除了涉及国家秘密、商业秘密和个人隐私的内容,原则上都应予以公开。

(四)上诉权利的处分与再审的限制

根据新加坡国际商事法庭的实践经验,可以就当事人上诉的权利赋予当事人更为广泛的意思自治,允许当事人通过协商达成协议,限制、变更或者放弃全部或者部分的上诉权。

对于再审问题,较为理想的情况是,对于由国际商事法庭审理并作出判决的案件,在判决最终发生效力之后,应不再允许当事人申请再审。限制再审主要基于两个方面的考虑:一是推进国际商事法庭查明事实、正确适用法律并作出高质量的判决,并推动判决的承认与执行,从而维护司法的公信力,树立国际声誉;二是维护商事交易关系的稳定性、确定性与安全。

《中国国际商事法庭规定》未赋予当事人处分上诉权的权利,并且,由于中国国际商事法庭隶属于最高人民法院以及从赋予当事人权利救济的角度出发,《中国国际商事法庭规定》第16条规定了当事人申请再审的权利。①

四、建设信息化的中国国际商事法庭

在信息技术高速发展的今天,将信息技术运用到法院的工作之中,不仅能提高法院的工作效率,亦能便利当事人诉讼及提高司法的透明度,前述法院的实践便充分体现了信息技术的作用。在"互联网+"的时代背景下,中国相继出台《国家信息化发展战略》《"十三五"国家信息化规划》《人民法院信息化建设五年发展规划(2016~2020)》等文件,提出建设"智慧法院"的目标和任务,各

---

① 《中国国际商事法庭规定》第16条规定:"当事人对国际商事法庭作出的已经发生法律效力的判决、裁定和调解书,可以依照民事诉讼法的规定向最高人民法院本部申请再审。最高人民法院本部受理前款规定的申请再审案件以及再审案件,均应当另行组成合议庭。"

级人民法院正推进信息化法院的建设,杭州已建立互联网法院。总体上,中国国际商事法庭的信息化建设不会存在太大的问题。《中国国际商事法庭规定》第18条规定:“国际商事法庭通过电子诉讼服务平台、审判流程信息公开平台以及其他诉讼服务平台为诉讼参与人提供诉讼便利,并支持通过网络方式立案、缴费、阅卷、证据交换、送达、开庭等。”由此可见,中国国际商事法庭将会使信息技术运用至法院工作的各个方面,推进建设智慧型法院。同时,中国国际商事法庭可以借鉴其他国际商事法院信息化建设的成功经验,进一步完善中国国际商事法庭的信息化建设。

(一)立案工作信息化

中国国际商事法庭应建设独立的电子立案系统,当事人的诉讼材料以PDF格式提交。当事人或其代理律师要想通过立案电子系统提起诉讼,首先,应在立案电子系统中注册登录账户;其次,再通过电子系统提交诉讼文件并列明文件清单,通过电子系统缴纳诉讼费用,原告可以根据案件的性质申请交由哪个审判团队进行审理;最后,通过电子邮件或短信服务系统获取诉讼通知。对于有严重瑕疵的文件,可以短信或者电子邮件的方式一次性告知其补正内容,重新提交相应的文件。原告通过立案系统成功提起诉讼之后,立案系统将被诉信息电子送达至被告,被告通过登录立案系统提交相应的材料。对于当事人所提交的文件系统自动存储为相应的电子卷宗档案,当事人或其代理律师可以通过电子系统获取对方的起诉状或答辩状。立案成功后,生成案件编号,当事人及其代理律师应可以通过电子系统相应地查询到案件的进程,进行网上阅卷。

(二)审判工作信息化

案件通过立案电子系统得以立案之后,法官通过系统进行网上阅卷。而对于法官的网上阅卷、办案应做到有所追踪。同时,电子系统应有审限预警,提示法官及时审结案件。案件结案后通过网上系统进行归档存储在数据库中,日后需要调取卷宗的某一部分时,可以通过数据库随时调取打印。

为提高审判工作的便利性与灵活性,法院应设有数字化、信息化的审判室、会议室等,在其中安装电子屏幕、电话会议设备、高速网络等设施,搭建互联网诉讼平台,实现网上调解、网上证据交换、网上质证及网上开庭等。研发并利用智能语言识别系统,实现庭审语音同步转录,生成庭审笔录。建立专门数据库,运用大数据方法分析相关类型案件,满足法官对法律、案件和专业知识的需求,方便法官把握裁判尺度和标准。

信息化在实现司法近民、提高诉讼效率及司法透明度等方面具有重要的意义，然而建设信息化的中国国际商事法庭是一项系统工程，前期需要研发人员设计出符合法院工作特点的信息系统，后期需要投入较高的成本维护系统的运行并加强信息安全工作。并且，信息系统应根据用户体验及时代发展变化而不断完善。此外，法院信息化建设不单是从笔墨到计算机网络的形式变化，目的不是将审判与司法管理事务照搬到互联网上，而是通过信息技术的运用来优化审判组织以及变革审判方式，进行法院的再造与转型。① 因此，法官的思维转型亦是建设信息化中国国际商事法庭的关键，法官应积极改变原有的工作惯性，提升运用信息技术的专业技能。

第四节　中国国际商事法庭的展望与创新

中国建设国际商事法庭不仅有经济发展的基础，也符合提升本国司法服务水平、增强司法竞争力的需要，但是新事物的产生与发展也总是不可避免地面临诸多障碍。就宏观而言，建设中国国际商事法庭，需要积极参与国际司法竞争，需要凸显司法服务理念，需要合理拓新相关法律制度，也需要树立国际声誉。

一、积极参与国际司法竞争

国际争议解决领域是一个巨大的竞争市场，各国除了设置专业的国际商事仲裁机构之外，还纷纷在商事审判领域设置专业化的审判机构——国际商事法院，试图在国际争议解决市场的竞争中分一杯羹。为有效地参与竞争，一些国家的商事法院在国际民事诉讼中最为传统的领域——本国语言的使用上开始突破，采用英语作为审判语言，从而提高本国商事法院的国际竞争力，吸引更多的当事人前来进行诉讼。

在国际民商事争议解决领域，中国应放眼全球，以积极的姿态面对竞争并参与到竞争之中。因此，为提高中国国际商事法庭的国际竞争力，中国国际商事法庭应培养一批既有良好的外语能力，又具备专业素养的商事法院法官，在国际商事案件审理语言上进行大胆突破与创新，以积极和开放包容的心态参与国际竞争。

---

① 参见王福华：《电子法院：由内部到外部的构建》，载《当代法学》2016 年第 5 期。

二、凸显司法服务理念

国际民事诉讼主要是用来解决私人争议的制度,过度的主权因素和国家利益的保护,在一定程度上会使外国人对该国的司法制度望而却步。就国际层面而言,一国司法在国际社会更多是为争议当事人提供一种化解纠纷的公共产品、一种争议解决的服务。[①] 具体到中国国际商事法庭的建设,中国国际商事法庭主要处理的是国际商事争议,解决的是当事人私人利益的再分配问题。对于国际商事案件的当事人来说,中国国际商事法庭应能为当事人提供高质量的争议解决服务。从这个角度出发,如果此种服务不具有一定的优势,很难对当事人产生吸引力。因此,中国国际商事法庭的建设应转变司法理念,凸显对当事人权利的保护,为当事人提供高质量的、便利的司法服务。对此,其中一个重要表现是,中国国际商事法庭应适应商事争议解决发展的迅速变化,注重当事人对相关诉讼程序的体验,围绕当事人的需求完善诉讼程序或者创新诉讼程序,使争议以高效且经济的方式得以解决。

三、合理拓新法律制度

国际商事法庭的建设往往会牵一发而动全身,例如,新加坡为建立新加坡国际商事法庭修改了大量的法律,甚至修改《宪法》。为建立迪拜国际金融中心法院,迪拜同样出台了专门的法律。建设中国国际商事法庭,其中许多制度会走在前沿,难免会偏离现有的法律的规定。建设中国国际商事法庭,不仅会涉及大量法律条款的修改,甚至需要制定专门的法律,在法官组成、管辖权制度、诉讼程序等方面进行突破,以符合中国国际商事法庭的建设与发展需要。

四、树立国际声誉

现如今,不仅越来越多国家建立国际商事法院或类商事法院组织,而且通过国际声誉来增加其国际影响力和竞争力。树立国际声誉是增强国际竞争力的关键。除自身在组织结构、审判制度、诉讼机制等方面的突破创新引起世界范围的关注外,各商事法院还通过更加直接的方式宣传自己,形成了以重大国

---

① 参见何其生:《大国司法理念与中国国际民事诉讼制度的发展》,载《中国社会科学》2017年第5期。

际案件为核心、组织和积极参加国际交流与合作为辅助的一系列宣传措施。中国要构建一流的国际商事法院,需要创造良好的外部环境,并能够不断得到认可,方具有知名度和关注度。因此,借鉴已有国际商事法院在树立国际声誉上的良好做法,提升未来中国国际商事法庭的国际知名度和关注度,应该是其重要任务之一。

借鉴他国国际商事法庭的建设经验,立足于中国现实,以此为基础建设中国的国际商事法庭,无疑允许共性与差异的存在。“研究借鉴现行国际争端解决机制有益做法,设立符合‘一带一路’建设参与国国情特点并被广泛接受的国际商事争端解决新机制和机构,公正高效便利解决‘一带一路’建设过程中产生的跨境商事纠纷。”①从现有《中国国际商事法庭规定》来看,由于我国现有法律的限制,中国国际商事法庭在机构设置、法官选任、管辖权、诉讼程序等领域少有突破和特色。这就需要思考中国设置国际商事法庭的目的所在。首先,如果中国旨在吸引更多的“一带一路”争端当事人来国际商事法庭解决争议,那么我们需要考虑和分析争端当事人的优先偏好、选择倾向与动机,否则,空有机构难以实现目的。其次,如果中国希望通过国际商事法庭的建设来推动司法制度的改革,提升中国司法的竞争力和国际话语权,那么,就需要进一步思考国际商事法庭是“做实”还是“做虚”的问题。现有的国际商事法庭与第一巡回法庭和第六巡回法庭合署办公,现有的法官也是最高人民法院各审判庭的业务骨干,这难免给人一种印象,国际商事法庭只是有其名而无其实。那么,设置国际商事法庭的目的以及其实际所能够发挥的功效就难免让人怀疑。最后,现在很多国家主张司法的服务功能,②通过建设国际商事法庭来带动法律服务市场的发展。例如,新加坡建设国际商事法庭旨在树立其在亚洲作为“国际争议解决中心”的地位;迪拜国际金融中心法院服务于金融中心发展的需要;英国商事法院已经成为带动其法律服务业发展的龙头与标杆。在司法服务的理念下,中国无疑应该做大做强国际商事法庭,在经济全球化和贸易自由化的背景下,来提升本国司法的国际公信力和影响力。而现有的中国国际商事法庭及其制度尚有差距,其发展创新之路依旧漫长。

---

①　参见《关于建立“一带一路”国际商事争端解决机制和机构的意见》中的“坚持公正高效便利原则”。

②　参见何其生:《大国司法理念与中国国际民诉讼制度的发展》,载《中国社会科学》2017 年第 5 期。

从前述讨论可以看出,建设中国国际商事法庭不仅需要有创新的制度设计,更要秉持先进的司法理念作为指引。中国国际商事法庭应具有国际视野、开放的意识,以积极的姿态参与国际竞争,带动中国国际民事诉讼制度的发展,促进本国法律服务市场的建设和完善。从长远来看,一方面,这将有助于提高中国司法的全球竞争力;另一方面,也有助于促进经济的良性发展,提升综合国力。

附件一：《最高人民法院关于设立国际商事法庭若干问题的规定》

《最高人民法院关于设立国际商事法庭若干问题的规定》已于2018年6月25日由最高人民法院审判委员会第1743次会议通过，现予公布，自2018年7月1日起施行。

最高人民法院

2018年6月27日

法释〔2018〕11号

最高人民法院
关于设立国际商事法庭若干问题的规定

（2018年6月25日最高人民法院审判委员会第1743次会议通过，自2018年7月1日起施行）

为依法公正及时审理国际商事案件，平等保护中外当事人合法权益，营造稳定、公平、透明、便捷的法治化国际营商环境，服务和保障"一带一路"建设，依据《中华人民共和国人民法院组织法》《中华人民共和国民事诉讼法》等法律，结合审判工作实际，就设立最高人民法院国际商事法庭相关问题规定如下。

第一条 最高人民法院设立国际商事法庭。国际商事法庭是最高人民法院的常设审判机构。

第二条 国际商事法庭受理下列案件：

（一）当事人依照民事诉讼法第三十四条的规定协议选择最高人民法院管辖且标的额为人民币3亿元以上的第一审国际商事案件；

（二）高级人民法院对其所管辖的第一审国际商事案件，认为需要由最高人民法院审理并获准许的；

（三）在全国有重大影响的第一审国际商事案件；

（四）依照本规定第十四条申请仲裁保全、申请撤销或者执行国际商事仲裁裁决的；

（五）最高人民法院认为应当由国际商事法庭审理的其他国际商事案件。

第三条 具有下列情形之一的商事案件，可以认定为本规定所称的国际商事案件：

（一）当事人一方或者双方是外国人、无国籍人、外国企业或者组织的；

（二）当事人一方或者双方的经常居所地在中华人民共和国领域外的；

（三）标的物在中华人民共和国领域外的；

（四）产生、变更或者消灭商事关系的法律事实发生在中华人民共和国领域外的。

第四条 国际商事法庭法官由最高人民法院在具有丰富审判工作经验，熟悉国际条约、国际惯例以及国际贸易投资实务，能够同时熟练运用中文和英文作为工作语言的资深法官中选任。

第五条 国际商事法庭审理案件，由三名或者三名以上法官组成合议庭。

合议庭评议案件，实行少数服从多数的原则。少数意见可以在裁判文书中载明。

第六条 国际商事法庭作出的保全裁定，可以指定下级人民法院执行。

第七条 国际商事法庭审理案件，依照《中华人民共和国涉外民事关系法律适用法》的规定确定争议适用的实体法律。

当事人依照法律规定选择适用法律的，应当适用当事人选择的法律。

第八条 国际商事法庭审理案件应当适用域外法律时，可以通过下列途径查明：

（一）由当事人提供；

（二）由中外法律专家提供；

（三）由法律查明服务机构提供；

(四)由国际商事专家委员提供;

(五)由与我国订立司法协助协定的缔约对方的中央机关提供;

(六)由我国驻该国使领馆提供;

(七)由该国驻我国使馆提供;

(八)其他合理途径。

通过上述途径提供的域外法律资料以及专家意见,应当依照法律规定在法庭上出示,并充分听取各方当事人的意见。

第九条 当事人向国际商事法庭提交的证据材料系在中华人民共和国领域外形成的,不论是否已办理公证、认证或者其他证明手续,均应当在法庭上质证。当事人提交的证据材料系英文且经对方当事人同意的,可以不提交中文翻译件。

第十条 国际商事法庭调查收集证据以及组织质证,可以采用视听传输技术及其他信息网络方式。

第十一条 最高人民法院组建国际商事专家委员会,并选定符合条件的国际商事调解机构、国际商事仲裁机构与国际商事法庭共同构建调解、仲裁、诉讼有机衔接的纠纷解决平台,形成"一站式"国际商事纠纷解决机制。

国际商事法庭支持当事人通过调解、仲裁、诉讼有机衔接的纠纷解决平台,选择其认为适宜的方式解决国际商事纠纷。

第十二条 国际商事法庭在受理案件后七日内,经当事人同意,可以委托国际商事专家委员会成员或者国际商事调解机构调解。

第十三条 经国际商事专家委员会成员或者国际商事调解机构主持调解,当事人达成调解协议的,国际商事法庭可以依照法律规定制发调解书;当事人要求发给判决书的,可以依协议的内容制作判决书送达当事人。

第十四条 当事人协议选择本规定第十一条第一款规定的国际商事仲裁机构仲裁的,可以在申请仲裁前或者仲裁程序开始后,向国际商事法庭申请证据、财产或者行为保全。

当事人向国际商事法庭申请撤销或者执行本规定第十一条第一款规定的国际商事仲裁机构作出的仲裁裁决的,国际商事法庭依照民事诉讼法等相关法律规定进行审查。

第十五条 国际商事法庭作出的判决、裁定,是发生法律效力的判决、裁定。

国际商事法庭作出的调解书,经双方当事人签收后,即具有与判决同等的法律效力。

第十六条 当事人对国际商事法庭作出的已经发生法律效力的判决、裁定和调解书，可以依照民事诉讼法的规定向最高人民法院本部申请再审。

最高人民法院本部受理前款规定的申请再审案件以及再审案件，均应当另行组成合议庭。

第十七条 国际商事法庭作出的发生法律效力的判决、裁定和调解书，当事人可以向国际商事法庭申请执行。

第十八条 国际商事法庭通过电子诉讼服务平台、审判流程信息公开平台以及其他诉讼服务平台为诉讼参与人提供诉讼便利，并支持通过网络方式立案、缴费、阅卷、证据交换、送达、开庭等。

第十九条 本规定自 2018 年 7 月 1 日起施行。

附件二：新加坡国际商事法院示范条款

SINGAPORE INTERNATIONAL COMMERCIAL COURT MODEL CLAUSES

(*Version as at* 9 *December* 2015)

MODEL CLAUSES

Ⅰ. BASIC JURISDICTION CLAUSES

A. Submission to the jurisdiction of the Singapore International Commercial Court ("SICC") before a dispute arises

"Each party irrevocably submits to the [exclusive/non-exclusive] * jurisdiction of the Singapore International Commercial Court all disputes arising out of or in connection with the present contract, including any question relating to its existence, validity or termination."

* Please choose one and delete as appropriate

[*Note*: *If there is a written jurisdiction agreement between the parties to submit to the jurisdiction of the Singapore International Commercial Court, the Singapore International Commercial Court will not decline to assume jurisdiction in an action solely on the ground that the dispute between the parties is connected to a jurisdiction other than*

Singapore and this remains so regardless of whether such submission is exclusive or non-exclusive: see Order 110, *Rule* 8 *read with Rule* 1 *of the Rules of Court.*]

B. Submission to the SICC's jurisdiction after a dispute arises

"A dispute, controversy or claim having arisen between the parties concerning [*define dispute*] ("the Dispute"), each party hereby irrevocably submits the Dispute to the exclusive jurisdiction of the Singapore International Commercial Court."

C. Additional points

The basic jurisdiction clauses above may be supplemented or modified in order to take into account any concerns or special requirements that the parties may have. By way of illustration, the parties may wish to provide for the following points in the jurisdiction clause:

(a) Governing law:	Having an express provision for the jurisdiction clause to be governed by Singapore law would facilitate effective submission to the SICC.
(b) Consent to transfer:	The parties may agree to a transfer of proceedings to the Singapore High Court in the event that the SICC (a division of the Singapore High Court) determines that it lacks the jurisdiction to hear, or declines to assume jurisdiction over, the whole or any part of the proceedings. Proceedings so transferred will cease to be listed before the SICC and will instead be listed for hearing and adjudication before the Singapore High Court generally.

(c) Waiver of objections: The parties may agree to waive their rights to object to the SICC's jurisdiction on the basis of, among other things, natural forum or multiplicity of proceedings.

(d) Compliance: In order to ensure and reinforce the enforceability of the SICC judgments and orders obtained in the proceedings, the parties may agree to comply with, and waive any recourse against, such judgments and orders and/or the recognition or enforcement of such judgments and orders.

For sample clauses dealing with these points, see the comprehensive jurisdiction clauses in Section Ⅱ below.

In addition, the parties may also wish to consider whether to agree on other aspects of the proceedings before the SICC. For example, the parties may exclude the right to, or limit the ambit of, appeals against a judgment or order of the SICC: see Section Ⅲ (A) and (B) below. Subject to the relevant rules and procedures, the parties may also agree on the size of the coram, both at first instance and on appeal: see Section Ⅲ (C) below.

Ⅱ. COMPREHENSIVE JURISDICTION CLAUSES

A. Submission to the jurisdiction of the SICC before a dispute arises

(a) Governing Law. [This Agreement, as well as sub-clauses (b) – (c) below which form a separate and distinct agreement from the rest of this Agreement, shall be governed by and construed in accordance with the laws of Singapore.] /[This Agreement except for sub-clauses (b) – (c) shall be governed by and construed in accordance with the laws of [*state a jurisdiction*]. Sub-clauses (b) – (c) below form a separate and distinct agreement from the rest of this Agreement. Notwithstanding the governing law of this Agreement, sub-clauses (b) – (c) below shall be governed by and construed in accordance with the laws of Singapore.] *

* Please choose one and delete as appropriate

(b) Jurisdiction.

(i) Each party irrevocably submits to the [exclusive/non-exclusive] * jurisdiction of the Singapore International Commercial Court any dispute, controversy or claim arising in any way out of or in connection with this Agreement (including, without limitation as to: (1) any contractual, pre-contractual or non-contractual rights, obligations or liabilities; or (2) the existence, validity, enforceability or termination of this Agreement, this sub-clause, sub-clauses (a) and/or (c)) ("the Dispute").

(ii) In the event and to such extent that the Singapore International Commercial Court either (a) determines that it lacks the jurisdiction to hear and try the whole or any part of the Dispute, and/or (b) declines to assume jurisdiction over the whole or any part of the Dispute, each party consents to the transfer of the suit, action or proceedings relating to the Dispute from the Singapore International Commercial Court (a division of the High Court of the Republic of Singapore) to the High Court of the Republic of Singapore generally.

Irrespective of whether the provision at (b) (i) or (b) (ii) above applies, each party irrevocably:

(iii) waives any objection which it may have at any time to the laying of the physical venue of any suit, action or proceedings relating to the Dispute ("Proceedings");

(iv) waives the right to object, with respect to such Proceedings, that the

Singapore International Commercial Court does not have any jurisdiction over the relevant party;

(v) waives any objection to the Singapore International Commercial Court assuming jurisdiction over such Proceedings on the ground that the Dispute is connected to a jurisdiction other than Singapore; and

(vi) agrees, to the extent permitted by applicable law, that the bringing of Proceedings in any one or more jurisdictions shall not preclude the bringing of Proceedings in the Singapore International Commercial Court.

* Please choose one and delete as appropriate

[*Note*: *If there is a written jurisdiction agreement between the parties to submit to the jurisdiction of the Singapore International Commercial Court, the Singapore International Commercial Court will not decline to assume jurisdiction in an action solely on the ground that the dispute between the parties is connected to a jurisdiction other than Singapore and this remains so regardless of whether such submission is exclusive or non-exclusive*: *see Order* 110, *Rule* 8 *read with Rule* 1 *of the Rules of Court.*]

(c) Compliance with Orders. With respect to Proceedings brought in the Singapore International Commercial Court, each party irrevocably: —

(i) agrees to carry out and to take any step necessary to carry out any judgment or order of the Singapore International Commercial Court without undue delay;

(ii) waives any recourse to any court or tribunal outside Singapore to challenge (aa) any judgment or order of the Singapore International Commercial Court, or (bb) the recognition or enforcement of such judgment or order, insofar as such recourse can be validly waived; and

(iii) agrees that any judgment or order of the Singapore International Commercial Court may be recognised and/or enforced in all of the following jurisdictions outside Singapore:

a. [*list all jurisdictions as are appropriate*];

and hereby agrees to submit to the jurisdiction of the courts and/or tribunals in the jurisdictions listed above for the purposes of such recognition and/or enforcement.

For the avoidance of doubt, this clause does not, and is not intended to exclude the recognition and/or enforcement of any judgment or order of the Singapore International Commercial Court in any jurisdiction not specified herein.

B. Submission to the SICC's jurisdiction after a dispute arises

(a) Governing Law. This Agreement shall be governed by and construed in accordance with the laws of Singapore.

(b) Jurisdiction.

(i) A dispute, controversy or claim having arisen between the parties concerning [*define dispute*] ("the Dispute"), each party hereby irrevocably submits the Dispute to the exclusive jurisdiction of the Singapore International Commercial Court.

(ii) In the event and to such extent that the Singapore International Commercial Court either (a) determines that it lacks the jurisdiction to hear and try the whole or any part of the Dispute, and/or (b) declines to assume jurisdiction over the whole or any part of the Dispute, each party consents to the transfer of the suit, action or proceedings relating to the Dispute from the Singapore International Commercial Court (a division of the High Court of the Republic of Singapore) to the High Court of the Republic of Singapore generally.

Irrespective of whether the provision at(b)(i)or(b)(ii)above applies, each party irrevocably:

(iii) waives any objection which it may have at any time to the laying of the physical venue of any suit, action or proceedings relating to the Dispute ("Proceedings");

(iv) waives the right to object, with respect to such Proceedings, that the Singapore International Commercial Court does not have any jurisdiction over the relevant party;

(v) waives any objection to the Singapore International Commercial Court assuming jurisdiction over such Proceedings on the ground that the Dispute is connected to a jurisdiction other than Singapore; and

(vi) agrees, to the extent permitted by applicable law, that the bringing of Proceedings in any one or more jurisdictions shall not preclude the bringing of Proceedings in the Singapore International Commercial Court.

(c) Compliance with Orders. With respect to Proceedings brought in the Singapore International Commercial Court, each party irrevocably: —

(i) agrees to carry out and to take any necessary step to carry out any judgment or order of the Singapore International Commercial Court without undue delay;

(ii) waives any recourse to any court or tribunal outside Singapore to challenge(aa) any judgment or order of the Singapore International Commercial Court, or (bb) the recognition or enforcement of such judgment or order, insofar as such recourse can be validly waived; and

(iii) agrees that any judgment or order of the Singapore International Commercial Court may be recognised and/or enforced in all of the following jurisdictions outside Singapore:

a. [*list all jurisdictions as are appropriate*];

and hereby agrees to submit to the jurisdiction of the courts and tribunals in the jurisdictions listed above for the purposes of such recognition and/or enforcement.

For the avoidance of doubt, this clause does not, and is not intended to exclude the recognition and/or enforcement of any judgment or order of the Singapore International Commercial Court in any jurisdiction not specified herein.

Ⅲ. OTHER CLAUSES

A. Exclusion of the right to appeal to the Singapore Court of Appeal

"The parties agree that there shall be no appeal against any judgment or order, whether final or interlocutory in nature, of the Singapore International Commercial Court pursuant to [*insert reference to jurisdiction clause*]. Such judgment or order of the Singapore International Commercial Court, whether final or interlocutory in nature, shall be final and binding on the parties and on any persons claiming through or under them and may be relied upon by any of the parties by way of defence, set-off or otherwise in any proceedings in any court or tribunal of competent jurisdiction."

B. Limitation of the scope of appeal to the Singapore Court of Appeal

"The parties agree that there shall be no appeal against any judgment or order, whether final or interlocutory in nature, of the Singapore International Commercial Court pursuant to [*insert reference to jurisdiction clause*], save that a party may appeal against the judgment or order where that party can show that:

a. [*Insert agreed exclusion/s, if any, and as appropriate*].

Subject to the above, a judgment or order of the Singapore International Commercial Court, whether final or interlocutory in nature, is final and binding on the parties and on any persons claiming through or under them and may be relied upon by any of the parties by way of defence, set-off or otherwise in any proceedings in any court or tribunal of competent jurisdiction."

C. Agreement on the size of coram

"The parties agree that, subject to the relevant rules and procedures governing proceedings before the Singapore International Commercial Court, the [*describe the relevant proceedings before the SICC or use the relevant defined term (if any)*] shall be heard before [1 Judge/3 Judges] * at first instance and before [3 Judges/5 Judges] * on appeal."

* Please choose one and delete as appropriate.

附件三:文中所涉各商事法院的主要法律法规

一、英国商事法院

(一)英国《民事诉讼规则》:英国商事法院

Civil Procedure Rules
PART 58 – COMMERCIAL COURT

Scope of this Part and interpretation

58.1

(1) This Part applies to claims in the Commercial Court of the Queen's Bench Division.

(2) In this Part and Practice Direction 58, 'commercial claim' means any claim arising out of the transaction of trade and commerce and includes any claim relating to —

(a) a business document or contract;
(b) the export or import of goods;
(c) the carriage of goods by land, sea, air or pipeline;
(d) the exploitation of oil and gas reserves or other natural resources;
(e) insurance and re-insurance;

(f) banking and financial services;

(g) the operation of markets and exchanges;

(h) the purchase and sale of commodities;

(i) the construction of ships;

(j) business agency; and

(k) arbitration.

Specialist list

58.2

(1) The commercial list is a specialist list for claims proceeding in the Commercial Court.

(2) One of the judges of the Commercial Court shall be in charge of the commercial list.

Application of the Civil Procedure Rules

58.3

These Rules and their practice directions apply to claims in the commercial list unless this Part or a practice direction provides otherwise.

Proceedings in the commercial list

58.4

(1) A commercial claim may be started in the commercial list.

(2) Rule 30.5 applies to claims in the commercial list, except that a Commercial Court judge may order a claim to be transferred to any other specialist list.

(Rule 30.5(3) provides that an application for the transfer of proceedings to or from a specialist list must be made to a judge dealing with claims in that list.)

Claim form and particulars of claim

58.5

(1) If, in a Part 7 claim, particulars of claim are not contained in or served with the claim form-

(a) the claim form must state that, if an acknowledgment of service is filed which indicates an intention to defend the claim, particulars of claim will follow;

(b) when the claim form is served, it must be accompanied by the documents specified in rule 7.8(1);

(c) the claimant must serve particulars of claim within 28 days of the filing of an acknowledgment of service which indicates an intention to defend; and

(d) rule 7.4(2) does not apply.

(2) A statement of value is not required to be included in the claim form.

(3) If the claimant is claiming interest, he must-

(a) include a statement to that effect; and

(b) give the details set out in rule 16.4(2),

in both the claim form and the particulars of claim.

Acknowledgment of service

58.6

(1) A defendant must file an acknowledgment of service in every case.

(2) Unless paragraph(3) applies, the period for filing an acknowledgment of service is 14 days after service of the claim form.

(3) Where the claim form is served out of the jurisdiction, or on the agent of a defendant who is overseas, the time periods provided by rules 6.12(3), 6.35 and 6.37(5) apply after service of the claim form.

Disputing the court's jurisdiction

58.7

(1) Part 11 applies to claims in the commercial list with the modifications set out in this rule.

(2) An application under rule 11(1) must be made within 28 days after filing an acknowledgment of service.

(3) If the defendant files an acknowledgment of service indicating an intention to dispute the court's jurisdiction, the claimant need not serve particulars of claim before the hearing of the application.

Default judgment

58.8

(1) If, in a Part 7 claim in the commercial list, a defendant fails to file an acknowledgment of service, the claimant need not serve particulars of claim before he may obtain or apply for default judgment in accordance with Part 12.

(2) Rule 12.6(1) applies with the modification that paragraph(a) shall be read as if it referred to the claim form instead of the particulars of claim.

Admissions

58.9

(1) Rule 14.5 does not apply to claims in the commercial list.

(2) If the defendant admits part of a claim for a specified amount of money, the claimant may apply under rule 14.3 for judgment on the admission.

(3) Rule 14.14(1) applies with the modification that paragraph(a) shall be read as if it referred to the claim form instead of the particulars of claim.

Defence and Reply

58.10

(1) Part 15 (defence and reply) applies to claims in the commercial list with the modification to rule 15.8 that the claimant must-

(a) file any reply to a defence; and

(b) serve it on all other parties,

within 21 days after service of the defence.

(2) Rule 6.35 (in relation to the period for filing a defence where the claim form is served out of the jurisdiction) applies to claims in the commercial list, except that if the particulars of claim are served after the defendant has filed an acknowledgment of service the period for filing a defence is 28 days from service of the particulars of claim.

Statements of case

58.11

The court may at any time before or after the issue of the claim form order a claim in the commercial list to proceed without the filing or service of statements of case.

Part 8 claims

58.12

Part 8 applies to claims in the commercial list, with the modification that a defendant to a Part 8 claim who wishes to rely on written evidence must file and serve it within 28 days after filing an acknowledgment of service.

Case management

58.13

(1) All proceedings in the commercial list are treated as being allocated to the multi-track and Part 26 does not apply.

(2) The following parts only of Part 29 apply-

(a) rule 29.3(2) (legal representative to attend case management conferences

and pre-trial reviews);

(b) rule 29.5 (variation of case management timetable) with the exception of rule 29.5(1)(c).

(3) As soon as practicable the court will hold a case management conference which must be fixed in accordance with Practice Direction 58.

(4) At the case management conference or at any hearing at which the parties are represented the court may give such directions for the management of the case as it considers appropriate.

Disclosure-ships papers

58.14

(1) If, in proceedings relating to a marine insurance policy, the underwriters apply for specific disclosure under rule 31.12, the court may-

(a) order a party to produce all the ships papers; and

(b) require that party to use his best endeavours to obtain and disclose documents which are not or have not been in his control.

(2) An order under this rule may be made at any stage of the proceedings and on such terms, if any, as to staying the proceedings or otherwise, as the court thinks fit.

Judgments and orders

58.15

(1) Except for orders made by the court on its own initiative and unless the court orders otherwise, every judgment or order will be drawn up by the parties, and rule 40.3 is modified accordingly.

(2) An application for a consent order must include a draft of the proposed order signed on behalf of all the parties to whom it relates.

(3) Rule 40.6 (consent judgments and orders) does not apply.

(二)英国《诉讼指引》58——英国商事法院

PRACTICE DIRECTION 58—COMMERCIAL COURT

This practice direction supplements Part 58

General

1.1

This practice direction applies to commercial claims proceeding in the commercial list of the Queen's Bench Division. It supersedes all previous practice directions and practice statements in the Commercial Court.

1.2

All proceedings in the commercial list, including any appeal from a judgment, order or decision of a master or district judge before the proceedings were transferred to the Commercial Court, will be heard or determined by a Commercial Court judge, except that-

(1) another judge of the Queen's Bench Division or Chancery Division may hear urgent applications if no Commercial Court judge is available; and

(2) unless the court otherwise orders, any application relating to the enforcement of a Commercial Court judgment or order for the payment of money will be dealt with by a master of the Queen's Bench Division or a district judge.

1.3

Provisions in other practice directions which refer to a master or district judge are to be read, in relation to claims in the commercial list, as if they referred to a Commercial Court judge.

1.4

The Admiralty and Commercial Registry in the Royal Courts of Justice is the administrative office of the court for all proceedings in the commercial list.

Starting proceedings in the Commercial Court

2.1

Claims in the Commercial Court must be issued in the Admiralty and Commercial Registry.

2.2

When the Registry is closed, a request to issue a claim form may be made by fax, using the procedure set out in Appendix A to this practice direction. If a request is made which complies with that procedure, the claim form is issued when the fax is received by the Registry.

2.3

The claim form must be marked in the top right hand corner "Queen's Bench Division, Commercial Court".

2.4

A claimant starting proceedings in the commercial list, other than an arbitration claim, must use practice form N1 (CC) for Part 7 claims or practice form N208 (CC) for Part 8 claims.

Applications before proceedings are issued

3.1

A party who intends to bring a claim in the commercial list must make any application before the claim form is issued to a Commercial Court judge.

3.2

The written evidence in support of such an application must state that the claimant intends to bring proceedings in the commercial list.

3.3

If the Commercial Court judge hearing the application considers that the proceedings should not be brought in the commercial list, he may adjourn the application to be heard by a master or by a judge who is not a Commercial Court judge.

Transferring proceedings to or from the Commercial Court

4.1

If an application is made to a court other than the Commercial Court to transfer proceedings to the commercial list, the other court may-

(1) adjourn the application to be heard by a Commercial Court judge; or

(2) dismiss the application.

4.2

If the Commercial Court orders proceedings to be transferred to the commercial list-

(1) it will order them to be transferred to the Royal Courts of Justice; and

(2) it may give case management directions.

4.3

An application by a defendant, including a Part 20 defendant, for an order transferring proceedings from the commercial list should be made promptly and normally not later than the first case management conference.

4.4

A party applying to the Commercial Court to transfer a claim to the commercial list must give notice of the application to the court in which the claim is proceeding, and the Commercial Court will not make an order for transfer until it is satisfied that such notice has been given.

Acknowledgment of service

5.1

For Part 7 claims, a defendant must file an acknowledgment of service using practice form N9(CC).

5.2

For Part 8 claims, a defendant must file an acknowledgment of service using practice form N210(CC).

Default judgment and admissions

6.

The practice directions supplementing Parts 12 and 14 apply with the following modifications-

(1) paragraph 4.1(1) of Practice Direction 12 is to be read as referring to the service of the claim form; and

(2) the references to "particulars of claim" in paragraphs 2.1, 3.1 and 3.2 of Practice Direction 14 are to be read as referring to the claim form.

Variation of time limits

7.1

If the parties, in accordance with rule 2.11, agree in writing to vary a time limit, the claimant must notify the court in writing, giving brief written reasons for the agreed variation.

7.2

The court may make an order overriding an agreement by the parties varying a time limit.

Amendments

8.

Paragraph 2. 2 of Practice Direction 17 is modified so that amendments to a statement of case must show the original text, unless the court orders otherwise.

Service of documents

9.

Unless the court orders otherwise, the Commercial Court will not serve documents or orders and service must be effected by the parties.

Case management

10. 1

The following parts only of Practice Direction 29 apply-

(1) paragraph 5 (case management conferences), excluding paragraph 5. 9 and modified so far as is made necessary by other specific provisions of this practice direction; and

(2) paragraph 7 (failure to comply with case management directions).

10. 2

If the proceedings are started in the commercial list, the claimant must apply for a case management conference-

(1) for a Part 7 claim, within 14 days of the date when all defendants who intend to file and serve a defence have done so; and

(2) for a Part 8 claim, within 14 days of the date when all defendants who intend to serve evidence have done so.

10. 3

If the proceedings are transferred to the commercial list, the claimant must apply for

a case management conference within 14 days of the date of the order transferring them, unless the judge held, or gave directions for, a case management conference when he made the order transferring the proceedings.

10.4

Any party may, at a time earlier than that provided in paragraphs 10.2 or 10.3, apply in writing to the court to fix a case management conference.

10.5

If the claimant does not make an application in accordance with paragraphs 10.2 or 10.3, any other party may apply for a case management conference.

10.6

The court may fix a case management conference at any time on its own initiative. If it does so, the court will give at least 7 days notice to the parties, unless there are compelling reasons for a shorter period of notice.

10.7

Not less than 7 days before a case management conference, each party must file and serve-

(1) a completed case management information sheet; and

(2) an application notice for any order which that party intends to seek at the case management conference, other than directions referred to in the case management information sheet.

10.8

Unless the court orders otherwise, the claimant, in consultation with the other parties, must prepare-

(1) a case memorandum, containing a short and uncontroversial summary of what

the case is about and of its material case history;

(2) a list of issues, with a section listing important matters which are not in dispute; and

(3) a case management bundle containing-

(a) the claim form;

(b) all statements of case (excluding schedules), except that, if a summary of a statement of case has been filed, the bundle should contain the summary, and not the full statement of case;

(c) the case memorandum;

(d) the list of issues;

(e) the case management information sheets and, if a pre-trial timetable has been agreed or ordered, that timetable;

(f) the principal orders of the court; and

(g) any agreement in writing made by the parties as to disclosure,

and provide copies of the case management bundle for the court and the other parties at least 7 days before the first case management conference or any earlier hearing at which the court may give case management directions.

10.9

The claimant, in consultation with the other parties, must revise and update the documents referred to in paragraph 10.8 appropriately as the case proceeds. This must include making all necessary revisions and additions at least 7 days before any subsequent hearing at which the court may give case management directions.

Pre-trial review

11.1

At any pre-trial review or case management hearing, the court will ensure that case management directions have been complied with and give any further directions for the trial that are necessary.

11.2

Advocates who are to represent the parties at the trial should represent them at the pre-trial review and any case management hearing at which arrangements for the trial are to be discussed.

11.3

Before the pre-trial review, the parties must discuss and, if possible, agree a draft written timetable for the trial.

11.4

The claimant must file a copy of the draft timetable for the trial at least two days before the hearing of the pre-trial review. Any parts of the timetable which are not agreed must be identified and short explanations of the disagreement must be given.

11.5

At the pre-trial review, the court will set a timetable for the trial, unless a timetable has already been fixed or the court considers that it would be inappropriate to do so or appropriate to do so at a later time.

Case management where there is a Part 20 claim

12.

Paragraph 5 of Practice Direction 20 applies, except that, unless the court otherwise orders, the court will give case management directions for Part 20 claims at the same case management conferences as it gives directions for the main claim.

Evidence for applications

13.1

The general requirement is that, unless the court orders otherwise-

(1) evidence in support of an application must be filed and served with the application (see rule 23.7(3));

(2) evidence in answer must be filed and served within 14 days after the application is served; and

(3) evidence in reply must be filed and served within 7 days of the service of evidence in answer.

13.2

In any case in which the application is likely to require an oral hearing of more than half a day the periods set out in paragraphs 13.1(2) and(3) will be 28 days and 14 days respectively.

13.3

If the date fixed for the hearing of an application means that the times in paragraphs 13.1(2) and(3) cannot both be achieved, the evidence must be filed and served-

(1) as soon as possible; and

(2) in sufficient time to ensure that the application may fairly proceed on the date fixed.

13.4

The parties may, in accordance with rule 2.11, agree different periods from those in paragraphs 13.1(2) and(3) provided that the agreement does not affect the date fixed for the hearing of the application.

Judgments and orders

14.1

An application for a consent order must include a draft of the proposed order signed on behalf of all parties to whom it relates(see paragraph 10.4 of Practice Direction 23A).

14.2

Judgments and orders are generally drawn up by the parties (see rule 58.15). The parties are not therefore required to supply draft orders on disk (see paragraph 12.1 of Practice Direction 23A).

(三)英国《诉讼指引》51N——速裁机制与灵活审理机制

PRACTICE DIRECTION 51N—SHORTER AND FLEXIBLE TRIALS PILOT SCHEMES

This Practice Direction supplements various rules.

General

1.1 This Practice Direction is made under rule 51.2. It provides for a pilot of two schemes, the Shorter Trials Scheme and the Flexible Trials Scheme.

1.2 The pilot for both schemes is to —

(a) operate from 1 October 2015 for three years to 30 September 2018;

(b) operate in the courts situated in the Royal Courts of Justice, Rolls Building, Fetter Lane, London that is the Chancery Division (including the Patents Court and the Companies Court), the Commercial Court, the London Circuit Commercial Court and the Technology and Construction Court ("the Rolls Building courts");

(c) apply to claims issued on or after 1 October 2015;

(d) will continue to apply after 30 September 2018 to any claim issued or transferred into the schemes while the relevant scheme is in force.

1.3 For the purposes of the pilot where the provisions of this Practice Direction conflict with other provisions of the rules or other practice Directions, this Practice Direction shall take precedence.

1.4 In calculating the time provided by any order fixing, extending or abridging time under the Shorter Trials Scheme the period from 24 December to 2 January next following (both days inclusive) is excluded.

1.5 Where a case is agreed or ordered to be suitable for the Shorter Trials Scheme, the court expects the parties and their representatives to cooperate with, and assist, the court in ensuring the proceeding is conducted in accordance with the Scheme so that the real issues in dispute are identified as early as possible and are dealt with in the most efficient way possible.

The Shorter Trials Scheme

Shorter Trials Scheme-general

2.1 A claim in the Shorter Trials Scheme may be started in any of the Rolls Building courts.

2.2 The Shorter Trials Scheme is for all cases in the Admiralty and Commercial Court, the London Circuit Commercial Court, the Technology and Construction Court, and the Patents Court and for business cases in the Chancery Division.

2.3 The Shorter Trials Scheme will not normally be suitable for —

(a) cases including an allegation of fraud or dishonesty;

(b) cases which are likely to require extensive disclosure and/or reliance upon extensive witness or expert evidence;

(c) cases involving multiple issues and multiple parties, save for Part 20 counterclaims for revocation of an intellectual property right;

(d) cases in the Intellectual Property Enterprise Court;

(e) public procurement cases.

2.4 The length of trials in the Shorter Trials Scheme will be no more than 4 days including reading time (and a case will not be suitable for the Scheme if it appears that it will require a longer trial).

2.5 All Shorter Trials Scheme claims will be allocated to a designated judge at the time of the first case management conference (CMC) or earlier if necessary.

2.6 All proceedings in the Shorter Trials Scheme will normally be heard or determined by the designated judge except that-

(a) another judge may hear urgent or vacation applications if the designated judge is not available;

(b) unless the court otherwise orders, any application relating to the enforcement of a judgment or order for the payment of money will be dealt with by a Master of the Queen's Bench Division or of the Chancery Division or a District Judge;

(c) a case may be tried by a Master in the Chancery Division with the consent of the parties.

2.7 Provisions in other rules or practice directions which refer to a Master or District Judge are to be read, in relation to claims in the Shorter Trials Scheme, as if they referred to a judge.

Starting proceedings in the Shorter Trials Scheme

2.8 Claims in the Shorter Trials Scheme must be issued in the appropriate registry in the Rolls Building that is to say the Chancery Registry, the Admiralty and Commercial Registry, and the Technology and Construction Court Registry.

2.9 As appropriate, the claim form must be marked in the top right hand corner as follows —

(a) "Queen's Bench Division, Commercial Court, Shorter Trials Scheme";

(b) "Chancery Division, Shorter Trials Scheme", "Chancery Division, Companies Court, Shorter Trials Scheme", "Chancery Division, Patents Court, Shorter Trials Scheme" as appropriate;

(c) "Queen's Bench Division, Technology and Construction Court, Shorter Trials Scheme";

(d) "Queen's Bench Division, The London Circuit Commercial Court, Shorter Trials Scheme".

Transferring proceedings to or from the Shorter Trials Scheme

2.10 An application by a defendant, including a Part 20 defendant, for an order transferring proceedings out of the Shorter Trials Scheme should be made promptly and normally not later than the first CMC. An application may be made on paper prior to the first CMC if appropriate.

2.11 If a successful application is made to transfer a case out of the Shorter Trials Scheme, the case will then proceed in the court in which it was issued unless a judge otherwise orders.

2.12 An application to transfer a case into the Shorter Trials Scheme must be heard by a judge, save that in the Chancery Division it may be heard by a Master. If a judge or Master orders a case to be transferred into the Shorter Trials Scheme, he may give case management directions.

2.13 An application by any party for an order transferring proceedings into the Shorter Trials Scheme should be made promptly and normally not later than the first CMC.

2.14 The court may, of its own initiative, suggest that a case be transferred into the Shorter Trials Scheme.

2.15 In deciding whether to transfer a case into or out of the Shorter Trials Scheme, without prejudice to the generality of the overriding objective, the court will have regard to the type of case the Scheme is for, the suitability of the case to be a part of the Scheme and the wishes of the parties.

2. 15A If a case is transferred into the Shorter Trials Scheme, the court will consider whether it is necessary to require that Statements of Case which have already been served should be amended to put them in the form they would have been in had the case commenced in the scheme. Statements of Case which have already been served will not normally need to be amended.

Proceedings in the Shorter Trials Scheme

2. 16 The procedure set out in this paragraph shall be substituted for any applicable pre-action protocols.

2. 17 Save where there is good reason not to do so, as in a case of urgency, a letter of claim should be sent giving succinct but sufficient details of the claim to enable the potential defendant to understand and to investigate the allegations.

2. 18 The letter of claim shall notify the proposed defendant of the intention to adopt the Shorter Trials Scheme procedure.

2. 19 The proposed defendant shall respond within 14 days stating whether it agrees to or opposes that procedure, or whether it has insufficient information to commit itself either way.

2. 20 Particulars of claim must be served with the claim form.

2. 21 In addition to the requirements of rule 16. 4, the particulars of claim should include —

(a) a brief summary of the dispute and identification of the anticipated issues;

(b) a full statement of all relief or remedies claimed;

(c) detailed calculations of any sums claimed.

2. 22 The particulars of claim should be no more than 20 pages in length. The court will only exceptionally give permission for a longer statement of case to be

served for use in the Shorter Trials Scheme and will do so only where a party shows good reasons.

2.23 The particulars of claim should be accompanied by a bundle of core documents.

2.24 The claim form and particulars of claim shall be served promptly following —

(a) the 14 day period allowed for the defendant's response to the letter of claim; or

(b) the defendant's response, if a longer period for response is agreed between the parties.

2.25 The claimant shall, promptly after serving the claim form and particulars of claim, take steps to fix a CMC for a date approximately (but not less than) twelve weeks after the defendant is due to acknowledge service of the claim form.

2.26 The defendant shall be required to file an acknowledgment of service within the time periods prescribed by the rules.

2.27 If the defendant files an acknowledgment of service stating that he wishes to dispute the court's jurisdiction, the period for serving and filing a defence is 28 days after filing of the acknowledgment of service (unless an application to challenge the jurisdiction is made on or before that date, in which case no defence need be served before the hearing of the application: see rules 11(7) and(9)).

2.28 In cases where the jurisdiction of the court is challenged these provisions will not apply until the question of the court's jurisdiction has been resolved.

2.29 The defence and any counterclaim must be served within 28 days of acknowledgment of service of the claim form.

2.30 The defence should include-

(a) a statement indicating whether it is agreed that the case is appropriate for the Shorter Trials Scheme and, if not, why not;

(b) a summary of the dispute and identification of the anticipated issues (if different to that of the claimant).

2.31 The defence and counterclaim should be no more than 20 pages in length. The court will only exceptionally give permission for a longer statement of case to be served for use in the Shorter Trials Scheme and will do so only where a party shows good reasons.

2.32 The defence should be accompanied by a bundle of any additional core documents on which the defendant intends to rely.

2.33 Unless such extension would require alteration of the date for the CMC, if it has already been fixed, the defendant and the claimant may agree that the period for serving and filing a defence shall be extended by up to 14 days. However, any such agreement and brief reasons must be evidenced in writing and notified to the court.

2.34 Any reply and defence to counterclaim must be served within 14 days thereafter.

Case Management Conference

2.35 If the suitability of the Shorter Trials Scheme procedure is disputed then that issue will be determined at the first CMC, if not before, and further directions given in the light of that determination.

2.36 The legal representatives for the claimant will be responsible for producing and filing a list of issues, and where appropriate for revising it.

2.37 The claimant's legal representatives shall provide a draft list of issues to the defendant's solicitors in sufficient time to enable the parties to use their best endeavours to discuss and agree the contents thereof prior to filing the CMC bundle at court.

2.38 At the CMC the court will-

(a) review the issues;

(b) approve a list of issues;

(c) consider ADR;

(d) give directions for trial;

(e) fix a trial date (or window), which should be not more than 8 months after the CMC and with a trial length of not more than 4 days (including reading time);

(f) fix a date for a Pre-Trial Review.

Disclosure

2.39 Rules 31.5(2) and 31.7 do not apply.

2.40 If and insofar as any party wishes to seek disclosure from another party of particular documents or classes of documents or of documents relating to a particular issue, they must write to the other party to make such requests not less than 14 days in advance of the CMC and, absent an agreement regarding the extent of the disclosure to be given, raise such requests at the CMC.

2.41 Where there is a dispute as to whether requested disclosure should be provided, in deciding whether it is necessary so to order the court will have regard to how narrow and specific the request is, whether the requested documents are likely to be of significant probative value and the reasonableness and proportionality of any related search required, having regard to the factors set out in rule 31.7(2).

2.42 Unless agreed by the parties or otherwise ordered at the CMC, the following provisions for disclosure will apply —

(a) the parties shall, within 4 weeks of the CMC, make and serve a disclosure list in accordance with rule 31.10 and serve copies of all documents in the list, inspection of which is not objected to;

(b) the documents to be listed in the disclosure list are-

(i) the documents on which they rely as supporting their case;

(ii) the documents requested by the other party under paragraph 2.40 above that it agreed to produce or was ordered to produce by the court;

(c) each party must also provide a disclosure statement containing a brief description of the steps the party has taken to locate the document agreed or ordered to be disclosed.

2.43 Applications for specific disclosure and further information made after the CMC are discouraged under the Shorter Trials Scheme and should not be made without good reason.

Witness statements

2.44 Unless otherwise ordered, witness statements will stand as the evidence in chief of the witness at trial. No witness statements should without good reason be more than 25 pages in length.

2.45 The court will consider at the CMC whether to order that witness evidence shall be limited to identified issues or to identified topics.

Experts

2.46 Expert evidence at trial will be given by written reports and oral evidence shall be limited to identified issues, as directed at the CMC or as subsequently agreed by the parties or directed by the court.

Applications

2.47 Part 23 applies with the modifications set out in this paragraph.

2.48 The court will deal with all applications (save for the CMC and pre-trial review) without a hearing in accordance with the following directions —

(a) all applications and documents filed in support must be concise;

(b) the respondent must answer in writing within 7 days of service of the application notice. The response must be concise;

(c) any reply from the applicant must be provided within 2 business days of service of the response and be concise;

(d) if any party contends the application should be dealt with at a hearing, they must give an explanation in writing;

(e) The court will deal with an application without a hearing unless the court considers it necessary to hold a hearing. In appropriate cases that may be a hearing by telephone.

2.49 Save as otherwise provided herein the periods set by this Practice Direction and any other time limits applicable to a case in the Shorter Trials Scheme under any rule, practice direction or order of the court may be extended by agreement by up to 7 days. In all other cases, such time limits many only be extended beyond 7 days by order of the court and for good reason.

2.50 Save in exceptional circumstances, the court will not permit a party to submit material at trial in addition to that permitted at the CMC or by later court order.

Pre-Trial Review

2.51 At the Pre-Trial Review the court will review the case and will fix the timetable for the trial, including time for speeches and for cross-examination.

The Trial

2.52 The judge hearing the trial will be the designated judge unless it is impractical for that judge to do so.

2.53 The court will manage the trial to ensure that, save in exceptional circumstances, the trial estimate is adhered to. Cross-examination will be strictly controlled by the court.

2.54 The trial will be conducted on the basis that it is only necessary for a party to put the principal parts of its case to a witness, unless the court directs otherwise.

2.55 The court will endeavour to hand down judgment within six weeks of the trial or (if later) final written submissions.

Costs

2.56 Rule 3.12 shall not apply to cases in the Shorter Trials Scheme, unless the parties otherwise agree. If at the outset of the proceedings the parties agree that Costs Management should apply, they should seek an order to that effect at the CMC and apply for directions as to when budgets should be subsequently exchanged, discussed and submitted for the court's approval.

2.57 Within 21 days of the conclusion of the trial, or within such other period as may be ordered by the court, the parties shall each file and simultaneously exchange schedules of their costs incurred in the proceedings.

2.58 Such schedules should contain sufficient detail of the costs incurred in relation to each applicable phase identified by Precedent H to the Costs Budgeting regime to enable the trial judge to be in a position to make a summary assessment thereof following judgment.

2.59 Save in exceptional circumstances —

(a) the court will make a summary assessment of the costs of the party in whose favour any order for costs is made;

(b) rules 44.2(8), 44.7(1)(b) and Part 47 do not apply.

Appeals

2.60 The Court of Appeal will seek to take into account the fact that a case was in the Shorter Trials Scheme and the desire for expedition in deciding when applications for permission to appeal will be considered and when appeals will be listed.

The Flexible Trials Scheme

Flexible Trials Scheme-general

3.1 The Flexible Trials Scheme applies to a claim started in any of the Rolls Building Courts.

3.2 The Flexible Trials Scheme enables parties by agreement to adapt trial procedure to suit their particular case. Trial procedure encompasses pre-trial disclosure, witness evidence, expert evidence and submissions at trial.

3.3 The Flexible Trials Scheme is designed to encourage parties to limit disclosure and to confine oral evidence at trial to the minimum necessary for the fair resolution of their disputes. Its aim is to reduce costs, reduce the time required for trial and to enable earlier trial dates to be obtained.

3.4 The Flexible Trials Scheme enables the parties to agree to invite the court to determine identified issues on the basis of written evidence and submissions. In such a case, whilst the court will seek to comply with the parties' request, it may call for oral evidence to be given or oral submissions to be made on any of the identified issues if it considers it necessary to do so. Where an issue is to be determined in writing it is not necessary for a party to put its case on that issue to the other party's witnesses.

3.5 The Flexible Trials Scheme provides a standard trial procedure as set out in paragraph 3.9 below, the Flexible Trials Procedure. This may be varied by agreement between the parties.

Adoption of the Flexible Trials Scheme

3.6 If the parties wish to adopt the Flexible Trials Scheme they should agree to do so in advance of the first CMC and inform the court accordingly.

3.7 If the parties wish to adopt a variation of the Flexible Trials Procedure such variations should be agreed in advance of the first CMC and the court informed accordingly.

3.8 Unless there is good reason to order otherwise, where the parties have adopted the Flexible Trials Scheme the court will give directions in accordance with Flexible Trials Procedure and any agreed variations of it.

Flexible Trials Procedure

3.9 Unless otherwise ordered, the following directions apply where the Flexible Trials Scheme is adopted —

(a) each party will be required to disclose the documents on which he relies and documents which are actually known to fall within rules 31.6(b) or (c) without the need for a search. At the same time the party may request specific disclosure of documents it requires from any other party. If the parties wish to agree that there be wider disclosure in accordance with rule 31.5(7)(a) to (f) they should seek to do so in relation to limited and defined issues;

(b) where there is a dispute as to whether specific disclosure should be provided in deciding whether it is necessary so to order the court will have regard to how narrow and specific the request is, whether the requested documents are likely to be of significant probative value and the reasonableness and proportionality of any related search required, having regard to the factors set out in rule 31.7(2). A party is only required to carry out a reasonable search and to provide a disclosure statement pursuant to rule 31.7 in relation to specific disclosure which it has agreed or been ordered to provide;

(c) witness evidence at trial will be given by written statements and oral evidence shall be limited to identified issues or identified witnesses, as directed at the CMC or as subsequently agreed by the parties or directed by the court;

(d) expert evidence at trial will be given by written reports and oral evidence shall be limited to identified issues, as directed at the CMC or as subsequently agreed by the parties or directed by the court;

(e) submissions at trial will be made in writing with oral submissions and cross examination subject to a time limit, as directed at the CMC or as subsequently agreed by the parties or directed by the court;

(f) where an issue is to be determined at trial on the basis of written evidence it is not necessary for a party to put its case on that issue to the other party's witnesses. Where an issue is to be determined on the basis of oral evidence it is only necessary for a party to put the principal parts of its case to the other party's witnesses, unless the court directs otherwise.

二、法国商事法院

(一)《法国商法典》(节选)

French Commercial Code[①]

Chapter Ⅰ: Instituting the jurisdiction of the courts:

Article L. 721 – 1

The *Tribunaux de Commerce* are courts of first instance, comprising elected judges and a registrar. Their competencies are determined by this Code and by specific codes and legislation.

The *Tribunaux de Commerce* are subject to the provisions, common to all courts, of Book I of the *Code of Judicial Organisation*.

Article L. 721 – 2

In districts with no *Tribunal de Commerce*, the *Tribunal de Grande Instance* hears proceedings that are the purview of *Tribunaux de Commerce*.

Article L. 721 – 3

The *Tribunaux de Commerce* hear:

1° Disputes relating to commitments between traders, credit institutions or between the foregoing;

2° Those relating to commercial companies;

3° Those relating to commercial acts between all persons.

However, parties are free to agree, at the time of contracting, to submit the above-

① 英文翻译版本基于法国《商法典》2013 年 7 月 1 日版,由于部分法文法条在英文翻译版本中有遗漏,如二者有出入,请以法文版的法条为准。为了方便读者阅读,此处附英文翻译版。资料来源:https://www. legifrance. gouv. fr/Traductions/Liste-des-traductions-Legifrance,最后访问日期:2018 年 5 月 6 日。

mentioned disputes to arbitration.

Article L. 721 – 3 – 1

The *Tribunaux de Commerce* shall hear, within the limits of their subject matter jurisdiction, applications formulated pursuant to Regulation (EC) No. 861/2007 of the European Parliament and of the Council of 11 July 2007 establishing a European small claims procedure.

Article L. 721 – 4

Tribunaux de Commerce shall hear disputes involving promissory notes bearing the signatures of both traders and non-traders.

However, it must refer cases to the *Tribunal de Grande Instance* if required by the respondent where promissory notes bear only the signatures of non-traders and do not involve commercial, traffic, exchange banking or brokerage transactions.

Article L. 721 – 5

Asan exception to 2° of Article L. 721 – 3 and subject to the competence of the disciplinary courts, notwithstanding any provision to the contrary, the civil courts shall have sole competence to hear legal proceedings in which one of the parties is a company formed in accordance with Law No. 90 – 1258 of 31 December 1990 relating to professional practices having a specific legislative or regulatory status or a protected designation and disputes between partners in such practices.

However, the partners may agree, in the constitution, to submit to arbitrators disputes which may occur between them arising from their activity.

Article L. 721 – 6

Proceedings that do not come under the competence of *Tribunaux de Commerce* are those that are brought against an owner, farmer or vine grower, for the sale of produce issuing from their crops, and proceedings brought against a trader for the payment of produce and merchandise purchased for their own individual use.

Nevertheless, notes subscribed by a trader shall be deemed to have been subscribed for his business.

Article L. 721 – 7

The Presiding Judge of the *Tribunal de Commerce* may hear applications for protective measures, concurrently with the enforcement judge, where they are intended to protect a claim which falls within the competence of the *Tribunal de Commerce* and are submitted prior to any trial where these relate to:

1° Movable and immovable property inthe cases and conditions provided by the Code of Civil and Judicial Execution Procedures;

2° Vessels in the cases and conditions provided by Articles L. 5114 – 20 and L. 5114 – 29 of the Transport Code;

3° Aircrafts in the cases and conditions provided by the Code of Civil Aviation;

4° Inland waterway vessels with loads equal to or higher than twenty tonsin the cases and conditions provided by the Code of Public Waterways and Inland Waterways.

Chapter Ⅱ: organization and operation

Section 1: Organization and operation of the *Tribunaux de Commerce*

Article L. 722 – 1

Unless there are provisions providing for a single judge, rulings of the *Tribunaux de Commerce* shall be made by a panel of judges.

Article L. 722 – 2

Where the *Tribunal de Commerce* rules in procedures for judicial safeguarding, or restructuring, or for liquidation proceedings, judicial administration or liquidation of assets, the formation of the court shall include, subject to the application of the provisions of Article L. 722 – 15, a majority of judges having exercised judicial functions for over two years.

Article L. 722 – 3

The formation of the court shall be presided over by the Presiding Judge of the *Tribunal de Commerce* or by a Judge of that Court having exercised judicial functions for at least three years, subject to the application of the provisions of Article L. 722 – 15.

Article L. 722 – 3 – 1

The Presiding Judge of the *Tribunal de Commerce* shall hear, within the limits of its subject matter jurisdiction, applications formulated pursuant to Regulation (EC) No. 1896/2006 of the European Parliament and of the Council of 12 December 2006 creating a European order for payment procedure.

Article L. 722 – 4

Where a *Tribunal de Commerce* cannot be formed or cannot rule, the *Cour d'Appel*, at the request of the State Prosecutor, where the provisions of Articles L. 722 – 13 and L. 722 – 15 have not been applied, shall designate the *Tribunal de Grande Instance* situated within the jurisdiction of the *Cour d'Appel* responsible for hearing matters coming under the remit of the *Tribunaux de Commerce* and those subsequently referred to it. Where the referral arises from the impossibility of complying with the requirements of Article L. 722 – 2, the *Tribunal de Grande Instance* shall hear only cases relating to procedures for safeguarding, judicial restructuring and liquidation proceedings.

The Registrar of the *Tribunal de Commerce* shall not be divested and shall continue to exercise his functions within the court to which a case is referred.

Article L. 722 – 5

Where the reasons for the referral have ceased to apply, the *Cour d'Appel*, shall, at the request of the State Prosecutor, set the date from which the *Tribunal de Commerce* may again hear matters coming under its competence. On this date, the matters shall be transferred as is to the *Tribunal de Commerce*.

The court from which a case is referred shall, however, remain competent for mediation matters and, in the case of substantive rulings, shall rule on matters other than safeguarding, judicial restructuring and liquidation, judicial administration and liquidation of assets.

Section 2: The term of office of judges of the *Tribunaux de Commerce*

Article L. 722 – 6

Subject to the provisions relating to additional elections as provided for in the second paragraph of Article L. 723 – 11, judges of the *Tribunaux de Commerce* shall be elected for two years at their first election. At the end of their first term of office, they may be re-elected for subsequent terms of four years to the same court or another *Tribunal de Commerce*, within the limit of the maximum number of terms of office as set out in Article L. 723 – 7.

Where the term of office of judges of the *Tribunaux de Commerce* expires prior to the start of the term of office of their successors, they shall remain in office until such time as their successors take up office; this extension may not exceed a period of three months.

Article L. 722 – 7

Before taking up office, judges of the *Tribunaux de Commerce* shall swear an oath. The oath is as follows:

"I do hereby solemnly swear that I will carry out my duties faithfully, that I will keep deliberations strictly confidential and that I will behave at all times as a dignified and loyal member of the judiciary."

This oath shall be heard by the *Cour d'Appel* where the *Tribunal de Commerce* is established at the seat of the *Cour d'Appel*, and, in other cases, by the *Tribunal de Grande Instance* within whose jurisdiction the *Tribunal de Commerce* has its seat.

Article L. 722 – 8

The functions of a *Tribunal de Commerce* judge shall cease as a result of:

1° The expiry of his term of office, subject to the provisions of the second paragraph of Article L. 722 – 6 and the third paragraph of Article L. 722 – 11;

2° The abolition of the court;

3° Resignation;

4° Forfeiture.

Article L. 722 – 9

Where a procedure for safeguarding, judicial restructuring or liquidation is initiated against a *Tribunal de Commerce* judge, the functions of the interested party shall cease from the date of issue of the commencement order and he shall be deemed to have resigned.

These same provisions shall apply to a *Tribunal de Commerce* judge having one of the capacities referred to in the first paragraph of Article L. 713 – 3, where the company or public establishment to which he belongs is subject to a safeguarding, judicial restructuring or liquidation procedure.

Article L. 722 – 10

Where a *Tribunal de Grande Instance* has been designated under the conditions set out in Article L. 722 – 4, the term of office of a divested *Tribunal de Commerce* judge shall not be suspended during the divestment period.

Article L. 722 – 11

The Presiding Judge of the *Tribunal de Commerce* shall be chosen from among the court judges who have exercised functions in a *Tribunal de Commerce* for at least six years, subject to the provisions of Article L. 722 – 13.

The Presiding Judge shall be elected for four years by secret ballot by a general meeting of *Tribunal de Commerce* presided over by the outgoing Presiding Judge or, failing this, by the eldest judge. Elections shall take place by absolute majority in the first two ballots and by relative majority in the third ballot. Where votes are equally divided in the third ballot, the candidate with the most length of service in judicial functions shall be declared elected. In the event of equal length of service, the eldest shall be declared elected.

The Presiding Judge shall remain in office until his successor takes up office. This extension may not exceed a period of three months.

Article L. 722 – 12

Where, on whatever grounds, the functions of the Presiding Judge of the *Tribunal de Commerce* cease during his term of office, a new Presiding Judge shall be elected within three months for the remaining term of office of his predecessor.

In the event of incapacity, the Presiding Judge shall be replaced in his functions by a judge appointed by the former. Failing such appointment or in the event of incapacity on the part of the appointed judge, the Presiding Judge shall be replaced by the judge with the most length of service in judicial functions.

Article L. 722 – 13

Where no candidate fulfils the condition of length of service required to be the Presiding Judge of the *Tribunal de Commerce*, the First President of the *Cour d' Appel*, may, at the request of the State Prosecutor, rule that the required length of service is not mandatory.

Article L. 722 – 14

Subject to the application of the provisions of Article L. 722 – 15, only those who have exercised judicial functions in a *Tribunal de Commerce* for at least two years may be appointed to the functions of a supervisory judge in the conditions set out in Book Ⅵ.

At the start of each judicial year, the Presiding Judge of the *Tribunal de Commerce* shall draw up, having regard to the opinion of the general meeting of the court, a list of judges who may exercise the functions of a supervisory judge.

Article L. 722 – 15

Where no *Tribunal de Commerce* judge has the required length of service to rule in matters of safeguarding, judicial restructuring or liquidation, judicial administration or liquidation of assets, in accordance with the provisions of Article L. 722 – 2, either to preside over a formation of the court in the conditions set out in Article L. 722 – 3, or to fulfil the functions of a supervisory judge in the conditions set out in Article L. 722 – 14, the First President of the *Cour d' Appel*, at the request of the State Prosecutor, may rule that the required length of service is not mandatory.

Article L. 722 – 16

The term of office of judges elected to the *Tribunal de Commerce* is unpaid.

Chapter Ⅲ: Election of judges of the *Tribunaux de Commerce*

Section 1: Electorate

Article L. 723 – 1

The *Tribunal de Commerce* judges shall be elected within the jurisdiction by a college comprising:

1° Commercial delegates elected within the jurisdiction;

2° *Tribunal de Commerce* judges, and former members of such courts having requested an entry in the electoral register.

Article L. 723 – 2

The persons mentioned in Article L. 723 – 1 may take part in an electoral college only where:

1° They have not been stripped of their functions;

2° They have not received a criminal conviction for dishonourable conduct, lack of integrity or an offence against public decency;

3° They have not, in the previous fifteen years, calculated from the date the ruling pronouncing them becomes final, been declared personally bankrupt or subject to prohibitory or forfeiture measures as provided for under Book Ⅵ of this Code, under Law No. 85 – 98 of 25 January 1985 on company restructuring or liquidation or Law 67 – 563 of 13 July 1967 on the settlement or liquidation of assets, personal disqualification and criminal bankruptcies;

4° They are not subject to a prohibition, under the terms provided for in Article 131 – 27 of the Penal Code, on engaging in a commercial or industrial occupation, or on directing, administering, managing or controlling a commercial or industrial business or a commercial company, in any capacity whatsoever, either directly or indirectly, and either on their own behalf or on that of others;

Commercial delegates shall be appointed as provided for in Articles L. 713 – 6 to L. 713 – 18.

Article L. 723 – 3

The electoral register for elections to *Tribunaux de Commerce* shall be drawn up by a committee presided by the judge responsible for overseeing the Commercial and Companies Register.

Where a new *Tribunal de Commerce* is set up, the First President of the *Cour d'Appel* shall appoint a judge to act as president.

The provisions of the first paragraph of Article L. 25 and Articles L. 27, L. 34 and L. 35 of the electoral laws shall apply in the event of a dispute relating to the electoral register.

Section 2: Eligibility

Article L. 723 – 4

Persons aged thirty years and over shall be eligible for the duties of a *Tribunal de Commerce* judge who also:

1° Are listed on the electoral register pursuant to Article L. 713 – 7 within the jurisdiction of the *Tribunal de Commerce* or within the jurisdiction of neighbouring *Tribunaux de Commerce*;

2° Meet the condition of nationality set out in Article L. 2 of the electoral laws;

3° Are not subject to any procedure for safeguarding or judicial restructuring or liquidation proceedings;

4° Persons who, in the case mentioned in 1° or 2° of Article L. 713 – 7, do not belong to a company or public establishment that is the subject of a procedure for safeguarding or judicial restructuring or liquidation proceedings;

5° And can prove either that they have been registered with the Commercial and Companies Register for at least five years or that they have exercised for a total cumulative period of five years one of the capacities set out in Article L. 713 – 8 or one of the occupations listed in d of 1° of Article L. 713 – 7.

Article L. 723 – 5

Any person who has been stripped of their functions as a *Tribunal de Commerce* judge shall not be eligible for this function for a period of ten years.

Article L. 723 – 6

Any person who has resigned as a *Tribunal de Commerce* judge during the course of a disciplinary procedure initiated against him may be declared ineligible for a period of ten years by the National Disciplinary Commission.

Article L. 723 – 7

Tribunal de Commerce judges elected for four successive terms of office to the same *Tribunal de Commerce* are no longer eligible in that court for one year.

However, after four successive terms of office as member or presiding judge, the outgoing Presiding Judge may be re – elected for a new term of office as a member of the same *Tribunal de Commerce*.

At the end of this term of office, he is no longer eligible for any office for one year.

Article L. 723 – 8

A *Tribunal de Commerce* judge may not be simultaneously a member of an employment tribunal or a judge in another *Tribunal de Commerce*.

Section 3: Ballots and electoral operations

Article L. 723 – 9

Each elector shall have only one vote within the jurisdiction of the same *Tribunal de Commerce*.

Voting rights may be exercised by correspondence or by e-voting.

Article L. 723 – 10

Tribunal de Commerce judges shall be elected in two rounds via a plurinominal ballot.

Candidates having received votes at least equal to a majority of the votes cast and at least one quarter of the electors registered are elected during the first ballot. If no candidate is elected or if seats remain to be filled, candidates shall be elected by a second-round majority of the votes cast. If several candidates obtain the same number of votes during the second round, the oldest shall be declared elected.

Article L. 723 – 11

Elections shall take place every year in each *Tribunal de Commerce* where there are seats to be filled on whatever grounds.

If, during the year, the number of vacancies exceeds the number of members by more than one third, the Prefect may decide to hold supplementary elections. In this case, the terms of office of the elected judges shall expire at the end of the judicial year.

Article L. 723 – 12

The provisions of Articles L. 49, L. 50, L. 58 to L. 67 and L. 86 to L. 117 of the electoral laws shall apply to electoral operations organised in order to appoint *Tribunal de Commerce* judges.

Article L. 723 – 13

A committee presided by a judge appointed by the First President of the *Cour d' Appel* shall be responsible for ensuring that the ballot is properly conducted and for announcing the results.

Article L. 723 – 14

A *Conseil d' Etat* decree shall determine the terms for applying this Chapter.

Chapter Ⅳ: Disciplining of judges of the *Tribunaux de Commerce*

Article L. 724 – 1

Any failure on the part of a *Tribunal de Commerce* judge to uphold the integrity, honour, dignity and duties of his office shall constitute a disciplinary offence.

Article L. 724 – 2

Disciplinary powers shall be exercised by a National Disciplinary Commission chaired by a Presiding Judge of the *Cour de Cassation*, appointed by the First President of the *Cour de Cassation* and shall include:

1° A member of the *Conseil d' Etat* appointed by the vice-president of the *Conseil d' Etat*;

2° Two senior judges of the *Cours d' Appel* appointed by the Presiding Judge of the *Cour de Cassation* from a list drawn up by the presiding judges of the courts of appeal, each of them appointing a senior judicial official of the seat of his *Cour d' Appel* after consulting with the general meeting of senior judicial officials of the seat of the *Cour d' Appel*;

3° Four *Tribunal de Commerce* judges elected by all presiding judges of the *Tribunaux de Commerce*.

An equal number of deputies shall be elected under the same conditions. The members of the National Disciplinary Commission shall be appointed for four years.

Article L. 724 – 3

After the interested party is interviewed by the presiding judge of the court of which he is a member, the case may be referred to the National Disciplinary Commission by the Minister for Justice.

This Commission may reprimand the judge or strip him of his functions.

Article L. 724 – 4

On the proposal of the Minister for Justice, the president of the National Disciplinary Commission may suspend a *Tribunal de Commerce* judge for a period that may not exceed six months, where facts have been established against the interested party, after being interviewed by the Presiding Judge of the court of which he is a member, likely to lead to a disciplinary penalty. The suspension may be renewed once by the National Disciplinary Commission for a period that may not exceed six months. If the *Tribunal de Commerce* judge is the subject of criminal proceedings, the suspension may be ordered by the president of the National Disciplinary Commission until such time as the criminal decision becomes final.

Article L. 724 – 5

The National Disciplinary Commission may only deliberate if at least four of its members, including the president, are present.

Where the votes are equally divided, the president shall have the casting vote.

Article L. 724 – 6

The decisions of the National Disciplinary Commission and those of its president shall give reasons for their decision. They may only be appealed to the *Cour de Cassation*.

Article L. 724 – 7

Regardless of the decisions which may be taken pursuant to Articles L. 724 – 3 and L. 724 – 4, where it becomes apparent, subsequent to his election, that a *Tribunal de*

Commerce judge has, before or after his appointment, been the subject of a conviction, loss of rights or incapacity as referred to in Article L. 723 – 2, he shall, by operation of law, be stripped of his functions.

(二)《法国民事诉讼法》(节选)

French Code of Civil Procedure①

TITLE Ⅲ: SPECIFIC PROVISIONS RELATING TO THE COMMERCIAL COURT

Article 853

The parties may plead their causes by themselves.

They will have the right to be assisted or represented.

The representative, if he is not an advocate, must prove a special attorney.

CHAPTER Ⅰ: PROCEDURE BEFORE THE COMMERCIAL COURT

SECTION Ⅰ: BRINGING ACTION

Article 854

The action before the court must be brought by writ of summons, by handing over to the clerk's office of the court a joint petition or by a voluntary appearance of the parties before the court.

SUB-SECTION Ⅰ: WRIT OF SUMMONS

Article 855

The writ of summons will specify, under penalty of nullity, further to the particulars prescribed under Article 56:

1° the venue, date and time of the hearing where the matter will be summoned;

---

① 英文翻译版本基于法国《民事诉讼法典》2005 年 5 月 13 日版,由于部分法文法条在英文翻译版本中有遗漏,如二者有出入,请以法文版的法条为准。为了方便读者阅读,此处附英文翻译版。资料来源:https://www. legifrance. gouv. fr/Traductions/Liste-des-traductions-Legifrance,最后访问日期:2018 年 5 月 6 日。

2° if the plaintiff resides outside the jurisdiction, the surname, first names and address of the person at whose place he has elected domicile in France.

The originating process must specify furthermore the conditions under which the defendant may be assisted or represented, as well as, if necessary, the name of the representative of the plaintiff.

Article 856

The writ of summons must be served at least fifteen days before the hearing date.

Article 857

The matter may be referred to the court, at the request of one or the other party, by handing over to the clerk's office a copy of the writ of summons.

The handing over must take place at least eight days before the hearing date.

Article 858

In urgent cases, the time-limit to appear and the handing over of the writ of summons may be abridged by the leave of the president of the court.

In sea or air matters, the writ of summons may be served, even contemporaneously, without the leave of the president where there are parties not domiciled or if concerns urgent or interlocutory matters.

SUB-SECTION Ⅱ: JOINT PETITION AND VOLUNTARY APPEARANCE OF PARTIES

Article 859

Parties may present their claim by joint petition; they may also appear voluntarily before the court in view of determining the matter.

Article 860

The matter may be referred to the court by way of handing over the joint petition or by the signing of the minutes establishing that the parties have appeared voluntarily to have their claims determined.

The minutes must include the particulars provided for the joint petition as under Article 57.

SECTION Ⅱ: PROCEEDING

Article 861

If the matter is not ready to be ruled upon, the trial bench will defer the matter to a subsequent hearing or will entrust one of its members with the task of getting the matter ready for trial as judge rapporteur.

SUB-SECTION Ⅰ: JUDGE RAPPORTEUR

Article 862

The judge rapporteur may hear the parties.

He may invite them to provide such explanations which he deems necessary to the resolution of the dispute or order them to produce within such period as he will determine such relevant documents or supporting documents that would provide guidance to the court, failing which, he may override and return the matter to the trial bench that may determine the effect of the party's abstention or refusal.

Article 863

The judge rapporteur will enter on record any conciliation, even a partial one, between the parties.

Article 864

The judge rapporteur may implement a joinder or a disjoinder of the proceeding.

Article 865

The judge rapporteur may provide for, even *sua sponte*, any such investigation measure as necessary.

He will determine in relation to the obstacles relating to the service of documents.

He will put on record the extinction of the proceeding. In that latter event, he will rule upon, if necessary, legal expenses.

Article 866

The measures provided for by the judge rapporteur will be recorded by simple notes in the court's file: an advice of the same will be given to the parties.

However, in relation to the cases referred to in the preceding Article, the judge rapporteur will decide by way of a reasoned order, subject to specific rules relating to investigation measures.

Article 867

The orders of the judge rapporteur will not have, with reference to the main issue, the authority of *res judicata*.

Article 868

The orders of the judge rapporteur will not be open to review action *per se* irrespective of the judgment of the merits of the case.

However, they (the orders) may be subject to appeal either in the cases or under the terms provided for expertise or within fifteen days from the date on which they establish the extinction of the proceeding.

Article 869

The judge rapporteur may, if the parties do not so oppose, sit alone to hear the closing speeches. He will reproduce the same in his deliberation.

In other cases, he will transfer the matter before the court as soon as the pre-trial investigation allows it.

SUB-SECTION Ⅱ : GENERAL PROVISIONS

Article 870

Unless the matter has been ruled upon on a first hearing, the clerk of the court will inform by ordinary letter the parties who have not been advised orally of the date of the subsequent hearings.

Article 871

The procedure will be conducted orally.

The claims of the parties or the references they submit in relation to such claims as they might have presented in writing will be noted down in the court's file or taken down in the form of the minutes.

CHAPTER Ⅱ : POWERS OF THE PRESIDENT

SECTION Ⅰ : SUMMARY JUDGEMENTS

Article 872

In all urgent cases, the president of the Commercial Court may, within the confines of the competence of the court, order in a summary procedure, all measures that do not encounter any serious challenge or which the existence of the dispute justifies.

Article 873

(*Decree n°* 85 – 1330 *of* 17 *December* 1985, *Article* 10, *Official Journal of* 18 *December* 1985 *in force on* 1 *January* 1986)

(*Decree n°*87 – 434 *of* 17 *June* 1987, *Article* 3, *Official Journal of* 23 *June* 1987)

The president may, within the same confines and even where confronted with a serious challenge, provide for by way of a summary procedure such protective measures or rehabilitation measures that the case justifies, either to avoid an imminent damage or to abate a manifestly illegal nuisance.

In the cases where the existence of an obligation is not seriously challenged, he may award an interim payment to the creditor or order the mandatory performance of the obligation even where it is an obligation to do.

SECTION Ⅱ : *EX PARTE* DECREES UPON PETITION

Article 874

The matter is referred to the president of the Commercial Court by way of petition in the circumstances as provided by law.

Article 875

He may equally order upon petition and within the confines of the competence of the court, any such urgent measures where the circumstances of the case require that the said measures be taken without adversarial proceedings.

Article 876

In urgent cases, the petition may be presented at the domicile of the president or at the place where he sits to perform his professional activity.

CHAPTER Ⅲ : MISCELLANEOUS PROVISIONS

Article 877

Commercial Courts will not entertain jurisdiction to enforce their judgments.

Article 878

The president of a Commercial Court may delegate to one or more members of the court part or all of his powers that are conferred unto him under this Title.

(三)《建立处理国际商事争议的专门法庭的建议》

Recommendations for the Creation of Special Tribunals for International Business Disputes —Summary of Proposals①

1. Setting up specialised tribunals to hear international business disputes

Proposal 31

Consolidating the existence and operation of the international and European section of the *Tribunal de commerce de Paris* by more specifically promoting it in the court's official communications and by publishing guidelines explaining the particular rules of procedure applied by that tribunal section.

Proposal 32

Creating an international commercial tribunal section within the *Cour d' appel de Paris*, in accordance with the terms set out in the proposals that follow.

2. Eligible disputes

Proposal 1

Conferring jurisdiction over business law disputes that are international in nature to an international commercial tribunal section set up at each court level.

Proposal 13

Establishing objective criteria for assigning cases to the international commercial

① 为了使法国司法制度更能适应现代国际经济、司法发展的潮流,提升法国商事法院的国际竞争力,法国巴黎金融中心高级法律委员会(le Haut comité juridique de la place financière de Paris)在法国司法部(le Ministre de la Justice)的要求下研究并出具一份有关创设国际商事与金融纠纷专门法庭的报告,致力于为国际商事争议与金融纠纷提供专业且能用英语审理案件的司法服务。该份提案总结(summary of proposals)摘自巴黎金融中心高级法律委员会出具的报告,并按照主题进行了归纳总结,报告详细内容可见于:Legal High Committee for Financial Markets of Paris, Recommendations for the Creation of Special Tribunals for International Business Disputes, https://publications. banque-france. fr/sites/default/files/rapport_07_a. pdf, May 6, 2018。

sections of the Commercial Court and Court of Appeal.

Proposal 34

Conferring on the Court of Appeal exclusive jurisdiction over appeals in international arbitration matters(amendment of Article L. 310 *et seq.* and Article D. 311 – 8 *et seq.* of the *Code de l' organisation judiciaire*, and Article L. 1504 *et seq.* of the *Code de procédure civile*).

Proposal 35

Conferring on the Court of Appeal exclusive jurisdiction over appeals from judgments rendered pursuant to international conventions in the transport field (amendment of Article L. 310 *et seq.* and Article D. 311 – 8 *et seq.* of the *Code de l' organisation judiciaire*, and Article L. 1504 *et seq.* of the *Code de procédure civile*).

Proposal 24

Conferring on the presiding judges of the international commercial sections of the *Tribunal de commerce de Paris* and of the *Cour d' appel de Paris* jurisdiction to hear summary proceedings in the disputes assigned to such tribunal sections.

3. Appropriate language rules

Proposal 20

Publishing translations of the codes and other legal texts commonly used in international business law.

Proposal 2

Allowing the use of English at the various stages of proceedings, within the framework of the procedural rules in effect.

Proposal 36

If necessary, consolidating the rules applicable to the use of foreign languages at the various stages of the proceedings(Redraft and amend by statute the *Ordonnance de*

Villers-Cotterêts of 1539, add specific provisions on the use of foreign languages in the proceedings guidelines applicable to all civil courts-Chapter 1, Title 1, Book 1, of the *Code de procédure civile*).

Proposal 11

Drawing up an exhaustive list of matters in which English may be used before the court.

Proposal 8

Offering parties options for the use of English depending on the needs of the case, with respect to:

—producing and challenging evidence;

—producing written submissions and correspondence between the court and the parties;

—holding hearings and oral argument.

Proposal 9

In all cases, conditioning the use of English in proceedings on the agreement of the parties and the approval of the court.

Proposal 10

Conditioning the possibility of producing court documents and/or receiving correspondence from the court in English on the parties' express waiver of their right to claim invalidity due to a procedural defect on such grounds.

Proposal 12

Making appropriate arrangements for the interpretation of hearings if members of the public are present.

Proposal 6

Together with the judgment rendered in French, providing a sworn translation into English.

Proposal 21

Publishing the decisions rendered by the international tribunal sections in both languages, on appropriate media, together with the related learned commentary.

4. Effective procedural practices

Proposal 7

Soliciting the views of lawyers and corporate counsel who customarily deal with international commercial disputes on how to advantageously apply ordinary rules of procedure to the cases handled by the international commercial sections of the *Tribunal de Commerce* and the *Cour d' appel de Paris*.

Proposal 5

Including in the guidelines the rules of procedure applied before the international commercial tribunal section.

Proposal 3

Setting up procedural mechanisms that reduce the duration of proceedings and enable the judgment date to be set with certainty.

Proposal 25

Including in the guidelines followed by the international commercial tribunal section the specific provisions applied, pursuant to the rules of the *Code de procédure civile*, to ensure compliance with the schedule for producing evidence and filing written submissions and to ensure that the hearing date is not vacated.

Proposal 4

Reinforcing and simplify the practices for producing and reviewing evidence.

Proposal 26

Including in the guidelines followed by the international commercial tribunal section the practices specifically applied to take evidence in cases assigned to that tribunal section.

Proposal 28

Including in the guidelines followed by the international commercial tribunal section the practices specifically applied to take evidence at hearings and to organise oral argument and the questions the courts may ask lawyers.

Proposal 22

Setting up a specific process for assessment and allocation of litigation expenses and costs.

Proposal 30

Providing in the guidelines followed by the international commercial tribunal section for the holding of a hearing, after the case has been judged, for the purpose of assessing and allocating litigation expenses and costs.

Proposal 23

Setting up an appropriate communication system aimed at the publics concerned, informing them of the existence of the international commercial tribunal sections and their operating rules.

Proposal 37

If necessary, consolidating the procedural rules for:

—obtaining evidence (Article 132 *et seq.* of the *Code de procédure civile*);

—assessing litigation costs (Article 695 *et seq.* of the *Code de procédure civile*).

5. Human resources

Proposal 17

Increasing the number of *Cour d'appel de Paris* judges by a sufficient number to form the international commercial tribunal section (three presiding judge positions).

Proposal 14

Adopting a selective process for appointing and assigning *Cour d' appel de Paris* judges to sit on the international commercial section.

Proposal 15

Setting up enhanced training programmes in international business law and common law, as well as advanced English language courses, for *Cour d' appel de Paris* judges who will sit on the international commercial section.

Proposal 38

Creating a status of "advisor on special assignment" for the Courts of Appeal (in the provisions on full-time temporary positions: Chapter V *bis*, section 1, add a sub-section 2: Advisors to the Court of Appeal on special assignment, after Article 40 – 7 of Order No. 58 – 1270 of 22 December1958 adopting the Organic Law on the status of the judiciary).

Proposal 39

Amending the status of temporary judges for the benefit of the Courts of Appeal (amendment of Article 41 – 10 of Order No. 58 – 1270 of 22 December 1958 adopting the Organic Law on the status of judges).

Proposal 18

Hiring staff who are specialised in international business law and common law, and who are fully conversant with legal English, to assist the judges of the international commercial section of the Court of Appeal (five associate legal officers).

Proposal 40

Adapting the position of associate legal officer in line with the legal and technical specificities of the international commercial tribunal sections (amendment of Article L123 – 4 of the *Code de l' organisation judiciaire*).

Proposal 16

Adopting a selective process for assigning staff with sufficient knowledge of English to the registries of the international commercial sections of the *Tribunal de commerce de Paris* and the *Cour d' appel de Paris* (two registrars and two reception desk staff).

Proposal 29

Setting up a group of judicial conciliators and mediators available to the international commercial tribunal sections, who have experience in international business law and who speak English.

Proposal 27

Identifying, under the relevant headings of the list of experts, the persons with technical expertise able to conduct expert assessment operations and prepare their reports in English.

6. Physical resources

Proposal 19

Providing the international commercial tribunal sections of the *Tribunal de commerce de Paris* and the *Cour d' appel de Paris* with appropriate premises equipped with electronic communication systems, tools for recording hearings, and interpretation and videoconference systems.

7. Project implementation and oversight

Proposal 41

Preceding the creation of the international commercial tribunal sections of the Commercial Court and Court of Appeal by in-depth consultations with all relevant professional bodies and organisations.

Proposal 33

Setting up a steering committee at the Court of Appeal level to monitor the experiment and publish its assessments thereof.

三、新加坡国际商事法庭

(一)《新加坡最高法院司法法》中涉及新加坡国际商事法庭的部分[①]

Supreme Court of Judicature Act
(SCJA, CAP. 322) (18A – 18M)

Singapore International Commercial Court

18A. There shall be a division of the High Court known as the Singapore International Commercial Court.

President of Singapore International Commercial Court

18B. —(1) The Chief Justice may appoint a Judge of Appeal, a Judge of the High Court, a Senior Judge of the Supreme Court or an International Judge of the Supreme Court to be the President of the Singapore International Commercial Court for such period as the Chief Justice may specify.

(2) If no appointment is made under subsection (1), the Chief Justice shall be the President of the SingaporeInternational Commercial Court.

Act to apply with modifications

18C. Subject to sections 18D to 18M and 80(2A), the provisions of this Act shall apply to proceedings in the Singapore International Commercial Court as they apply to proceedings in the High Court exercising its original civil jurisdiction.

Jurisdiction of Singapore International Commercial Court

18D. The Singapore International Commercial Court shall have jurisdiction to hear and try any action that satisfies all of the following conditions:

---

① 本书所摘录的新加坡国际商事法院所涉法律法规及其他规范资料均来源其官网:https://www.sicc.gov.sg/LegRulesPD.aspx? id=41,最后访问日期:2018年5月30日。

(a) the action is international and commercial in nature;

(b) the action is one that the High Court may hear and try in its original civil jurisdiction;

(c) the action satisfies such other conditions as the Rules of Court may prescribe.

Pre-action certificate

18E.—(1) A party intending to bring an action in the Singapore International Commercial Court may apply for a certificate stating all or any of the following matters:

(a) that the intended action is international and commercial in nature for the purposes of section 18D(a);

(b) such other matters as the Rules of Court may prescribe.

(2) An application under subsection(1)—

(a) shall be made by an originating process or such other process as the Rules of Court may prescribe;

(b) shall be determined by a Judge or the Registrar; and

(c) may be determined summarily or otherwise in accordance with such procedure as the Rules of Court may prescribe.

(3) A certificate issued under this section is conclusive as to the matters certified in such circumstances as the Rules of Court may prescribe.

Effect of jurisdiction agreement

18F.—(1) Subject to subsection(2), the parties to an agreement to submit to the jurisdiction of the Singapore International Commercial Court shall be considered to have agreed —

(a) to submit to the exclusive jurisdiction of the Singapore International Commercial Court;

(b) to carry out any judgment or order of the Singapore International Commercial Court without undue delay; and

(c) to waive any recourse to any court or tribunal outside Singapore against any judgment or order of the Singapore International Commercial Court, and against the enforcement of such judgment or order, insofar as such recourse can be validly waived.

(2) Subsection (1)(a), (b) and (c) applies only if there is no express provision to the contrary in the agreement.

Composition of Singapore International Commercial Court

18G. Every proceeding in the Singapore International Commercial Court shall be heard and disposed of before a single Judge or 3 Judges.

Provisions where Singapore International Commercial Court comprises 3 Judges

18H.—(1) This section applies where a case in the Singapore International Commercial Court is heard before 3 Judges.

(2) The Chief Justice shall appoint one of the Judges to preside.

(3) The case shall be decided in accordance with the opinion of the majority of the Judges hearing the case.

(4) Subject to subsection (5), a case shall be reheard if one or more of the Judges are unable to continue hearing the case for any reason.

(5) Where one Judge is unable to continue hearing a case for any reason, the remaining 2 Judges may continue to hear and determine the case if the parties consent.

(6) Where a case is heard by 2 Judges under subsection (5)—

(a) if the 2 Judges have the same opinion, the case shall be determined according to their opinion; or

(b) if the 2 Judges have different opinions on any claim, counterclaim or application, the claim, counterclaim or application, as the case may be, shall be dismissed.

Powers of Singapore International Commercial Court, Generally

18I. —(1) The Singapore International Commercial Court may exercise such powers as the High Court may exercise in its original civil jurisdiction, except —

(a) the power under paragraph 1 of the First Schedule; and

(b) any power that must be exercised through the Family Division of the High Court.

(2) The Singapore International Commercial Court shall exercise its powers in accordance with the Rules of Court, and any other written law, relating to that Court or those powers.

Transfer of cases

18J. —(1) The Singapore International Commercial Court may transfer a case commenced in that Court to the High Court in accordance with the Rules of Court.

(2) The High Court may transfer a case commenced in that Court to the Singapore International Commercial Court in accordance with the Rules of Court.

(3) Where a case is transferred under subsection (1) or (2) —

(a) the court to which the case is transferred may permit any matter that has been adduced to remain in evidence, notwithstanding that different rules of evidence may apply in the court to which the case is transferred; and

(b) the court transferring the case and the court to which the case is transferred may make any consequential order in accordance with the Rules of Court.

(4) In this section, "High Court" does not include the Singapore International Commercial Court.

Rules of evidence in certain cases

18K. —(1) The Singapore International Commercial Court —

(a) shall not be bound to apply any rule of evidence under Singapore law in such cases and to such extent as the Rules of Court may provide; and

(b) may, in those cases, apply other rules of evidence (whether such rules are found under any foreign law or otherwise) in accordance with the Rules of Court.

(2) In subsection (1), "rule of evidence" includes any rule of law relating to privilege, or to the taking of evidence.

Determination of foreign law on submissions

18L. —(1) The Singapore International Commercial Court may, in such cases as the Rules of Court may prescribe, order that any question of foreign law be determined on the basis of submissions instead of proof.

(2) In determining any question of foreign law on the basis of submissions, the Singapore International Commercial Court may have regard to such matters as the Rules of Court may prescribe.

Representation by foreign lawyers

18M. A party to a case in the Singapore International Commercial Court, or to an appeal from that Court, may in accordance with the Rules of Court be represented by a foreign lawyer who is registered in accordance with Part IV B of the Legal Profession Act (Cap. 161).

(二)《新加坡法院规则》第110号命令中的部分内容

Order 110 of Rules of the Court: Singapore International Commercial Court①

PRELIMINARY

Interpretation(O.110,r.1)

1.—(1) In this Order, unless the context otherwise requires —

"chosen court" has the same meaning as in section 2(1) of the Choice of Court Agreements Act 2016(Act 14 of 2016);

"counsel" means —

(a) an advocate and solicitor;

(b) a person admitted to practise as an advocate and solicitor under section 15 of the Legal Profession Act(Cap. 161); or

(c) a registered foreign lawyer who is granted full registration under section 36P of the Legal Profession Act;

"Court" means the Singapore International Commercial Court;

"exclusive choice of court agreement" has the same meaning as in section 3 of the Choice of Court Agreements Act 2016;

"jurisdiction agreement" means an agreement to submit to the exclusive or non-exclusive jurisdiction of the Court;

"offshore case" means an action that has no substantial connection with Singapore, but does not include any of the following:

---

① 新选规则为2018年修订后的规则。

(a) any proceedings under the International Arbitration Act (Cap. 143A) that are commenced by way of any originating process;

(b) an action in rem (against a ship or any other property) under the High Court (Admiralty Jurisdiction) Act (Cap. 123);

"offshore case declaration" means an offshore case declaration under Rule 35;

"plaintiff's declaration" means a plaintiff's declaration under Rule 4(4) and (5);

"pre-action certificate" means a pre-action certificate pursuant to a joint request under Rule 40 or an application under Rule 41;

"registered foreign lawyer" means a foreign lawyer registered under section 36P of the Legal Profession Act.

"registered law expert" means a law expert registered under section 36PA of the Legal Profession Act;

"restricted registration foreign lawyer" means a registered foreign lawyer who is granted restricted registration under section 36P of the Legal Profession Act.

(1A) In this Order (other than paragraph (2) (c) and (ca)), unless the context otherwise requires, "High Court" does not include the Court.

(2) In this Order, unless the context otherwise requires —

(a) a claim is international in nature if —

(i) the parties to the claim have their places of business in different States;

(ii) none of the parties to the claim have their places of business in Singapore;

(iii) at least one of the parties to the claim has its place of business in a different State from —

(A) the State in which a substantial part of the obligations of the commercial relationship between the parties is to be performed; or

(B) the State with which the subject matter of the dispute is most closely connected; or

(iv) the parties to the claim have expressly agreed that the subject-matter of the claim relates to more than one State;

(b) a claim is commercial in nature if —

(i) the subject matter of the claim arises from a relationship of a commercial nature, whether contractual or not, including (but not limited to) any of the following transactions:

(A) any trade transaction for the supply or exchange of goods or services;

(B) a distribution agreement;

(C) commercial representation or agency;

(D) factoring or leasing;

(E) construction works;

(F) consulting, engineering or licensing;

(G) investment, financing, banking or insurance;

(H) an exploitation agreement or a concession;

(I) a joint venture or any other form of industrial or business cooperation;

(J) a merger of companies or an acquisition of one or more companies;

(K) the carriage of goods or passengers by air, sea, rail or road;

(ii) the claim relates to an *in personam* intellectual property dispute; or

(iii) the parties to the claim have expressly agreed that the subject matter of the claim is commercial in nature;

(c) where an agreement to submit to the jurisdiction of the High Court is concluded before 1 October 2016, the agreement does not of itself constitute an agreement to submit to the jurisdiction of the Court;

(ca) where an agreement to submit to the jurisdiction of the High Court is concluded on or after 1 October 2016, the agreement is to be construed as including an agreement to submit to the jurisdiction of the Court, unless a contrary intention appears in the agreement;

(d) an agreement to submit to the jurisdiction of the Court does not of itself constitute an agreement to submit to the jurisdiction of the High Court;

(e) a jurisdiction agreement is written if its contents are recorded in any form (whether or not the agreement has been concluded orally, by conduct or by other means), including an electronic communication if the information contained therein is accessible so as to be useable for subsequent reference; and

(f) for the purposes of the definitionof "offshore case" in paragraph (1), an action has no substantialconnection to Singapore where —

(i) Singapore law is not the law applicable to the dispute and the subject-matter of the dispute is not regulated by or otherwise subject to Singapore law; or

(ii) the only connections between the dispute and Singapore are the parties' choice of Singapore law as the law applicable to the dispute and the parties' submission to the jurisdiction of the Court.

(3) For the purposes of paragraph (2) (a) (i), (ii) and (iii), a party's place of business is to be determined in the following manner:

(a) where the parties have concluded a written jurisdiction agreement submitting the claim for resolution by the Court, a party's place of business is —

(i) the place at which that party carries out its business at the time the agreement was concluded;

(ii) if that party carries out its business at more than one place at the time the agreement was concluded, the place (where the party carries out its business) with the closest relationship to the agreement at that time; or

(iii) if that party does not carry out business at any place at the time the agreement was concluded, that party's habitual residence at that time; or

(b) where the parties have not concluded a written jurisdiction agreement submitting the claim for resolution by the Court, but the High Court is considering whether to transfer the case from the High Court to the Court, a party's place of business is —

(i) the place at which that party carries out its business at the relevant time;

(ii) if that party carries out its business at more than one place at the relevant time, the place (where the party carries out its business) with the closest relationship to the subject matter of the dispute at that time; or

(iii) if that party does not carry out business at any place at the relevant time, that party's habitual residence at that time.

(3A) For the purposes of paragraph (2)(b)(i), the parties to the claim need not be in a relationship of a commercial nature and it is sufficient that the subject matter of the claim arises out of such a relationship.

(3B) For the purpose of paragraph (3)(b)(i), (ii) and (iii), the relevant time is —

(a) the time the case was commenced in the High Court; or

(b) such other time as the Court may determine.

(4) A reference in these Rules to an advocate and solicitor, an advocate or a solicitor acting for a person in any proceedings shall, in relation to proceedings in the Court or to an appeal from the Court, be construed as a reference to counsel acting for the person.

...

Service of originating process (O. 110, r. 6)

6.—(1) A writ or an originating summons filed in the Court, or in a case transferred to the Court, may be served in accordance with these Rules, subject to paragraphs(2), (2A) (3) and(4).

(2) Leave under Order 11, Rule 1 is not required for the service of a writ or an originating summons outside of Singapore on a party to awritten jurisdiction agreement.

(2A) Leave under Order 69A, Rule 4 is not required for the service of an originating summons outside of Singapore on a party to a written jurisdiction agreement.

(3) A defendant who is a party to a written jurisdiction agreement and who is served with a writ outside of Singapore has 21 days (or such longer time as the Court may allow) after theservice to enter an appearance.

(4) Paragraph (2) and (2A) do not affect the Court's power to consider its jurisdiction under Rule 10.

JURISDICTION, JOINDER AND TRANSFER

Jurisdiction (O. 110, r. 7)

7.—(1) For the purposes of section 18D(1)(c) of the Act, the other conditions that an action (not being proceedings relating to international commercial arbitration that the Court has jurisdiction to hear under section 18D(2) of the Act) must satisfy are as follows:

(a) the claims between the plaintiffs and the defendants named in the originating process when it was first filed are of an international and commercial nature;

(b) each plaintiff and defendant named in the originating process when it was first filed has submitted to the Court's jurisdiction under a written jurisdiction agreement; and

(c) the parties do not seek any relief in the form of, or connected with, a prerogative order (including a Mandatory Order, a Prohibiting Order, a

Quashing Order or an Order for Review of Detention).

(2) To avoid doubt, the Court has the jurisdiction to hear and determine —

(a) a case transferred to the Court under Rule 12 or 58; and

(b) an originating summons under Order 52 for leave to commit a person for contempt in respect of any judgment or order made by the Court.

Court may decline to assume jurisdiction (O. 110, r. 8)

8.—(1) Subject to paragraph (2) and Rule 12(5)(a), the Court may decline to assume jurisdiction under section 18D (1) or (2) of the Act if it is not appropriate for the action to be heard by the Court.

(2) The Court must not decline to assume jurisdiction in an action solely on the ground that the dispute between the parties is connected to a jurisdiction other than Singapore, if there is a written jurisdiction agreement between the parties.

(3) In exercising its discretion under paragraph (1), the Court shall have regard to its international and commercial character.

Joinder of other persons as parties (O. 110, r. 9)

9.—(1) In an action where the Court has and assumes jurisdiction, or in a case transferred to the Court under Rule 12 or 58, a person may be joined as a party (including as an additional plaintiff or defendant, or as a third or subsequent party) to the action if —

(a) the requirements in these Rules forjoining the person are met; and

(b) the claims by or against the person —

(i) do not include a claim for any relief in the form of, or connected with, a prerogative order (including a Mandatory Order, a Prohibiting Order, a Quashing Order or an Orderfor Review of Detention);

(ii) are appropriate to be heard in the Court.

(2) A State or the sovereign of a State may not be made a party to an action in

the Court unless the State or the sovereign has submitted to the jurisdiction of the Court under awritten jurisdiction agreement.

(3) In exercising its discretion under paragraph(1), the Court must have regard to its international and commercial character.

Court may consider jurisdiction and assumption of jurisdiction(O. 110, r. 10)

10. —(1) In an action commenced in the Court, the Court may consider whether it has jurisdiction or whether it should decline to assume jurisdiction —

(a) on its own motion at any time(but shall not make a decision before hearing the parties); or

(b) on an application by a party in accordance with Rule 11.

(3) Where the Court decides that it has no jurisdiction or declines to assume jurisdiction —

(a) the Court must transfer the proceedings to the High Court if —

(i) the Court considers that the High Court has jurisdiction in the case; and

(ii) all parties consent to the proceedings being heard in the High Court; or

(b) if the proceedings are not transferred to the High Court under sub paragraph(a), the Court may dismiss or stay the proceedings, or make any other order it sees fit.

(3A) For the purposes of paragraph (3)(a)(ii), where a choice of court agreement designates the High Court as a court for the case, the Court is to treat each party to the agreement as a party who consents to the proceedings being heard in the High Court.

(3B) To avoid doubt, paragraph(3)(b) does not enable the Court to make an order for the transfer of the proceedings to any other court in Singapore.

(4) Rule 12(5) applies where the Court transfers proceedings under paragraph (3)(a).

(5) The following decisions of the Court under this Rule are final for the purposes of section 34(1)(e) of the Act, unless the Court or the Court of Appeal gives leave to appeal:

(a) a decision that the Court has and will assume jurisdiction;

(b) a decision of the Court to transfer the proceedings to the High Court under paragraph(3)(a).

...

Transfer of proceedings to or from Court (O. 110, r. 12)

12.—(1) A case commenced in the High Court may be transferred to the Court, and vice versa.

(2) An order to transfer a case must be made by the court in which the case was commenced.

(3) A case may be transferred from the Court to the High Court only if the following requirements are met:

(a) the Court considers that —

(i) the High Court has jurisdiction in the case; and

(ii) it is more appropriate for the case to be heard in the High Court;

(b) a party has, with the consent of all other parties, applied for the transfer in accordance with Rule 13.

(3A) For the purposes of paragraph(3)(b), where a choice of court agreement designates the High Court as a court for the case, the Court is to treat the application for the transfer of the case to the High Court as being made with the consent of each party to the agreement.

(3B) Where the Choice of Court Agreements Act 2016 (Act 14 of 2016) applies in a case by virtue of section 8 of that Act, and an exclusive choice of court agreement designates the High Court as a chosen court for the case, the case may be transferred from the High Court to the Court only if thefollowing requirements are met:

(a) the High Court considers that —

(i) the requirements in Rule 7(1)(a) and (c) are met; and

(ii) it is more appropriate for the case to be heard in the Court;

(b) either —

(i) a party to the case has applied, with the consent of every other party to the case, for the transfer in accordance with Rule 13; or

(ii) the High Court, with the consent of every party to the case, orders the transfer on its own motion.

(4) Subject to paragraph (3B), a case may be transferred from the High Court to the Court only if thefollowing requirements are met:

(a) the High Court considers that —

(i) the requirements in Rule 7(1)(a) and (c) are met; and

(ii) it is more appropriate for the case to be heard in the Court;

(b) either —

(i) a party has, with the consent of all other parties, applied for the transfer in accordance with Rule 13; or

(ii) the High Court, after hearing the parties, orders the transfer on its own motion.

(4A) For the purposes of paragraphs (3B)(b)(i) and (4)(b)(i), where a choice of court agreement designates the Court as a court for the case, the High Court is to treat the application for the transfer of the case to the Court as being made with the consent of each party to the agreement.

(4B) For the purposes of paragraph (3B)(b)(ii), where a choice of court agreement designates the Court as a court for the case, the High Court is to treat each party to the agreement as a party who consents to an order, by the High

Court on its own motion, for the transfer of the case to the Court.

(5) Where a case is transferred —

(a) the court to which the case is transferred must not reconsider whether it has jurisdiction;

(b) the court to which the case is transferred may order that any matter already adduced in the proceedings is to remain in evidence, notwithstanding that different rules of evidence will apply in the court;

(c) unless the court ordering the transfer otherwise directs, the parties must continue to pay the hearing fees and court fees payable in the court where the case was commenced;

(d) the court ordering the transfer may make such consequential orders as it sees fit; and

(e) the court to which the case is transferred may make such consequential orders as it sees fit, provided that such orders are not inconsistent with any orders made by the court ordering the transfer.

. . .

EVIDENCE

Court may specify applicable rules of evidence (O. 110, r. 23)

23. —(1) The Court may, on the application of a party, order that —

(a) any rule of evidence found in Singapore law, whether under the Evidence Act (Cap. 97), in these Rules (but not in this Rule) or elsewhere, shall not apply; and

(b) such other rules of evidence (if any), whether such rules are found in foreign law or otherwise, shall apply instead.

(2) An application under paragraph (1) can only be made if all parties agree on —

(a) the rules of evidence that shall not apply for the purposes of paragraph (1)(a); and

(b) any rules of evidence that shall apply instead for the purposes of paragraph(1)(b).

(3) In making an order under paragraph (1), the Court may, for the just, expeditious and economical disposal of the proceedings —

(a) modify the parties' agreement under paragraph (2), but only with the parties' consent; and

(b) stipulate such further conditions that supplement and are consistent with the parties' agreement (or modified agreement) as the Court sees fit.

(4) The Court may, from time to time, amend or supplement any order under paragraph (1), but only in accordance with paragraph (3) and after hearing the parties.

(5) Despite any order under paragraph (1), the Court must exclude from evidence any document or statement (whether oral or written) where there are grounds of special political or institutional sensitivity (including anything that has been classified as secret by the Government, a foreign government or a public international institution) that the Court determines or the Attorney-General certifies to be compelling.

(6) In this Rule and Rule 24, "rule of evidence" includes any rule of law relating to privilege or the taking of evidence.

Application and procedure (O. 110, r. 24)

24. —(1) An application for an order for the purposes of Rule 23(1) must be made by summons and supported by an affidavit.

(2) The supporting affidavit must —

(a) state the rules of evidence found in Singapore law that the parties agree shall not apply;

(b) state any other rules of evidence that the parties agree shall apply instead; and

(c) exhibit a copy of the rules of evidence proposed to be applied, where this is practicable.

(3) For the purposes of paragraph (2)(a) and (b), a general description of the relevant rules of evidence is sufficient if it is not practicableto state each rule of evidence.

(4) Where an order under Rule 23(1) is made before the time for filing a bundle under Order 34, Rule 3(1), it must be included in the bundle.

FOREIGN LAW

Foreign law may be determined on basis of submissions (O. 110, r. 25)

25.—(1) The Court may, on the application of a party, order that any question of foreign law be determined on the basis of submissions (which may be oral or written or both) instead of proof.

(2) Before making an order under paragraph (1), the Court must be satisfied that each party is or will be represented by a counsel, restricted registration foreign lawyer or registered law expert who is suitable and competent to submit on the relevant questions of foreign law.

(2A) For the purposes of satisfying the Court under paragraph (2) that a counsel, restricted registration foreign lawyer or registered law expert who represents or will represent a party is suitable, the Court may require that party to provide evidence attesting to the suitability of the counsel, restricted registration foreign lawyer or registered law expert (including evidence of good standing).

(3) An order under paragraph (1) shall specify one or more persons who may make submissions on the relevant questions of foreign law on behalf on each party.

(4) Where a person specified under paragraph (3) does not have a right of

audience before the Court, the order shall be conditional on the person —

(a) being an advocate and solicitor who has in force a practising certificate;

(b) being admitted to practise as an advocate and solicitor under section 15 of the Legal Profession Act (Cap. 161); or

(c) being registered under section 36P or 36PA of that Act.

(5) Subject to Rule 27, an order under paragraph (1) is final for the purposes of section 34 (1) (e) of the Act.

Effect of order on proceedings in Court (O. 110, r. 26)

26. —(1) Where the Court makes an order under Rule 25 (1), paragraphs (2), (3) and (4) are to apply.

(2) The aspect of foreign law in question need not be proved.

(3) Subject to any directions by the Court, the parties' submissions may address any matter that would have been relevant to proving the aspect of foreign law in question.

(4) The Court may, in addition to considering the parties' submissions, have regard to the following when determining the relevant questions of foreign law:

(a) the legislation of the foreign country;

(b) the decisions of the courts of the foreign country;

(c) any judgment of the Court of Appeal, the High Court or the Court relating to similar questions of foreign law;

(d) any other material that, in the opinion of the Court, is authoritative or persuasive in determining or interpreting the aspect of the foreign law in question.

...

CONFIDENTIALITY

Confidentiality, etc. (O. 110, r. 30)

30. —(1) The Court may, on the application of a party, make allor any of the following orders:

(a) an order that the case be heard in camera;

(b) an order that no person must reveal or publish any information or document relating to the case;

(c) an order that the Court file be sealed.

(2) In deciding whether to make an order under paragraph (1), the Court may have regard to —

(a) whether the case is an offshore case; and

(b) any agreement between the partieson the making of such an order.

(4) An order under paragraph (1) may be made with or without exceptions or conditions, including any directions on what information relating to the proceedings may be published.

(5) An application under paragraph (1) must be made by summons and supported by an affidavit.

(6) The affidavit may exhibit any agreement between the applicant and any other party on the matters under paragraph (1).

(7) The parties must notify the Registrar of an order made, or treated as made, under paragraph (1) (including any exceptions, conditions and directions).

(8) An order made, or treated as made, under paragraph (1) (including any exceptions, conditions and directions) takes effect on the date the Registrar is notified of the order under paragraph (7).

(9) Paragraph (8) does not affect any obligation imposed on a party by an order

made, or treated as made, under paragraph(1).

(10) Where the Court file is sealed, no person other than a party may inspect the file, unless theleave of the Court is obtained.

(11) An application for leave under paragraph (10) must be served on all parties, and any party who wishes to oppose the application may file an affidavit within 7 days after being served the application.

(12) Subject to paragraph(13), the Court may at any time set aside an order under paragraph(1) on the application of a party.

(14) The Court' s decision whether to make or set aside an order under paragraph(1) is final for the purposes of section 34(1)(e) of the Act.

Reports of judgments of major legal interest(O. 110, r. 31)

31. —(1) Despite any order under Rule 30(1), but subject to paragraphs(2) and (3), the Court must direct that a judgment made by the Court may be published in law reports and professional publications if the Court considers the judgment to be of major legal interest.

(2) A party may, at any time before the Court delivers its judgment, inform the Court of any matter that the party wishes to remain confidential (including the fact that the party was involved in the proceedings).

(3) Where the Court considers that there are any matters which a party reasonably wishes to remain confidential, the Court must —

(a) give directions for those matters to be concealed in publishing the judgment of the Court; or

(b) if it is not possible or practicable for the judgment of the Court to be published without revealing those matters, give directions for the judgment not to be published for 10 years after the date of the judgment, or such shorter period as the Court may order.

...

REPRESENTATION

Validity of acts done by registered foreign lawyer or by solicitor registered under section 36E of Legal Profession Act (O. 110, r. 32)

32. The validity of anything done in any proceedings in the Court or any appeal from the Court isnot affected by the fact that —

(a) a party was represented by a registered foreign lawyer, by a registered law expert or by a solicitor registered under section 36E of the Legal Profession Act (Cap. 161); and

(b) the proceedings are not or have ceased to be relevant proceedings as defined in section 36O(1) of the Legal Profession Act, or the appeal is not or has ceased to be a relevant appeal as defined in that provision, as the case may be.

...

Constitution of Court and Court of Appeal (O. 110, r. 53)

53. —(1) Proceedings in the Court must be heard before 3 Judges if —

(a) the parties so agree, unless the Chief Justice directs otherwise; or

(b) the Chief Justice so directs.

(1A) Despite paragraph (1), any one of the 3 Judges appointed for any proceedings in that paragraph may hear any interlocutory application or case management conference in those proceedings.

(2) Subject to sections 30(2) and 36 of the Act, proceedings in the Court of Appeal in an appeal from the Court must be heard before 5 Judges of Appeal if —

(a) the parties so agree, unless the Chief Justice directs otherwise; or

(b) the Chief Justice so directs.

...

(三)《新加坡司法执业人员法》部分法条

Legal Profession(Foreign Representation in Singapore International Commercial Court)Rules 2014

. . .

PART 2 REGISTRATION OF FOREIGN LAWYER UNDER SECTION 36P OF ACT

. . .

Qualifications and requirements for registration and renewal of registration

4.—(1) For the purposes of section 36P(3) of the Act, an application may be made for a foreign lawyer to be granted full registration if —

(a) at the time the application is made, the foreign lawyer is duly authorised or registered to practise law in a foreign jurisdiction by a foreign registration authority of that jurisdiction;

(b) the foreign lawyer has at least 5 years' experience in advocacy before any court or tribunal;

(c) the foreign lawyer is sufficiently proficient in the English language to conduct any relevant proceedings or relevant appeal;

(d) the foreign lawyer has not been disbarred, struck off, suspended, ordered to pay a penalty, censured or reprimanded in the foreign lawyer's capacity as a legal practitioner by whatever name called inany jurisdiction; and

(e) the foreign lawyer gives an undertaking that if the Singapore International Commercial Court, or the Court of Appeal, makes an order permitting the foreign lawyer to make submissions on a question of foreign law in, and on behalf of a party to, any pertinent proceedings or any relevant appeal from any judgment given or order made in those proceedings, the foreign lawyer will appear, and give advice and prepare documents, in those proceedings or in that appeal, solely for the purposes of making submissions on that question of foreign law.

(2) For the purposes of section 36P(3) of the Act, an application may be made for a foreign lawyer to be granted restricted registration if —

(a) the foreign lawyer is sufficiently proficient in the English language to conduct any relevant proceedings or relevant appeal;

(b) the foreign lawyer has not been disbarred, struck off, suspended, ordered to pay a penalty, censured or reprimanded in the foreign lawyer's capacity as a legal practitioner by whatever name called in any jurisdiction;

(c) there is an order of the Singapore International Commercial Court, or of the Court of Appeal, permitting the foreign lawyer to make submissions, in any relevant proceedings under rule 3(2)(e) or in any relevant appeal from any judgment given or order made in those proceedings, on a question of foreign law on behalf of a party to those proceedings or that appeal; and

(d) the foreign lawyer undertakes to appear, and to give advice and prepare documents, only in those proceedings or in that appeal, and solely for the purposes of making submissions on that question of foreign law.

(3) An application may be made for the renewal of the full registration of a foreign lawyer if —

(a) at the time the application is made, the foreign lawyer is duly authorised or registered to practise law in a foreign jurisdiction by a foreign registration authority of that jurisdiction;

(b) the foreign lawyer has not been disbarred, struck off, suspended, ordered to pay a penalty, censured or reprimanded in the foreign lawyer's capacity as a legal practitioner by whatever name called in any jurisdiction; and

(c) the foreign lawyer gives an undertaking that if the Singapore International Commercial Court, or the Court of Appeal, makes an order permitting the foreign lawyer to make submissions on a question of foreign law in, and on behalf of a party to, any pertinent proceedings or any relevant appeal from any judgment given or order made in those proceedings, the foreign lawyer will appear, and give advice and prepare documents, in those proceedings or in that appeal, solely for the purposes of making submissions on that question of foreign law.

(4) An application may be made for the renewal of the restricted registration of a foreign lawyer if —

(a) the foreign lawyer has not been disbarred, struck off, suspended, ordered to pay a penalty, censured or reprimanded in the foreign lawyer's capacity as a legal practitioner by whatever name called in any jurisdiction;

(b) there is an order of the Singapore International Commercial Court, or of the Court of Appeal, permitting the foreign lawyer to make submissions on a question of foreign law in, and on behalf of a party to —

(i) any pending relevant proceedings under rule 3(2)(e); or

(ii) any pending relevant appeal from any judgment given or order made in relevant proceedings under rule 3(2)(e); and

(c) the foreign lawyer undertakes to appear, and to give advice and prepare documents, only in those proceedings or in that appeal, and solely for the purposes of making submissions on that question of foreign law.

Application for full registration

5.—(1) An application to the Registrar for a foreign lawyer to be granted full registration must —

(a) contain the following particulars of the foreign lawyer:

(i) the foreign lawyer's name, nationality and designation;

(ii) the name of the law practice (if any) in which the foreign lawyer practises, and the jurisdiction in which that law practice provides legal services;

(iii) the address of —

(A) the foreign lawyer's place of business in Singapore, if any; or

(B) the foreign lawyer's overseas place of business, if the foreign lawyer has no place of business in Singapore;

(iv) the electronic mail address of the foreign lawyer;

(b) state that the foreign lawyer agrees that —

(i) any letter, notice or document may be served on the foreign lawyer by the secretary, the Secretariat or any other person —

(A) in accordance with rule 27(1)(b) or (c), at that address or any other address provided under rule 12(4) in place of that address; or

(B) in accordance with rule 27(1)(e), at that electronic mail address or any other electronic mail address provided under rule 12(4) in place of that electronic mail address; and

(ii) such service is to be treated as good and sufficient service of the letter, notice or document on the foreign lawyer;

(c) be made in Form 1; and

(d) be accompanied by the appropriate non-refundable fee specified in the Third Schedule.

(2) The application must be supported by an affidavit of the foreign lawyer which —

(a) confirms the particulars of the foreign lawyer referred to in paragraph (1)(a);

(b) states that the foreign lawyer has at least 5 years' experience in advocacy before any court or tribunal;

(c) exhibits a document setting out the foreign lawyer's experience in advocacy;

(d) states that the foreign lawyer is sufficiently proficient in the English language to conduct any relevant proceedings or relevant appeal;

(e) states that the foreign lawyer has read and understood, and agrees to abide by, the Code of Ethics;

(f) states the jurisdictions in which the foreign lawyer is duly authorised or registered to practise law;

(g) exhibits a certificate issued, not earlier than 6 months before the date on which the application is made, by a foreign registration authority of the jurisdiction in which the foreign lawyer is based, or the jurisdiction the law of which the foreign lawyer most frequently practises, attesting to the good standing of the foreign lawyer;

(h) states that the foreign lawyer has not been disbarred, struck off, suspended, ordered to pay a penalty, censured or reprimanded in the foreign lawyer's capacity as a legal practitioner by whatever name called in any jurisdiction; and

(i) exhibits an undertaking by the foreign lawyer that if the Singapore International Commercial Court, or the Court of Appeal, makes an order permitting the foreign lawyer to make submissions on a question of foreign law in, and on behalf of a party to, any pertinent proceedings or any relevant appeal from any judgment given or order made in those proceedings, the foreign lawyer will appear, and give advice and prepare documents, in those proceedings or in that appeal, solely for the purposes of making submissions on that question of foreign law.

Application for restricted registration

6.—(1) An application to the Registrar for a foreign lawyer to be granted restricted registration must —

(a) contain the following particulars of the foreign lawyer:

(i) the foreign lawyer's name, nationality and designation;

(ii) the name of the law practice (if any) in which the foreign lawyer practises, and the jurisdiction in which that law practice provides legal services;

(iii) the address of —

(A) the foreign lawyer's place of business in Singapore, if any; or

(B) the foreign lawyer's overseas place of business, if the foreign lawyer has no place of business in Singapore;

(iv) the electronic mail address of the foreign lawyer;

(b) state that the foreign lawyer agrees that —

(i) any letter, notice or document may be served on the foreign lawyer by the secretary, the Secretariat or any other person —

(A) in accordance with rule 27(1)(b) or (c), at that address or any other address provided under rule 12(4) in place of that address; or

(B) in accordance with rule 27(1)(e), at that electronic mail address or any other electronic mail address provided under rule 12(4) in place of that electronic mail address; and

(ii) such service is to be treated as good and sufficient service of the letter, notice or document on the foreign lawyer;

(c) be made in Form 2; and

(d) be accompanied by the appropriate non-refundable fee specified in the Third Schedule.

(2) The application must be supported by an affidavit of the foreign lawyer which —

(a) confirms the particulars of the foreign lawyer referred to in paragraph (1)(a);

(b) states that the foreign lawyer is sufficiently proficient in the English language to conduct any relevantproceedings or relevant appeal;

(c) states that the foreign lawyer has read and understood, and agrees to abide by, the Code of Ethics;

(d) states the jurisdictions in which the foreign lawyer is duly authorised or registered to practise law;

(e) exhibits a certificate issued, not earlier than 6 months before the date on which the application is made, by a foreign registration authority of the jurisdiction in which the foreign lawyer is based, or the jurisdiction the law of which the foreign lawyer most frequently practises, attesting to the good standing of the foreign lawyer;

(f) states that the foreign lawyer has not been disbarred, struck off, suspended, ordered to pay a penalty, censured or reprimanded in the foreign lawyer's capacity as a legal practitioner by whatever name called in any jurisdiction;

(g) exhibits a copy of an order of the Singapore International Commercial Court, or of the Court of Appeal, permitting the foreign lawyer to make submissions on a question of foreign law in, and on behalf of a party to —

(i) any pending relevant proceedings under rule 3(2)(e); or

(ii) any pending relevant appeal from any judgment given or order made in relevant proceedings under rule 3(2)(e);

(h) exhibits a document setting out the foreign lawyer's qualifications and experience in relation to that question of foreign law; and

(i) exhibits an undertaking by the foreign lawyer to appear, and to give advice and prepare documents, only in those proceedings or in that appeal, and solely for the purposes of making submissions on that question of foreign law.

...

Period of validity or renewal of registration

10.—(1) Every registration under section 36P of the Act is valid for one year, unless the registration is sooner cancelled or suspended under section 36P(7) or (9) or 36U of the Act.

(2) Every renewal of a registration under section 36P of the Act is for one year, unless the registration is sooner cancelled or suspended under section 36P(7) or (9) or 36U of the Act.

Certificate of registration

11.—(1) Subject to paragraph (3), if an application under rule 5(1) or 6(1) is granted, the Registrar may issue a certificate of registration for the period of validity of the full registration or restricted registration (as the case may be).

(2) Subject to paragraph (3), if an application under rule 7(1) or 8(1) is approved, the Registrar may issue a certificate of registration for the period of

the renewal of the full registration or restricted registration (as the case may be).

(3) The Registrar may, on application by a registered foreign lawyer and on payment of the appropriate non-refundable fee (if any) specified in the Third Schedule —

(a) issue the foreign lawyer a certificate of registration;

(b) amend the foreign lawyer's certificate of registration; or

(c) issue a certified true copy of the foreign lawyer's certificate of registration.

(4) When a foreign lawyer's full registration or restricted registration is cancelled under section 36P(7) or (9) or 36U of the Act, the foreign lawyer's certificate of registration shall cease to be in force.

...

(四)《新加坡国际商事法庭诉讼指引 2019》部分内容

Singapore International Commercial Court Practice Directions 2019

...

PART Ⅲ

CONSTITUTION OF THE COURT AND COURT OF APPEAL

23. Constitution of the Court

(1) Subject to sub-paragraph (2) below, proceedings in the Court will generally be presided over by a single Judge.

(2) Pursuant to Order 110, Rule 53 (1) of the Rules ofCourt, proceedings in the Court must be heard by three Judges:

(a) where all parties to the proceedings so agree, unless the Chief Justice directs otherwise; or

(b) where the Chief Justice determines, as and when appropriate, that three Judges should hear the cause of matter.

(3) Where all parties to the proceedings agree, any party may apply for three Judges to be designated to hear the matter. The application shall be made by way of a letter to the Registrar, stating the reasons for the application and exhibiting the consent of all parties to the application. The application shall be made as soon as practicable, or by any deadline which the Judge may direct at a Case Management Conference.

(4) Where an application is made under sub-paragraph (3) and such application is approved by the Chief Justice, the SICC Registry will inform the parties of any additional fees payable. Where additional fees are payable, such fees shall be deducted from the deposit of each party in accordance with paragraph 38 of these Practice Directions.

...

PART XXII

APPEALS

139. General

(1) The directions in this Part of the Practice Directions shall apply to any appeal from any judgment or order of the Court.

(2) Any appeal from a judgment or order of the Court will be heard or determined by the Court of Appeal.

(3) In relation to any agreement between the parties to restrict or limit the right to appeal:

(a) If the parties agree in writing to waive, limit or vary the right to appeal against any judgment or order of the Court, an appeal may be brought only to the extent as agreed between the parties.

(b) If the parties agree in writing that there shall be no appeal against any judgment or order of the Court, such judgment or order shall be binding on the parties and no appeal shall lie against it.

（五）《新加坡国际商事法院判决执行要点》

NOTE ON ENFORCEMENT OF SICC JUDGMENTS

1. The Singapore International Commercial Court ("SICC") is part of the Supreme Court of Singapore and is a division of the High Court. It is a superior court of law. SICC judgments may therefore be enforced in the same manner as other judgments issued by the Singapore High Court.

2. SICC judgments can be enforced in almost all major commercial jurisdictions and in many other regional ones. Presently, as elaborated on below, a judgment of the SICC is likely to be capable of registration or otherwise enforceable in:①

i. common law jurisdictions, including Australia, Hong Kong Special Administrative Region of the People's Republic of China ("Hong Kong SAR"), India and the United States of America ("the USA");

ii. the European Union (except Denmark);

iii. various Asian jurisdictions, such as the People's Republic of China ("China"), Japan and a number of ASEAN jurisdictions.

3. This note highlights the four usual modes by which SICC judgments may be enforced. They are as follows:

i. enforcement under the 2005 Hague Convention on Choice of Court Agreements ("the Convention");

ii. enforcement by way of registration;

① For more information on the enforcement of foreign judgments in Asian jurisdictions, please refer to Adeline Chong (Ed), *Recognition and Enforcement of Foreign Judgments in Asia*, (Asian Business Law Institute, 2017) ("**ABLI Publication**") accessible at http://abli.asia/LinkClick.aspx?fileticket=I0rTeJ0yljw%3d&portalid=0 (accessed March 2018).

iii. enforcement under the common law cause of action on a debt; and

iv. enforcement under a civil law procedure.

Enforcement under the Convention

4. Singapore is a party to the Convention. Convention members are required to recognise and enforce each other's judgments to which the Convention applies,① subject only to limited, specified grounds for refusing enforcement. As at 1 March 2018, there are 29 states (including Singapore) which are bound by the Convention. A current list of the contracting states can be found at: https://www.hcch.net/en/instruments/conventions/status-table/?cid=98. China, Montenegro, the Ukraine, and the USA have signed the Convention and it is pending their ratification.②

5. Through the Convention, SICC judgments may be enforced in:

- Austria
- Belgium
- Bulgaria
- Croatia
- Cyprus
- Czech Republic
- Estonia
- Finland
- France
- Germany
- Greece
- Hungary
- Ireland
- Italy
- Latvia
- Lithuania
- Luxembourg
- Malta
- Mexico
- Netherlands
- Poland
- Portugal
- Romania
- Singapore
- Slovakia
- Slovenia
- Spain
- Sweden
- United Kingdom

① The Convention only applies in international cases to exclusive choice of court agreements concluded in civil or commercial matters: see Article 1 of the Convention. It does not cover matters of personal law (eg. family, consumer, or insolvency matters): see Article 2 of the Convention for the full list of excluded categories.

② Note, however, that enforcement of SICC judgments in China and the USA is presently possible under the civil law principle of reciprocity (see paragraph 8) and the common law cause of action on a debt (see paragraph 7), respectively.

Enforcement by way of registration

6. As a judgment of a division of the High Court of Singapore, SICC judgments can be enforced by registration in courts of the countries and/or territories scheduled under:

i. the Reciprocal Enforcement of Commonwealth Judgments Act (Cap 264), which covers:

- Australia①
- Brunei Darussalam
- India (except the State of Jammu and Kashmir)
- Malaysia
- New Zealand
- Pakistan
- Papua New Guinea
- Sri Lanka
- United Kingdom
- Windward Islands

ii. the Reciprocal Enforcement of Foreign Judgments Act (Cap 265), which covers Hong Kong SAR.

Enforcement under the common law cause of action on a debt

7. Enforcement in common law jurisdictions can generally be done by commencing an action on the SICC judgment against the losing party. ②This action is based on the common law cause of action on a debt, with the SICC judgment as evidence of that debt. This generally means that there is unlikely to be re-litigation on the merits

① The federal jurisdiction of Australia including New South Wales, Queensland, South Australia, Tasmania, Victoria, Western Australia, Australian Capital Territory, Norfolk Island, and Northern Territory. The SICC has had an Exchange of Letters with the Supreme Court of Victoria clarifying the arrangements for the cross-border enforcement of money judgments in each other's jurisdictions-see https://www.supremecourt.gov.sg/publications/enforcement-of-money-judgments (accessed March 2018).

② However, this route may not be available where Singapore judgments (which includes SICC judgments) are directly registrable in that jurisdiction. For example, Singapore judgments are in general directly registrable in Australia and Brunei and legislation has required that registrable judgments should be enforced only by way of registration: see, in this regard, the ABLI Publication at p 7para 3 (for the position in Australia), and at p 22para 12 (for the position in Brunei).

of the original action. In this regard, it has been observed that "[i]t is hard to see how there could be a defence to such action. Accordingly, it should be possible to obtain summary judgment and enforce the summary judgment against the debtor as a matter of course."①

Enforcement under a civil law procedure

8. There are many civil law jurisdictions with codes that provide for the enforcement of foreign judgments upon certain requirements being met.② Some common requirements are as follows:③

- the court that issued the judgment had jurisdiction over the matter;
- the judgment is final, was obtained in accordance with due process, and is not against the public policy of the enforcing jurisdiction; and
- there is reciprocity in the recognition and enforcement of judgments between the court that issued the judgment and the court that is asked to enforce the judgment.

9. An SICC judgment may be enforceable in civil law jurisdictions when the applicable requirements are satisfied. For example, judgments of the Supreme Court of Singapore, of which the SICC is a part, have been enforced in China and Japan in

---

① Anselmo Reyes, "Recognition and Enforcement of Interlocutory and Final Judgments of the Singapore International Commercial Court" (2015) 2 J. Int'l & Comp. L. 337 at p 342. See, for a similar observation, the keynote address delivered by Justice Quentin Loh at the Asia Pacific Insurance Conference 2017 at pp. 13 – 14 ("In [a common law action on a judgment debt], the SICC judgment simply serves as evidence of the debt, which means the merits of the original action will not be re-litigated … In many cases, summary judgment, *ie*, obtaining judgment without a full trial, will be available."), accessible at http://apacinsuranceconference.com/wp-content/uploads/2017/10/Justice-Quentin-Loh-Keynote – 1.pdf (accessed March 2018). For an example of a Singapore money judgment that was sued upon abroad and summary judgment obtained in the foreign court, see the decision of the District Court in the State of New York in *Kim v Co-op Centrale Raiffeisen-Boerenleebank B. A* 364 F. Supp. 2d. 346 (SDNY, 2005).

② Samuel P. Baumgartner, "How Well do US Judgments Fare in Europe?" (2008) 40 George Washington University International Law Review 173.

③ For the position on the enforcement of foreign judgments in Asian jurisdictions generally, see the ABLI Publication. Based on the reports in the ABLI Publication, it appears that the civil law jurisdictions in which Singapore judgments may be enforced include China, Japan, the Philippines and South Korea.

accordance with the principle of reciprocity. In China, the Nanjing Intermediate People's Court held that reciprocal relations with Singapore have been established,[①]and recognised and enforced a decision of the Singapore High Court. In Japan, the Tokyo District Court concluded that a default judgment of the Singapore High Court had satisfied all the requirements in Art 118 of the Civil Procedure Code of Japan and enforced the Singapore judgment.[②]

Procedure for enforcement of money judgments

10. To facilitate the enforcement of money judgments in different jurisdictions, the Supreme Court of Singapore, of which the SICC is a part, has also entered into Memoranda of Guidance as to the Enforcement of Money Judgments ("MOGs") with courts in various jurisdictions. These MOGs set out the mutual understanding of the procedures for the enforcement of money judgments in the other jurisdiction's courts, generally on grounds similar to common law principles. To-date, MOGs have been concluded with the following courts:[③]

- Bermuda-Supreme Court of Bermuda
- State of Qatar-Qatar International Court and Dispute Resolution Centre
- United Arab Emirates, Abu Dhabi-Abu Dhabi Global Market Courts
- United Arab Emirates, Dubai-Dubai International Financial Centre Courts

Recognition by parties of right to enforcement

11. As the SICC's jurisdiction is primarily consensual, parties who have voluntarily chosen to have their disputes adjudicated by the SICC are not expected to need to resort to enforcement measures in most instances. This observation is supported by

---

① (2016) Su 01 Xie Wai Ren No. 3 ((2016)苏 01 协外认 3 号). The Nanjing Intermediate People's Court relied on the Singapore High Court decision of *Giant Light Metal Technology (Kunshan) Co. Ltd. v. Aksa Far East Pte Ltd.* [2014] 2 SLR 545 in which a judgment from China was ordered to be recognised and enforced. See also the ABLI Publication at pp. 56 – 58, para 11.

② Judgment of the Tokyo District Court, 19 January 2006 (Heisei 18), *Hanrei Times* No 1229 at p. 334.

③ See https://www.supremecourt.gov.sg/publications/enforcement-of-money-judgments (accessed March 2018).

the experience in international arbitration where disputes are referred to arbitral tribunals by agreement and awards are typically honoured in full. ①

12. In any event, each of these existing modes of enforcement may be complemented by the deeming provisions in the Supreme Court of Judicature Act (Cap 322), which provides at section 18F(1)(*b*) and (*c*) that parties to an agreement to submit to the jurisdiction of the SICC shall, subject to express provision in the agreement to the contrary, be considered to have agreed to (i) carry out any SICC judgment without undue delay and (ii) waive any recourse to any court or tribunal outside Singapore against any SICC judgment and the enforcement of such judgment.

13. In addition, parties may include the model SICC dispute resolution clauses in their jurisdiction agreement, which include the provision that parties who have submitted to or agreed to submit to the SICC's jurisdiction are deemed to have waived their right to defend against an action based on an SICC judgment in any jurisdiction. The model SICC dispute resolution clauses may be found at the following link on the SICC's official webpage: https://www.sicc.gov.sg/documents/docs/SICC_Model_Clauses.pdf.

---

① See Anselmo Reyes, "Recognition and Enforcement of Interlocutory and Final Judgments of the Singapore International Commercial Court" (2015) 2 J. Int'l & Comp. L. 337 at p. 341. The article cites a 2008 survey of major corporations which use arbitration services conducted by the School of International Arbitration of Queen Mary College of London. This survey found that "high levels of compliance" were reported, with 84% of respondents indicating that the opposing party had honoured the award in full in more than 76% of cases. The "principal reason" given for compliance with the arbitral award was to preserve a business relationship. See also Gary B Born, *International Commercial Arbitration* vol Ⅲ (2nd Ed, Wolters Kluwer) atpara 26 - 03, where the learned commentator notes that "the overwhelming majority of international awards are complied with voluntarily".

四、迪拜国际金融中心法院

(一)《迪拜国际金融中心司法管理》

Law No. 12 of 2004 in reopect of The Judicial Authority at Dubai International Financial Centre as amended[①]

Article 1

The provisions of Articles (2), (4), (5) and (7) of the Original Law shall be superseded by the following provisions:

Article 2

Definitions

The following words and expressions, wherever mentioned in this law, shall have the meaning indicated opposite each of them unless the context implies otherwise:

State:	The United Arab Emirates.
Emirate:	The Emirate of Dubai.
Ruler:	His Highness the Ruler of Dubai.
DIFC:	Dubai International Financial Centre.
President:	The President of DIFC.
DIFC Bodies:	The bodies established pursuant to Article (3) of the afore mentioned Law No. (9) of 2004 and any other body established pursuant to the DIFC Laws or pursuant to approval of the President.

① 包括2004年第12号法律,2011年第16号法律对第2条、第4条、第5条、第7条法律的修正条文。

Dubai Courts:	Courts of the Emirate established pursuant to the aforementioned Law No. (3) of 1992.
DIFC Establishments:	Any entity or enterprise established, licensed, registered or authorised to carry on business or conduct any activity within the DIFC pursuant to DIFC Laws, including Licensed DIFC Establishments.
Licensed DIFC Establishments:	Any entity or enterprise licensed, registered or authorised by the Dubai Financial Services Authority to provide financial services, or conduct any other activities in accordance with the DIFC Laws.
DIFC Laws:	Any laws issued by the Ruler in relation to DIFC.
DIFC Regulations:	Any rules, regulations, bylaws or orders relating to DIFC issued by the President or by DIFC Bodies.
Courts:	The Court of First Instance and the Court of Appeal established pursuant to this Law, and any tribunals established by the Chief Justice of the Courts pursuant to the DIFC Laws.
Arbitral Award:	Any arbitration award recognised by the DIFC Laws, or any foreign arbitration award that satisfies the requirements of the DIFC Laws.
Rules of the Courts:	The rules regulating litigation procedure before the Courts.

Article 3

The Dubai International Financial Centre Courts

(1) The Courts of the Centre are hereby established and shall carry out their functions in an independent manner, in accordance with the provisions of this Law and the provisions of the other Centre' s Laws and Regulations. The Courts shall be of two ranks; The Court of First Instance and the Court of

Appeal.

(2) The Courts shall be situated in the Centre, and may, when necessary, hold hearings anywhere else in the Emirate.

(3) The Court of First Instance shall be composed of a single judge and the Court of Appeal of a presiding judge and two judges. The Court of First Instance and the Court of Appeal shall have one or more circuits. The Chief Justice, or the most senior of the judges when necessary, shall preside over the Court of Appeal.

(4) The judges, including the Chief Justice, shall be appointed by a decree issued by the Ruler.

(5) Judgements of the Courts shall be issued in the name of the Ruler.

(6) The judgement of the Court of Appeal shall be unanimous or rendered by the majority and the minority shall note a dissenting judgement next to the judgment of the majority.

Article 4

Duties and Powers of the Chief Justice of the Courts

(1) The Courts shall have a Chief Justice and a Deputy Chief Justice appointed pursuant to a decree issued by the Ruler.

(2) In addition to the powers and duties granted to the Chief Justice of the Courts by the DIFC Laws, the Chief Justice of the Courts shall undertake general supervision of the Courts, and for this purpose he shall have the following duties and powers:

Ⅰ. Administrative Duties and Powers:

(a) To set up the different Courts' circuits and divisions;

(b) To determine the infrastructures, buildings, administrative services and any other services necessary to achieve the objectives of the Courts, and to submit recommendations in this respect to the President to take the necessary action as he deems appropriate;

(c) To enter into contracts, agreements and memoranda of understanding with third parties within or outside of the Emirate in order to achieve the objectives of the Courts, and to acquire, own and dispose of movable property pursuant to DIFC Laws.

Ⅱ. Technical Duties and Powers:

(a) To propose and submit to the President the draft DIFC Laws concerning any matter falling within the Courts' jurisdiction;

(b) To approve and issue the Rules of the Courts and the DIFC Regulations falling within the Courts' jurisdiction;

(c) To carry out public consultation on any draft DIFC Laws or draft DIFC Regulations falling within the Courts' jurisdiction.

(3) The Chief Justice of the Courts may delegate any of his administrative powers to his deputy, to any of the judges of the Courts or to the Registrar of the Courts.

(4) In addition to the duties and powers assigned to him by the Chief Justice of the Courts, the Deputy Chief Justice of the Courts shall undertake all the duties and powers of the Chief Justice of the Courts in the event of his absence.

Article 5

Jurisdiction

(A) Court of First Instance:

(1) The Court of First Instance shall have exclusive jurisdiction to hear and determine:

(a) Civil or commercial claims and actions to which the DIFC or any DIFC Body, DIFC Establishment or Licensed DIFC Establishment is a party;

(b) Civil or commercial claims and actions arising out of or relating to a contract or promised contract, whether partly or wholly concluded, finalized or performed within DIFC or will be performed or is supposed to be performed within DIFC pursuant to express or implied terms stipulated in the contract;

(c) Civil or commercial claims and actions arising out of or relating to any incident or transaction which has been wholly or partly performed within DIFC and is related to DIFC activities.

(d) Appeals against decisions or procedures made by the DIFC Bodies where DIFC Laws and DIFC Regulations permit such appeals.

(e) Any claim or action over which the Courts have jurisdiction in accordance with DIFC Laws and DIFC Regulations.

(2) The Court of First Instance may hear and determine any civil or commercial claims or actions where the parties agree in writing to file such claim or action with it whether before or after the dispute arises, provided that such agreement is made pursuant to specific, clear and express provisions.

(3) The Court of First Instance may hear and determine any civil or commercial claims or actions falling within its jurisdiction if the parties agree in writing to submit to the jurisdiction of another court over the claim or action but such court dismisses such claim or action for lack of jurisdiction.

(4) Notwithstanding Clause (2) of Paragraph (A) of this Article, the Court of First Instance may not hear or determine any civil or commercial claim or action in respect of which a final judgment is rendered by another court.

(B) Court of Appeal:

(1) The Court of Appeal shall have exclusive jurisdiction to hear and determine:

(a) appeals filed against judgments and decisions made by the Court of First Instance;

(b) request of interpretation by the Chief Justice of the Courts of any article of the DIFC Laws and DIFC Regulations upon an application submitted to him from any DIFC Body, DIFC Establishment or Licensed DIFC Establishment; such interpretation shall have the same authority as the interpreted legislation.

(2) Judgments rendered by the Court of Appeal shall be final and conclusive, and shall not be subject to appeal by any means of appeal.

(C) The procedure prescribed in the Rules of the Courts shall apply to all civil and commercial claims and actions heard by DIFC Courts.

(D) DIFC Execution Judge

The Chief Justice of the Courts shall assign one or more of the Courts' judges as execution judge(s).

Article 6

Governing Law

The Courts shall apply the Centre's Laws and Regulations, except where parties to the dispute have explicitly agreed that another law shall govern such dispute, provided that such law does not conflict with the public policy and public morals.

Article 7

Execution

(1) The execution judge assigned pursuant to Paragraph (D) of Article 5of this Law shall have jurisdiction over execution of the judgments, decisions and orders rendered by the Courts and the Arbitral Awards ratified by the Courts if the subject matter of execution is situated within DIFC, and such execution shall be in accordance with the Rules of the Courts.

(2) Where the subject matter of execution is situated outside the DIFC, the judgments, decisions and orders rendered by the Courts and the Arbitral Awards ratified by the Courts shall be executed by the competent entity having jurisdiction outside DIFC in accordance with the procedure and rules adopted by such entities in this regard, as well as with any agreements or memoranda of understanding between the Courts and these entities. Such execution shall be subject to the following conditions:

(a) The judgment, decision, order or ratified Arbitral Award to be executed is final and executory;

(b) The judgment, decision, order or ratified Arbitral Award is translated into the official language of the entity through which execution is carried out;

(c) The Courts affix the executory formula on the judgment, decision, order or ratified Arbitral Award.

(3) In addition to Paragraphs (a), (b) and (c) of Clause (2) of this Article, when executing the judgments, decisions and orders issued by the Courts or Arbitral Awards ratified by the Courts through Dubai Courts, the following must be observed:

(a) the Courts shall issue an execution letter to the Chief Justice of the Court of First Instance of Dubai Courts stating the procedure to be carried out;

(b) the person requesting execution shall submit to the execution judge of Dubai Courts an application accompanied by a copy of the judgment, decision or order, legal translation of the same, and the execution letter;

(c) the execution judge of Dubai Courts shall apply the execution procedure and rules stipulated in the aforementioned Federal Civil Procedure Code, including any objections to the execution; the execution judge may not reconsider the merits of the judgment, decision or order;

(d) Dubai Courts shall collect the execution fees for each execution request submitted to them in accordance with the aforementioned Dubai Courts Fees Law.

(4) Where the subject matter of execution is situated in DIFC, the judgments, decisions and orders rendered by Dubai Courts or Arbitral Awards ratified by Dubai Courts shall be executed by the execution judge of the Courts subject to the following conditions:

(a) The judgment, decision or order to be executed is final and executory;

(b) The judgment, decision or order is translated into English by the person requesting execution;

(c) Dubai Courts affix the executory formula on the judgment, decision or order.

(5) In addition to Paragraphs (a), (b) and (c) of Clause (4) of this Article, when executing, through the Courts, the judgments, decisions or orders issued by Dubai Courts and Arbitral Awards ratified by Dubai Courts, the following must be observed:

(a) the Dubai Courts shall issue an execution letter to the Chief Justice of the Courts stating the procedure to be carried out.

(b) the person requesting execution shall submit to the execution judge of the Courts an application accompanied by a copy of the judgment, decision or order, legal translation of the same, and the execution letter.

(c) the execution judge of the Courts shall apply the execution procedure and rules stipulated in the Rules of the Courts, including any objections to execution. The execution judge may not reconsider the merits of the judgment, decision or order.

(d) the Courts shall collect the execution fees for each execution request submitted to them in accordance with their applicable fees law.

(6) The judgments, decisions, orders and ratified Arbitral Awards rendered outside DIFC by any court other than Dubai Courts shall be executed within DIFC in accordance with the procedure prescribed in the Rules of the Courts.

Article 8

Liability of Judges

Judges at the Courts shall not be held liable for anything done or omitted to be done in the performance of their functions unless proven that the same has been in bad faith.

Article 9

The management of the Courts affairs, the prosecution proceedings and the enforcement shall be regulated by virtue of a special law.

Article 10

Any text in any other law to the extent that it contradicts this Law shall be repealed.

Article 11

This Law shall be published in the Official Gazette and shall become effective from the date of publication.

(二)《关于迪拜国际金融中心法律适用法(修订与重述)》

Law Relating to the Application of DIFC Laws (Amended and Restated)

PART 1: GENERAL

1. Title

This Law may be cited as the "Law Relating to the Application of DIFC Laws

2004”.

2. Legislative authority

This Law is made by the Ruler of Dubai.

3. Application of the Law

This Law applies in the jurisdiction of the Dubai International Financial Centre.

4. Date of Enactment

This Law is enacted on the date specified in the Enactment Notice in respect of this Law.

5. Commencement

This Law comes into force on the date specified in the Enactment Notice in respect of this Law.

6. Interpretation

Schedule 1 contains:

(a) interpretative provisions which apply to this Law; and

(b) a list of defined terms used in this Law.

PART 2: SCOPE

7. Limitation on scope

(1) The Law shall not apply to:

(a) rights and obligations under negotiable instruments to the extent such rights and obligations arise out of their negotiable character;

(b) any question of capacity or authority of natural persons, bodies corporate or other organizations;

(c) any question of capacity or authority of an agent not appointed under a contract; or

(d) any rights or obligations arising from the creation or winding up of a body corporate or other organization.

(2) In relation to any matter which under this Law is governed by the law of another jurisdiction, any rule of the law of that jurisdiction applying the law of another jurisdiction in relation to that matter shall be disregarded.

PART 3: APPLICABLE LAW OF CONTRACTS

8. Governing law

The existence, validity, effect, interpretation and performance of a contract, or any term thereof, including any requirements as to formality, shall be determined by the law which governs it.

9. Effectiveness of express choice of governing law

An express choice of a governing law in a contract shall be effective against all persons affected thereby.

10. Absence of express governing law

If the parties do not specify the governing law of a contract, the contract shall be governed by the law of the DIFC.

11. Agency

(1) Where an agent is appointed under a contract, the capacity and authority of the agent shall be determined by the law which governs the contract.

(2) Where an agent contracts on behalf of a principal, the rights and liabilities of the principal as regards third parties shall be governed by the law which governs the contract between the agent and the third party.

12. Governing law of right of subrogation

Where a person (the "creditor") has a contractual claim upon another (the "debtor"), and a third party has a duty to satisfy the creditor, or has in fact satisfied the creditor in discharge of that duty, the law which governs the contractual claim shall determine what extent to which the third person is entitled to exercise against the debtor the rights which the creditor had against the debtor under the law governing the contractual claim.

PART 4: SUBMISSION TO JURISDICTION IN CONTRACTS

13. Effectiveness of express submission to jurisdiction or arbitration

(1) A submission to the courts of a jurisdiction in a contract shall be effective.

(2) A submission to arbitration in a contract shall be effective.

PART 5: PROPERTY

14. Law governing rights in property

Subject to Article 16, the law of the jurisdiction where property is located governs:
(a) the classification of the property as real property or personal property; and
(b) the validity and extent of interests in the property.

15. Law governing validity of transfer of property

(1) Subject to Article 16, the law of the jurisdiction where property is located governs:
  (a) the validity of transfer of the property;
  (b) the effect on the proprietary rights of the parties thereto and of those claiming under them in respect thereof.

(2) Where property is in transit or its location is not known, the validity of a transfer is governed by the law governing that transfer.

16. Securities and investment entitlements

(1) The law of an issuer's jurisdiction governs:
  (a) the validity of a security;
  (b) the rights and duties of the issuer with respect to registration of transfer;
  (c) the effectiveness of registration of transfer by the issuer; and
  (d) the validity and extent of any third party property interest in a security.

(2) The law of an investment intermediary's jurisdiction governs:

(a) acquisition of an investment entitlement from the investment intermediary;

(b) the rights and duties of the investment intermediary and account holder arising out of an investment entitlement; and

(c) the validity and extent of any third party property interest in an investment entitlement.

(3) The law of the jurisdiction in which a security certificate is located at the time of delivery governs the validity and extent of any third party property interest against a person to whom the security certificate is delivered.

(4) For the purpose of this Article an "issuer's jurisdiction" is the jurisdiction under which the issuer of the security is organised or, if permitted by the law of that jurisdiction, the law of another jurisdiction specified by the issuer.

(5) For the purposes of this Article an "investment intermediary's jurisdiction" is:

(a) the jurisdiction in which the investment account is expressed to be maintained in the agreement governing, if any;

(b) if paragraph (a) does not apply, the jurisdiction in which the office identified in an account statement as the office serving the account holder's account is situated; failing which

(c) the jurisdiction in which head office of the investment intermediary is situated.

PART 6: TRUSTS

17. Recognition of trusts

(1) A trust which is:

(a) expressly constituted under the law of another jurisdiction; or

(b) created by the law of another jurisdiction.

shall be recognised as a trust.

(2) The existence, validity and interpretation of a trust constituted in accordance

with Article 17 (1) (a) shall be determined by the law under which the trust is constituted.

(3) For the purpose of this Article, the law under which a trust is constituted shall be:

(a) in the case of a trust recognised under Article 17(1)(a) the law set out in the instrument constituting the trust; and

(b) in the case of a trust recognised under Article 17 (1) (b) the law of the jurisdiction by whose law the trust is created.

SCHEDULE 1:

INTERPRETATION

1. Rules of interpretation

(1) In the Law, a reference to:

(a) a statutory provision includes a reference to the statutory provision as amended or re-enacted from time to time;

(b) a person includes any natural person, body corporate or body unincorporate, including a company, partnership, unincorporated association, government or state; or

(c) a calendar year shall mean a year of the Gregorian calendar.

(2) The headings in the Law shallnot affect its interpretation.

2. Legislation in the DIFC

References to legislation in the Law shall be construed in accordance with the following provisions:

(a) Federal Law is law made by the federal government of the United Arab Emirates;

(b) Dubai Law is law made by the Ruler, as applicable in the Emirate of Dubai;

(c) DIFC Law is law made by the Ruler (including, by way of example, the Law), as applicable in the DIFC; and

(d) the Law is the law relating to the Application of DIFC Laws, DIFC Law No. 4

of 2004 made by the Ruler.

3. Defined terms

In the Law, unless the context indicates otherwise, the defined terms listed below shall have the corresponding meanings:

Term	Definition
account holder	a person in whose name an investment intermediary maintains an investment account, whether that person is acting for his own account or for others (including in the capacity of investment intermediary)
bank	a person who in the ordinary course of business receives deposits or other repayable sums from the public
commodity account	an account maintained by a commodity broker in which a commodity contract is carried for a commodity customer
commodity	a commodity futures contract, an option on a commodity
contract	futures contract, or a commodity option
commodity customer	a person for which a commodity broker carries a commodity contract on its books
DIFC	the Dubai International Financial Centre
entitlement holder	a person who has an investment entitlement against an investment intermediary
intangible	a thing other than a tangible thing
investment	has the meaning prescribed in the Rules made under the Regulatory Law 2004
investment account	an account created between a person and an investment intermediary for the safekeeping of assets by way of custody, collateral or margin
investment intermediary	a person who in the ordinary course of his business transacts investments or holds investments by way of custody or security
jurisdiction	includes the jurisdiction of the DIFC unless the context otherwise provides
Law	the Law Relating to the Application of DIFC Laws 2004
personal property	any property other than real property

续表

Term	Definition
purchaser	a person who has acquired or is in the process of acquiring title (whether contingent or absolute) to any property other than as a recipient of a gift or other voluntary transfer
real property	any right or interest in land
Ruler	the ruler of the Emirate of Dubai
Rules	has the meaning given in Article 2 of Schedule 1 of the Regulatory Law 2004
Schedule	a schedule to the Law
security	has the meaning prescribed in the Rules made under the Regulatory Law 2004
security certificate	a certificate representing a security, the delivery of which is capable of transferring title to that security
investment entitlement	the rights of an entitlement holder with respect to an investment credited to his account
investment entitlement	the rights of an entitlement holder with respect to an investment credited to his account

4. Location

(1) For the purpose of Part 5 of the Law, the location of property shall be determined in accordance with this paragraph.

(2) Subject to paragraphs 4(3), (4) and (5), location means:

(a) in relation to a tangible thing, the jurisdiction in which the tangible thing is; and

(b) in relation to an intangible, the jurisdiction in which the right to the intangible can be enforced or recovered.

(3) The location of a merchant ship or aircraft is the jurisdiction in which it is registered.

(4) The location of a debt held in a bank is:

(a) the jurisdiction in which the deposit account is expressed in the agreement to be maintained, if any;

(b) if paragraph (a) does not apply, the jurisdiction in which the office identified in an account statement as the office serving the customer's account is situated; failing which

(c) the jurisdiction in which the head office of the bank is situated.

(5) The location of a commodity account is:

(a) the jurisdiction in which the commodity account is expressed to be maintained in the agreement governing the relationship between the commodity broker and the commodity customer, if any;

(b) if paragraph (a) does not apply, the jurisdiction in which the office identified in an account statement as the office serving the commodity customer's account is situated; failing which

(c) the jurisdiction in which the head office of the commodity broker is situated.

(三)《法院职业者强制性行为准则》

The Mandatory Code of Conduct for Legal Practitioners in the DIFC Courts①

Part A-Governing Principles

The DIFC Courts ("the Court") were established to uphold the laws of the DIFC and to advance the rule of law by ensuring the just and effective resolution of disputes within the Court's jurisdiction. The DIFC Dispute Resolution Authority (DRA) Academy of Law was formed by the President of the DIFC through Resolution 3 of 2014, and following the issue of DRA Order No. 2 of 2015 has taken over responsibility for the ancillary legal services previously provided by the DIFC

① Revised by DRA Order No. 1 of 2016 on 22 March 2016.

Courts, including the registration of practitioners and the promotion and maintenance of legal professional ethics. By registering with the Academy of Law to practise in the Court, each individual registered legal practitioner ("Practitioner") undertakes to act with integrity and independence in support of the Court and the wider community that it serves.

The right of any Practitioner to practise in the Court is conditional upon:

(i) observance of this Mandatory Code of Conduct together with any Supplementary Code of Conduct Practice Direction ("Supplement") issued periodically by the Chief Justice (together "the Code");

(ii) recognition of the Court's power to refuse to permit a specific Practitioner to represent a party (or continue to represent a party) where, in the opinion of the judge hearing the matter, the integrity of the process would be threatened by that Practitioner's representation of the party or the fair administration of justice in accordance with the Overriding Objective at Part 1.5 of the Rules of the DIFC Courts ("the Rules") would be put in peril;

(iii) recognition of the Court's and the Academy of Law's power to suspend, terminate or place conditions on a Practitioner's registration in the circumstances set out at Part G below; and

(iv) recognition of the Court's and the Academy of Law's power to sanction any breach of the Code as provided for at Part F below.

For the purposes of the Code, practice in the Court includes the issue and conduct of proceedings as well as advocacy.

Part B-Duties Owed to the Court

1. Practitioners shall deal with the Court and its staff honestly, co-operatively and with civility.

2. Practitioners shall ensure that they are familiar with the Rules and in particular with the provisions of the Overriding Objective.

3. Practitioners shall ensure that they are familiar with such DIFC laws and Dubai laws establishing the DIFC as may be relevant to the matter before the Court.

4. Practitioners shall never knowingly or recklessly make any incorrect or misleading statement of fact or law to the Court and shall correct any material

incorrect or misleading statement of fact or law at the earliest opportunity.

5. Practitioners shall inform the Court of all relevant decisions and legislative provisions of which they are aware, regardless of whether the effect is favorable or unfavorable to the contention for which they argue.

6. Practitioners shall not appear as advocate or otherwise conduct proceedings before the Court in any matter in which they have reason to believe they may be a witness, save where any evidence they may give is likely to be purely formal or uncontroversial.

Part C-Duties Owed to Clients

1. Practitioners shall fearlessly advance, defend and protect the interests of their client before the Court without regard to any consequences to themselves or any other person.

2. Practitioners shall not agree to act for a client in any matter before the Court if:

- the Practitioner owes a separate duty to act in the best interests of another client and (a) those clients are competing with each other for the same objective and (b) the Practitioner does not have the written consent of each client to act for the other client, or
- the Practitioner's duty to act in the best interests of a client conflicts, or there is a significant risk that it may conflict, with the Practitioner's or the law firm's own interests in the same or related asset, liability or matter.

Part C-8 shall also apply to any law firm to which the Practitioner belongs.

1. Practitioners shall only agree to act in proceedings before the Court if they can handle them promptly, with competence and without undue interference from the pressure of other work.

2. Practitioners shall not seek to provoke or prolong Court proceedings unnecessarily, nor shall they undertake work in a manner which improperly increases the fees payable to them.

3. Practitioners shall at the earliest opportunity advise their client of any appropriate alternative means of dispute resolution.

4. Practitioners shall at the time of their engagement advise their client of the Court's discretion as to costs and in particular the general rule at Part 38.7(1) of the Rules that the unsuccessful party will be ordered to pay the reasonable legal costs and expenses of the successful party.

5. Practitioners shall at the time of their engagement enter into a clear and transparent fee agreement with their client and thereafter ensure that sufficient records are kept of work done to enable the Court to properly assess any legal costs and expenses claimed during, or at the conclusion of, proceedings.

6. Practitioners shall keep information communicated to them by their client confidential unless such disclosure is authorised by the client, ordered by the Court or required by law. This duty continues even after the Practitioner has ceased to act for the client.

7. Practitioners that have acted for a client in a matter shall not thereafter act against the client (or against persons who were involved in or associated with the client in that matter) in the same or any related matter before the Court.

Part D-Duties Owed to Other Practitioners

1. Practitioners shall deal with each other honestly, co-operatively and with civility.

Part E-General Duties

1. Practitioners shall not engage in conduct that undermines the Overriding Objective or which may otherwise result in procedural unfairness.

2. Practitioners shall not act in any matter before the Court unless satisfied of their continuing adherence to the Academy of Law's registration criteria.

3. Practitioners shall abstain from any behaviour which may tend to discredit the Court and the reputation of its Practitioners.

4. Practitioners shall never withdraw from any matter before the Court in order to confer a tactical advantage upon a party.

5. Practitioners instructed in respect of a matter before the Court shall not initiate any communication about that matter directly with a party who is known to have retained another Practitioner to represent them in the matter. The only

exceptions to this duty arise where(i) the Practitioner has obtained the consent of the other Practitioner(ii) the relevant communication is a notice which by law or contract must be personally served on the other Practitioner's client or(iii) the interests of the party with which it is intended to communicate will be prejudiced if the communication is delayed. In the latter case the other Practitioner must be informed as soon as possible.

6. Practitioners shall not agree to act in any matter before the Court other than at the direct request of the client party concerned, or their clearly authorized agent. For the purposes of this Code an insurer acting in the name of an insured shall be deemed a client party.

7. Subject to any relevant provisions of the Rules, Practitioners shall not disclose to the Court prior to judgment, the content of any settlement offers or settlement negotiations, regardless of whether these have expressly been stated to be "Without Prejudice", unless the communication containing the settlement offer or negotiations has been expressly marked or otherwise identified as sent on an open basis.

Part F-Sanctions for Breach of the Code

1. Any complaint by any person or body ("the Complainant") that a Practitioner has acted in breach of the Code shall be made in writing to the Director of the DRA Academy of Law("the Director" of the "Academy of Law"). The Director[2]① shall then forward the complaint to a Registrar of the DIFC Courts, which includes Senior Registrars, the Assistant Registrar, and any other Registrar who may be appointed in future.

2. Where the facts and circumstances of the complaint involve any Registrar to any significant degree, it shall be allocated to another Registrar. Where the facts and circumstances of the complaint involve all of the Registrars, the Chief Justice may nominate any other officer of the Court to discharge any of the Registrar's duties under Part F.

---

① Or one of the officers of the Academy of Law.

3. A complaint under this part may be made by the Court or the Academy of Law itself. Where the Court is the Complainant, the complaint shall be made by the Court acting through a Registrar or any other officer of the Court as the Chief Justice may appoint for that purpose. Where the Academy of Law is the Complainant, the complaint shall be made by the Director.

4. No complaint received by a Registrar more than 12 months after the facts complained of shall be accepted, unless the Registrar is satisfied that the Complainant suffered from an impediment that prevented him making the Complaint within that time. Where the Registrar is satisfied that the Complainant suffered from an impediment, the complaint will not be accepted if received more than 12 months after the removal of such impediment.

5. Unless the allocated Registrar decides on reasonable grounds that the complaint is frivolous or vexatious he[①] shall:

- Forward a copy of the complaint to the Practitioner;
- Require from the Practitioner a written response to the complaint;
- Make any further investigation he deems appropriate;
- Issue a reasoned written decision on the complaint[②].

6. Subject to Part F – 25, a Practitioner against whom a complaint is made, may require that it is investigated and decided upon jointly by a Registrar and two independent Assessors chosen by the Registrar from the Register of Practitioners. The Registrar shall be responsible for drawing up and issuing the decision, which decision shall be that of the majority. Should either side wish to lodge an objection as regards the suitability of an Assessor who has been chosen for this purpose by the Registrar, they may do so in writing to the Chief Justice within 5 working days of the publication of the identity of the Assessor in question. The Chief Justice's decision in this connection will be final.

7. Assessors shall be paid a daily honorarium fixed periodically by the Chief Justice.

---

① All references to the masculine gender in the Code shall be read as including the feminine gender.

② This may be done through the Academy of Law.

8. (1) The Court, acting through a Registrar, the Chief Justice, the Director of the Academy of Law or any nominee of the Chief Justice, may impose the following sanctions upon any Practitioner found on a balance of probabilities to have committed a breach of the Code:

- Private Admonition①;
- Public Admonition;
- Fine not exceeding US $5000 in the case of an individual Practitioner and US $15,000 in the case of a firm;
- Suspension from the Register of Practitioners for a period of time not exceeding 3 years;
- Removal from the Register of Practitioners.

(2) The Court may impose a combination of sanctions. Any sanction other than a Private Admonition shall be published by the Academy of Law together with a summary of the complaint and the names of the Complainant and the Practitioner. ②

(3) When imposing any sanction other than a Private Admonition, the Academy of Law may notify the fact to any Bar Association or similar body responsible for the supervision or regulation of the Practitioner concerned.

(4) Save where the Court of Appeal orders otherwise, the Court may stay the implementation of any sanction and/or direct that its decision shall be kept confidential, for a period not exceeding 60 clear days from the date it was issued.

9. A decision may be reviewed, or at its discretion a complaint re-heard, by the Court of Appeal on the application of the Practitioner or the Complainant.

Part G-Matters Affecting Registration

1. (1) Where a Practitioner: —

(a) Has been sentenced to a term of imprisonment in respect of any civil or criminal proceedings in Dubai or elsewhere;

---

① "Private admonition" shall include for the purposes of this Code the issuing of redacted judgments for the benefit of the local legal community.

② Private admonitions may be published, with the names of the parties having been redacted.

(b) Has been convicted of an offence involving dishonesty or fraud in Dubai or elsewhere;

(c) Has been convicted of an offence in relation to his conduct in his practice of law in Dubai or elsewhere;

(d) As a result of a bankruptcy order made against him, is prohibited by the relevant bankruptcy law from having charge of clients' moneys;

(e) Has been found guilty by any Court or Tribunal outside the DIFC having jurisdiction over his conduct as a practising lawyer (whether in Dubai or elsewhere) of a violation of a code of professional ethics applicable to him;

(f) Is incapacitated by illness or accident, or by the Practitioner's physical or mental condition, to such extent as to be unable to attend to his practice;

(g) Is incapable of conducting cases in court as advocate either because of difficulties with the English language or by reason of a lack of appropriate litigation expertise;

(h) Has stolen or otherwise improperly dealt with clients' moneys.

A judge of the Court, if satisfied that any of the above conditions has been met, may on the application of an officer of the Registry make an order:-

(i) Suspending the Practitioner from exercising his rights as a registered Practitioner for an appropriate period; or

(ii) Imposing conditions with which the Practitioner must comply on a continuing basis in order to remain enrolled on the Register of Practitioners; or

(iii) Terminating the right of the Practitioner to remain enrolled on the Register of Practitioners.

(2) An order made under Part G – 33(1) may be reviewed or, at its discretion, the application for the order may be re-heard, by the Court of Appeal on the application of the Practitioner.

(3) Save where the Court of Appeal orders otherwise, the Court may stay the implementation of its order and/or direct that its order shall be kept confidential, for a period not exceeding 60 clear days from the date it was issued.

附件四：海牙《选择法院协议公约》

选择法院协议公约[①]

本公约缔约国，

希望通过加强司法合作促进国际贸易和投资，

相信在民商事管辖权和外国判决承认与执行方面的统一规则能够加强此种合作，

相信加强此种合作尤其需要一项国际法律制度，该制度能够提供确定性，保障商事交易当事人达成的排他性选择法院协议的效力，并对根据这种协议进行诉讼产生的判决的承认与执行予以规范，

决定缔结本公约，并议定条款如下：

第一章　范围和定义

第一条　范围

一、本公约适用于国际民商事案件中签订的排他性选择法院协议。

二、为第二章的目的，除非当事人均居住在同一缔约国，并且当事人之间的关系、与争议有关的除被选择法院所在地点以外的所有其他因素均只与该国有联系，则该案件是国际性的。

三、为第三章的目的，只要是寻求承认或者执行一

---

① 感谢外交部条法司提供公约的最新中文版翻译。

项外国判决的案件,则该案件就是国际性的。

第二条　范围的排除

一、本公约不适用于下列排他性选择法院协议:

(一)一方当事人是自然人且其行为主要为个人、家庭或家务目的(消费者);

(二)涉及雇佣合同,包括集体协议。

二、本公约不适用于下列事项:

(一)自然人的身份和法律能力;

(二)扶养义务;

(三)其他家庭法事项,包括婚姻财产制度以及由婚姻或者类似关系产生的其他权利或义务;

(四)遗嘱与继承;

(五)破产、破产和解及类似事项;

(六)旅客和货物的运输;

(七)海洋污染,海商索赔责任限制,共同海损,以及紧急拖航和海上救助;

(八)反垄断(竞争)事项;

(九)核损害责任;

(十)自然人或其代表提起的人身损害赔偿请求;

(十一)非产生于合同关系、对有形财产造成损害的侵权或不当行为索赔;

(十二)不动产物权以及不动产租赁;

(十三)法人的有效性、无效性或者解散,以及其机构所作决定的有效性;

(十四)除著作权和邻接权以外的知识产权的有效性;

(十五)除著作权和邻接权之外的知识产权侵权,但不包括因违反当事人间与此种权利有关的合同而提起的侵权诉讼或者可能会因违反该合同提起的侵权诉讼;

(十六)公共登记事项的有效性。

三、尽管有第二款的规定,如果根据该款排除的事项仅作为先决问题且不是作为诉讼的客体,则有关诉讼不被排除在本公约适用范围之外。特别是,如果根据第二款排除的某一事项不是诉讼的客体,则不能仅因在抗辩过程中提出了该事项,就将有关诉讼排除在本公约范围之外。

四、本公约不适用于仲裁和相关程序。

五、不能仅因为一方当事人是国家,包括政府、政府机构或者任何代表国家行为的人,就将有关诉讼排除在本公约适用范围之外。

六、本公约的任何规定不影响国家或者国际组织自身及其财产所享有的特权和豁免。

第三条 排他性选择法院协议

为本公约的目的:

(一)“排他性选择法院协议”系指由双方或者多方当事人签订的,符合第(三)项要求的,为解决与某一特定法律关系有关的已经发生或者可能发生的争议,而指定某个缔约国的法院或者某个缔约国的一个或者多个特定法院以排除任何其他法院管辖权的协议;

(二)除非当事人另有明示约定,指定某个缔约国的法院或者某个缔约国的一个或者多个特定法院的选择法院协议应当被视为排他性的;

(三)排他性选择法院协议必须以下列方式之一签订或者证明:

1. 书面形式;

2. 可以使信息供日后查询的其他任何通讯方式。

(四)构成合同一部分的排他性选择法院协议应当被视为独立于合同其他条款的一项协议。不得仅以合同无效为由否定排他性选择法院协议的有效性。

第四条 其他定义

一、本公约中,“判决”系指法院就实质问题作出的任何裁判,不论其如何称谓,包括裁定或者命令,以及法院(包括法院官员)对开支或者费用的决定,此种决定需与一项就实质问题做出的且可以依据本公约得到承认或者执行的裁判有关。临时保全措施不属于判决。

二、为本公约的目的,除自然人以外的实体或者人符合下列情形的,应当被视为在该国居住:

(一)在该国有法定住所;

(二)根据该国法律设立或组建;

(三)管理中心位于该国;

(四)主要营业地位于该国。

第二章 管 辖 权

第五条 被选择法院的管辖权

一、排他性选择法院协议中指定的某缔约国的一个或者多个法院对于该协议适用的争议享有管辖权,除非依据该国法律该协议是无效的。

二、依据第一款享有管辖权的法院不得以该争议应当由另一国法院审理为由拒绝行使管辖权。

三、前两款规定不影响：

（一）与诉讼标的或者请求数额相关的管辖权规则；

（二）缔约国法院管辖权的国内划分规则。但是，当被选择法院有权自行裁量是否移送某一案件时，当事人的选择应予适当考虑。

第六条　未被选择法院的义务

除以下情形外，被选择法院以外的缔约国法院应当中止或者驳回排他性选择法院协议所适用的诉讼：

（一）依据被选择法院地国的法律，该协议是无效的；

（二）依据受理案件的法院地国的法律，一方当事人不具有签订该协议的能力；

（三）承认该协议有效将导致明显的不公正或者将明显违背受理案件法院地国的公共政策；

（四）基于当事人不可控制的特殊原因，该协议不能合理得到履行；

（五）被选择法院已决定不审理该案件。

第七条　临时保全措施

本公约不适用于临时保全措施。本公约既不要求也不禁止缔约国法院准许、拒绝或者终止临时保全措施，也不影响当事人请求或者法院准许、拒绝或者终止该种措施。

第三章　承认与执行

第八条　承认与执行

一、排他性选择法院协议指定的缔约国法院作出的判决，应当根据本章规定在其他缔约国得到承认与执行。拒绝承认或者执行仅可基于本公约规定的理由。

二、在不影响为适用本章规定所必要的审查的前提下，不得对原审法院所作判决的实质问题进行审查。被请求法院应当受原审法院确立其管辖权所基于的事实认定的约束，除非该判决是缺席作出的。

三、判决只有在原审国已经生效才应当得到承认，并且只有在原审国是可以执行的才应当得到执行。

四、如果判决在原审国是再审的对象，或者上诉的申请期限尚未届满，则可以推迟或拒绝承认或者执行该判决。该拒绝并不妨碍此后申请承认或者执行该判决。

五、如果被选择的缔约国法院将案件移送给该缔约国另一法院且该移送是第五条第三款所准许的,则被移送法院作出的判决同样适用本条。但是,如果被选择法院有权自行裁量是否向另一法院移送案件,且一方当事人在原审国及时就移送案件提出异议的,则针对该方当事人的判决可以拒绝承认或者执行。

第九条　拒绝承认或者执行

存在下列情形的,可以拒绝承认或者执行:

(一)依据被选择法院国法律有关协议无效,除非该被选择法院已经认定该协议是有效的;

(二)依据被请求国法律,一方当事人不具有签订该协议的能力;

(三)提起诉讼的文书或同等文件,包括诉讼请求的基本要素:

1. 没有在足够的时间内以一定方式通知被告使其能够安排答辩,除非被告在原审法院出庭并答辩,且在原审国法律允许就通知提出异议的情形下未在原审法院就通知提出异议;

2. 在被请求国通知被告的方式与被请求国有关文书送达的基本原则不符;

(四)判决系通过在程序事项上的欺诈而获得;

(五)承认或者执行将会与被请求国的公共政策明显相悖,包括导致该判决的具体诉讼程序不符合该国程序公正基本原则的情形;

(六)判决与被请求国就相同当事人间的争议作出的判决不一致;

(七)该判决与第三国先前就相同当事人间相同诉因作出的判决不一致,且该在先判决满足在被请求国获得承认的必要条件。

第十条　先决问题

一、如果依据第二条第二款或者第二十一条排除的事项是作为先决问题,则关于该事项的裁决不应根据本公约予以承认或者执行。

二、如果判决是基于一项对第二条第二款排除事项所作的裁决,则可以在该限度内拒绝承认或者执行该判决。

三、但是,如果裁决是关于除著作权和邻接权以外的知识产权的有效性,则只有在下列情形下可以依据前款拒绝或者推迟判决的承认或者执行:

(一)该裁决与依法产生该知识产权的国家的主管机关就此作出的判决或者决定不一致;

(二)关于该知识产权有效性的诉讼正在该国进行。

四、如果有关判决是基于一项对被请求国根据第二十一条声明排除事项所作的裁决,则可以在该限度内拒绝承认或者执行该判决。

第十一条　损害赔偿

一、如果判决判定的损害赔偿,包括惩戒性或者惩罚性赔偿,并非弥补当事人的实际损失或者所受伤害,则可以在该限度内拒绝承认或者执行该判决。

二、被申请法院应当考虑原审法院判定的赔偿是否以及在何种程度上涵盖诉讼相关费用和开支。

第十二条　司法和解协议

排他性选择法院协议指定的缔约国法院已核准的,或者在该法院诉讼程序中当庭达成的,并且在原审国可以与判决以相同方式执行的司法和解协议,应当依据本公约以与判决相同方式获得执行。

第十三条　需提供的文件

一、申请承认或者申请执行的当事人应当提供:

(一)完整的经证明无误的判决书副本;

(二)排他性选择法院协议,经证明无误的副本或者其他证明存在该协议的证据;

(三)如果判决是缺席作出的,关于确立已将提起诉讼的文书或者同等文书通知缺席方的文件原件或者经证明无误的副本;

(四)任何确立判决在原审国有效,或者如适用可执行的必要文件;

(五)在第十二条所述情形下,原审国法院出具的有关司法和解协议或者其一部分在该国可以与判决以相同方式获得执行的证明。

二、如果判决的内容无法使被申请法院核实本章所列条件是否得到满足,该法院可以要求提供任何必要的文件。

三、承认或执行的申请可以附有原审国法院(包括法院官员)签发的,采用海牙国际私法会议推荐并公布的表格样式的文件。

四、除非被请求国法律另有规定,如果本条所指的文件没有使用被请求国的一种官方语言,则这些文件应当附有经证明无误的官方语言译文。

第十四条　程序

承认判决、宣告判决可予执行或者登记判决以便执行的程序,以及执行判决,适用被请求国法律,但本公约另有规定的除外。

被申请法院应当迅速办理。

第十五条　可分割的判决

如果一项判决可分割的部分被申请承认或者执行,或者依据本公约只有部分判决可以被承认或者执行,则该部分判决应当予以承认或者执行。

第四章　一 般 条 款

第十六条　过渡性规定

一、本公约适用于对被选择法院地国生效之后订立的排他性选择法院协议。

二、本公约不适用于对受理案件的法院地国生效之前提起的诉讼。

第十七条　保险和再保险合同

一、依据保险或者再保险合同提起的诉讼不因该保险或再保险合同涉及本公约不适用的事项,就被排除在本公约范围之外。

二、与保险或者再保险合同条款规定的责任有关的判决的承认与执行,不因该合同规定的责任包括就下列事项补偿被保险人或者被再保险人而受到限制或者拒绝:

(一)本公约不适用的事项;

(二)可能适用第十一条的损害赔偿。

第十八条　免除认证

依据本公约提交或者转递的所有文件应当免除认证或者任何类似手续,包括附加证明书。

第十九条　限制管辖权的声明

一国可以声明,如果除被选择法院所在地点外,该国与当事人或者争议没有联系,则该国法院可以拒绝审理该排他性选择法院协议适用的争议。

第二十条　限制承认与执行的声明

一国可以声明,如果当事人居住在该被请求国,并且除被选择法院所在地点外,当事人的关系及与争议有关的任何其他因素都仅与该被请求国相关联,则该国法院可以拒绝承认或者执行另一缔约国法院作出的判决。

第二十一条　关于特定事项的声明

一、如果一国具有重大利益不将本公约适用于某特定事项,该国可以声明在该事项上不适用本公约。作出声明的国家应当确保该项声明不超过必要范围,且对所排除的特定事项予以清楚和准确界定。

二、在该事项上,本公约不适用于:

(一)作出该项声明的缔约国;

(二)其他缔约国,如果排他性选择法院协议指定的是作出该项声明的国家的法院,或者该国的一个或者多个特定法院。

第二十二条　关于非排他性选择法院协议的互惠声明

一、缔约国可以声明,该国法院将承认与执行根据非排他性选择法院协议所指定的其他缔约国法院作出的判决。非排他性选择法院协议是由双方或多方当事人签订的,符合第三条第(三)项要求的,为解决与某一特定法律关系有关的已经发生或者可能发生的争议,而指定一个或者多个缔约国的一个法院或者多个法院的选择法院协议。

二、如果在作出该项声明的缔约国请求承认与执行另一作出该项声明的缔约国作出的判决,则在符合下列所有条件时,该判决应当根据本公约获得承认与执行:

(一)原审法院是非排他性选择法院协议指定的;

(二)既不存在根据非排他性选择法院协议可以提起诉讼的任何其他法院作出的判决,也不存在相同当事人之间基于相同诉因在任何其他此类法院的未决诉讼;

(三)原审法院是首先受理案件的法院。

第二十三条　统一解释

在解释本公约时,应当考虑其国际性质以及促进其统一适用的需要。

第二十四条　公约执行情况的审查

海牙国际私法会议秘书长应当定期做出安排以便:

(一)审查本公约的执行情况,包括任何声明;

(二)考虑是否需要对本公约作任何修正。

第二十五条　非单一法律制度

一、对于在不同的领土单位就本公约涉及的任何事项适用两个或更多法律制度的缔约国:

(一)任何提及该国的法律或者程序,如恰当应当解释为提及有关领土单位的有效法律或者程序;

(二)任何提及该国的居所,如恰当应当解释为提及有关领土单位内的居所;

(三)任何提及该国的一个或者多个法院,如恰当应当解释为提及有关领土单位内的一个或者多个法院;

(四)任何提及与该国的联系,如恰当应当解释为与有关领土单位的联系。

二、虽然有前款的规定,具有两个或更多领土单位且在其适用不同法律制度的缔约国,没有义务将本公约适用于仅涉及该国不同领土单位的情形。

三、具有两个或更多领土单位且在其适用不同法律制度的缔约国中一个领土单位的法院,没有义务仅因为其他缔约国的某项判决已依据本公约得到该国另一领土单位的承认或者执行,而承认或者执行该判决。

四、本条不适用于区域经济一体化组织。

第二十六条 与其他国际文书的关系

一、对本公约应当尽可能解释为与对缔约国生效的其他条约相一致,无论其在本公约之前或者之后缔结。

二、本公约不影响缔约国在下列情形下适用其他条约,无论该条约是在本公约之前或之后缔结:所有当事人均居住在是该其他条约缔约方的本公约缔约国。

三、本公约不影响缔约国在本公约对其生效前缔结的其他条约适用,如果适用本公约会使该缔约国违反对非本公约缔约国承担的义务。本款也适用于修改或者替代缔约国在本公约对其生效之前所缔结条约的条约,但以有关修改或者替代不得产生与本公约之间新的不一致为限。

四、本公约不影响缔约国适用其他条约,无论该条约是在本公约之前或之后缔结,以承认或者执行同是该条约缔约方的另一缔约国法院所作判决。但是,判决得到承认或者执行不应当低于依据本公约的程度。

五、本公约不影响缔约国适用就特定事项规定了管辖权或判决的承认或者执行的条约,即使该条约是在本公约之后缔结并且所有相关国家均为本公约缔约国。本款仅在缔约国依据本款就有关条约作出声明时才能使用。在作出该项声明的情形下,如果排他性选择法院协议指定了作出该项声明的缔约国的法院或者该国的一个或者多个特定法院,在与本公约不相一致的范围内,其他缔约国没有义务在该特定事项上适用本公约。

六、在下列情形下,本公约不影响作为本公约缔约方的区域经济一体化组织有关规则的适用,无论其在本公约之前或者之后通过:

(一)所有当事人均居住在是区域经济一体化组织成员国的本公约缔约国;

(二)涉及区域经济一体化组织成员国之间的判决承认或者执行。

第五章 最后条款

第二十七条 签署、批准、接受、核准或者加入

一、本公约开放供所有国家签署。

二、本公约须经签署国批准、接受或者核准。

三、本公约开放供所有国家加入。

四、批准书、接受书、核准书或者加入书应当交存本公约的保存机关荷兰王国外交部。

第二十八条　关于非单一法律制度的声明

一、如果一个国家具有两个或更多的领土单位，且这些领土单位在本公约处理的事项上适用不同法律制度，该国在签署、批准、接受、核准或者加入时，可以声明本公约适用于该国所有领土单位，或者其中的一个或多个领土单位，并且可以随时提交另一项声明修改上述声明。

二、声明应当通知公约保存机关，并且应当明确指出本公约适用的领土单位。

三、如果一个国家没有依据本条作出声明，则本公约适用于该国所有领土单位。

四、本条不适用于区域经济一体化组织。

第二十九条　区域经济一体化组织

一、完全由主权国家组成并且对本公约规范的部分或者全部事项享有权限的区域经济一体化组织，亦可签署、接受、核准或者加入本公约。在此情形下，区域经济一体化组织对本公约规范事项享有权限的范围内，具有缔约国的权利和义务。

二、区域经济一体化组织应当在签署、接受、核准或者加入时，将权限已由其成员国让渡给该组织的本公约所规范事项以书面方式通知公约保存机关。该组织应当将依据本款所作最近一次通知所述权限发生的任何变更，及时以书面方式通知公约保存机关。

三、为本公约生效之目的，区域经济一体化组织交存的文书不应当计数，除非该组织根据第三十条声明其成员国不会成为本公约缔约方。

四、本公约凡提及“缔约国”或者“国家”，如恰当，应当同等适用于作为本公约缔约方的区域经济一体化组织。

第三十条　区域经济一体化组织不含其成员国的加入

一、区域经济一体化组织在签署、接受、核准或者加入时，可以声明该组织对本公约规范的所有事项均有权限，并且其成员国不会成为本公约缔约方但将因该组织的签署、接受、核准或者加入而受约束。

二、在区域经济一体化组织根据第一款作出声明的情形下，本公约凡提及

“缔约国”或者“国家”,如恰当,应同等适用于该组织的成员国。

第三十一条　生效

一、本公约自第二十七条所指的第二份批准书、接受书、核准书或者加入书交存后三个月期间届满后的第一个月的第一天起生效。

二、此后,本公约的生效为:

(一)对嗣后批准、接受、核准或者加入的每一国家或者区域经济一体化组织,自其交存批准书、接受书、核准书或者加入书后三个月期间届满后的第一个月的第一天起生效;

(二)对根据第二十八条第一款扩展适用本公约的领土单位,自该条所指的声明通知后三个月期间届满后的第一个月的第一天起生效。

第三十二条　声明

一、第十九条、第二十条、第二十一条、第二十二条和第二十六条所指的声明可以在签署、批准、接受、核准或加入时或者此后的任何时间作出,并且可以在任何时间修改或者撤销。

二、声明、修改和撤销应当通知公约保存机关。

三、在签署、批准、接受、核准或者加入时作出的声明与本公约对有关国家生效时同时生效。

四、此后作出的声明,以及任何对声明的修改或者撤销,自公约保存机关收到通知之日起三个月期间届满后的第一个月的第一天起生效。

五、依据第十九条、第二十条、第二十一条和第二十六条作出的声明不适用于其生效前签订的排他性选择法院协议。

第三十三条　退出

一、本公约可以书面通知公约保存机关的方式退出。退出可限于适用本公约的非单一法律制度的某些领土单位。

二、退出自公约保存机关收到退出通知之日起十二个月期间届满后的第一个月的第一天起生效。如通知中指明更长的退出生效期间,退出在公约保存机关收到通知之日起的该更长期间届满后生效。

第三十四条　公约保存机关的通知

公约保存机关应当向海牙国际私法会议成员国,以及根据第二十七条、第二十九条和第三十条签署、批准、接受、核准或者加入的其他国家和区域经济一体化组织通知下列事项:

(一)第二十七条、第二十九条和第三十条所指的签署、批准、接受、核准和加入；

（二）本公约根据第三十一条生效的日期；

（三）第十九条、第二十条、第二十一条、第二十二条、第二十六条、第二十八条、第二十九条和第三十条所指的通知、声明及声明的修改和撤销；

（四）第三十三条所指的退出。

下列签署人经正式授权，签署本公约，以昭信守。

2005 年 6 月 30 日订于海牙，用英文和法文写成，两种文本同等作准。正本一份，应保存于荷兰王国政府档案库，其经核证无误的副本应通过外交途径分送参加海牙国际私法会议第二十次外交大会的成员国以及参加该次会议的其他国家。

主要参考文献

一、中文文献

(一)书籍

1.[美] 戴维·奥布莱恩:《法官能为法治做什么》,何帆、姜强等译,北京大学出版社2015年版。

2. 何其生:《比较法视野下的国际民事诉讼》,高等教育出版社2015年版。

3. 张婷:《英美民事对抗制的演变(1945～2012)——以美国的案件管理制度为切入点》,上海世纪出版集团2014年版。

4. 韩德培主编、肖永平修订:《国际私法》,高等教育出版社、北京大学出版社2014年版。

5.[美] 理查德·D. 弗里尔:《美国民事诉讼法》(上),张利民、孙国平、赵艳敏译,商务印书馆2013年版。

6. 吴巧如编著:《美国联邦民事诉讼规则的新发展》,中国政法大学出版社2013年版。

7. 齐树洁:《英国民事司法制度》,厦门大学出版社2011年版。

8.[法] 洛伊特·卡迪耶主编:《法国民事司法法》,杨艺宁译,中国政法大学出版社2010年版。

9. 李国清:《美国证券法域外管辖权问题研究》,厦门大学出版社2008年版。

10. 周子学:《经济制度与国家竞争力——基于中国

经济制度变迁视角》,上海三联书店 2008 年版。

11. 欧福永:《英国民商事管辖权制度研究》,法律出版社 2005 年版。

12. 美国法通讯编辑部:《美国联邦法院法官的个人规则》,载林晓云等主编:《美国法通讯》(第 1 辑),法律出版社 2003 年版。

13. 徐昕:《英国民事诉讼与民事司法改革》,中国政法大学出版社 2002 年版。

14. [美] 理查德 · A. 波斯纳:《联邦法院:挑战与改革》,邓海平译,中国政法大学出版社 2002 年版。

15. 王为君:《中国经济国际竞争力》,江西人民出版社 2000 年版。

(二)期刊

1. 何其生:《大国司法理念与中国国际民事诉讼制度的发展》,载《中国社会科学》2017 年第 5 期。

2. 朱伟东:《中国与"一带一路"国家间民商事争议解决机制的完善》,载《求索》2016 年第 12 期。

3. 王超、姜川:《迪拜:用司法助力国际金融中心建设》,载《检察风云》2016 年第 6 期。

4. 吴永辉:《论新〈民诉法〉第 34 条对涉外协议管辖的法律适用》,载《法律科学》(西北政法大学学报)2016 年第 5 期。

5. 王福华:《电子法院:由内部到外部的构建》,载《当代法学》2016 年第 5 期。

6. 梅傲:《论涉外民商事审判中的选法规则》,载《北方法学》2016 年第 2 期。

7. 王欣濛:《新加坡国际商业法庭的司法制度及启示》,载《湖北社会科学》2015 年第 6 期。

8. 倪寿明:《营造公开透明可预期的司法新常态》,载《人民司法》2014 年第 19 期。

9. 杜涛:《欧盟跨国民事诉讼制度的新发展——评欧盟〈布鲁塞尔第一条例〉之修订》,载《德国研究》2014 年第 1 期。

10. 范健:《商事审判独立性研究》,载《南京师范大学学报》(社会科学版)2013 年第 3 期。

11. 王学棉:《美国民事诉讼管辖权探究》,载《比较法研究》2012 年第 5 期。

12. 朱志晟:《论英国的区际判决承认与执行制度》,载《河北法学》2011 年第 2 期。

13. 王保树:《商事审判的理念与思维》,载《山东审判》2010 年第 2 期。

14. 陈桂明、吴巧如:《美国民事诉讼中的案件管理制度对中国的启示——兼论大陆法系国家的民事诉讼案件管理经验》,载《政治与法律》2009 年第 7 期。

15. 李玉林:《论法国特殊商事审判制度——以商事法院与商事法官为中心》,载《山东审判》2008 年第 3 期。

16. 霍政欣:《美国法院查明外国法之考察》,载《北京科技大学学报》(社会科学版)2007 年第 4 期。

17. 李研:《英法两国关于外国法查明问题之比较及其启示》,载《郑州大学学报》(哲学社会科学版)2005 年第 3 期。

18. 齐延平:《论司法中立的基础》,载《法律科学》1999 年第 3 期。

19. 蔡彦敏:《独立审判探源及其现实分析——寻求实现立法与现实的契合》,载《法学评论》1999 年第 2 期。

(三)报刊

1. 王涛:《英国商事法院的司法实践》,载《人民法院报》2017 年 12 月 8 日,第 8 版。

2. 赵蕾、葛黄斌:《新加坡国际商事法庭的运行与发展》,载《人民法院报》2017 年 7 月 7 日,第 8 版。

3. 赵蕾:《百年匠心 厚载未来——英格兰及威尔士商事与财产法院宣布成立》,载《人民法院报》2017 年 5 月 12 日,第 8 版。

4. [美] 约翰·罗伯茨:《美国联邦法院 2016 年年终报告》,黄斌、杨奕译,载《人民法院报》2017 年 1 月 6 日,第 8 版。

5. [英] 威廉·詹姆斯·林顿·布莱尔:《英国商事法院改革最新发展》,林娜译,载《法制日报》2016 年 12 月 14 日,第 11 版。

6. 林娜:《"卓越法院"的国际评价标准》,载《人民法院报》2013 年 3 月 1 日,第 8 版。

二、外文文献

(一)书籍

1. UNCTAD, *Handbook of Statistics*, New York, United Nations Publication,

2017.

2. Jean-Bernard Blaise and Richard Desgorces, *Droit des affaires: Commerçants, Concurrence, Distribution*, Paris, LGDJ-Lextenso Editions, 2015.

3. Adrian Briggs, *Civil Jurisdiction and Judgment*, New York, Informa Law, 2015.

4. Robert A. Carp et al., *Judicial Process in America*, *Washington D. C.*, *Congressional Quarterly Press*, 2014.

5. International Consortium for Court Excellence, *The International Framework for Court Excellence*, Dever, International Consortium for Court Excellence, 2013.

6. Gary B. Born and Peter B. Rutledge, *International Civil Litigation in United States Courts*, New York, Wolters kluwer, 2011.

7. Roger Perrot, *Institutions Judiciaries*, Paris, Montchrestien, 2006.

8. D. Crystal, *English as a Global Language*, *Cambridge*, Cambridge University Press, 2003.

9. Richard Fentiman, *Foreign law in English Courts: Pleading, Proof and Choice of Law*, Oxford, Clarendon Press, 1998.

10. H. Paul Burak, *History of the United States District Court for the Southern District of New York*, New York, Federal Bar Association of New York, New Jersey & Connectticut, 1962.

(二)期刊

1. Vivian Ramsey, "The Challenges to International Arbitration", *Asian Dispute Review* 19, 2017.

2. Thomas J. Stipanowich and Veronique Fraser, "The International Task Force on Mixed Mode Dispute Resolution: Exploring the Interplay Between Mediation, Evaluation and Arbitration in Commercial Cases", *Fordham International Law Journal* 40, 2017.

3. V. K. Rajah SC, "W(h)ither Adversarial Commercial Dispute Resolution?", *Arbitration International* 33, 2017.

4. Carine Guicheteau, "La tribunal de commerce doit devenir la juridiction des affaires économique", *Juriste d' entreprise* 28, 2017.

5. Man Yip, "Resolution of Disputes Before the Singapore International Commercial Court", *International and Comparative Law Quarterly* 65, 2016.

6. Sundarech Menon, "The Future Is Now: Legal Trends in the Global Village", *Keio Law Journal* 36, 2016.

7. Johannes Landbrecht, "The Singapore International Commercial Court (SICC)—an Alternative to International Arbitration?", *ASA Bulletin* 34, 2016.

8. Dalma R. Demeter and Kayleigh M. Smith, "The Implications of International Commercial Courts on Arbitration", *Journal of International Arbitration* 33, 2016.

9. Kenny Chng, "Exploring A New Frontier in Singapore's Private International Law, IM Skaugen SE v. MAN Diesel & Turbo SE[2016] SGHCR 6", *Singapore Academy of Law Journal* 28, 2016.

10. TEH Hwee Hwee et al., "The Singapore International Commercial Court in Action-Illustration from the First Case", *Singapore Academy of Law Journal* 28, 2016.

11. Elizabeth Richardson, Pauline Spencer and David B. Wexler, "The International Framework for Court Excellence and Therapeutic Jurisprudence: Creating Excellent Courts and Enhancing Wellbeing", *Journal of Judicial Administration* 25, 2016.

12. Adam Peters, "The DIFC as a 'Conduit Jurisdiction' for the Enforcement of Domestic and Foreign Awards in Onshore UAE and Throughout the Middle East", *IBA Arbitration News* 21, 2016.

13. Hélène Béranger, "La justice commerciale est une justice spécialisé, rendue par des professionnels de la matière avec une efficacité certaine", *La semaine juridique-Édition Générale* 16, 2016.

14. Amgad Husein and Jonathan Burns, "Choice of Forum in Contracts with Saudi Arabian counterparties: An Analysis of the DIFC Common Law Courts from a Saudi Arabian perspective", *International Lawyer* 48, 2015.

15. Michael Hwang, "Commercial Courts and International Arbitration—Competitors or Partners?", *Arbitration International* 31, 2015.

16. Griffin Weaver, "Legal and Institutional Remedies for Middle East States Wishing to Develop and Increase Foreign Direct Investment", *Florida Journal of International Law* 27, 2015.

17. Sundaresh Menon, "The Transnational Protection of Private Rights: Issues,

Challenges, and Possible Solutions", *Asian Journal of International Law* 5, 2015.

18. Jayanth K. Krishnan and Priya Purohit, "A Common Law Court in an Uncommon Environment: the DIFC Judiciary and Global Commercial Dispute Resolution", *The American Review of International Arbitration* 1, 2015.

19. Denise H. Wong, "The Rise of the International Commercial Court: What Is It and Will It Work?", *Civil Justice Quarterly* 33, 2014.

20. Saloin Kantaria, "The Enforcement of Foreign Judgments in the UAE and DIFC Courts", *Arab Law Quarterly* 28, 2014.

21. Justice Quentin Loh, "The Limits of Arbitration", *McGill Journal of Dispute Resolution* 1, 2014.

22. Sundaresh Menon, "Some Cautionary Notes for an Age of Opportunity", *Arbitration* 79, 2013.

23. John D. Winter and Richard Maidman, "Retelling the History of the United States District Court for the Southern District of New York", *New York Litigation Lawyer* 17, 2012.

24. Ziaakhtar, "European Corporations and the Dubai Legal System", *European Company Law* 9, 2012.

25. Christoph A. Kern, "English as a Court Language in Continental Courts", *Erasmus Law Review* 5, 2012.

26. Damien P. Horigan, "The New Adventures of the Common Law", *Pace International Law Review Online Companion* 1, 2009.

27. Aude Fiorini, "The Evolution of European Private International Law", *Tulane European and Civil Law Forum* 57, 2008.

28. James R. Maxeiner, "Some Realism About Legal Certainty in the Globalization of the Rule of Law", *Houston Journal of International Law* 31, 2008.

29. Aude Fiorini, "The Codification of Private International Law in Europe, Could the Community Learn from the Experience of Mixed Jurisdictions?", *Tulane European and Civil Law Forum* 23, 2008.

30. Loukas Mistelis and Crina Mihaela Baltag, "Trends and Challenges in International Arbitration: Two Surveys of In-House Counsel of Major Corporations", *World Arbitration & Mediation Review* 2, 2008.

31. Alejandro Carballo, "The Law of the Dubai International Financial Centre:

Common Law Oasis or Mirage Within the UAE", *Arab Law Quarterly* 21, 2007.

32. Jonathan Crowe, "Dworkin on the Value of Integrity", *Deakin Law Review* 12, 2007.

33. Georg Haibach, "The Mutual Recognition of Decisions in Civil and Commercial Matters in the European Union in the Light of the Full Faith and Credit Clause of the U. S. Constitution", *Maastricht Journal of European and Comparative Law* 10, 2003.

34. Wythe Holt, "The Origins of Alienage Jurisdiction", *Oklahoma City University Law Review* 14, 1989.

35. Twitchell, "The Myth of General Jurisdiction", *Harvard Law Review* 101, 1988.

36. Arthur T. von Mehren and T. Trautman, "Juridsiction to Adjudicate: A Suggested Analysis", *Harvard Law Review* 79, 1966.

37. Armen A. Alchian, "Uncertainty, Evolution and Economic Theory", *Journal of Political Economy* 58, 1950.

(三)电子文献

1. Attributions de la Chambre Commerciale, Financière et Économique, https://www.courdecassation.fr/jurisprudence_2/chambre_commerciale_574/commerciale_financiere_11638.html.

2. DIFC Courts, "Annual Review of DIFC Courts (2016)", http://difccourts.ae/wp-content/uploads/2014/05/DIFC-Annual-Review-2016.pdf.

3. DIFC Courts, "Draft New Part 56 of the Rules of the DIFC Courts-Introducing Technology and Construction Division — Opens for Public Consultation", http://difccourts.ae/draft-new-part-56-rules-difc-courts-introducing-technology-construction-division-opens-public-consultation-22-april-2017/.

4. DIFC Courts, "DIFC Courts Enforcement Guide", http://difccourts.ae/enforcing-difc-court-judgments-and-orders-outside-the-difc1/.

5. Donald F. Parsons Jr. and Joseph R. Slights, "The History of Delaware's Business Courts", https://apps.americanbar.org/buslaw/blt/2008 - 03 - 04/slights.shtml.

6. Anthony Evans, "Dispute Resolution in the DIFC", http://difccourts.ae/dispute-resolution-in-the-difc-2/.

7. Courts and Tribunals Judiciary, "Shorter and Flexible Trial Procedures: Pilot Scheme", https://www. judiciary. gov. uk/wp-content/uploads/2015/09/Shorter-and-Flexible-Trial-Schemes-Announcement. pdf.

8. Courts and Tribunals Judiciary, "The Rolls Building", https://www. judiciary. gov. uk/you-and-the-judiciary/going-to-court/high-court/the-rolls-building/.

9. Geoffrey Vos and Brian Leveson, "The Business and Property Courts of England and Wales: An Explanatory Statement", https://www. judiciary. gov. uk/wp-content/uploads/2017/03/bpc-explanatory-statement-final-20170518-v2. pdf.

10. Haut Comité Juridique de la Place Financière de Paris, "Préconisations sur la Mise en Place A Paris de Chambres Spécialisées pour le Traitement du Contentieux International des Affaires", http://hcjp. fr/avis-et-rapports/.

11. James D. Zirin, "The Mother Court: A. K. A., the Southern District Court of New York", https://www. americanbar. org/publications/tyl/topics/legal-history/the-mother-court-aka-southern-district-court-new-york. html.

12. Lord Thomas, "Commercial Justice in the Global Village: The Role of Commercial Courts", http://difccourts. ae/11319 – 2/.

13. Lord Thomas, "Cutting the Cloth to Fit the Dispute: Steps towards Better Procedures across the Jurisdictions", https://www. judiciary. gov. uk/wp-content/uploads/2016/10/lcj-speech-singapore-academy-of-law. pdf.

14. Lord Thomas, "Giving Business What It Wants-A Well Run Court for Commercial and Business Disputes", https://www. judiciary. gov. uk/wp-content/uploads/2017/03/grand-court-of-the-cayman-islands-guest-lecture-march-2017. pdf.

15. McNair Chambers, "The QFC Civil and Commercial Court: The Essentials", https://www. mcnairchambers. com/client/publications/2010/McNair_QFC_Court_Guide_Second_Edition_September_2010. pdf.

16. Minas Khatchadourian, "What Role Shall Play the Qatar Financial Center Civil and Commercial Court under the New Qatari Arbitration Law", http://arbitrationblog. kluwerarbitration. com/2017/03/02/what-role-shall-play-the-qatar-financial-center-civil-and-commercial-court-under-the-new-qatari-arbitration-law/.

17. Note d'analyse du Service de documentation, des études, et du Rapport de la Cour de Cassation, http://hcjp. fr/avis-et-rapports/.

18. United States District Court for the Southern District of New York, "Pilot

Project Regarding Case Management Techniques for Complex Civil Cases",http://iaals. du. edu/rule-one/sdny-pilot-project-regarding-case-management-techniques-complex-ciil-cases.

19. Terence Etherton and Mr. Justice Flaux, "Guide to Financial List", https://www. gov. uk/government/uploads/system/uploads/attachment _ data/file/465590/financial-list-guide. pdf.

20. The Law Society of England and Wales, "England and Wales: The Jurisdiction of Choice", http://www. eversheds-sutherland. com/documents/LawSocietyEnglandAndWalesJurisdictionOfChoice. pdf.

21. Tarek Shrayh et al., "Abu Dhabi Establishes English-Language Commercial Courts",http://www. tamimi. com/en/magazine/law-update/section-14/october-6/abu-dhabi-establishes-english-languag commercial-courts. html.

22. United State Courts, "U. S. District Courts-Civil Cases Filed, Terminated, and Pending-During the 12-Month Periods Ending March 31, 2011 and 2012," http://www. uscourts. gov/statistics/table/c/federal-judicial-caseload-statistics/2012/03/31.

23. William Blair and Robin Knowles, "A Unique Gathering of Commercial Courts", https://www. judiciary. gov. uk/announcements/a-unique-gathering-of-commercial-courts/.

24. William T. Quillen and Michael Hanrahan, "A Short History of the Court of Chancery",https://courts. delaware. gov/chancery/history. aspx.

(四)案例

1. 迪拜国际金融中心法院

(1) Bocimar International N. V. v. Emirates Trading Agency LLC, [2015] DIFC CFI 008.

(2) DNB Bank ASA v. Gulf Eyadah Corporation & Gulf Navigation Holdings Pjsc, [2015] DIFC CA 007.

(3) Banyan Tree Corporate Pte Ltd. v. Meydan Group LLC, [2014] DIFC CA 005.

2. 卡塔尔国际法院

(1) Chedid & Assoc. Qatar LLC v. Said Bou Ayash, Case No. 02/2015 (2015).

(2)QFCA v. Silver Leaf,Case No.0001/2009(2009).

3.美国

(1)Daimler AG v. Bauman,134 S. Ct. 746(2014).

(2)Gucci AmericaInc. v. Weixing Li,2011 WL 6156936(S. D. N. Y 2010).

(3) Emarat Maritime LLC v. Shandong Yantai Marine Shipping,2009 WL 1024317(S. D. N. Y. 2009).

(4)Ocean Line Holdings v. China National Chartering Corp. ,578 F. Supp. 2d 621(2008).

(5)Rosner v. Bank of China,528 F. Supp. 2d 419(S. D. N. Y. 2007).

(6)Lehman Bros. Commercial Corp. v. Minmetals Intern. Non-Ferrous Metals Trading Co. ,169 F. Supp. 2d 186(S. D . N. Y. 2001).

(7)Transatlantic Shiffahrtskontor GmH v. Shanghai Foreign Trade Corp. ,204 F. 3d 384(2nd Cir. 2000).

(8)ICC Chemical Corp. v. Industrial and Commercial Bank of China,886 F. Supp. 1(S. D. N. Y. 1995).

(9)Republic of Argentina v. Weltover Inc. ,112 S. Ct. 2160(1992).

(10) HelicopterosNacionales de Colombia, SA v. Hall, 466 U. S. 408, 414 (1984).

(11)Bersch v. Drexel Firestone,519 F. 2d 974(2nd. Cir. 1975).

(12) Leasco Data Proceeding Equipment Corp. v. Maxwell, 468 F. 2d 1326 (2nd. Cir. 1972).

(13)Schoenbaum v. Firstbrook,405 F. 2d 200(2nd. Cir. 1968).

(14)Schoenbaum v. Firstbrook,268 F. Supp. 385(S. D. N. Y. 1967).

(15)Kook v. Crang,182 F. Supp. 388(S. D. N. Y. 1960).

(16)International Shoe Co. v. Washington,326 U. S. 310(1945).

4.新加坡国际商事法庭

(1)BNP Paribas SA v. Jacob Agam,[2018] SGHC(I)03.

(2)BCBC Singapore Pte Ltd & Anor v. PT Bayan Resources TBK & Anor, [2017] SGHC(I)06.

(3) BCBC Singapore Pte Ltd and Anor v. PT Bayan Resources TBK and Anor,[2016] SGHC(I)01.

(4)Teras Offshore Pte Ltd v. Teras Cargo Transport(America)LLC,[2016]

SGHC(I)02.

5. 英国

(1) National Bank of Abu Dhabi PJSC v. BP Oil International Limited, [2016] EWHC 2892(Comm).

(2) Family Mosaic Home Ownership Ltd v. Peer Real Estate Ltd, [2016] EWHC 257(Ch).

三、网站

1. 纽约南区法院官网:http://www.nysd.uscourts.gov/。

2. 美国法院之家(United States Courts Home):http://www.uscourts.gov/。

3. 迪拜国际金融中心法院官网:https://www.difc.ae/。

4. 英国司法网:http://www.justice.gov.uk/。

5. 英格兰及威尔士法院与裁判所管理局网:https://www.judiciary.gov.uk/。

6. 新加坡国际商事法庭官网:http://www.sicc.gov.sg/。

7. 阿布扎比全球市场法院官网:https://www.adgm.com/doing-business/adgm-courts/home/。

8. 卡塔尔国际法院官网:https://www.qicdrc.com.qa/about-us。

9. 澳大利亚维多利亚州最高法院商事法庭:https://www.supremecourt.vic.gov.au/law-and-practice/areas-of-the-court/commercial-court。

10. 荷兰商事法庭官网:https://www.rechtspraak.nl/English/Ncc/Pages/default.aspx(通过百度检查 Nether lands Commercial Court 进入主页)。

11. International Consortium for Court Excellence: http://www.courtexcellence.com/.

图书在版编目(CIP)数据

国际商事法院研究 / 何其生主编. -- 北京 : 法律出版社, 2019
(国际法文库 / 黄进主编)
ISBN 978-7-5197-3454-1

Ⅰ. ①国… Ⅱ. ①何… Ⅲ. ①国际商法-研究 Ⅳ. ①D996.1

中国版本图书馆 CIP 数据核字(2019)第 083233 号

国际商事法院研究
GUOJI SHANGSHI FAYUAN YANJIU

何其生 主编

策划编辑 沈小英
责任编辑 刘晓萌
装帧设计 李 瞻

出版 法律出版社
总发行 中国法律图书有限公司
经销 新华书店
印刷 固安华明印业有限公司
责任校对 马 丽
责任印制 吕亚莉

编辑统筹 法治与经济出版分社
开本 710 毫米×1000 毫米 1/16
印张 23.25
字数 418 千
版本 2019 年 9 月第 1 版
印次 2019 年 9 月第 1 次印刷

法律出版社/北京市丰台区莲花池西里 7 号(100073)
网址/www.lawpress.com.cn
投稿邮箱/info@lawpress.com.cn
举报维权邮箱/jbwq@lawpress.com.cn
销售热线/400-660-8393
咨询电话/010-63939796

中国法律图书有限公司/北京市丰台区莲花池西里 7 号(100073)
全国各地中法图分、子公司销售电话:
统一销售客服/400-660-8393/6393
第一法律书店/010-83938432/8433
西安分公司/029-85330678
重庆分公司/023-67453036
上海分公司/021-62071639/1636
深圳分公司/0755-83072995

书号:ISBN 978-7-5197-3454-1
定价:98.00 元
(如有缺页或倒装,中国法律图书有限公司负责退换)